VERÖFFENTLICHUNGEN DER LIST GESELLSCHAFT E. V.

Band 69

Reihe D:

GUTACHTEN UND KONFERENZEN

herausgegeben von

ERWIN V. BECKERATH †   HANS MÖLLER

EDGAR SALIN

Floating · Realignment · Integration

9. Gespräch der List Gesellschaft:
Protokolle und Gutachten

9th Colloquium of the List Society:
Proceedings and Papers

9ᵉ colloque de la société List:
Compte rendu et communications

Im Auftrag der List Gesellschaft

herausgegeben von

BERTRAM SCHEFOLD

1972

KYKLOS VERLAG BASEL
J. C. B. MOHR (PAUL SIEBECK) TÜBINGEN

VORWORT DES HERAUSGEBERS

Gemäß ihrer Tradition, Theoretiker und Praktiker der Wirtschaftsführung periodisch zu Aussprachen über aktuelle Fragen der Wirtschaftspolitik im kleinen Kreis geladener Experten zu versammeln, faßte die List Gesellschaft im Sommer 1971 den Beschluß, ein Gespräch über die Zusammenhänge der Krisen und der Reformversuche des westlichen Währungssystems und der europäischen Integration zu veranstalten. Am 11./12. Februar 1972 fand es unter dem Titel „Europäische Integration, Weltwirtschaft und Weltwährungsordnung" in Basel statt. Die Diskussion bewies, daß trotz der inzwischen eingetretenen Veränderungen der internationalen Lage (formelle Aufhebung der Konvertibilität des Dollars usw. am 15. August 1971, die bekanntlich zum Realignment vom Dezember 1972 führte) die Fragestellung nichts von ihrer Dringlichkeit eingebüßt hatte.

Der vorliegende Band vereinigt im ersten Teil die Referate und Diskussionsvoten der Konferenz, im zweiten die Mehrzahl der Gutachten, die ihr vorlagen. Obwohl eine Simultanübersetzungsanlage zur Verfügung stand, geben wir hier alle Beiträge in der Originalsprache wieder. Wo Fußnoten es nicht anders vermerken, sind die Gutachten ungekürzt abgedruckt. Die Referate und Diskussionsvoten sind nach dem Tonband abgeschrieben, geringfügig redigiert und den Teilnehmern zur Durchsicht vorgelegt worden. Einige haben die Gelegenheit zu kleinen Verbesserungen benutzt, größere Hinzufügungen sind gekennzeichnet.

Auf eine Einführung wurde verzichtet. Die Protokolle vermitteln selbst einen lebendigen Eindruck davon, wie die an der Konferenz anwesenden Repräsentanten aus Politik, Industrie, Finanz, Verwaltung und Wissenschaft die währungs- und integrationspolitische Lage des Westens sehen, und auf welche Reformen und politische Aktionen sie dringen. Im übrigen sei zur Darstellung der historischen Situation, vor der die Tagung sich abspielte, auf das Gutachten von WALTER DAMM verwiesen (S. 192).

Danken möchte ich vor allem dem abgehenden Schriftführer der List Gesellschaft, Herrn Professor EDGAR SALIN, der, obwohl am Vorabend der Konferenz sein achtzigster Geburtstag gefeiert wurde, die Tagung mit ungebrochener Tatkraft organisierte und der den Konferenzsekretär und später den Herausgeber stets freundlich anleitete. Danken möchte ich ferner Herrn Professor HARRY W. ZIMMERMANN, der mit Frau MILA FRAZYNSKA die Hauptlast

der Administration trug, Frau MARIE-ANNE ESCHER, die das Tonbandproto-
koll ebenso schnell wie sorgfältig abschrieb und Fräulein GERTRUD MARKEES
für das genaue Lesen der Korrekturen.

Basel, Juli 1972   B. S.

PROGRAMM

EUROPÄISCHE INTEGRATION, WELTWIRTSCHAFT
UND WELTWÄHRUNGSORDNUNG
9. Gespräch der List Gesellschaft
11./12. Februar 1972
Basel

Eröffnung:	ERNST SCHNEIDER
Erste Sitzung:	
Vorsitz	LIONEL ROBBINS
Referate	Die währungspolitische Zukunft der EWG RAYMOND BARRE
	Europa – USA – Japan: Partner oder Rivalen? WALTER DAMM
	Reform des Systems von Bretton Woods NICHOLAS KALDOR
Diskussion	Die Währungskrise 1971: Politische, ökonomische und ideologische Ursachen
Zweite Sitzung:	
Vorsitz	KARLHEINZ NARJES
	Integration und Währungsordnung in Europa: Handels- und Strukturpolitik, regionale Entwicklung und monetäre Integration
Dritte Sitzung:	
Vorsitz	SAMUEL SCHWEIZER
	Weltwirtschaft und zukünftige Weltwährungsordnung: USA / Übrige OECD-Länder / Ostblock / Dritte Welt
Vierte Sitzung:	
Vorsitz	WILFRIED GUTH
	Generaldiskussion

PROGRAMME

EUROPEAN INTEGRATION, THE WORLD ECONOMY,
AND THE INTERNATIONAL MONETARY SYSTEM
9th Colloquium of the List Society
11th/12th February 1972
Basle

Opening remarks: ERNST SCHNEIDER

First Session:
Chairman   LIONEL ROBBINS
Papers   The EEC's future rôle in monetary policy
                     RAYMOND BARRE
                     Europe – USA – Japan: partners or rivals?
                     WALTER DAMM
                     Reform of Bretton Woods
                     NICHOLAS KALDOR
Discussion   The 1971 monetary crisis: The political, economic and
                     ideological causes

Second Session:
Chairman   KARLHEINZ NARJES
                     European integration and the monetary system in
                     Europe: Trade and structural policy, regional devel-
                     opment and monetary integration

Third Session:
Chairman   SAMUEL SCHWEIZER
                     The world economy and the future international
                     monetary system:
                     USA / Other OECD countries / The eastern bloc /
                     The third world

Fourth Session:
Chairman   WILFRIED GUTH
                     General discussion

PROGRAMME

INTÉGRATION EUROPÉENNE, ÉCONOMIE MONDIALE ET SYSTÈME MONÉTAIRE INTERNATIONAL

9e colloque de la société List
11 et 12 février 1972
Bâle

Ouverture du colloque par:	ERNST SCHNEIDER

Première séance:

Présidence	LIONEL ROBBINS
Exposés	L'avenir de la politique monétaire de la CEE RAYMOND BARRE
	Europe – Etats-Unis – Japon: partenaires ou rivaux? WALTER DAMM
	Réforme du système de Bretton Woods NICHOLAS KALDOR
Discussion	La crise monétaire de 1971: Causes politiques, économiques et idéologiques

Deuxième séance:

Présidence	KARLHEINZ NARJES Intégration et ordre monétaire en Europe: Politique commerciale et structurelle, développement régional et intégration monétaire

Troisième séance:

Présidence	SAMUEL SCHWEIZER Économie mondiale et avenir du système monétaire international: États-Unis / Autres pays de l'OCDE / Pays du bloc oriental / Tiers monde

Quatrième séance:

Présidence	WILFRIED GUTH Discussion générale

TEILNEHMERVERZEICHNIS

ABS, HERMANN, J. Dr. h. c., Vorsitzender des Aufsichtsrats der Deutsche Bank AG, Frankfurt

ASCHINGER, FRANZ E., Prof. Dr., Handelshochschule St. Gallen, Volkswirtschaftlicher Berater des Schweizerischen Bankvereins, Zürich

BARRE, RAYMOND, Prof., Vizepräsident der Kommission der Europäischen Gemeinschaft, Brüssel

BAUER, GÉRARD F., Minister, Präsident Fédération horlogère suisse, Biel

BERNHOLZ, PETER, Prof. Dr., Universität Basel

BIERICH, MARCUS, Dr., Mannesmann AG, Düsseldorf

BOMBACH, GOTTFRIED, Prof. Dr., Universität Basel

BURCKHARDT, HELMUTH, Dr.-Ing. e. h., Bergassessor a. D., Vorsitzender des Aufsichtsrats des Eschweiler Bergwerksverein, Aachen

DAMM, WALTER, Dr., Direktor Bankhaus Sal. Oppenheim Jr. & Cie., Köln

DOHRN, KLAUS, Dr., Geschäftsinhaber, Berliner Handels-Gesellschaft – Frankfurter Bank, Frankfurt

DÜREN, ALBRECHT, Dr., Hauptgeschäftsführer i. R., Deutscher Industrie- und Handelstag, Bonn

EMMINGER, OTMAR, Dr., Vizepräsident der Deutschen Bundesbank, Frankfurt

FABRA, PAUL, „Le Monde", Paris

FEKETE, JÁNOS, Vizepräsident der Ungarischen Nationalbank, Budapest

FREI, RUDOLF, Dr., Basel

FREY, RENÉ L., Prof. Dr., Universität Basel

FROMER, LEO, Dr., Advokat, Basel

FUNCKE, FRIEDRICH, Dr., Generaldirektor und Bergassessor a. D., Essen

GOERGEN, FRITZ AUREL, Dr. h. c., Cologny-Genève

GRIFFITHS, BRIAN, London School of Economics, London

VON DER GROEBEN, HANS, Dr., Bonn

GUTH, WILFRIED, Dr., Vorstandsmitglied der Deutsche Bank AG, Frankfurt

GUTH-DREYFUS, HANS, Prof. Dr., Universität Basel

GUTOWSKI, ARMIN, Prof. Dr., Universität Frankfurt, Mitglied des Sachverständigenrats der BRD

HABERLER, GOTTFRIED, Prof. Dr., American Enterprise Institute, Washington

HÄMMERLING, FRIEDRICH, Dr., Vorstandsmitglied der AEG-Telefunken, Frankfurt

HANKEL, WILHELM, Prof. Dr., Ministerialdirektor im Bundeswirtschaftsministerium, Bonn

HAUCK, MICHAEL, Bankhaus Georg Hauck & Sohn, Schatzmeister der List Gesellschaft, Frankfurt

HILL, WILHELM, Prof. Dr., Universität Basel

HOLTROP, MARIUS W., Prof. Dr., Bloemendaal, Holland

HOROWITZ, DAVID, Dr. h. c., Alt-Gouverneur, Bank of Israel, Jerusalem

HUTCHESON, HAROLD H., Dr., IBM World Trade Corporation, New York

IKLÉ, MAX, Dr., Alt-Generaldirektor der Schweiz. Nationalbank, Zürich

JABLON, ROBERT, Administrateur, Banque Rothschild, Paris

JÖHR, WALTER ADOLF, Prof. Dr., Handelshochschule St. Gallen

KAFKA, ALEXANDRE, Prof., Executive Director, International Monetary Fund, Washington; Professor, University of Virginia

KALDOR, NICHOLAS, Prof., Faculty of Economics, Cambridge

KOSZUL, JULIEN-PIERRE, Vicepresident, First National City Bank, Paris

KÜHNEN, HARALD, Dr. h. c., Teilhaber, Bankhaus Sal. Oppenheim Jr. & Cie., Köln

LARRE, RENÉ, Generaldirektor, Bank für Internationalen Zahlungsausgleich, Basel

LÉVÊQUE, JEAN-MAXIME, Generaldirektor, Crédit Commercial de France, Paris

LUTZ, FRIEDRICH A., Prof. Dr., Universität Zürich

MAGNIFICO, GIOVANNI, Dr., Delegierter der Banca d'Italia, London

MANDEL, HANS H., Dr., Direktor, Bank für Internationalen Zahlungsausgleich, Basel

MAST, HANS, Dr., Chef der Abteilung Wirtschaftsstudien der Schweiz. Kreditanstalt, Zürich

MAYER-LIST, WALTER R., Dr., Geschäftsführender Gesellschafter, C. H. Boehringer Sohn, Ingelheim

MÖLLER, HANS, Prof. Dr., Universität München

NARJES, KARLHEINZ, Dr., Minister für Wirtschaft und Verkehr Schleswig-Holstein, Kiel

NEUMARK, FRITZ, Prof. Dr., Drs. h. c., Universität Frankfurt

OBERHEID, HEINRICH, Dr., Düsseldorf

PALTZER, EDGAR F., Dr., Generaldirektor des Schweizerischen Bankvereins, Basel

PFLEIDERER, OTTO, Prof. Dr., ehem. Landeszentralbankpräsident, Stuttgart

PLAN, EDGAR, Dr., Asiatische Entwicklungsbank, Zürich

RHOMBERG, RUDOLF R., Assistant Director, Research Department International Monetary Fund, Washington

RICHEBÄCHER, KURT, Dr., Generalbevollmächtigter der Dresdner Bank, Frankfurt

ROBBINS, LIONEL, The Rt. Hon. Lord, C. D., F. B. A., London

ROHRER, HERBERT, Dr., Garmisch-Partenkirchen

SALIN, EDGAR, Prof. Dr., Schriftführer der List Gesellschaft, Universität Basel

SCHAEFER, ALFRED, Dr., Präsident des Verwaltungsrats der Schweizerischen Bankgesellschaft, Zürich

SCHMIDT, WILSON, Prof., Deputy Assistant Secretary of the Treasury, Washington

SCHNEIDER, ERNST, Dr., Präsident der List Gesellschaft, ehem. Präsident des Deutschen Industrie- und Handelstags, Düsseldorf

VON SCHWARTZKOPPEN, EDUARD, Dr., Geschäftsinhaber, Berliner Handels-Gesellschaft-Frankfurter Bank, Frankfurt

SCHWEIZER, SAMUEL, Dr., Präsident des Verwaltungsrats des Schweizerischen Bankvereins, Basel

SEGRÉ, CLAUDIO, Prof. Dr., Associé-Gérant Lazard Frères & Cie., Paris

SELBACH, ERICH, Senator, Vorsitzender des Aufsichtsrats der Girmes-Werke AG, Oedt

SIEBECK, HANS GEORG, Dr. h. c., Verlag J. C. B. Mohr (Paul Siebeck), Tübingen

SIEBERT, FRIEDRICH WILHELM, Dr., Düsseldorf

SILCHER, FRIEDRICH, Dr. h. c., Vorstandsmitglied der Farbenfabriken Bayer AG, Leverkusen

SPETHMANN, DIETER, Dr., Vorstandsmitglied der August Thyssen-Hütte AG, Duisburg-Hamborn, Vizepräsident der List Gesellschaft, Düsseldorf

STANDKE, KLAUS, Dr., Generalsekretär, European Research Management Association, Paris

STOPPER, EDWIN, Dr., Präsident der Schweizerischen Nationalbank, Zürich

THOMAE, ADOLF, Dr., Generalbevollmächtigter der Friedrich Flick KG, Düsseldorf

THOMAS, MICHAEL A., Generalbevollmächtigter, Coutinho, Caro & Co.,
Hamburg

VILLIERS, CHARLES HYDE, Chairman,
Guiness Mahon & Co. Ltd., London

WEIZSÄCKER, CARL CHRISTIAN, Freiherr
von, Prof. Dr., Universität Heidelberg

WELBERGEN, J. C., Vorsitzender des Vor-
stands Deutsche Shell AG, Hamburg

WITTGENSTEIN, CASIMIR, Prinz, Vorstandsmitglied der Metallgesellschaft,
Frankfurt

ZIMMERMANN, HARRY W., Prof. Dr.,
Direktor des List Instituts, Basel

KONFERENZSEKRETARIAT

SCHEFOLD, BERTRAM, Dr., Basel (Lei-
tung)
ESCHER, MARIE-ANNE, Basel
GROTE, FRIEDRICH W., Dr., Krefeld

HATZFELDT-DÖNHOFF, HERMANN, Graf,
Schönstein
MARKEES, GERTRUD, Basel

INHALT

ERÖFFNUNG

Erster Teil
REFERATE UND DISKUSSIONEN

Erste Sitzung, 11. Februar 1972, vormittags
Vorsitz: LIONEL ROBBINS

I. REFERATE

Europäische Integration, Weltwirtschaft und Weltwährungsordnung

II. DISKUSSION

Die Währungskrise 1971: Politische, ökonomische und ideologische Ursachen

Zweiter Teil

GUTACHTEN

Anhang I

Anhang II

Anhang III

European Monetary Integration (A Federal Trust Report)

ERÖFFNUNG

ERNST SCHNEIDER, Präsident der List Gesellschaft:

Ich habe die Ehre, die heutige 9. Konferenz der List Gesellschaft zu eröffnen und heiße Sie herzlich willkommen. Ich möchte allen denjenigen aufrichtig danken, die bei der Vorbereitung dieser Konferenz sich zur Verfügung gestellt haben, wobei wie immer meinem Nachbarn zur Rechten, unserem achtzigjährigen Professor SALIN, ein besonderes Verdienst gebührt. Da wir ein großes Programm hier zu behandeln haben, übergebe ich nun das Wort Lord ROBBINS, der es freundlicherweise übernommen hat, die Verhandlungen am heutigen Vormittag zu präsidieren.

Erster Teil

REFERATE UND DISKUSSIONEN

ERSTE SITZUNG

11. Februar 1972, vormittags

Vorsitz: LIONEL ROBBINS

I. REFERATE

Europäische Integration,
Weltwirtschaft und Weltwährungsordnung

VORSITZENDER:

President SCHNEIDER, ladies and gentlemen!

First may I take the opportunity of saying what a pleasure and honour it is to be asked to preside at one of your sessions, especially, if I may say so, a session, which follows the events of yesterday when we celebrated the 80th birthday of one of Europe's leading "Gelehrte", our great friend, EDGAR SALIN.

Ladies and gentlemen, your Society has a happy habit of staging its discussions at moments of history relevant to a subject matter, and this surely is conspicuously one of them. Personally, I think it would be going too far to say that the events of last August involved what is sometimes called a break-down of the international monetary system. Those of you, not many perhaps, who like myself can remember the events of the thirties, when there was a real and a catastrophic break-down, will agree that one of the most significant new aspects of what has happened since last summer has been the anxiety of all parties concerned to resolve measures suitable to deal with the crisis and to make such modifications of existing arrangements as to guard against its re-emergence. I find this contrast reassuring. Nonetheless, surely we should deceive ourselves if we thought that we were yet out of the woods. The recent agreements are apparently provisional. The more fundamental discussion of the economic system has yet to come. Even now, ladies and gentlemen, there are stresses and strains in the present arrangements which warn us that they have no finality. That is why, Dr. SCHNEIDER, meetings of this sort have such value. We are here in a friendly way to discuss matters without the inhibitions of official responsibility.

Now, ladies and gentlemen, far be it from me to keep you from the distinguished speakers who are to address you this morning, or to anticipate in any way the detail of the discussions to come. But perhaps it would be appropriate if I were to say a few words – very few – on the general economic and political background against which these problems emerge.

As I see things, the international financial and economic scene to-day is dominated by the collision of two ubiquitous sets of influences. First, there comes what I call the centrifugal influences: the disposition of the authorities of democratic states to pursue independent national economic policies, their sense of obligation to maintain high levels of employment, their strong desire to use finance to foster economic growth, their instinctive reaction to safeguard the economy from change initiated from elsewhere. All these dispositions involve tendencies which, if not restrained and coordinated, are likely, at fixed rates of exchange, to produce tensions in the exchange-market, difficulties with the balances of payments, which easily culminate in the crises with which we have become depressingly familiar in recent years. Adjustments which under a single currency system with a single control of ultimate financial supply would take place in such conditions not without friction or distress, but without financial disorder, manifest themselves in just this way by difficulties in the balance of payments when there are independent sources of money supply, independent sources coincident with independence of political sovereignty. And so, the different systems tend to fall apart.

Against this tendency, which surely may well be called centrifugal, are other tendencies which work in the opposite direction and to which, I submit, attention is not so frequently drawn in the theoretical discussion, tendencies which may well be called centripetal. I think there is a sense in which it can be said that the world of business, especially business involving longish periods of time, yearns for stability, both of the unit of account and of a medium of exchange. We know that if there are available different media in which contracts can be expressed, there will be a strong tendency for them to be made in terms of the money which is expected to fluctuate least. Hence, if this tendency is not prohibited by law, in some way or other, there will be a tendency for the stronger moneys to displace the weaker. A sort of inverted GRESHAM's Law. Again, think of what happens when rates of exchange *do* fall apart, when rates of exchange *are* adrift! At once there arise strong demands that their mutual relationships shall once more be brought under coordination and control. There are inconveniences to trade, inconveniences to the movement of capital. Moreover, we must not forget that such demands are not confined to the world of business, governments also are involved. Carefully adjusted trade policies, tariff relationships and the like can be upset overnight by fluctuations in the exchanges, inter-governmental tax or support arrangements can be seriously embarrassed. So, if the centrifugal tendencies result in a break-up of monetary relationships, there emerge the centripetal tendencies to attempt to counteract them.

Now, ladies and gentlemen, the Bretton Woods system was an attempt to reconcile these two opposing tendencies.

It provided for fixed relationships between different national moneys, but it also provided for alterations in these relationships by mutual consent, should fundamental disequilibria develop. And I personally, as one of the few living survivors of that conference and therefore perhaps suffering from bias, think that with all its imperfections it has been some help. I can make all sorts of criticisms of its rules and its constitutions, imperfections which are all too obvious nowadays. But I do think that the Bretton Woods system was an improvement on the chaos of the thirties and I certainly think that its existence has made us much more aware of the need for cooperation in solving international financial problems.

Unfortunately, that system has now developed difficulties. Partly perhaps because of its interpretation by governments unwilling to make adjustments which had already shown themselves to be necessary, but largely and principally I think because of a development which was not at all foreseen at the time of the Bretton Woods conference, namely the relative superfluity of dollars which has upset financial relationships in the world. In those days, the great fear was a scarcity of dollars. I remember MAYNARD KEYNES saying: "If that is true, never will so many have been so right about so much."

And so, nowadays, ladies and gentlemen, we have to think out new relationships and new obligations and this is not easy. It is not easy because of the historic situation in which the dollar has become so substantial an element in the reserves of other systems. It is not easy because in the absence of a commonly accepted basis for settling international differences, the authorities of the various central banks face problems of a sort not encountered generally before.

Well, ladies and gentlemen, that is my conception of what this conference is fundamentally about. Our trade and capital movements are likely to be seriously embarrassed in the regime of more freely fluctuating exchange-rates that has been provisionally arranged. Can a political consolidation of Europe proceed in a milieu in which inter-local transactions are subject to this kind of uncertainty? What of the dangers of attempting to eliminate such uncertainty, if inter-local disequilibria of any considerable scale continue to exist? And – and this is the most fundamental question of all so far as Europe is concerned – can such inter-local disequilibria be ruled out without a unification of monetary systems which in the end involves much more political unification than hitherto has been acceptable to many others? Finally, what is to be the relationship of whatever emerges in Europe to the great dollar-system and to the rest of the world? Momentous questions, Dr. SCHNEIDER, questions quite enough to last us one and a half days. Now, gentlemen, I call on our distinguished experts who are to address you this morning, and the first paper on the programme is that by Dr. RAYMOND BARRE on "L'avenir de la politique monétaire de la CEE".

1. Referat

L'AVENIR DE LA POLITIQUE MONÉTAIRE DE LA CEE*

RAYMOND BARRE:

Je voudrais tout d'abord remercier la List Gesellschaft de cette invitation et profiter de l'occasion qui m'est offerte pour porter un hommage que je crois mérité au professeur SALIN. Je suis heureux de pouvoir d'abord porter ce témoignage à l'égard du professeur SALIN pour lequel beaucoup de ceux qui furent étudiants dans les années 45/48 conservent une grande admiration pour la vigueur de sa pensée.

Le sujet qui m'est confié ce matin présente non seulement un intérêt d'actualité mais mérite d'être traité avec objectivité et lucidité en raison des incertitudes et des confusions qui règnent à la fois sur l'objectif et sur les moyens que la CEE envisage d'atteindre et d'utiliser pour parvenir à ce qui a été décidé à la conférence de la Haye par les chefs d'Etat et de gouvernements, c'est-à-dire la création d'une union économique et monétaire. Les organisateurs de cette réunion ont été sages en donnant de 15 à 20 minutes à chaque rapporteur pour présenter leurs idées fondamentales sur le sujet. La brièveté conduit à une vision plus claire des problèmes que l'on a à exposer. En ce qui me concerne, et compte tenu de mes propres responsabilités dans la Commission des Communautés Européennes, je ne voudrais pas ici me livrer à un simple exercice intellectuel qui ne pourrait engager que moi, mais me fonder sur les documents, les décisions et les travaux en cours au sein de la CEE, documents, décisions et travaux qui sont établis en étroite collaboration par tous les Etats membres de la Communauté et par les institutions de la Communauté.

Je voudrais dire tout d'abord que l'évolution des relations économiques internationales depuis la fin de la seconde guerre mondiale s'est caractérisée par deux traits: d'une part, par une interdépendance croissante des économies, interdépendance due à la libéralisation progressive des échanges commerciaux et des transactions financières, et à la convertibilité des monnaies. Le deuxième trait de cette évolution, c'est une coopération internationale croissante qui s'exerce au sein d'institutions internationales comme le FMI et le Groupe des

---

* An English summary of this paper is reproduced in the appendix.

Dix. Ces deux traits: interdépendance et coopération croissante, représentent des progrès fondamentaux sur le plan international, et ils doivent être sauvegardés et intensifiés de manière à assurer la croissance et la prospérité d'un monde qui s'unifie progressivement.

Sur la nécessité de sauvegarder ces caractères fondamentaux du système international, je crois qu'il n'y a dans la CEE personne qui ne puisse contester la nécessité urgente dont je viens de parler. J'ai été heureux d'entendre Lord ROBBINS dire qu'au moment de la crise d'août 1971 il ne s'est point tellement agi d'un effondrement du système monétaire international, mais d'une crise encore plus aiguë que celles que nous avions connues dans le passé. Mais ce qui a été surtout fondamental, c'est la réaction de tous les pays ayant la responsabilité de la gestion du système monétaire international, qui ont recherché une solution qui puisse permettre de revenir à un certain ordre dans les relations monétaires et au respect de certaines règles du jeu dans les relations commerciales internationales. Règlement partiel, bien sûr, mais les résultats atteints au cours de cette période montrent bien quelle est l'inspiration fondamentale de ceux qui en Europe ou hors d'Europe restent attachés à la coopération internationale. Dans cette perspective, l'intégration monétaire européenne telle qu'elle est envisagée par les Etats membres de la Communauté doit s'effectuer non pas en vue d'un fractionnement de l'économie internationale, non pas en vue de la création de blocs, mais dans le but de renforcer la stabilité des échanges et des paiements internationaux. J'aime souvent citer ce passage final du «Speech de Lord KEYNES devant la Chambre des Lords» où, exprimant les raisons profondes et les intérêts des accords qu'il venait de négocier, soit au sein du FMI, soit avec la Trésorerie des Etats Unis, il indiquait dans une page admirable que la constitution de blocs était peut-être nécessaire lorsque l'on vivait dans un monde hostile mais que dans un monde de coopération il fallait être «crazy» pour penser que de tels blocs puissent se constituer. Je crois que – à l'heure actuelle – personne ne souhaite la constitution de blocs rivaux car la constitution de blocs signifie la guerre commerciale, la guerre monétaire, dont tout le monde redoute les conséquences néfastes. Cette conception générale étant précisée, je voudrais maintenant indiquer d'une part quelles sont les conceptions qui ont été arrêtées au sein des institutions européennes à l'égard de ce que l'on appelle la réforme du système monétaire international, préciser ensuite quelques aspects du travail accompli à l'intérieur des Communautés en vue de parvenir à l'objectif de l'Union Economique et Monétaire.

Depuis plusieurs années, il est question de la réforme du système monétaire international fondé sur les accords de Bretton Woods. Les crises successives qui ont ébranlé les relations monétaires internationales ont renforcé dans certains milieux le sentiment que les règles prévues par ces accords étaient devenues inadéquates. En fait, lorsque l'on ne se laisse pas gagner par les modes intellectuelles, mais lorsque l'on regarde les faits, on constate que si les accords de Bretton Woods n'ont pas empêché certaines crises, ce n'est point parce que ces accords étaient inadéquats, mais peut-être parce que les dispositions fondamentales qui étaient prévues par ces accords n'ont pas été respectées, de sorte que l'on peut se demander s'il s'agit aujourd'hui de changer ces accords ou bien plutôt de les adapter et de les compléter sur les points où une mise à jour de ces accords apparaît nécessaire.

Je voudrais ici rappeler ce qu'a explicitement admis le Conseil des Ministres de la CEE lorsqu'il a arrêté la position de la Communauté au sein du Groupe des Dix et du FMI dans sa réunion du 13 septembre 1971.

En premier lieu, les principes de base d'un système monétaire international réformé devraient demeurer ceux qui ont été inscrits dans les accords de Bretton Woods. Tout d'abord, le principe des *parités fixes,* qui intéresse d'autant plus la Communauté qu'elle est le premier importateur mondial et qu'elle participe très largement aux échanges commerciaux internationaux.

En second lieu, le principe de *l'ajustement de la balance des paiements par des politiques économiques intérieures* qui permettent la stabilité de la balance, et lorsqu'il y a un déséquilibre fondamental, des changements de parité selon des procédures définies sur le plan international afin d'éviter les dévaluations compétitives.

En troisième lieu, le principe de la *convertibilité* des monnaies, car que signifierait un système international si ce principe fondamental n'était pas respecté?

En dernier lieu, le principe de la constitution de *réserves internationales* par des instruments *neutres,* les monnaies nationales n'étant détenues qu'à titre de balances, de «working balances». Ce principe de réserves internationales neutres avait d'ailleurs été confirmé par les accords de Stockholm de 1968, où les droits de tirage spéciaux avaient été créés de façon collective et où il avait été prévu qu'ils seraient gérés de façon collective, où il avait été également prévu qu'ils ne viendraient point s'ajouter aux dollars jusque là détenus à titre de réserve mais se substituer progressivement aux monnaies nationales détenues à titre de réserve.

Ainsi, sur ces principes fondamentaux, je crois qu'il n'y a pas de très grandes divergences de vue à l'intérieur de la Communauté, du moins, si je m'en tiens aux textes officiels approuvés par tous. Quant aux adaptations ou aux compléments à apporter aux accords de Bretton Woods, ceux-ci ont été également indiqués dans la résolution du Conseil des Ministres de la Communauté Européenne de septembre 1971, et la position prise au sein du Conseil se rapproche des conclusions du rapport des Directeurs Exécutifs du FMI «*The Rôle of Exchange Rates in the Adjustment of International Payments*», rapport publié en 1970.

En premier lieu, les pays de la Communauté ont marqué leur accord pour une plus grande flexibilité des relations de change par un élargissement modéré des marges de fluctuation des cours du change autour des parités. Ils ont marqué leur accord sur cette procédure de telle sorte que cet élargissement des marges puisse pallier la différence de taux d'intérêt et permettre ainsi de réduire les effets sur les économies nationales des mouvements déstabilisateurs de capitaux. Mais il ne semble pas qu'au sein de la Communauté un accord se soit fait pour que cet élargissement des marges soit considéré comme le premier pas vers un système international fondé sur des parités glissantes.

En second lieu, les pays de la Communauté sont d'accord pour penser qu'une modification plus rapide des parités est nécessaire en cas de déséquilibre fondamental des balances des paiements. Les parités doivent être modifiées dès qu'il apparaît que celles-ci ne sont plus réalistes. Je ne crois pas qu'en acceptant cette thèse d'une modification plus rapide des parités, les pays de la Communauté se soient mis d'accord entre eux sur une notion assez répandue de changements fréquents et limités de parité. Le rapport des Directeurs Exécutifs du FMI s'était exprimé clairement sur ce point mais je crois pour ma part que l'observation la plus juste sur cette technique a été formulée dans le *40e Rapport Annuel de la BRI*. Je cite ce rapport: «Alors que nul ne conteste les conséquences dommageables d'un attachement obstiné à des taux de change irréalistes, l'expérience prouve qu'une modification de la parité officielle d'une monnaie, que ce soit vers le haut ou vers le bas, est une action difficile à prendre, au premier chef du point de vue politique, même si l'existence d'un important déséquilibre fondamental ne fait pas l'ombre d'un doute.» Des changements de parités plus réduits, dont la nécessité elle-même apparaîtrait donc avec moins d'évidence, risquent de susciter des difficultés non moins considérables.

Enfin, la 3e série d'adaptations ou de compléments à apporter aux accords internationaux devraient concerner une régulation plus efficace des mouvements internationaux de capitaux à court terme dont le rôle déstabilisateur a été considérable au cours de ces dernières années. Les accords de Bretton Woods ont surtout considéré les dispositions régissant les transactions courantes. Pour les transactions en capital, aucune formule spécifique n'avait été retenue. Or, c'est certainement le grand problème que nous avons eu à affronter au cours de ces dernières années et que nous aurons encore à affronter dans l'avenir. Je voudrais d'ailleurs rappeler à ce sujet que le directeur général du FMI, M. Schweitzer, avait, au cours de la réunion du Groupe des Dix à Londres au mois de septembre, indiqué que sur l'agenda des discussions relatives à la réforme du système monétaire international le point de la régulation des mouvements internationaux de capitaux devait figurer et que ce point a été explicitement retenu dans le dernier paragraphe du communiqué du Groupe des Dix publié après la réunion de Washington des 17 et 18 décembre 1971.

Tels sont les conceptions et les principes sur lesquels, à l'intérieur de la Communauté, je le répète, et en fonction de textes officiels, je crois que l'on peut indiquer les tendances principales de réflexions et d'actions. La Communauté pourra jouer un rôle d'autant plus important dans les discussions à venir et dans les décisions à prendre, que depuis 1968 la réforme des statuts du FMI donne aux pays membres de la Communauté, s'ils unissent leurs votes, un droit de blocage de certaines décisions. Ils devraient l'utiliser non point dans un sens négatif, mais dans le sens positif d'aménagement du système international de manière à le rendre plus efficace et plus utile.

J'en viens maintenant aux problèmes propres à la Communauté.

Au sein du système international, la Communauté peut constituer un pôle économique et monétaire, un pôle de stabilité et de convertibilité. Tel est l'objectif qui a été affirmé à la Haye par les Chefs d'Etat et de gouvernements, lorsque dans le communiqué de la conférence au sommet ils ont inscrit de la façon la plus explicite que la Communauté devait constituer une union économique et monétaire. Que l'objectif soit ambitieux, nul ne le conteste. Je dirais même qu'il est très ambitieux. Qu'il s'agisse d'une tâche difficile, que personne ne pense voir se réaliser du jour au lendemain, c'est une constatation d'évidence. Les plans arrêtés au sein de la Communauté ont été souvent l'objet d'analyses caricaturales et de commentaires, dont le moins qu'on puisse dire, est qu'ils ne respectaient guère l'impartialité. En fait, la constitution d'une Union Economique et Monétaire est une décision politique et il était bon qu'elle soit prise au sommet par les Chefs d'Etat et de gouvernements. Si cette volonté politique se maintient, les obstacles seront surmontés.

En 1958, lors de la signature du Traité de Rome, lorsque l'on relit les commentaires dans les mêmes journaux et souvent sous les mêmes plumes qui ont été faits sur les objectifs de la Communauté, on constate le même scepticisme; or ailleurs, la volonté politique s'est maintenue et l'on a réalisé un certain nombre de choses qui n'étaient point attendues. Si la volonté politique se maintient il n'y a pas de raison que patiemment les difficultés ne soient pas surmontées. Si la volonté politique ne se maintient pas, il n'y aura pas d'union économique et monétaire. Ma foi, ce sera l'occasion manquée pour les pays européens, mais aucun pays d'Europe ne mourra! Si l'on prend les choses avec sérénité et peut-être avec un peu de cynisme, on doit constater que la tâche est ambitieuse et stimulante et qu'il appartient aux gouvernements de la Communauté et aux institutions communautaires d'agir en fonction des objectifs qu'ils se sont aux-mêmes assignés.

Ceci dit, les caractéristiques essentiels de ce pôle économique et monétaire pourraient être les suivants et ce dont je vais parler, je le dis une fois de plus, c'est des décisions qui ont été prises par les institutions compétentes de la Communauté à partir des travaux effectués par un grand nombre d'experts au sein de la Communauté; si bien que l'on peut penser qu'une espèce de sagesse collective a inspiré cet ensemble de propositions ou de décisions.

En premier lieu, il n'y aura pas d'organisation solide de la Communauté sur le plan économique et monétaire si des *politiques économiques à court terme et à moyen terme coordonnées* ne sont pas mises en œuvre pour assurer la croissance et la stabilité au sein des pays membres. La Communauté selon la déclaration de la Haye doit être une Communauté de stabilité et de croissance. La convergence des politiques économiques reste la condition première de la cohésion d'un ensemble monétaire communautaire. Mais lorsque nous parlons de convergence des politiques économiques en vue d'une Communauté de croissance et de stabilité, nous sommes conscients d'une part que les structures des pays de la Communauté sont fort différentes et que l'on ne peut pas traiter de la stabilité dans les pays membres de la même façon selon qu'un pays lorsqu'il connaît le chômage ne voit atteints que les intérêts de travailleurs étrangers immigrés, alors que dans d'autres pays le chômage concerne directement la population propre à ce pays. Lorsque nous parlons de convergence des politiques économiques et d'une coordination des politiques économiques, nous pensons que cette convergence ne sera pas assurée seulement par le recours à des politiques globales régularisant la demande globale, mais également par *des politiques structurelles* tendant à réduire les inégalités ou les disparités régionales et structurelles qui règnent entre les pays membres. Une Communauté, c'est d'abord l'expression d'une solidarité dans tous ses aspects. Il est inutile de se fixer des objectifs ambitieux si les moyens de cette solidarité ne peuvent être réunis et mis en œuvre.

Deuxième caractère de cet ensemble communautaire: pour assurer son individualité monétaire dans le système international, la Communauté a décidé de procéder à un resserrement des relations de change intra-communautaires par un *rétrécissement progressif des marges de fluctuation* des cours du change, accompagné de développements d'interventions en monnaie communautaire des banques centrales sur les marchés des changes. Ce problème est plus que jamais à l'ordre du jour, puisque l'élargissement des marges sur le plan international pose un problème aux pays de la Communauté pour leurs relations monétaires intra-communautaires. Le Conseil des Ministres de la Communauté avait à deux reprises, en 1970 et 1971, indiqué qu'au cas où un élargissement des marges serait admis sur le plan international, les pays de la Communauté ne se prévaudraient point de cette faculté pour leurs propres relations intérieures. Il s'agit maintenant de rechercher les méthodes permettant d'aboutir progressivement à un différenciation des marges entre les monnaies de la Communauté et le dollar d'une part, entre les monnaies de la Communauté entre elles d'autre part. C'est ce problème qui est à l'heure actuelle examiné par les instances compétentes de la Communauté, mais sur ce point il n'y a rien de très neuf dans ce qui doit être entrepris puisque le rapport du Comité des Gouverneurs des Banques Centrales de la Communauté, en date du 1er août 1970, a examiné dans son intégralité l'ensemble de ces problèmes.

Troisième point: mise en œuvre d'une politique d'harmonisation des réserves de change des banques centrales préparant la constitution d'un *fonds européen de réserves* prévu par le communiqué de la Haye.

Quatrième point: institution d'une *unité de compte européenne* dont l'utilisation serait progressivement étendue dans les transactions monétaires et financières de la Communauté, une monnaie commune ne pouvant être créée qu'au terme d'un long processus d'intégration économique et politique.

En cinquième lieu: *libération progressive des mouvements de capitaux au sein de la Communauté*, tandis que les Etats membres appliqueraient de façon concertée des mesures destinées à contrecarrer les effets perturbateurs d'afflux excessifs de capitaux à court terme en provenance de l'extérieur.

Telles sont les lignes générales de l'action envisagée par les instances de la Communauté.

Monsieur le Président, le rôle de ce pôle monétaire européen sera accru par l'élargissement de la Communauté et notamment par la participation de la Grande-Bretagne qui apportera à la Communauté sa longue expérience bancaire et financière ainsi que les institutions de la Cité.

Mais en fin de compte, l'efficacité de ce pôle européen dépendra essentiellement du respect par tous les pays membres de la Communauté des conditions fondamentales qui assurent l'équilibre de leur balance des paiements et de la mise en œuvre de politiques communes destinées à renforcer leur solidarité économique et monétaire.

VORSITZENDER:

Thank you very much indeed, Dr. BARRE, for your lucid and forceful exposition.

I now call on Dr. WALTER DAMM to deliver his observations under the title "Europa – USA – Japan: Partner oder Rivalen?"

2. Referat

EUROPA – USA – JAPAN: PARTNER ODER RIVALEN?*

WALTER DAMM:

Wenn man den festlichen Anlaß für diese Tagung, die früheren Berichte der List Gesellschaft zum gleichen Thema und den illustren Kreis der Anwesenden sieht, dann kann man es nur als eine große Ehre empfinden, zu diesem Thema einige Bemerkungen zu machen, um so mehr als die Anwesenden individuell und kollektiv sehr viel mehr wissen zu dem Thema als der

---

* Un résumé français de cet exposé se trouve dans l'appendice.

Vortragende. So bleibt mir eigentlich nur die Aufgabe, eine Art Gesamtschau zu geben, was ich in der schriftlichen Vorlage versucht habe, die, wie Caesars Gallien, omnis divisa in partes tres. In dem ersten Teil der Entwicklung der weltwirtschaftlichen Integration bis zum „Nixon-Schock" habe ich versucht zu zeigen, daß die westliche Welt mit den Problemen des Multilateralismus und der Liberalisierung bisher nicht fertig geworden ist und als Ergebnis eine ständige Zunahme der Restriktionen gekommen ist, die nicht erst seit dem Nixon-Schock eingetreten sind. In dem zweiten Teil versuche ich die interimistische Phase der paritätenlosen, der schrecklichen Zeit zu beschreiben, die uns einige wesentliche Lehren für die Zukunft gegeben hat. In dem dritten Teil versuche ich die vor uns liegenden Aufgaben zu beschreiben, die für eine notwendige Totalrevision des westlichen Wirtschaftssystems auf uns zukommen, wobei ich Zweifel daran äußere, ob das System des Multilateralismus und der Liberalisierung gerettet werden kann, dennoch aber von einer gewissen Hoffnung getragen werde, was auch erklärt, warum ich mir gestattet habe, ein mother-goose rhyme slightly realigned zu bringen, denn in der Originalfassung fällt Humpty Dumpty von der Mauer herunter und kann nicht mehr gerettet werden, während ich zumindest die Frage stelle, ob all the king's horses and all the king's men can ever put Humpty together again.

Ich möchte versuchen, kurz einige wesentliche Punkte dieser schriftlichen Vorlage ins Gedächtnis zurückzurufen und meine Ausführungen auf den neuesten Stand zu bringen.

Die erste These: Die westliche Welt ist nicht in der Lage gewesen, den bisher erreichten Grad der Liberalisierung und der Multilateralität zu verkraften und die entstandenen Probleme zu meistern. Diese Probleme entstanden dadurch, daß Volkswirtschaften unterschiedlicher Struktur, unterschiedlicher Größenordnung immer stärker miteinander verflochten wurden, gleichzeitig aber die binnenwirtschaftliche Autonomie und divergierende wirtschaftspolitische Prioritäten weiter fortbestanden und die Wirksamkeit der nationalen wirtschaftspolitischen Instrumente an den Grenzen aufhörte oder nicht einmal im eigenen Lande zum Tragen kam. Weder internationale noch regionale Organisationen haben die Probleme zu lösen vermocht. Das GATT ist mit der Veränderung der Struktur des Welthandels nicht fertig geworden. Der IWF ist nicht in der Lage gewesen, ein System zu retten, das auf einer währungspolitischen Vorherrschaft der Vereinigten Staaten bei gleichzeitigen maßvollen Zahlungsbilanz-Defiziten beruhte. Die EWG, die in ihrer ernstesten Krise ist, befindet sich deshalb in Schwierigkeiten, weil die Mitgliedstaaten bisher nicht bereit gewesen sind, die politischen Konsequenzen aus den bei ihrer Gründung und in Den Haag gefaßten Beschlüssen zu ziehen. Die EWG hat es nicht verstanden, in den ersten Jahren ihres Bestehens die einmalige Chance zu ergreifen, zu einer währungspolitischen Kohärenz zu kommen, und hat sich infolgedessen bisher keine währungspolitische Persönlichkeit geben können, die es ihr ermöglicht hätte, als potenter Verhandlungspartner der Vereinigten Staaten aufzutreten.

Zweitens: Da die internationalen Organisationen keine Lösung der Probleme gebracht haben, kommt der Versuch der Mitglied-Staaten, die verlorengegangene Autonomie zurückzuholen, immer stärker in den Vordergrund durch offene oder versteckte Kontrollen, durch Abschirmung nach außen, oder durch eine Verteidigung der noch verbliebenen Kompetenzen. Im Handelssektor möchte ich an die „hard core restrictions" erinnern, die hartnäckig verteidigt werden, die Mißachtung von GATT-Regeln, „freiwillige" Exportbeschränkungen usw.; im Kapitalverkehr an die ständige Einführung neuer Devisenbeschränkungen, Diskriminierungen bei Steuern, Mindestreserven, Verzinsungen, moral suasion, und was dergleichen Instrumente mehr sind. In der EWG merken wir, daß die Mitgliedstaaten durch eine schleppende Behandlung der Kommissions-Initiativen oder durch eine Weigerung, Kompetenzen an die Kommission zu übertragen, versuchen, ihre Rolle zu behalten.

Die dritte These ist, daß bisher zum mindesten im Währungssektor die Versuche einer Wiedergewinnung der nationalen Autonomie vergeblich waren, weil die Realität der wirtschaftlichen Integration sich als stärker erwies. Das ist auf eine ganze Reihe von Faktoren zurückzuführen, die, wie z. B. die leads and lags beim Export und Import, die multinationalen Gesellschaften, der Euromarkt, die wachsende internationale Erfahrung der Unternehmen und der Banken, die wirtschaftliche Vormachtstellung der Vereinigten Staaten, letztlich bedingt waren durch die Notwendigkeit, im finanziellen Sektor über ein Pendant zur internationalen Verflechtung im Handelsverkehr bei den Direktinvestitionen und bei der Verknüpfung der Kapitalmärkte zu verfügen. Die vergeblichen Versuche der Wiedergewinnung der nationalen Autonomie schaffen jedoch bei den Behörden ein Gefühl der Frustration, das wiederum die Tendenzen zur Verstärkung der Restriktionen fördert.

Viertens. Die vier Monate nach dem Nixon-Schock enthalten für die westliche Welt eine Reihe von wertvollen positiven und negativen Lehren. Unter den positiven Lehren möchte ich erwähnen, daß wieder außerordentlich nachdrücklich in Erinnerung gerufen worden ist, wie eng währungspolitische und handelspolitische Fragen miteinander verknüpft sind. Neu hinzugekommen ist der finanzpolitische Aspekt der Verteidigungspolitik. Ein weiterer positiver Punkt ist die Tatsache, daß man gesehen hat, daß das Floating vielleicht kurzfristig ein adäquates Instrument für die Abwehr massiver Kapitalzuflüsse sein kann, aber keinesfalls ein geeignetes Mittel für eine langfristige internationale Wirtschaftsverflechtung darstellt, denn wenn die Wechselkurse einmal aus der Währungsordnung entlassen sind, werden sie zu abhängigen Variablen der Wirtschaftspolitik. Ein weiterer positiver Punkt ist, daß man zum erstenmal ein kollektives Abkommen über eine Veränderung der Wechselkurse in Verhandlungen hat erreichen können.

Es gibt aber auch negative Aspekte. Der Dollar bleibt inkonvertibel, die Diskriminierung der EWG-Währungen untereinander ist ausgeweitet gegenüber der früheren Situation; das Washingtoner Abkommen hat nur eine Atempause gebracht, denn es wäre nicht ehrlich anzunehmen, daß die Mitgliedstaaten nach dem Washingtoner Abkommen die in den letzten Jahren ignorierten oder halbherzig angewandten Prinzipien der internationalen Wirtschafts- und Währungszusammenarbeit sofort wieder voll respektieren würden. Wir sehen, daß im Augenblick die Vereinigten Staaten durch ihre Wirtschaftspolitik die Handlungsfreiheit nutzen, die ihnen durch die erweiterten Margen gegeben ist, während man normalerweise annehmen würde, daß ein Land, das abgewertet hat, durch eine Hochzinspolitik seine Devisenreserven zu verteidigen sucht.

Das größte Problem des Washingtoner Abkommens ist die Frage der Glaubwürdigkeit und der Dauerhaftigkeit der Vereinbarungen in der Übergangszeit, d. h. in den nächsten zwei Jahren. Es hängt weitgehend von der Wirtschaftspolitik der Vereinigten Staaten ab, ob die Leitkurse und die breiteren Schwankungsbreiten von Dauer sind. Wir dürfen nicht vergessen, daß die Vereinigten Staaten in einer sehr starken Verhandlungsposition sind, denn wenn der Dollar wieder schwach werden sollte, bleibt den Notenbanken im Augenblick nur ein erneutes Floaten, Einführung von neuen Kontrollen oder der Ankauf von inkonvertiblen Dollars.

Fünftens. Die Totalrevision des westlichen Wirtschaftssystems ist außerordentlich dringend, aber sehr schwierig, da die Interessen der Zahlungsbilanzdefizit-Länder und der Zahlungsbilanzüberschuß-Länder und der Leitwährungsländer sehr unterschiedlich sind. Im Handelssektor stellt sich neben der Frage, ob eine Liberalisierung möglich ist und wenn ja, in welchen Bereichen, die grundsätzliche Frage, ob eine solche Liberalisierung innerhalb einer weltweiten industriellen Freihandelszone möglich ist (und das hängt letztlich auch von der Haltung des amerikanischen Kongresses ab), oder aber ob diese Liberalisierung sich im Rahmen regionaler Präferenzräume abspielen wird. Im Währungssektor gibt es eine eindrucksvolle Liste der Probleme, die zu behandeln sind. Diese Liste ist bereits im Washingtoner Abkommen aufgeführt, aber ich persönlich habe nicht den Eindruck, daß man bisher diese dringenden Probleme mit dem nötigen Nachdruck in Angriff genommen hat. Außerdem ist die Frage zu stellen, wo die Prioritäten liegen. Liegen sie in der Konsolidierung der Altschulden der Vereinigten Staaten? Liegen sie in der Schaffung neuer special drawing rights, die manchmal „super-super reserves" genannt werden? Ist das Schwergewicht zu legen auf die Funktionsweite der Anpassungsmechanismen? Oder ist die wichtigste Aufgabe nicht die Schaffung von Fangnetzen für heiße Gelder? Ich glaube, daß die beiden letzteren Punkte die wichtigsten sind, denn die National-Staaten werden weiterhin die nationalen binnenwirtschaftlichen Ziele der Zahlungsbilanzpolitik überordnen, so daß man im Falle eines Zusammenstoßes von wirtschaftspolitischen Zielen eine Knautschzone – entschuldigen Sie dieses Bild – und einen schnellen und effizienten Reparaturdienst benötigt. Gleichzeitig muß ich gestehen, daß ich die Ziele der Beratungen nicht recht verstehe. Einerseits will man die USA einer stärkeren Disziplin unterwerfen, andererseits scheint man zu beabsichtigen, dies in einem System der internationalen Währungsordnung durchzuführen, in dem die Zahlungsbilanz-Disziplin gelockert wird. Einerseits will man die Rolle des Dollars als internationale Währung, insbesondere als Reserve-Medium, verringern, gleichzeitig steht aber zu erwarten, daß bei einer Verbesserung der amerikanischen Zahlungsbilanz der Dollar wieder von einer schwachen zu einer begehrten Währung wird. Ich bezweifle deshalb, ob man in Abwandlung von Gibbons berühmtem Werk von dem „Rise and Fall of the Dollar-Standard" überhaupt sprechen kann. Drittens frage ich mich, wie das Problem gelöst werden kann, innerhalb einer internationalen Währungsordnung ein bi-polares Währungssystem zu schaffen. Aufgrund der augenblicklichen Konstellation wird jede engere Integration innerhalb der EWG einen Stich oder einen leichten Anstrich Anti-Amerikanismus haben müssen. Die Frage ist, inwieweit man diesen Anstrich, diesen Stich leicht hält. Besteht nicht bei der unterschiedlichen Konzeption einiger Mitglied-Staaten zu diesem Punkt die Gefahr, daß der Stich, der Anstrich zu einer grellen Pop-Farbe wird und die Gefahr einer Bi-Polarität sich entwickelt zu einer Konfrontation?

Gestatten Sie mir schließlich, die Thesen kurz zusammenzufassen, die ich eben erläutert habe.

Meiner Ansicht nach hat die Ära der Liberalisierung und des Multilateralismus ihren Höhepunkt überschritten. Es besteht die Gefahr, daß sich die Renationalisierung fortsetzt. Wenn wir Glück haben, kann jedoch eine Liberalisierung in regionalen Räumen weiter fortschreiten. Im Währungssektor spricht man kaum noch von Liberalisierung des Kapitalverkehrs, sondern nur von Kontrollen, wobei es letztlich, wenn die Kontrollen wirksam sind, nur noch für Philologen interessant ist, ob diese Kontrollen als marktwirtschaftlich oder als dirigistisch zu bezeichnen sind. Bei den Direktinvestitionen kommen die multi-nationalen Gesellschaften nicht nur ins Kreuzfeuer der Kritik in den Empfänger-Ländern, sondern, wie wir in den USA gesehen haben, auch im Ursprungsland der Gesellschaften selbst. Im Handel besteht noch die größte Möglichkeit, die größte Hoffnung auf Liberalisierung, aber ist dort nicht die Gefahr gegeben, daß die Liberalisierungserfolge im Handelssektor durch Kontrollen im Währungsbereich ausgeglichen werden?

Wir leben in einer politisch sterilen Zeit, die bisher keine Lösung für die Probleme der Liberalisierung und des Multilateralismus durchzusetzen vermochte. Als engagierter, um nicht zu sagen enragierter Europäer frage ich mich, warum man nicht die supra-nationale Formel anwendet, deren Funktionstüchtigkeit ausgerechnet die Militärs unter Beweis gestellt haben. Wenn man ihre Erfahrungen nicht beherzigt, so scheint nur die resignierte Feststel-

lung mit Piet Hein zu bleiben, einem dänischen Atomphysiker, der auch Poet
dazu ist und gesagt hat:

> *On problems*
>
> Our choicest plans have fallen through
> Our airiest castles tumbled over
> Because of lines we neatly drew
> And later neatly tumbled over.

VORSITZENDER:

Thank you very much indeed, Dr. DAMM, for this very thought – provoking,
if perhaps somewhat saddening paper. You have challenged all of us to find
solutions to the problems that you have posed. I now call on my old friend
and colleague, Prof. NICHOLAS KALDOR, who addresses us with a paper
entitled: "Reform of Bretton Woods".

3. Referat

REFORM OF BRETTON WOODS *

NICHOLAS KALDOR:

I have been asked to introduce the discussion on what is to be at least one
of the main themes of this meeting, namely the question of how the post-war
international monetary system should be reformed.

Everybody is agreed – from the President of the United States downwards
to, I presume, most of the participants here – that the system does need basic
reform, and that Bretton Woods has shown itself to be defective. I think we
might easily exaggerate the extent of its failure. I am sitting here next to
one of the participants of the Bretton Woods conference, and, without
wishing to pay special compliments to him, it should be said at the start that
Bretton Woods was a very great achievement, and it was following that and
other post-war agreements (such as GATT) that the world, and particularly
Western Europe, entered on a period of unprecedented growth and prosperity
– unprecedented both in magnitude, duration and stability. There have
certainly never been 25 years like it. Professor SALIN, who is old enough to
have experienced the preceding 25 years, will bear me out that nobody had

---

* Eine deutsche Zusammenfassung dieses Referats befindet sich im Anhang.

then foreseen how successful liberalisation, multilateralisation, and the return to general convertibility of fixed exchange rates, were going to be in the post-war period, both in terms of full employment and growth, and the intensification of the international division of labour.

But having said that, I must attach a small sting to the tail of unstinted praise. I fully agree that the rule-books of Bretton Woods – multilateralism, convertibility and moderate tariffs and fixed exchange rates – were very important. But what really made it all possible was something that was not foreseen at the time and which is certainly not accorded its due role even now: the unintended creation of a world dollar standard. The world, until the 1950's, suffered from an unprecedented shortage of dollars. This, together with her very large gold reserves, and the general economic predominance of the United States, made it natural that members of the IMF should wish to choose the US dollar as a general intervention currency. As originally intended, this was mainly a device for administrative convenience. But as a result of that decision, combined with the fact that after the exchange rate re-alignments of 1949 – the devaluation of sterling, followed by the devaluation of the mark, the franc, and most other currencies – the dollar gradually ceased to be a scarce currency, the world economic situation underwent a sea-change, America continued to have a large surplus on current account, but this was more than balanced by American capital outflow, particularly towards the underdeveloped countries. The annual supply of dollars to the outside world regularly exceeded the demand for dollars for current payments, which meant, given its universal use as a medium for inter-central bank settlements, that an increasing proportion of the world's monetary reserves came to be held in dollars: the dollar increasingly displaced gold also as an international reserve medium and not just as a payments medium.

Contrary to the original Keynes plan, the IMF agreement did not provide for a special international currency such as "Bancor". The IMF was conceived as a "currency mart", obliged to swap currencies within certain limits and according to specific rules. But the Agreement also obliged member countries to maintain the declared par value of their currencies; and for the latter purpose, it was sufficient for member countries to maintain in their *own* financial markets the par value of their currencies in terms of the US dollar. In this way, the dollar became the world currency, and America's chronic balance of payments deficit on basic transactions meant that world income *outside* the US was rising in terms of dollars, and this made it possible for the effective demand for goods, and for world trade, to expand continually. It enabled a number of countries, such as Germany or Japan, as well as smaller countries such as Switzerland or Sweden, to have the benefit of sustained export-led growth. Indeed, with the exception of the United States and the United Kingdom, the economic growth of all industrialised countries was export-led.

The question is, what went wrong with this system? Although everybody complained, in reality, everybody was very satisfied with it, because it led to sustained growth, to full employment, and to an unprecedented rise in living standards. There was complaint about "imported inflation" – though I must confess that I regard the case for "imported inflation" a very weak one. This is partly because the countries that are supposed to have suffered from "imported inflation" had by any real test of inflation – i. e. the rate of increase in their price levels – a greater degree of inflation than the United States, the country from which they are supposed to have imported it. Also, it would have been open to countries suffering from "imported infla‑ tion" to take counter measures (by revaluing their currencies); if they failed to do so, or failed to do it to an adequate degree, one must presume that they regarded the benefits of "imported inflation" as more important than its disadvantages.

I therefore regard the idea that American inflation caused the system to break down as pretty nonsensical. Equally, I regard the American contention as nonsensical which suggested that the breakdown of the Bretton Woods system was due to the "devaluation bias" imparted to the system. The frequent assertion of US economists has been that the exchange-rate adjustments under‑ taken are prevailingly downwards, and it is this which has caused the dollar to be increasingly over-valued in relation to other currencies. It is perfectly true that the *immediate* post-war currency re-alignments of 1949 (largely undertaken on the promptings of the US Government) meant a substantial rise in the value of the dollar in terms of other currencies. But at that time the US dollar was a heavily *under-valued* currency; and the re-alignments of 1949 were clearly essential if the network of quantitative controls which hampered the restoration of normal trading relationships was to be dis‑ mantled. The increasing uncompetitiveness of the United States in the last ten years leading to the complete erosion of her current account surplus, and indeed its replacement by a current account deficit, was not due however to competitive exchange devaluations at all – if anything, it was competitive *non*-revaluation, rather than competitive exchange devaluation, which caused it. The countries which enjoyed fast-growing exports with ever-rising balance of payments surpluses were countries such as Germany and Japan, neither of which could be accused of having indulged in competitive exchange devalua‑ tion. On the contrary, Germany repeatedly *re-valued* her currency, first in 1961, then in 1969, then again in 1971 – whether for internal or inter‑ national reasons – whilst in Japan, the yen became increasingly undervalued, not because of an exchange rate adjustment, but because of the operation of the "Verdoorn law", i. e. the fact that in the matter of competition in the industrial field success breeds success and there are cumulative forces in operation which lead away from, and not towards, an equilibrium. This is what MYRDAL called "circular and cumulative causation". The very success of

Japan in exports made her *more* successful the whole time, relatively to her competitors, and it certainly wasn't due to the absence of inflation in Japan either, because by the test of both price and wage movements, Japan had more inflation, at least in the last five years or so, than most other advanced countries in the world. And yet, in the recent crisis, she was, next to France, the most reluctant of countries to allow any impairment of her competitive strength through a re-valuation of her currency – despite the fact that she had far more dollars than she could possibly use, and was also absorbing dollars at a fantastic rate. The reason no doubt – though this has never been explicitly admitted – was that she regarded the maintenance of a fast rate of growth of her exports (of an export-led boom) as more important for her economic future than the benefits which currency re-valuation could secure in the form of lower inflationary pressures, fewer unrequited exports and more favourable terms of trade.

So the forces which caused the collapse of the Bretton Woods system were inherent tendencies to disequilibrium in international trade which arose not out of differential inflations, or as a result of the use of competitive exchange devaluations as a method of trade warfare (which the authors of Bretton Woods were so much afraid of), but simply as a result of the natural course of events which made the German Mark and the Japanese Yen and a few others more and more undervalued, as a result of their increasing competitiveness, a competitiveness which was automatically enhanced by their very success as exporters.

The counterpart to this process was the increasing uncompetitiveness of the countries which were at the losing end of the game. In the case of the United Kingdom, this led to repeated balance of payments crises, forcing periodic deflationary action unwarranted by the internal economic situation, and finally, very belatedly, to the devaluation of the pound in 1967. In the case of the United States there were respectable economists – and not very radical ones – such as Professor HABERLER and Professor MILTON FRIEDMAN I believe, who advocated that America should follow a policy of "benign neglect" in the matter of her balance of payments. Since the US dollar is the "numéraire" in world trade, it is up to the other countries to take action to correct the growing disequilibria in international payments. It is up to Germany to decide whether she prefers to have more exports and more profits, or whether she prefers to allow her currency to appreciate for the sake of less inflation and thereby decrease the "Konkurrenzfähigkeit" of German industry. If they (i. e. the Germans) prefer to absorb dollars so as to keep their currency undervalued, that is their problem. The US certainly did not ask them, or even want them, to absorb all these dollars. Let them stop buying up the dollars – but then the price is that their currency will automatically appreciate in terms of the dollar. Therefore, America should follow the developments in the foreign exchange markets of the world with "benign neglect". Let other countries decide what they want to do. If they don't absorb dollars, then there is the penalty of revaluation and hence decreased competitiveness; and it is up to them to decide whether they prefer unrequited exports or *less* exports.

However, in the end, the Americans did not follow through with this policy of "benign neglect", and on August 15th, there were all the fireworks and the striptease. What was the reason? In my view, the reasons were primarily internal rather than international. As a result of the international situation, the maintenance of American prosperity with a reasonable degree of full employment required measures of increasing economic unorthodoxy which the American monetary and fiscal authorities found harder and harder to swallow. That is to say, in a situation in which, say, Japanese goods increasingly displace American goods in the US domestic markets and not only in third markets, production and employment in the United States are increasingly impaired. To offset such adverse effects would require steadily larger budgetary deficits; steadily bigger cash handouts, the effects of which would be to create abnormal job opportunities for all the workers who were displaced from their normal pursuits and employments. This means that in place of a normal or "solid" prosperity, you create with abnormal jobs an artificial prosperity. So the real reasons for the Nixon decisions may have been more internal than international. They reflected the realisation that unless American industry *does* become more competitive internationally then either she will suffer from increasing recession and unemployment, or she will have to supplement incomes earned in production with cash handouts – in the form of lower taxes or higher subsidies – to counteract this trend; and this is not a sound way for a country to go about its business.

So, there we are now.

The question is, what are we going to do next? We have just concluded a temporary agreement and you have heard Dr. DAMM saying just now, and I do not disagree with him, that this present agreement, the so-called "Smithsonian" agreement, does not look as if it is going to give us more than a breathing space. Something more permanent is required.

We are still on the dollar standard, and we cannot get out of this situation. Nor would I say that the problem will solve itself if and when, as a result of the new alignment of exchange rates, the planned improvement in the US balance of payments does in fact materialise. For the problem is not *just* that of restoring balance in the international flow of payments. The very fact that the dollar has been increasingly used as a medium of payments between private parties, and not only for official settlements, has involved the creation of a secondary trading currency and the development of a wholly unregulated money market, the Euro-dollar market, with its own 'money-creating' potential. If you reckon it up the number of dollars floating around the world are far greater than the dollars which ever left American shores. Lots of them were created in Europe itself, through the development of international dollar banking (non-resident dollar deposits and dollar loans) and it is this sort of thing which makes it impossible to leave things as they are. We need a new world currency which can be put under stricter control.

Now everybody seems to be agreed that the new world currency should be some sort of SDR. On my part I am very dubious whether a paper SDR could ever replace the dollar as the medium for official settlements, or as an international reserve medium, let alone as an international trading currency. So long as the dollar remains the universal international trading currency, so long as the great international companies – such as the oil companies and other large companies – hold the bulk of their cash reserves in dollars, I do not see how the world could get away from the dollar standard.

Nor do I think that it would be possible to re-establish the international gold standard, for reasons that I have already given in the short paper which has been circulated. I merely wish to say in connection with the gold standard that even by re-valuing gold to double or treble its present value, it would still remain true that effectively the world would be on the dollar standard, and not on a gold standard. If I may digress into personal reminiscences for a moment, I should like to relate that in the very first examination which I had in the subject of economics (it was a matriculation examination of the University of London in 1927) one of the questions which I attempted to answer was in the form of a quotation: "'The world is on a dollar standard.' Explain." The proper answer to that question as I learnt later (my economics at that time was not quite up to finding the right answer and it is a bit of a miracle that I passed that examination) was that the purchasing power of the US dollar in terms of commodities was a far more important factor in determining the commodity value of gold than the "real" value of gold was in determining the purchasing power of the dollar and of other currencies. The reason is that gold is an artificial commodity the value of which has increasingly depended – even before the first world war, and of course to a far greater extent afterwards – on the purchasing power of the major currencies into which gold was convertible.

So it would be a mistake to think that *either* with SDR's *or* with gold – in other words either with a paper SDR, or an SDR with 100 % gold backing – the world could get away from a dollar standard, so long as the situation remains as it is now. I am in favour of creating an international currency that is independent of national currencies including the dollar. But the only way I can see in which this could be done (and I am sure that the time is not ripe for it and it will not happen for at least another 20 years) would be an international currency issued by the IMF, (or an organisation like the IMF) which has a stable value, not just in gold, but in terms of *all* the major primary commodities of the world, independently of its conversion ratios into national currencies. This means a currency which is freely convertible into all the main commodities through the operation of international buffer stock schemes. A currency which is issued automatically against commodities – in other words, to support a stable world price of all the major commodities, including foodstuffs, metals and fibres – would of course have a stable commodity value independently of the "par values" of particular national currencies which are convertible into it.

This provides the theoretical solution to what has come to be called in technical parlance the "nth-currency" problem – the problem, that is, that if you have n currencies, there are only $n-1$ exchange rates between them, and therefore the *last* currency has no power to change itself in terms of the other currencies; and by the operation of a kind of inverted Gresham's Law, the currency of the most powerful country invariably tends to become the "last currency" in this sense – in other words, the "numéraire currency". Hence in the post-war period any Government (other than the US) could decide to have its currency devalued in terms of the US dollar; but the US Government was unable to devalue the dollar in terms of other currencies, since if it had attempted to do so – by raising the official price of gold – any other Government would have equally altered its official gold parity, leaving the structure of exchange rates the same as before.

However, with an international currency which has an independent stable value in terms of commodities (and not only in terms of an artificial commodity like gold, which is a phoney commodity – it wouldn't be worth much if it wasn't used as money – but in terms of commodities which are essential to most economic activities) the situation would be different. Any industrial exporting country which devalued its currency in terms of the international standard would necessarily lower the price of its own manufactures (i. e. the price of the 'value added' by its processing activities) in terms of 'basic inputs' (food and raw materials); there would thus be a clear "trade-off" between competitiveness and the terms of trade, independently of any exchange rate adjustment by other countries. Moreover, by creating an infinitely elastic demand for primary commodities, a currency system of this kind would tend to generate the maximum attainable rate of growth in the world economy and under conditions of stable prices, at least for basic materials. By ensuring that any increase in the output of basic commodities would generate a corresponding increase in the purchasing power of the producers, it would also tend to ensure, through "multiplier" and "accelerator" effects, that the growth of commodity absorption proceeds fast enough to match the technically feasible rate of growth of the production of primary commodities.

In other words, under such a system it is the supply of basic materials which would set a limit to the rate of growth of processing activities – i. e. to the growth of industrial production – and not, as now, the rate of growth of effective demand emanating from the "developed" countries, which has governed the growth of demand for, and hence the production of, primary commodities.

It would also make it possible to liquidate the ludicrous practice by which the Governments of the rich countries, such as the United States or the members of the Common Market, give absolute preference to their own agricultural producers (by means of quantitative import restrictions or variable import levies) and thereby insulate their own primary producers from competition of the primary producers of less fortunate countries. To achieve the same degree of "liberalisation" in the international trade of primary commodities as has been achieved in the case of manufactures is surely the ideal solution in the long term, in the interests of peace, freedom, the maximum spread of welfare, the maximum help to the under-privileged, which the previous speakers have been talking about.

In conclusion, I only wish to say that I very much agree with those who say that the world is at a crossroad. We can either take the road which leads to greater freedom of international trade, and a greater degree of unity in the world, or else we can take the road that leads to the creation of "economic blocs" which are increasingly isolated from each other. There are important advocates for both of these developments. My own feeling is that we would be very much better served – both from a political and an economic point of view – by opting for policies of greater freedom of trade, and hence greater integration and unity in the world economy as a whole, than for a policy of greater economic integration of groups of countries in separate economic blocs that become increasingly separated from each other.

II. DISKUSSION

Die Währungskrise 1971:

Politische, ökonomische und ideologische Ursachen

VORSITZENDER:

I am sure we are extremely grateful to Prof. KALDOR both for his brilliant survey of the past and for the vision of the far distant future with which he treated us in his peroration.

I was amazed to hear Prof. KALDOR say that in his matriculation examination for London University, when he was a mere stripling and, if I may say so, by no means the formidable person he is now he was asked such a difficult question. I can only assure him I did not set that examination paper!

Now, in the course of his observations I noted that Prof. KALDOR attributed to Prof. MILTON FRIEDMAN the origin of the term "benign neglect". I watched out of the corner of my eyes Prof. GOTTFRIED HABERLER to see whether he would leap to his feet in rage claiming his patent rights in that particular phrase, but here is Prof. HABERLER in the flesh and it occurs to me that perhaps at some time in our discussion this morning he might be provoked upon to say a few words either in vindication or repudiation of the reputation which has arisen in that particular connection.

Ladies and gentlemen, the discussion is now open.

We have a great variety of matters which have been thrown. We have the positive proposals of Dr. BARRE, we have the scepticism, the warnings of Dr. DAMM, we have – what shall I say – the vindication of American policy by my dear friend on my left here and his vision of the future – subjects which might occupy us not for the next hour and a half, but for many days. I am happy to say that no less a person than Dr. HANKEL has volunteered to open the discussion with a few remarks.

WILHELM HANKEL:

Professor SALIN, Sie dürfen dies als Kompliment auffassen: Altersweisheit besteht ein wenig auch darin, daß man Probleme der Vergangenheit rosiger sieht. Man sollte aber nie vergessen, daß Kinder ihre eigenen zeitgenössischen Probleme gar nicht so rosig sehen. Der Gold-Standard und auch das Bretton-Woods-System waren gar nicht so ideal für die Zeitgenossen. Beide erscheinen ideal im Rückblick, so wie wir als Ältere unsere eigenen Jugendprobleme auch nicht so ernst nehmen.

Professor KALDOR hat nun eine höchst interessante Zusammenbruchs- oder Nichtzusammenbruchs-Theorie von Bretton Woods gegeben. Eigentlich sei dieses System gar nicht kaputt gegangen, es sei kaputt gemacht worden, indem man gewisse Spielregeln, die eigentlich vorgezeichnet waren, nicht beachtet habe. So habe man die „absorptive capacity" für Dollar-Hinnahmen verkürzt. Aus dieser Weigerung seien die bekannten Schwierigkeiten entstanden und wenn man diesen Fehler beseitige, dann lebten wir weiter in Freuden mit Bretton Woods.

Professor KALDOR hat aber auch eine andere Theorie entwickelt, die eine wesentlich bessere Erklärung gewesen wäre, die ich kurz in meinen Worten wiedergeben möchte: Es ist wahr, daß nicht die Inflation in Amerika die Ursache für die negative Absorptionsfähigkeit oder den negativen Absorptionswillen für Dollars auf der anderen Seite bedeutet. Aber hinter dem Bild der Vereinigten Staaten wird m. E. ein Zahlungsbilanz-Gesetz sichtbar, das wir alle kennen und das überhaupt noch nie formuliert worden ist. Jeder von uns weiß: ein armes Land, ein Entwicklungsland, hat eine strukturell passive Bilanz: Es ist viel zu arm, um sich alle Importe, die es braucht, aus eigener Exportkraft leisten zu können. Ergo muß es sich verschulden, so lange es geht. Niemand macht sich klar, daß ein reiches Land aus ganz anderen Gründen auch zu einer strukturell passiven Zahlungsbilanz tendiert. Ein reiches Land, besonders das Land mit dem größten Reichtumsvorsprung, hat bekanntermaßen auch die teuersten Ressourcen. Infolgedessen war es zwingend, daß die Vereinigten Staaten nicht aufgrund ihrer Inflation, sondern aufgrund ihres Reichtumsvorsprungs immer mehr dazu übergehen mußten, das ‚inferiore' Geschäft der Güterproduktion für den Export zu substituieren, zu ‚veredeln' in Kapitalexport. Das heißt: die Produzenten mußten aus Gründen der Kostenrechnung Standortüberlegungen anstellen und sich fragen, ob es nicht viel günstiger ist, statt Güter Investitionen zu exportieren.

Diese Substitution von Güter- in Kapitalexport, der Export von Investitionen ist von allen Industrieländern am weitesten in den Vereinigten Staaten fortgeschritten. Es ist die eigentliche Ursache der passiven Zahlungsbilanz der USA. Natürlich: diese Dinge sind akzeleriert worden durch alles mögliche, z. B. die Inflation. Sie sind aber auch akzeleriert worden durch den Vietnamkrieg. Nur: all dieses war nicht auslösend. Entscheidend für das anhaltende Defizit der US-Bilanz ist m. E. der Reichtumsvorsprung der Vereinigten Staaten. Er hätte, wenn nicht 1971/72, dann 1975 oder 1980, immer eine passive Zahlungsbilanz hervorgerufen. Da aber unglücklicherweise die Vereinigten Staaten auch noch die Leitwährung stellten, stellt sich damit automatisch der Konflikt zwischen innerer Prosperitätssicherung und externen Verpflichtungen eines Weltbankiers. Dieser Konflikt wäre immer gekommen und er wird für jedes Land kommen, das seine Währung für internationale Zahlungen zur Verfügung stellt. Wir haben das mit dem Pfund Sterling erlebt; wir haben das jetzt mit dem Dollar erlebt, und wenn wir historische Leute wären, könnten wir zurückgehen bis in das Zeitalter von Perikles, wir würden es auch an der Drachme erleben und wir würden es auch am Zecchino d'oro-Standard der Staatsbank von Venedig erlebt haben, wenn wir die nötigen Statistiken hätten.

Daraus, Herr Vorsitzender, folgt für mich eine Lehre: in einem Zeitalter wachsender Integration erreicht man einen Punkt, wo man eine nationale Währung nicht mehr zum Reserve-Standard erklären kann. Einfach deswegen, weil dieses Reserve-Währungsland sich in interne Konflikte verstrickt, die es entweder so löst, daß es sich den Verpflichtungen entzieht, d. h. den Reservestandard aufkündigt, oder aber überdimensionale Prosperitätsverluste in Kauf nehmen muß. Die Lehre, die daraus folgt, ist, daß das künftige Weltwährungssystem von der nationalen Reservehaltung Abschied nehmen muß. Dies, glaube ich, ist in der Tat das Ende und der Abschied von Bretton Woods.

Nun haben Sie, Professor KALDOR, gesagt, die Sonderziehungsrechte als Ausweg überzeugen nicht, schon aus theoretischen Gründen: sie seien kein n+1-Faktor. Ich glaube, hier liegt eine Verwechslung vor. Die Sonderziehungsrechte als Idee sind nämlich zum erstenmal in der Geldgeschichte der Versuch, Transaktionsgeld und Reservegeld zu trennen. Der Sonderziehungsrecht-Standard würde nicht – wie Sie vermuten – dazu führen, daß man dann kein Transaktionsgeld hätte, sondern daß man eine vom Transaktionsgeld getrennte Recheneinheit hätte. Es wäre ein Rechenstandard der Zentralbanken in einer internationalen Girozentrale, dem IWF. Und die Zentralbanken hätten ein doppeltes Geschäft. Sie müßten wie bisher im alten Bretton-Woods-System „working balances" in Transaktionswährungen haben, also in Dollar, in Pfund Sterling usw. und müßten auf Devisenmärkten diese „working balances" kaufen und verkaufen, d. h. innerhalb der vorgegebenen Konventionen intervenieren. Das Geld der Kaufleute bliebe also dasselbe; nicht dagegen das Geld der Zentralbanken. Das Geld der Zentralbanken wäre eine Recheneinheit und zugleich eine letzte Konvertierungsmasse, denn, wann immer eine Zentralbank nicht mehr eine Transaktionswährung kaufen will, d. h. z. B. genug Dollars hat, würde sie Umtausch in Konvertierungsmasse, d. h. auf dem giralen Konto beim IWF verlangen. In diesem Sonderziehungsrecht-Standard, so wie er gedanklich vorgegeben ist und von den Exekutiv-Direktoren nun ausgearbeitet werden soll, nehmen also die Sonderziehungsrechte erstens den Charakter einer Recheneinheit ein und zweitens einer Konvertierungsmasse, und damit, wenn Sie so wollen, eines reformierten Gold-Standard. Anstelle von Gold tritt die Konversion in Sonderziehungsrechte.

Es bleibt nur eine Frage offen: wovon hängt die Produktion der Sonderziehungsrechte ab? Hier verneige ich mich mit Ihnen, Professor KALDOR, vor MILTON FRIEDMAN, denn hier hätte der Gedanke einer kontinuierlichen und kontrollierten Liquiditätsdosierung seine Berechtigung. So unpraktikabel die Idee der konstant wachsenden Geldmengen national ist oder wäre – aus allen Gründen, die diskutiert worden sind, so interessant könnte der Vorschlag international sein: aus dem einfachen Grunde, weil man zum erstenmal in der Geldgeschichte dann eine Konstante hätte, ein Datum in der Liquiditätsversorgung, an das man sich halten könnte, und mit Sicherheit, welchen Satz auch immer man wählt: 3, 4 oder 5 %, es wäre immer weniger als wir in den letzten 18 bis 24 Monaten aufgrund der unkontrollierten, der „unwanted liquidity" an Dollarüberflutung gehabt haben. Es ist also nicht, wie Sie befürchten, den Sonderziehungsrechten anzulasten, daß sie kein Handelsgeld sind, das dürfen sie gar nicht werden – und es ist theoretisch gesprochen auch das Problem der n+1–ten Währung gelöst.

VORSITZENDER:

Thank you very much! I don't think I'll ask Prof. KALDOR to reply at this moment. I think it would be better – would it not? – if I were to reserve time towards the end of the meeting, when each of the three readers of the preliminary papers has an option to make observations on those questions that have been raised in the course of the debate.

CARL CHRISTIAN VON WEIZSÄCKER:

I think that the main problems which we shall have to discuss at this meeting are not so much technical problems, monetary technical problems, even though they always have to be taken into account. I don't think that these are really the main problems. The main problems are the political ones, and I agree with Prof. KALDOR in his scepticism. Just to take one example with respect to the special drawing rights or any other such kind of international money: even though what Dr. HANKEL said may be true (that one could theoretically apply a MILTON FRIEDMAN rule to the creation of this international kind of money), I am absolutely sure that, considering the political world in which this system would have to work, this will not be allowed to happen. I don't see why what is not feasible on the national level, namely following a FRIEDMAN policy, because the political obstacles are much too severe, should be workable in the international sphere. Whenever there are balance of payments problems in the international context, considering the political pressure which will then arise either from those countries which have these balance of payments problems or from other countries, you can be absolutely sure that the rate of growth of these international media of reserve will be increased in order to solve short term problems. Therefore I believe that this system will not work, it will be very inflationary, and considering political conditions, I would rather rely on an American government which is under pressure from its own electorate not to have the rate of inflation go beyond certain limits than rely on a confusing and politically unstable mechanism for international reserves. I conclude that – apart from the European questions, which also should be discussed at this conference – the dollar standard is still the best thing which we could hope for in the coming ten years (also considering that more flexibility of exchange-rates seems not to be politically feasible).

GOTTFRIED HABERLER:*

Ten minutes are rather short to comment on all these extremely interesting papers to which we have listened, and I shall for that reason confine myself

---

* Apart from the essay on "U.S. Balance of Payments Policy" which is reproduced in the appendix Prof. G. Haberler submitted an essay on "Incomes Policy and

to points where I should like to complement or perhaps to take a different view of what some of the speakers have said.

To begin with Dr. BARRE's paper – I think it was an admirable statement – I just would like to mention one point. It is a technical point which, as Prof. VON WEIZSÄCKER rightly said, should not dominate the discussion, but I should like to mention it and ask that somebody else comments on it, namely the technical point, whether it is possible to have a narrow margin inside the European Community and a wider margin to the outside. I remember that Dr. IKLÉ has commented on the technical difficulties of such a system. I read today in the paper that it was agreed in Paris between President POMPIDOU and Chancellor BRANDT that this problem will be handed over to the governors of the Central Banks and they probably will put it right. My own view would be that it is a very complicated thing to have different margins inside and outside, and that it is not necessary to complicate monetary integration by such a system.

Now to Dr. DAMM's paper, again an excellent statement, both in spirit and in substance. There is only one point I should like to make: he spoke about flexibility. I am more for flexibility than he is. I did not quite agree with him, when he said that flexibility does not shield a country against outside influences. Nobody has claimed that. Even the most extreme advocate of flexibility would admit that with flexibility you cannot shield yourself against *all* sorts of outside influences, e. g. protectionist policies, ups and downs in the business-cycle, etc. The only thing against which flexibility can shield you is inflation. Concretely: if the Germans want less inflation than that to which they are condemned, if they remain on the dollar standard – which by the way is not an awful lot of inflation – here I think I agree with Prof. VON WEIZSÄCKER – but if they have a higher standard of performance, then in order to avoid the rate of inflation which they would have to follow, if they remained on the dollar standard, there is no other way out than to let the Mark go up. And I am glad to say that Dr. SCHILLER has fully understood that. I find it somewhat ironical that the socialist Minister of Finance is adamantly against imported inflation and against controls whilst all his critics, all the bankers and industrialists urged him to control and implicitly (although I think they don't quite understand it) to have a little more inflation.

But now, let me come to NICKY KALDOR's paper, an admirable presentation with which I agree to a very large extent. I just would like to make a few comments. First of all, why did the Bretton Woods system work as well as it did? I fully agree with what he said, but I would add one important fact which made the Bretton Woods system work. It was not mentioned, perhaps because it is so obvious, namely that the major countries avoided severe depressions. Here I think we can be confident that this will be so also in

Inflation" to the conference. A few copies are still available at the List Institute, Basel (*Ed.*).

the future. If that is the case, if the major countries avoid severe depressions, anything resembling what happened in the thirties, then the international problems can be solved.

The second point is: I think that American inflation has been a little more important in bringing about the recent difficulties than he thinks. He said that what has happened has nothing to do with American inflation. I would not go along with that. If the US had had less inflation since 1965 than it actually had, I think the recent crisis could have been avoided or at least would have been much milder. The fact that other countries, including Germany and Japan, have had more inflation than the US in terms of the rise in the cost of living, does not support KALDOR's proposition that inflation had nothing to do with the imbalance. The reason why the Japanese could have more inflation (that is the reason why the cost of living could rise faster than in the US, and Japan still could have a large export-surplus) was the differential movement of export prices and the general price level. And this, I think, is in general a very important point. Even if all the major countries had the same rate of inflation in terms of cost of living, we cannot exclude that large international imbalances may arise as a consequence of shifts in international demand which find their expression in the terms of trade and in differential behaviour of export prices in relation to the general price level as measured by the consumer price index or the GNP deflator.

My third point concerns the dollar standard. We had a general realignment – and here I would like to mention in passing that this is a great triumph for Prof. SALIN, because he was the one who has recommended a general realignment of currencies for a long time. Quite frankly, I always thought this was impossible; but he was right, it was possible. Although certain difficulties arose, it proved possible in the end, and I fully agree with Dr. DAMM that this is a great achievement. But this is by the way.

But now, what is the result of the realignment? The result of the realignment is that the world is back on the dollar-standard and perhaps even more so than it was before August 15th. The large dollar-balances which have piled up make the dollar-standard even more durable and more difficult to change. Another consequence is that the US is again following the policy of "benign neglect" at least for the time being. Who invented the word "benign neglect" is rather unimportant; the substance is much older than the word. But there it is and it means that internal macro-economic policies in the US are by and large independent of the balance of payments. It means furthermore that the US does not intervene in the exchange-market and leaves it to the other countries to change exchange-rates. I was glad that Prof. VON WEIZSÄCKER mentioned that one can say that this dollar-standard is not so bad. This is my own opinion under the assumption which he made quite explicit, namely that inflation in the US will not get out of hand. Here I would mention this qualification which I mentioned before, that even without much inflation on the part of the US, it is not impossible that large balances will pile up. But assuming now that inflation in the US will not get out of hand, then I really think the dollar-standard is not such a bad system, it does not exclude that some other countries in order to maintain balance will have to inflate a little more than they wish, but I don't think that a lot of inflation would be required. The reason is that with many actual and potential export and import commodities the balance of payments is quite elastic with respect to small differences in the rate of inflation.

Now the Chairman calls me to order. I come to an end. Let me simply say that on the commodity-standard I cannot follow NICKY. It's unworkable, politically not feasible, and that it should help to get rid of protectionism as he says in his paper is, – what shall I say? – I hate to say it, but I must say I find it a little naïve! But let me add immediately, I know that he is not anybody who is apt to be naïve. I think he has something at the back of his mind which is a sophisticated argument for reducing protectionism in this way, but it's too late to tell you, may be on another occasion, what I think he will say.

VORSITZENDER:

I propose to reserve some time at the end of the session in which I shall ask the chief participants, in reverse order, to comment on the comments which have been made upon them. So at this moment I shall hold Prof. KALDOR in restraint, but he knows that later on he will be allowed to speak himself a little.

GIOVANNI MAGNIFICO:

I have only a few remarks, in fact questions to both Dr. BARRE and Prof. KALDOR.

To Dr. BARRE first: he says that the point is whether there is in fact the political will to go ahead with monetary unification in Europe. I like to think that there is the inclination and the will to go ahead with monetary unification, but I think also that that will is dependent on the kind of monetary union we are going to have, that we are struggling for. In other words, we cannot be content with any type of economic and monetary union, but we should search for ways and means, for some kind of articulate approach which would make a union worthwhile. To my mind, a worthwhile union is one which can improve the inflation-unemployment trade-off in the first place and one which will not aggravate but rather try to cure territorial imbalances. Especially so, if we keep in mind that what we are considering is not the integration of small geographical districts, but the integration of nations with old cultural traditions. I would like to know from Dr. BARRE whether he sees the possibility of some articulate form of approach to be followed in this field?

I also would like to note that while Dr. BARRE stresses the need for policy harmonisation – I agree with him on this point, but I think that this is not all – I believe that the roots of the divergencies as to cost and price performances in the Community over the past decades go very deep. They are not simply the result of policy choices, but are due to the different behaviour of the economies themselves. This is in my view a much more thorny problem. I don't see how one can postulate from the beginning fixed price ratios without doing something that might make the prices themselves move proportionally.

Thirdly Dr. BARRE recommends and tells us that the Community is considering and is doing what it can, and he proposes to do more, by way of official policies. But when he speaks about structural policies, I think that mobility of factors is not enough. I share Prof. KALDOR's view that mobility would not be desirable, that the effects of mobility as a remedial action for different rates of growth in different parts of the Community would lead to imbalances in the long run, and I hope to have shown elsewhere that in fact it would not even be feasible. So I think that we have to do something by way of a structural policy. We need a *differentiated* demand management policy and a *differentiated* business cycle policy. I don't see on what grounds one could justify the same anti-cyclical policy say for das Ruhrgebiet and Sicily or Scotland.

Now, if I may, a couple of questions to Prof. KALDOR.

The first one is this: Prof. KALDOR drew our attention to the dangers of setting up blocs, and he was referring, of course, to this in the monetary context. I should like to ask him: Isn't it possible that by setting up a European monetary bloc – or as I would rather call it – a European monetary area, the Community would be able to be more relaxed in other respects, e. g. in the field of commercial policy? Is it not true that some of the paradoxical actions which can be attributed to the EEC have been due to the fact that because it did not have other ways of affirming its personality, it had to use instruments, such as certain agreements with African countries or oversea-countries in the field of commercial policy which certainly were not the most apt to fulfill its general task?

And the second question is about the commodity-standard which Prof. KALDOR proposes. My perplexity arises from the fact that, if we have an international currency which would be a true commodity-standard, it would be biased in the sense of giving to commodities a weight which would be in contrast with the trend towards a decreasing weight of commodities in the economy. Shall we peg the international currency to the evolution of technology in the production of commodities or of technology used in the production of machinery?

FRIEDRICH A. LUTZ:

Ich bin etwas erstaunt, mit welcher Resignation oder gar positiver Zustimmung man den Dollar-Standard annimmt. Der Dollar-Standard bedeutet doch, daß die Amerikaner zu Hause machen können, was sie wollen, jede Defizit-Politik im Budget, jede Billig-Geld-Politik, die sie für notwendig halten; und das ganze Problem der Adjustierung der Zahlungsbilanzen wird den Europäern und Japan zugeschoben. Ich sehe absolut nicht ein, warum das so sein muß. Der Dollar-Standard ist ja jetzt noch reiner geworden als vor dem 15. August. Früher haben die Amerikaner noch einen Beitrag zur Beseitigung ihres Defizits geliefert, indem sie gelegentlich mal Gold verloren haben. Das fällt jetzt auch weg, so daß also das Problem der Adjustierung der Zahlungsbilanzen jetzt ganz den Europäern und den Japanern zugeschoben wird.

Ich sehe nicht ein, warum man nicht ein System anstreben soll, in dem die Amerikaner selber dazu sehen müssen, daß ihre Zahlungsbilanz in Ordnung kommt. Man läßt dem Dollar seine Funktion als Interventionswährung, aber nicht als Reservewährung. Bestehende Dollarguthaben kann man konsolidieren oder man kann, wie Mr. BARBER, der englische Schatzkanzler, in Washington vorgeschlagen hat, die Dollars an den Internationalen Währungsfonds im Austausch gegen SZR geben. Von dann an präsentieren die Europäer oder alle, die Dollar gewinnen, diese zur Einlösung in SZR, so daß die Amerikaner selber zusehen müssen, daß sie nicht ihre Reserven, die SZR sind, verlieren. Und dann ist es nicht so, daß den Europäern und Japanern allein die Adjustierung der amerikanischen Zahlungsbilanz zugeschoben wird: Die Amerikaner müssen dann selber etwas dazu tun.

Ich habe noch einen zweiten Punkt: der Ausdruck „importierte Inflation" ist natürlich sehr schlecht. Denn es ist gar nicht erforderlich, daß in Amerika Inflation herrscht, es genügt vollkommen, daß bei gegebener Höhe der amerikanischen Auslandsinvestitionen und der Auslandshilfe das amerikanische Kosten- und Preisniveau nicht niedrig genug ist, um die Leistungsbilanz so aktiv zu machen, daß die gesamte Zahlungsbilanz ins Gleichgewicht kommt. Das war doch der Fall bis 1965. Das Preisniveau war recht stabil in Amerika und trotzdem hatte das Land eine passive Zahlungsbilanz. Ein niedrigeres Preis- und Kostenniveau wäre erforderlich gewesen. Diese passive Bilanz hat natürlich Inflation nach Europa gebracht, obwohl sie nicht in Amerika vorhanden war. So etwas ist durchaus möglich; der Ausdruck „importierte Inflation" ist eben ein schlechter Ausdruck.

JEAN-MAXIME LÉVÊQUE:

La première remarque que je voulais faire, c'est une remarque qui ramène évidemment les problèmes monétaires à des notions très simples que certains des auditeurs trouveront peut-être trop simplistes. Mais je crois qu'elles comportent tout de même une certaine part de vérité.

Quand on examine ce qu'était la situation de l'Europe et des Etats-Unis à des périodes qui ont été évoquées ici, c'est-à-dire aux périodes des années 1945, des accords de Bretton Woods, au moment où les parités ont été fixées après la guerre, on doit se souvenir qu'à cette époque les niveaux de vie des populations d'Amérique du Nord et des populations européennes étaient extrêmement différents. Je crois que l'évolution présente est une évolution vers une égalisation de ces niveaux de vie, et lorsque j'observe toutes nos difficultés monétaires, ou du moins toutes nos difficultés concernant les parités, je ne peux pas enlever de mon esprit l'idée que les ajustements de parités auxquels nous assistons représentent un des facteurs grâce auxquels se réalise progressivement cette égalisation des niveaux de vie. Si je fais cette remarque, c'est parce que je pense, pour ma part, que les phénomènes d'ajustement de parités sont loin d'être terminés et qu'il y a de fortes chances pour que dans l'avenir – je ne parle pas pour cette année, mais je parle pour les années qui viennent – il y ait de nouveau, soit des dévaluations du dollar, soit des réévaluations des monnaies européennes en vue de cette égalisation des niveaux de vie. Je pense par conséquent que, devant une telle perspective, les pays européens doivent avoir une préoccupation fondamentale, celle d'aborder ces problèmes de réajustement de parités, quasiment inévitables, dans l'unité et non pas dans le désordre.

La seconde remarque que je voudrais faire, c'est que certainement ici la grande majorité des participants pense qu'une certaine forme d'unification monétaire en Europe est souhaitable. Je participe très passionnément à ce mouvement d'opinion et je considère que notre premier devoir à tous est d'essayer de faire avancer cette unité monétaire de l'Europe. A cet égard, je ne peux pas m'empêcher de penser que lorsqu'on multiplie les objections de caractère politique à toute espèce de démarches dans le sens de l'Union Monétaire de l'Europe, l'on emploie des arguments qui sont beaucoup plus des prétextes ou des excuses pour ne rien faire, que des arguments réels. L'interdépendance de nos économies, la communauté d'idées qui existe en Europe, sont déjà tellement grandes qu'il y a déjà aussi, entre nos pays, une interdépendance de destin. Si nous ne faisons pas progressivement, dans ces premières étapes, qui sont certainement les plus faciles, un certain nombre de pas en avant vers l'Union Monétaire de l'Europe en disant que cela soulève des problèmes politiques trop difficiles, nous nous apercevrons néanmoins que nous subissons les mêmes évolutions, mais dans le désordre.

La troisième observation – et elle se traduit beaucoup plus par une question que par une remarque – est celle que j'adresserai à Monsieur RAYMOND BARRE: c'est une question qui concerne les mouvements de capitaux. Plusieurs remarques ont été faites par les trois orateurs tout à l'heure, au sujet de l'effet perturbateur des mouvements de capitaux, et Monsieur RAYMOND BARRE, dans la liste des compléments qu'il estimait nécessaire de faire aux accords existants, citait la nécessité de certaines interventions pour éviter les effets perturbateurs de mouvements de capitaux désordonnés. C'est effectivement une question très importante. Je pense personnellement que l'Europe a théoriquement le choix de laisser le soin aux Etats-Unis de prendre des mesures en ce qui concerne les mouvements de capitaux à partir des Etats-Unis, ce qui vraisemblablement n'arrivera pas, ou de prendre en main un certain contrôle des mouvements de capitaux vers l'Europe. J'aimerais savoir, de la part de Monsieur RAYMOND BARRE, s'il a des précisions à nous donner sur le point de vue de la C. E. E. sur ce problème.

Je veux terminer ces trois remarques en disant que je suis un banquier, mais que ce n'est pas en tant que banquier que je parle, car il est bien évident que tous les désordres auxquels nous assistons sont plutôt agréables aux banquiers. En ce qui concerne les variations de change, ce sont les banquiers qui en profitent le plus; en ce qui concerne la liberté actuelle des mouvements de capitaux, il est évident que les banquiers y sont très favorables; et en ce qui concerne l'absence d'union monétaire en Europe il est évident que cet état de choses protège les banques des différents pays à l'intérieur de leur zone nationale. Par conséquent, ce n'est pas en qualité de banquier que j'ai parlé, mais en qualité de simple citoyen.

SAMUEL SCHWEIZER:

Ich möchte nur auf einen Ausdruck zurückkommen, der nun schon mehrfach in dieser Diskussion gefallen ist, nämlich „Sonderziehungsrechte". Im Sinne eines Ordnungsantrages möchte ich vorschlagen, man sollte nicht mehr von Sonderziehungsrechten sprechen, ohne zu sagen, welche Art von Sonderziehungsrechten man meint. Ich will nicht so unhöflich sein, zu fragen, ob jedermann hier im Saal sich die Mühe genommen hat, alle die Paragraphen zu lesen, die sich auf die Sonderziehungsrechte beziehen. „They make very tough reading". Die Frage ist, ob man wirklich von den heute in Kraft befindlichen Sonderziehungsrechten spricht, deren Einheit in einem Gewicht Gold ausgedrückt ist, die teilweise rückzahlbar sind, die im Falle der Auflösung des Systems in Gold oder konvertiblen Währungen (die es nicht mehr gibt) zurückbezahlt werden sollen? Von Sonderziehungsrechten, die in der Quantität nur beschränkt hätten ausgegeben werden sollen, die aber in sehr viel weitgehendem Maß ausgegeben wurden? Von Sonderziehungsrechten, die überhaupt nicht hätten in Kraft gesetzt werden sollen, bevor beim Adjustment-Prozeß ganz wesentliche Fortschritte gemacht wurden, und auch nicht hätten in Kraft gesetzt werden sollen, bevor die amerikanische Zahlungsbilanz einigermaßen im Gleichgewicht war? Die vor allem einem Mangel an internationaler Liquidität hätten abhelfen sollen? (Wobei überhaupt nie nachgewiesen wurde, daß ein solcher Mangel vorhanden war – im Gegenteil, er besteht nicht!) Schließlich muß man sich auch fragen, ob der Zuteilungsmodus, der ganz schematisch nach den Monetary Fund quotas festgesetzt wurde, überhaupt raisonable ist, ob es richtig ist, daß man den Vereinigten Staaten im Moment, wo sie die ganze Welt mit Liquidität überschwemmen, auch noch den größten Teil der Sonderziehungsrechte zuteilt. – Ich sage nur, wenn jemand heute in dieser Tagung von Sonderziehungsrechten spricht, muß er sich gleichzeitig dazu aussprechen, ob er diese heute in den Artikeln des Währungsfonds verankerten Sonderziehungsrechte oder irgendeine andere Art von Sonderziehungsrechten meint, die er dann definieren sollte.

BRIAN GRIFFITHS:

I should like to make a few observations on the reform of the international monetary system. It appears to me that the present international monetary system which we have is best thought of as a club, but one in which the rules of members are extremely ill-defined. If one thinks of clubs, one can think of a monastic order, or one can think of a political party and in each case the rules are quite different. The great weakness of the way in which the Bretton Woods system has developed is that the balance of payments adjustment mechanism is so inefficient. To be specific, when and how should countries adjust their economic policies to either deficits or surpluses? In this sense I am not quite sure that Prof. VON WEIZSÄCKER is right in saying that the key-problem today is a political problem; some serious economic issues, in particular technical issues, are also involved. As far as the reform of the system is concerned, it has clearly broken down because the rules governing who does what at a particular time are ill-defined. When does one change parities, who should deflate their economies, etc.? I would suggest that in considering the reform of the system, there are two criteria which are important:

The first is that countries should have maximum independence to pursue their own domestic economic policies and the second is that the system as a whole should result in the least social cost to the world.

In this connection one can really think of two alternatives to the present system: the one is a supra-national money, the other is a system of floating exchange-rates.

One issue which has been touched on explicitly, and which has implicitly underlain a lot of the discussion this morning, is, that a system of floating rates is inferior to a system of fixed rates. The arguments have not been made absolutely explicit, I think, but as I see it, the basic argument is that in some sense there would be a greater social cost to the world economy of having a system of floating rates than of having a system of fixed rates. And I would like to suggest that it is something worth discussing, in particular to attempt to ascertain the real cost associated with the exchange rate adjustment. Is it, as I suspect, great because with a system of floating exchange rates you could have offensive devaluations which went to such an extent that one possibility would be a collapse of the complete system, so that if you were evaluating a distribution of probable or possible outcomes, one of which was a complete collapse, you weigh that complete collapse so highly, that you reject the system of floating rates? I don't know, but I think this is worth discussing.

As far as SDRs are concerned, a point I should like to put to Prof. KALDOR, is the question: Why are we on a dollar-standard at present? Prof. KALDOR seems to suggest that the only reason for which we are on a dollar-standard, is because the Bretton Woods system gave some legal or non-legal status to the dollar which has made it an international trading currency. I would have thought that over most of the 50s and the 60s the dollar has become the world's money, because it has been a superior asset. As a result of the Americans financing the Vietnam war in an inflationary manner, the stability of the dollar has been called in question, and I would have thought that if one wants to reform SDRs and replace the dollar by SDRs, then what one has to do internationally is to create an international money, which is a superior asset to the dollar and which is in fact preferred by multinational firms, by international banks, etc. as a superior asset.

This would mean firstly paying a competitive rate of interest on SDRs and secondly that its holders would have to have confidence in the stability of its value. This would inevitably imply some international organization of world status to which governments would have to resign their sovereignty. Contrasting that prospect with a prospect of flexible exchange rates, the question of independence for domestic economic policy is an important question, and on that ground I would personally argue that a system of floating exchange rates was preferable, firstly because it permitted a greater independence for national economies and secondly because I cannot see the social cost of the world economy which is involved in a system of flexible exchange rates, short of the extreme possibility of a total collapse of the system.

FRITZ NEUMARK:

Mir ist aufgefallen, daß in dem Programm bei der allgemeinen Diskussion von politischen, ökonomischen und ideologischen Ursachen die Rede war, und ich habe, wenn ich nicht zufällig abwesend gewesen sein sollte, nichts bemerkt von den ideologischen Ursachen der gegenwärtigen Situation. Nur bei Lord ROBBINS gab es gewisse Anklänge, als er darauf hinwies, daß eine einseitige Vollbeschäftigungspolitik mit verantwortlich für die Schwierigkeiten sei, die wir gegenwärtig haben. In der Tat, wenn wir uns den alten Gold-Standard vorstellen mit den ricardianischen Ideen über den sogenannten automatischen Zahlungsbilanz-Ausgleich, dann ist doch evident, daß er schon deswegen nicht mehr funktionieren kann, weil niemand gewillt wäre, die damit notwendig verknüpften deflationspolitischen Maßnahmen in Kauf zu nehmen – ausgenommen vielleicht Monsieur RUEFF, von dem ich allerdings glaube, daß, so lange er Einfluß auf die französische Währungspolitik hat, eine Verständigung nicht mehr möglich ist. Verzeihen Sie diese Offenheit, aber ich möchte, um zum Ideologischen noch ein Wort zu sagen, eine Abgrenzung vornehmen zwischen Nationalismus, Supra-Nationalismus und Super-Nationalismus.

Ich glaube, daß wir unterscheiden müssen zwischen den verschiedenen Zielen und Mitteln, genauer gesagt: der Einstellung der einzelnen Regierungen zu den Währungsfragen. Die Vereinigten Staaten haben nicht nur den Terminus „Inflation" vor ziemlich genau 110 Jahren erfunden, sondern sie haben auch, wie mir scheint, immer einen „Bias" gehabt zu einer inflationären Entwicklung, die dort verharmlost wurde und verharmlost wird in der in unserer amerikanisierten Welt heute wohl allgemein akzeptierten modernen Wachstumstheorie.

Ich will darauf nicht näher eingehen, wohl aber betonen, daß bei den ganzen währungspolitischen Diskussionen eine in meinen Augen verhängnisvolle Konfusion insofern herrscht, als man Flexibilität fordert und ungewollt damit Unstabilität akzeptiert.

Des weiteren scheint mir, daß die amerikanische Inflation, von der verschiedentlich gesprochen wird, vielfach, insbesondere von Prof. HABERLER, als bedeutsamer für die europäische und die Weltentwicklung bezeichnet wurde, als sie dort drüben selbst empfunden worden ist. Ich glaube, auch hier herrscht eine „Verwirrung der Gefühle" insofern vor, als die amerikanische Inflation keineswegs die Hauptursache für die Entwicklung in Europa gewesen ist, sondern daß wir sehr wohl, auch unabhängig von den außenwirtschaftlichen Störungen, das gehabt haben, was man als „home-made inflation" bezeichnen kann.

Abschließend möchte ich noch darauf hinweisen, daß die Ideale und die Ziele zwischen den gegenwärtigen und künftigen Mitgliedern der EWG so verschieden sind, daß ich mir auf absehbare Zeit hinaus nicht vorzustellen vermag, daß wir zu einer einheitlichen Währung gelangen können. Die Begründung dafür ist primitiv, wenn Sie wollen, banal, aber Banalitäten sind oft notwendig angesichts einer zu raffinierten Diskussion. Ich glaube, daß eine erwünschte europäische Währungseinheit unmöglich ist so lange, wie man sich auf der einen Seite über die Rangordnung der Hauptziele nicht einig ist (z. B. über den Stellenwert der Geldwertstabilität im Vergleich namentlich zu Wachstum und Vollbeschäftigung) und man sich auf der anderen Seite auch noch nicht einig ist in bezug auf die Instrumente, die es anzuwenden gilt, inwieweit also Dirigismus gegen globalen Interventionismus betrieben werden soll. Ich fürchte, daß noch eine lange Erziehungsarbeit notwendig sein wird, ehe man dazu gelangen wird, eine vernünftige europäische Währungsordnung zu haben, die man vielleicht dazu ausnutzen kann, um via eine Verständigung mit den Vereinigten Staaten zu einer Währungsordnung der ganzen westlichen Welt zu gelangen, die uns eine leidliche Erfüllung der Hauptziele unserer Wirtschafts- und Gesellschaftspolitik gewährleisten könnte.

VORSITZENDER:

I think it would be considered right if we were now to allow our orators to reply to the various observations which have been made on their papers in the reverse order. And I therefore call upon Prof. KALDOR to begin.

NICHOLAS KALDOR:

This was a very fruitful discussion in which a number of very interesting questions have been raised which require an answer if the nature of the problem before us is to be properly understood. Unfortunately, to answer them all in a convincing way would require many hours – far more time than I have available this morning. There was, for example, Professor NEUMARK's question: What is wrong with the Ricardian theory of the equilibrating process in the balance of payments? That theory clearly did *not* envisage exchange rate variations as an instrument of economic policy; and it is an absolute key question to answer *why* the Ricardian theory is wrong, or why it is no longer applicable under present-day conditions. But I cannot attempt it on the present occasion. Equally, I cannot answer the very interesting and important question posed by Dr. MAGNIFICO of why an international reserve currency convertible into *basic commodities* makes sense, and one which is also convertible into manufactured goods (such as machinery) would not make sense – indeed it would be perfectly unworkable and would secure none of the beneficial effects of the system which I advocated. Also, I would love to answer Mr. GRIFFITHS' question, why, with a system of floating exchange rates, there is any need for an international reserve currency at all – whether it be the dollar, gold, or SDRs. The answer – which again would need time to set out in a convincing way – is that a system of "floating rates" could not work unless there was some international standard in terms of which the values of individual currencies could fluctuate: in the absence of such a standard, there would be nothing but a fluctuating relationship *between* currencies, which would not have (or need not have) any mutually consistent solution.

As I cannot deal with all these questions on their merits, I should like to reserve the time available to me to a detailed comment of the very interesting contribution made by Professor HANKEL which, in my view, raises the particular issues that go to the very heart of the problem.

Professor HANKEL made three propositions.

His first proposition was that "reserve currencies" tend to have balance-of-payments deficits in the normal course of events. This has been true of the pound and it has been true of the dollar. In a sense this is obviously true – indeed it is a tautology, since *unless* a country is in continued balance-of-payments deficit in some sense, other countries would be unable to build up reserves in terms of it, and hence it could never become a "reserve currency". The interesting question is not that there is an association – this must obviously exist – but what is the nature of the causal relationship, and which is the cause and which is the effect? A reserve currency system is necessarily one in which reserves are created through the excess outlays of the reserve currency country.

He then went on to say – and this I take to be his second proposition – that it is *natural* for a rich country to substitute foreign investment, or capital exports, for commodity exports. This is certainly *not* a tautology. Indeed I would deny that there is any natural connection between 'riches' (as measured by productivity, or income per head) and the propensity for foreign investment – the desire of business firms to invest abroad. Take the example of Britain, which is next to the United States the country with the largest foreign investments in the world. Yet we are told often enough by our newspapers and by others that we are no longer rich; we have long been overtaken in terms of productivity and real income per head by most countries of Western Europe; and yet these other countries do not have anywhere near the same propensity to set up foreign subsidiaries and to substitute investments abroad for commodity exports. Germany for example has very little by way of direct foreign investment as compared with the UK.

The explanation of these differing attitudes is, I believe, a relatively simple one. Firms tend to invest wherever they earn the largest profit. Because profits in America are relatively low, it pays American companies to establish subsidiaries in, say, Germany, which produce goods with the aid of American technology and German labour. They make more profits in this way than if they produced the goods in America and shipped them to Germany. With German firms it is the other way round: they make more profits by making, say, Volkswagens in Germany and exporting them to America than by making them in America for the American market. But the reason for this is that wages in America are too high, not just absolutely, but in relation to productivity. In other words "efficiency wages" are too high. But saying that "efficiency wages" are too high is only another way of saying that the currency is over-valued: these two statements are identical by definition. One *could* say that a rich country with a highly developed financial market capable of generating large capital exports will do so, and this will reflect itself in a balance-of-payments deficit, and will therefore cause the currency to be over-valued; but in fact, it is the over-valuation of the currency which is at the basis of the deficit, not the other way round. Genuine "lending" from rich to poor countries would necessarily take the form of unrequited exports:

it would take the form of a surplus of exports over imports, and there would be no "substitution" of capital exports for commodity exports. But America's investments in Europe were *not* of this character: they implied the substitution of German, British or French labour for American labour because the former brought more profit than the latter. The counterpart of the "défi américain" is unemployment in the United States: it is a reflection not of "dollar imperialism" but simply of the over-valuation of the dollar. Halve the price of dollars in terms of marks, and it will be the German firms which will do the investing in America, not the other way round. This is the thought that I really wanted to convey.

Professor HANKEL's third point was that the world required an international reserve medium which is divorced from the domestic currency of any particular country; hence he was in favour of an SDR standard, the supply of which could be properly controlled and regulated by international surveillance and agreement. But if this is the case, what is wrong with gold? Or rather, what is the difference between SDRs and gold? One could say that gold is a *natural* SDR.

The real problem with gold has been that when it came to a crunch, Germany, Japan and all the other industrial countries preferred to keep their exchange rates in a favourable relationship to the US dollar to having something solid like gold as their reserves. They could, after all, at any time have converted their dollar holdings into gold: right back in 1955, or 1960, or at any later date up to last year, the German Bundesbank could have converted all its dollars into gold as fast as they came in. But if they had done so then sooner or later the German mark would have risen in value and the dollar would have fallen in value: German exports would have become "konkurrenzunfähig" and German prosperity would have been compromised.

And whatever was true of gold would of course *a fortiori* be true if gold were replaced by 'paper gold', by SDRs. If America were to run out of SDRs, in what way would this be different from her running out of gold? When the gold convertibility of the dollar was suspended on August 15th, the difficulty was not that of preventing the dollar from *falling* in value in terms of marks, francs or yen. The difficulty in which the US Government found itself was in bullying these other countries to *allow* a fall in the exchange value of the dollar to take place at all.

And here comes Professor LUTZ to tell us that the Americans must be made to do their own adjusting and not leave it to other people to do it for them. I am sure the Americans would be only too delighted to do their own adjusting if only Professor LUTZ would tell them how. Surely he does not expect them to restore the equilibrium in their balance of payments through a reduction of imports brought about by internal deflation? The only way in which the US balance of payments can be brought into balance is by abolishing the over-valuation of the dollar, and this is something which the other advanced capitalist countries did not permit to happen – at least not without a struggle. When it came to the crunch, however much they complained about America's irresponsible ways, the fact remains that these countries preferred not to offset the consequences of such irresponsibility. This was clearly expressed by the French Finance Minister, M. GISCARD D'ESTAING, after August 15th when he said (and I am of course paraphrasing his words as I do not have the actual statement in front of me): "I am not prepared to jeopardise the prosperity and full employment of France just because of the American balance of payments. Therefore the franc is not going to be re-valued (in relation to the dollar and other currencies) on commercial transactions, but I shall introduce a system of dual exchange rates which will discourage the inflow of hot money without impairing the international competitiveness of French industry."

In the same way when you have your SDR standard and it came to a crisis, nobody would care two hoots about maintaining their currency parity intact in terms of SDRs (which is only a bit of paper, or rather, a bit of book-entry). It is the parity of their currency in relation to the dollar and other currencies which would alone matter. And this has been the reason all along why it was impossible for America to remedy the situation by devaluing the dollar in terms of gold. I am reminded of a conversation I had with M. SCHWEITZER some ten years ago, when he was Deputy Governor of the Bank of France, when he assured me that if the Americans raised the price of gold, all other Central Banks would follow suit within the hour, and to exactly the same extent. So the gold convertibility of the dollar was a purely ceremonial matter: it did not serve to provide either the dollar, or other currencies, with a point of anchorage. And the same of course would be true if the ceremonial role of gold were to be handed over to a new thing, with less prestige, tradition, or glitter behind it, such as the SDRs of the IMF.

WALTER DAMM:

Es sind ganz wenige Fragen, oder ich kann sagen nur eine einzige Frage bzw. eine Bemerkung von Herrn Prof HABERLER an mich gerichtet worden. Ich möchte meinen, daß es sich hier eigentlich mehr um ein Mißverständnis handelt, das auf die Kürze der Zeit zurückzuführen ist. Ich möchte jedoch, da ich jetzt auch im Bankgewerbe tätig bin, eine Bemerkung nicht unwidersprochen lassen, die ein prominenter Banquier, Monsieur LÉVÊQUE, gemacht hat, wonach letztlich die Banken doch von den Währungsunruhen profitieren. Ich weiß nicht, ob diese allgemein gehaltene Bemerkung in ihren Einzelheiten einer kritischen Analyse jederzeit standhält. Denn wir haben in der letzten Zeit gesehen, daß Währungsunruhen nicht chemisch reine Währungsunruhen sind, sondern daß sie begleitet sind von Kontrollen im Handels- und im Devisensektor. Wenn man gesehen hat, welche Rückwirkungen Kontrollen in einem Land auf die praktische Banktätigkeit in einem anderen Lande haben, – ich möchte nur den Fall des französischen franc commercial und franc financier erwähnen, der Banken in anderen Ländern zwingt, jede einzelne Transaktion unter Anwendung und genauestem Studium französischer Devisenbestimmungen darauf hin zu untersuchen, in welche Kategorie sie gehören – so glaube ich nicht, daß wir ein Interesse daran haben, daß derartige Kontrollen sich ausweiten und international angewendet werden.

Ich möchte mich auch mit einer anderen Bemerkung von Herrn LÉVÊQUE auseinandersetzen. Ich würde mich freuen, wenn er recht hätte, daß er sagt, daß wir in Europa eine Währungs-Interdependenz haben, die schon praktisch eine „interdépendance du destin" ist. Ich glaube, daß wir in Europa am Ende der fünfziger Jahre und Anfang der sechziger Jahre ein sehr viel integrierteres, sehr viel freieres finanzielles Europa gehabt haben als im augenblicklichen Zeitpunkt. Die Kommission ist nicht müde gewesen, Vorschläge zu machen, die zu einer Integration der EWG im finanziellen Sektor führen sollten. Es ist traurig, und ich wähle dieses Wort bewußt, daß keine Fortschritte erzielt worden sind. Im Gegenteil: alle Vorschläge, die die Kommission gemacht hat, um zu einer finanziellen Integration im Bankensektor und im Kapitalsektor in der EWG zu kommen, liegen bisher seit Jahren auf dem Tisch und sind nicht verwirklicht worden.

Das nächste, was damit zusammenhängt, ist die Frage einer Abgrenzung Europa/EWG im finanziellen Sektor. Bisher sind alle Fortschritte, die bei der Liberalisierung des Kapitalverkehrs im EWG-Bereich erreicht worden sind, ohne Diskriminierung an Dritt-Staaten weitergegeben worden. Wenn man innerhalb der EWG zu einer stärkeren Währungsintegration kommen will, dann bedeutet das, daß man Souveränitätsverzichte zu leisten hat, und diese Souveränitätsverzichte sind der Preis für die Liberalisierung. Wie kann man aber, und dies ist eine Frage, die ich mir vielleicht gestatte an Herrn Prof. BARRE zu stellen, wie kann man verlangen, daß man eine solche Liberalisierung an Staaten außerhalb der augenblicklichen oder erweiterten EWG weitergibt, ohne daß diese Länder bereit sind, die entsprechenden Souveränitätsverzichte zu leisten?

Schließlich möchte ich noch auf eine Bemerkung von Herrn GRIFFITHS zu sprechen kommen, der als Postulat gefordert hatte, man sollte der nationalen binnenwirtschaftlichen Politik absolute Priorität einräumen. Ich glaube, daß eines der Probleme, warum das Bretton-Woods-System nicht funktioniert hat, darin liegt, daß man geglaubt hat, man könnte eine außenwirtschaftliche Integration durchführen bei einer Autonomie in der binnenwirtschaftlichen Politik. Ich glaube, die Geschichte hat gezeigt, daß dies nicht möglich ist, und aus diesem Grunde müssen wir auch versuchen, innerhalb Europas auf Amerika Einfluß zu nehmen, um ihm zu zeigen, daß es keine völlig unabhängige, von internationalen Überlegungen freie Wirtschaftspolitik führen sollte. Wir sind im Augenblick stimmrechtslose Mitglieder des Federal Reserve System, und ich finde, wenn wir schon Mitglieder des Federal Reserve System sind, dann sollten die USA das alte, amerikanische Prinzip „no taxation without representation" auch im Währungsbereich anerkennen.

RAYMOND BARRE:

Aux questions qui m'ont été posées, je voudrais répondre sur un plan personnel. Il est toujours difficile de dissocier son jugement personnel de la position intellectuelle que l'on doit prendre en fonction des responsabilités que l'on a. Mais devant un auditoire pareil et devant des maîtres aussi respectables et respectés que ceux qui sont ici, je voudrais m'exprimer très franchement. Je regrouperai les questions autour de deux thèmes: La Communauté, le système monétaire international. En répondant, je tâcherai d'allier les exigences du bon sens et en même temps celles de l'action, car on peut théoriquement discuter à perte de vue sur les vertus de tel ou tel système ou de telle ou telle action, mais à un moment donné il faut décider si l'on veut avancer, et c'est le problème devant lequel nous sommes souvent.

Monsieur MAGNIFICO a posé le problème de la volonté politique. Comment, en tant que membre de la Commission des Communautés Européennes, pourrais-je mettre en doute la volonté politique affirmée par les chefs d'Etat et de gouvernement? – sans cesse répétée par les chefs d'Etat et de gouvernement. Comment pourrais-je le faire, d'autant plus qu'à la conférence de la Haye, il a été clairement indiqué que c'est un pas considérable qui devait être franchi et un objectif ambitieux atteint. Lorsque j'ai pris mes fonctions à Bruxelles, il n'y avait rien, ni sur le plan économique, ni sur le plan monétaire. Ce que j'ai proposé au nom de la Commission des Communautés Européennes, c'est une démarche progressive qui consisterait à mettre en place progressivement les instruments d'une solidarité économique plus forte et d'une solidarité monétaire renforcée.

A la Haye, il a été dit que non seulement il fallait faire cela, mais qu'il fallait aller plus loin. On a parlé d'Union Economique et Monétaire avant la conférence de la Haye. Dans aucun document dont je suis responsable ces termes n'ont été utilisés. C'est à la conférence de la Haye qu'on l'a dit; en tant que décision prise par les chefs d'Etat et de gouvernement, je crois qu'il était sage que ce soit politiquement au sommet, par conséquent au niveau politique le plus élevé qu'une telle décision soit prise. Mais aucun de ceux qui ont la charge de mettre en œuvre cette décision n'ignorent les considérables difficultés techniques, sociales et politiques que l'on a à surmonter. Je ne l'ai pour ma part jamais caché.

Monsieur MAGNIFICO dit: quelle politique? Dieu sait si on a discuté sur les moyens à mettre en oeuvre! D'ailleurs, on a beaucoup discuté sur ce que l'on ferait dans dix ans, on a fort peu discuté sur ce que l'on ferait tout de suite, et j'ai toujours été très étonné que l'on parle d'Union Economique et

Monétaire pendant 18 mois sans que jamais une question que la Commission a posée et à laquelle aucune réponse n'a jamais été donnée, ait été soulevée: Que ferait-on en cas d'une crise du dollar? Les documents existent, eh bien, on n'en a pas discuté. C'était l'un des aspects de la politique. Alors, sur les problèmes de savoir quelle politique faire, de longues discussions ont eu lieu, Monsieur MAGNIFICO. J'ai lu vos propres papiers, vous savez que nous savons, ou nous ne sommes pas ignorants des conditions de coordination des politiques économiques, des politiques cycliques, des politiques sociales, des politiques de crédit qui doivent être réunies. Je ne dis pas seulement pour atteindre une monnaie commune, mais pour parvenir à une organisation cohérente de la Communauté.

Vous avez parlé de la politique régionale. Il y a longtemps que nous avons posé ce problème et que nous avons fait des propositions concrètes, par conséquent je crois qu' à la fois sur l'objectif et sur les moyens, de grandes discussions ont eu lieu. Ce qui importe, c'est de savoir si l'on préfère des déclarations solennelles ou des progrès concrets toutes les fois qu'on peut les réaliser. C'est du moins l'approche qui a été celle de la Commission des Communautés Européennes, celle que j'ai constamment défendue, et je voudrais le rappeler ici, car si nous sommes fort peu intéressés par ce qui se passera dans dix ans, nous sommes très intéressés pour la Communauté par ce qui se passera dans les prochaines années.

Et Monsieur MAGNIFICO, vous avez parlé des problèmes structurels, des problèmes régionaux etc. J'en suis bien d'accord, mais quand mes amis italiens à moi, qui suis convaincu de la nécessité politique régionale, viennent me dire que rien ne se peut faire en matière de taux de change parce qu'il y a des problèmes régionaux, je réponds d'habitude ceci: «Comment se fait-il que l'une des seules monnaies européennes à n'avoir jamais bougé depuis 1949, soit la lire?» Je parle pour un pays, j'appartiens à un pays que je connais bien, où il y a eu beaucoup de changements de parité. Je ne vous dis pas que je crois que ce fut un grand succès de changer les parités tout le temps. Mais dans votre pays on n'a pas tellement changé de parité. Et bien, c'est un hommage que je rends à ceux qui ont assumé la gestion monétaire de votre pays, et je puis vous dire que si chacun de nos pays appliquait des politiques qui soient des politiques de stabilité et de développement conformément à l'article 103 du Traité de Rome, nous arriverions à une situation de fait qui nous permettrait de grands développements.

Je sais bien que l'argument a été donné que tout ce que l'on ferait sur le plan monétaire plongerait dans la déflation des régions entières de la Communauté. On peut utiliser ces arguments. Il y a des réponses, – je dis simplement qu'il y a certains points de fait que l'on ne peut oublier.

Le Professeur HABERLER m'a posé la question de savoir s'il était possible de différencier les marges de fluctuation des monnaies, et je puis lui dire que cette question a été déjà amplement débattue depuis 18 mois par les gouverneurs de banques centrales, qu'ils continuent d'en débattre et qu'il n'y a jamais eu d'objections de fond ni de moyens quant à la mise en oeuvre d'une politique de différenciation des marges. Bien entendu, cette politique de différenciation doit être assortie de mesures de politique économique, de politique de coordination, de politique de taux d'intérêt, mais il n'y a pas fondamentalement d'objection radicale à la mise en place d'un tel système. Je tiens à sa disposition, dans la mesure où certains documents sont publics et même d'autres qui le sont moins, tous les documents qui pourraient l'assurer sur ce point.

Monsieur Lévêque m'a posé la question des mouvements de capitaux. Il sera très difficile sur le plan international de pratiquer une régulation des mouvements de capitaux parce que nous savons que les capitaux sont migrateurs et qu'ils peuvent aller d'un centre à un autre suivant les mesures que l'on prend. Pour ce qui est du problème international des mouvements de capitaux, la position que la Communauté a prise et à laquelle je donne personnellement mon accord, c'est celle qui consiste à combiner un élargissement des marges de fluctuation permettant de dissuader les mouvements de capitaux spéculatifs et un certain nombre de mesures qui seraient appliquées par les pays européens selon des modalités propres à chaque pays, mais qui seraient utilisées de façon à renforcer la souplesse donnée par l'élargissement des marges de fluctuation. Ces mesures, elles existent, nous les connaissons bien, c'est la régulation de la position nette extérieure des banques commerciales, c'est la régulation de l'accès des entreprises au marché international des capitaux, c'est dans les cas d'exception des mesures permettant de ne pas rémunérer les dépôts des non-résidents en monnaie nationale. Ces mesures peuvent être appliquées, elles peuvent l'être de façon concertée, les pays européens peuvent donner sur ce point l'exemple.

Un petit mot sur une remarque du Professeur Kaldor que je dois relever, puisque je suis membre de la Commission des Communautés Européennes. Il a critiqué la politique agricole commune. Quelle politique agricole n'est pas critiquable? La politique agricole des Etats Unis est-elle non-critiquable, la politique agricole de la Grande-Bretagne dans le passé était-elle non-critiquable? La politique agricole de la Communauté a ses défauts comme toute politique agricole. Mais ce que je peux dire ici, c'est que depuis le Kennedy-round la Communauté a proposé que sur le plan international les politiques agricoles soient comparées et que des accords internationaux puissent intervenir dans ces domaines. Précisément pour rejoindre l'objectif poursuivi par le Professeur Kaldor, c'est-à-dire la stabilisation des revenus des producteurs primaires, la Communauté, je peux le dire, est prête à tout moment à un examen de sa politique agricole commune à condition que ce ne soit pas unilatéral, mais qu'on examine en même temps tous les problèmes.

J'en arrive au système international. J'ai entendu dire que l'étalon-dollar n'était pas si mauvais. Bien sûr, l'étalon-dollar a été très utile et au fond les problèmes des balances dans la monnaie d'un pays ne se posent jamais lorsque les balances en monnaie d'un pays rendent des services. Le problème se pose lorsque au-delà des services il y a des privilèges et que ces privilèges se traduisent par une perte absolue de liberté de manœuvre par les autres pays. C'est la raison pour laquelle l'étalon-dollar ne pourra durer à long terme que si, comme le disait le Professeur Haberler, il n'y a pas de difficultés internes telles que la politique de stabilisation aux Etats Unis empêche que les dollars soient créés dans des conditions tolérables par le reste du monde. Mais ce qu'il faut bien admettre c'est que les dollars disponibles à l'heure actuelle dans le monde représentent une masse intolérable pour les autres pays, pour la gestion de leur politique économique, pour la gestion de leur politique monétaire. Il ne s'agit pas de faire la guerre au dollar, nous savons tous qu'une monnaie est internationale parce qu'elle rend des services, et nous savons que ce qui fait la force du dollar, c'est l'infrastructure bancaire mondiale sur laquelle repose l'utilisation du dollar. Ce qui n'est pas acceptable, ce qui est intolérable, c'est que la marge de manœuvre des pays qui utilisent le dollar disparaisse totalement parce qu'ils n'ont qu'à s'adapter. Il n'y a plus aucune possibilité de politique indépendante, il y a purement et simplement une politique d'ajustement à la politique monétaire d'un pays qui crée la monnaie non pas en fonction des besoins internationaux, mais en fonction de ses propres besoins intérieurs, et nous arrivons là à un problème politique. Messieurs, si nous ne réussissons pas à établir des contraintes sur le plan international, alors dans beaucoup de nos pays, et notamment dans des pays européens, les réactions politiques intérieures seront telles que la coopération internationale dont j'ai dit qu'elle était fondamentale pour l'avenir, risquerait d'être remise en cause. Nous ne pouvons pas oublier la dimension politique de ce problème parce qu'elle commande l'avenir du système occidental, et ma conclusion sera: on peut discuter à perte de vue de techniques, on peut discuter à perte de vue de l'utilité de certains objectifs ou d'autres objectifs, mais il y a dans nos pays comme sur le plan international un problème qui se pose à l'heure actuelle: tous les pays sont-ils prêts, oui ou non, à accepter certaines contraintes, est-il possible d'avoir un système international sans contrainte? Quand les contraintes existent, sont-elles, oui ou non, respectées, c'est là la question. Ce ne sont pas les artifices techniques, ce ne sont pas les moyens à mettre en œuvre qui permettront de résoudre ce problème fondamental, c'est un problème de discipline, et la première des disciplines c'est de savoir imposer la discipline à soi-même.

Vorsitzender:

The time has come, ladies and gentlemen, to bring this first session to a close. Many questions have been thrown up, which there will be ample opportunity to discuss at our second and third meetings.

11. Februar 1972, nachmittags

Integration und Währungsordnung in Europa:
Handels- und Strukturpolitik,
regionale Entwicklung und monetäre Integration

Vorsitz: KARLHEINZ NARJES

VORSITZENDER:

Ich schlage vor, daß wir das Nachmittagsprogramm, Teil I, in loser Anlehnung an die in dem gedruckten Resümee des Exposé „Zusammenfassung der Referate" wiedergegebene Skizze des Vortrages von Herrn Vize-Präsident Raymond BARRE orientieren, ohne irgendeine Themenbegrenzung damit ausdrücken zu wollen, nur um etwa vollständig sein zu können.

Zur Sache selbst darf ich vielleicht ein einziges ermutigendes Wort in Hinblick auf die politischen Aspekte voranschicken. Währungspolitik ohne Wirtschaftspolitik und Wirtschaftspolitik ohne die allgemeine Politik lassen sich in Europa nicht mehr trennen. Jede Diskussion bezeugt dies heute, und deshalb wollte ich dies ausdrücklich hervorgehoben haben.

Das zweite ist: der WERNER-Bericht ist heute morgen nicht besonders erwähnt worden. Ich darf aber darauf hinweisen, daß wohl jedermann das, was in diesem Bericht enthalten war, bekannt ist.

Und eine dritte Frage, die bei den Referaten vielleicht nicht übersehen werden sollte, ist das Zeitproblem. Kurzfristige, notwendige operative Lösungen einerseits und langfristige Perspektiven sollten nach Möglichkeit ein wenig getrennt und unterschieden werden, damit nicht in der Diskussion von Verschiedenem gesprochen wird.

HANS VON DER GROEBEN:

Ich glaube, daß eigentlich zum erstenmal eine gewisse Chance besteht, innerhalb Europas zu einer engeren Zusammenarbeit auf dem Währungsgebiet zu kommen. Was wir heute über den Dollar-Standard und über seine

Unausweichlichkeit gehört haben, zeigt, daß man in Europa eine größere Einigkeit, Koordination und gemeinsame Haltung auf dem Währungsgebiet nötig hat, gerade um nicht alles akzeptieren zu'müssen, sondern selbst eine gestaltende Politik betreiben zu können. Seit Washington hat sich dementsprechend die Bereitschaft der Notenbank-Gouverneure der europäischen Staaten, eng miteinander zusammenzuarbeiten, doch sehr verstärkt. Der Vorteil dieser Situation besteht darin, daß ein europäisches Währungssystem nicht im Gegensatz zu einem zukünftigen Weltwährungssystem steht, sondern eher die Voraussetzung dafür sein könnte.

Unabhängig von der EWG besteht ein Trend zur regionalen Zusammenarbeit. In der EWG selbst ist die Wirtschafts- und Währungsunion ein Gebot der Stunde. Freiverkehr, Wettbewerbsregeln und in gewissem Umfange auch der Grundsatz der Nichtdiskriminierung lassen sich nicht erhalten, wenn es uns nicht gelingt, das Gleichgewicht zwischen unseren Volkswirtschaften zu erhalten und in der Strukturpolitik Fortschritte zu machen.

Nun, wie kommen wir zu dieser Lösung? Herr BARRE hat heute hierzu einen sehr konkreten Vorschlag gemacht: die Bandbreitenverengung. Dieser Vorschlag muß ernsthaft geprüft werden – und ich glaube, daß er Aussicht hat, angenommen zu werden. Dieser Mechanismus kann allerdings nur funktionieren, wenn es gelingt, nicht nur eine enge Zusammenarbeit der Notenbank-Gouverneure zu etablieren, sondern ihnen auch die Befugnis zu geben, ihre Zinspolitik, ihre Mindestreservenpolitik und ihre Geldmarktpolitik auf dieses Ziel auszurichten. Der vorgeschlagene Fonds könnte dann akzeptiert werden, wenn er gewissen Regeln unterliegt und wenn er limitiert ist.

In einem solchen System würde die Zuständigkeit für die Wirtschafts- und Finanzpolitik in den Händen der Mitgliedstaaten bleiben und nur durch einen einstimmig entscheidenden Ministerrat koordiniert werden können. Ich glaube, es wäre ein Irrtum, wenn man annehmen würde, daß dies auf die Dauer funktionieren könnte.

Wir werden uns also, wenn man diesen Vorschlag annimmt, sehr bald mit dem institutionellen Problem konfrontiert finden. Ein anderer Weg wäre, die nicht von den Notenbanken zu treffenden Entscheidungen gering zu halten und soviel wie irgend möglich allgemeinen Regeln zu unterwerfen. Die Erfahrung, die wir im nationalen Raum gemacht haben, lenkt uns ja in dieser Richtung. Ich bin allerdings vom politischen Standpunkt her außerordentlich skeptisch, ob es bei der Einstellung, die wir in den Mitgliedstaaten der EWG und vielleicht bei den künftigen Mitgliedern vorfinden werden, gelingen wird, einen so weitgehenden Regelmechanismus tatsächlich durchzusetzen. Meine Erfahrungen gehen dahin, daß uns das zwar beim Wettbewerb und beim Freiverkehr und bei der Nicht-Diskriminierung weitgehend gelungen ist, daß aber immer dann, wenn es sich um gestaltende Politik handelt, insbesondere unsere französischen und italienischen Freunde es abgelehnt haben, sich bestimmten, von vornherein festgelegten Regeln zu unterwerfen, sondern darauf bestanden haben, nach diskretionärem Ermessen jeweils zu intervenieren.

Wenn das richtig sein sollte, so sind wir mit dem institutionellen Problem konfrontiert. Dann muß ein Organ der Gemeinschaft da sein, das entscheiden kann. Diese Entscheidungen bedürfen der demokratischen Legitimation, denn es ist nicht vorstellbar, daß so schwerwiegende Entscheidungen durch technokratische Organe getroffen werden. Wir müßten also die Verfassungsstruktur der Gemeinschaft ändern.

Eine gemeinsame Strukturpolitik wäre nach meiner Auffassung eine notwendige Ergänzung einer Wirtschafts- und Währungsunion. Das bedeutet nicht, daß die Gemeinschaft für Planung und Verwirklichung zuständig sein sollte. Was allerdings notwendig wäre, sind erstens allgemeine Richtlinien für die Struktur und insbesondere die Regionalpolitik, und zweitens Hilfe bei der Finanzierung. Mir schwebt eine Erleichterung des privaten Kapitaltransfer in die unterentwickelten Gebiete vor. Ich habe als Mitglied der Kommission einen Fonds zur Zinsverbilligung vorgeschlagen, um diese Transaktionen zu erleichtern. Auch sollte ein zahlenmäßig beschränkter Finanzausgleich ins Auge gefaßt werden.

VORSITZENDER:

Ich glaube, die beiden Themen: den Sachzwang zu institutionellen politischen Lösungen und die anders geartete strukturpolitische Problematik haben Sie gut in die Diskussion eingeführt. Ich würde mich freuen, wenn es dazu Kommentare gäbe.

ALFRED SCHAEFER:

Darf ich ganz pragmatisch einige Eindrücke aus der Praxis eines Banquiers Ihnen unterbreiten.

1. Ich möchte die Frage stellen, ob bei allen unseren Diskussionen nicht die Psychologie des Marktes und Publikums etwas zu kurz kommt? Diese Psychologie läßt deutlich ein credibility gap erkennen, und zwar nicht nur gegenüber der heutigen Währungssituation, sondern sogar gegenüber den Zentralbanken, von denen man spürt, daß sie in einigen Ländern zu sehr politischen Einflüssen ausgesetzt sind. Dieses credibility gap beginnt sich nach unseren Konstatierungen sogar in Amerika bemerkbar zu machen, und es ist gar nicht ausgeschlossen, daß auch amerikanische Staatsbürger langsam Zweifel in die Solidität ihres bisher fast heilig gesprochenen Dollars hegen. Das Publikum weiß über die Defizite und deren Ausmaß in den Vereinigten Staaten, es weiß, daß der Dollar für lange Zeit nicht mehr konvertibel sein kann, es betrachtet die Erhöhung des Goldpreises auf 38 Dollar im Lichte der Markt-

situation fast ein wenig als eine Übung im luftleeren Raum, um nicht zu sagen eine Farce. Und es weiß auch genau, daß Überlegungen allgemeiner währungspolitischer Art in den Vereinigten Staaten Überlegungen wahl- und innenpolitischer, wirtschaftspolitischer Art untergeordnet werden. Konsequenz daraus: der Versuch sich zu schützen gegen den Dollar-Standard, an den man einfach nicht glaubt. Langsam fängt sogar die Zinspolitik an, unwichtiger zu werden, weil es vielen Leuten nur noch darum geht, ihr Kapital, ihre Substanz zu sichern. Es macht sich sogar die Angst bemerkbar, daß evtl. wieder ein zweigeteilter Dollar-Kurs möglich wäre, den einige Leute der Wirtschaft vor 25 Jahren sehr deutlich und während langen Jahren gesehen haben. Ich würde daraus die Folgerung ziehen, daß alles, was man in Europa tut, um zu einer Währungseinheit zu kommen, glaubhaft sein muß, daß es infolgedessen besser wäre, in kleinen Schritten vorzugehen und lieber zuerst wieder zur alten, bewährten europäischen Zahlungsunion zu kommen, als sich mit vielleicht in der Zeit schon zu lange währenden Plänen für die Zukunft zu befassen.

2. Das Publikum ist außerordentlich mißtrauisch, um nicht zu sagen furchtsam geworden gegen jede Art des Floatens, weil es merkt, daß es nie ein sauberes Floaten geben kann, weil jede Nation doch irgendwie im Versteckten nationale Zwecke damit verbindet, mit anderen Worten: unsauber floatet. Und es besteht auch die berechtigte Furcht in der Wirtschaft, daß die $2^{1}/_{4}$%ige wide margin ganz einfach zu viel sein könnte, weil wir ja wissen, daß sich das schließlich innert relativ kurzer Zeit in Differenzen von 9% auswirken könnte.

3. Kommt nicht die Frage der amerikanischen Investitionen im Ausland bei allen unseren Überlegungen etwas zu kurz? Wäre es nicht ein relativ doch erwägenswertes und einfaches Heilmittel, wenn diese Investitionen, die wie wir ja wissen, 5–8 Milliarden Dollar im Jahr zunehmen und heute 70 Milliarden überschritten haben dürften, reduziert werden könnten? Das Publikum ist gegen diese als eine Art von Dollar-Imperialismus empfundene Ausdehnung des amerikanischen Einflusses insbesondere in Europa etwas empfindlich geworden und es ist zu befürchten, daß mit der Nichtkonvertibilität des Dollars auch von den USA aus die Tendenz zu solchen Investitionen außerhalb der Grenzen der Vereinigten Staaten eher zunehmen dürfte.

VORSITZENDER:

Sehr herzlichen Dank! Ich darf vielleicht eine Ihrer früheren Aussagen als vierte Konsequenz nochmals deutlich unterstreichen: daß die Glaubhaftigkeit auch impliziert, daß eine europäische Notenbank-Konstruktion, wie immer sie aussieht, möglichst frei von politischen Einflüssen zu sein hat.

MARIUS W. HOLTROP:

I would like to make a few remarks in connection with what was said this morning, but I am now in doubt, because of the level of the discussion which has been brought in, especially by Dr. VON DER GROEBEN, whether I should come back on these old themes. I shall try to be very short.

I thought that we have to try to learn more about the history of these last twenty years, or fifteen years, and that this morning we did perhaps not give full attention to the realities. I was struck by the introduction of a new economic theme by Prof. KALDOR, who brought in the theory of "success-breeds-success"which is a new one to me as an explanation of our difficulties in the past years, and I thought that was not quite satisfactory. I have experienced that period myself. I think that we must ask ourselves with more depth what really has been the trouble between the American situation versus the European one and what has been the real cause of the continual balance of payment deficit of the US compared with Europe. This deficit can perhaps be explained by a fundamental disequilibrium that was really caused by far too big a devaluation of the European currencies in 1949. Then you have to jump over the period of the Korea war during which no clear pattern of surpluses and deficits emerged, so as to come to the early fifties, when really the European surpluses began to show themselves. It is true that in that old period you could not explain the US deficit by American inflation.

In this connection I want to say that the term "inflation" has been used this morning in a sense which was in my opinion not clarifying. It was used only in the sense of price-inflation as determined by the cost of living index, and I think that this is a completely worthless way of approaching the problem. I think when we talked at that time, or when we talked in the early sixties about America exporting inflation, those who said that, meant the continual export of liquidity by America, and the import of liquidity in Europe, which then worked out into price-inflation in Europe. That America, with a balance of payment deficit, could endure that situation without having internal price-inflation is theoretically not so strange, and the answer that America could not export inflation because she had not any herself was simply wrong. That was a question of semantics, it was using the wrong expression for the right things. What happened was that a big balance of payments deficit was exported to the countries which had a surplus, and that was the problem. At that time, it was already recognized by many that perhaps this couldn't be solved otherwise than by a realignment of the exchange rates. Now, it must be said that in the year 1964 the improvement of the American balance of payments had already come to a point, where there was, maybe, sufficient hope to believe that with the right policies being followed, overall equilibrium between Europe and America could be restored.

In my opinion it has been – I would say disastrous – internal policies of the US that have had the consequence that the situation has since then worsened so much, and at the present moment one is even at a loss to understand what happened in the last few years. The question of definition of the old notion of balance of payments surpluses and deficits begins to play a role. As soon as sheer private liquidity starts to shift from one country to another, the question is, whether it has any sense to explain that as a balance of payments deficit of the one, and a surplus of the other country. We have then to do with movements that are completely out of control and that are not coming from the real economy; they are only part of the purely financial side of the economy and at any rate do not represent fundamental problems.

What strikes me in comparison now with the problem of European monetary unification, is the lesson of what happened in these years between Europe and America. It is important because I do not see that the problems within Europe, within the Community, are going to be very different from the experience between Europe and America. Of course, we strive for fixed rates of exchange within the European Community, but we have learnt from that period with America that fixed rates of exchange can only be maintained if you are willing to adapt internal policies to the exigencies of external equilibrium, and if you do not do that, then you get strains which cannot be overcome, and that same thing is going to happen in Europe if we do not (as Dr. VON DER GROEBEN has said) come to a coordination and clarification of internal policies that make the coordination of fundamental economic developments in these countries really possible. If that is not the case, if you cannot have flexibility in wages and interest rates, and maybe some flexibility in employment, then you cannot maintain fixed rates of exchange, and either the one or the other has to give way.

NICHOLAS KALDOR:

It is kind of you to give me the opportunity to give my views on the subject under discussion. I want to concentrate my remarks on the issues of economic and monetary integration, and on M. BARRE's speech this morning.

I am, as perhaps you know, a strong opponent of the idea of complete European economic and monetary integration, and would like to explain as briefly as I can why. Perhaps I ought to say, to start with, that I entirely agree with those who maintain that full economic integration is impossible without a common currency, that is to say, without monetary integration. I also agree with those who say, and I think M. BARRE will be the first to agree with this view, that you cannot have a common currency without a common authority governing both monetary and fiscal policies so as to ensure that they are properly co-ordinated as between the various members who are part of the monetary union. One cannot have full economic integration without a common currency because so long as there are different currencies, and so long as the exchange rates between currencies can be altered, the terms of competition between different areas can be changed by collective measures – which is precisely what "full economic integration" is meant to avoid. The philosophy of the Common Market is that producers in different parts of the Market should compete with one another on even terms. So long as exchange rates can be changed between one producing area and another, the terms of competition can be altered by collective policy instruments and not just by the efforts of individual producers.

Therefore, I fully agree with those who say that you cannot have a really integrated economic area without a common currency. But then I do not draw from this the conclusion that full integration should be the aim of Western Europe, either for economic or for political reasons. Rather I am convinced that any attempt to bring about "full integration" will be a most divisive force, which would retard the true unification of Europe – which would not promote, but be inimical to, the interests of European co-operation.

The reason for this is simply that nations are not, and cannot be expected to be indifferent to the fate and well-being of their *own* inhabitants in their own territories. We may speak of Europe as if it were a single entity, and many of us, I am sure, are genuinely seeking to create a single European nation. But at the same time you cannot stop Frenchmen being particularly interested in the prosperity of France – in the volume of employment, the level of wages and the growth of the national product of France – any more than you can stop Germans from being interested in the growth of the national product, the level of employment and the standard of living of the workers in Germany. If you have economic integration combined with *complete* mobility of capital and labour – I am not talking about restricted mobility or immobility, but of complete mobility – then certain areas will be bound to develop very much faster than others, and the fast-developing regions will inhibit the growth, or even cause the decline, of other regions. As a citizen of the United Kingdom of Great Britain *and* Northern Ireland – which latter country has unfortunately been a great deal in the news recently – I may be particularly sensitive to the difficulties created by the existence of areas with varying degrees of unemployment and prosperity. Despite the fact that the United Kingdom has been united in a full economic, monetary and political union for several hundred years, despite all its common history, there are strong divisive forces on account of the fact that it is a country composed of many nations – Englishmen, Welshmen, Scotsmen and Irishmen. Irishmen (even Northern Irishmen) do not think of themselves as Englishmen; in the same way, the Scots do not identify themselves with the English or the Welsh; so that the economic fate of Scotland (or

Wales) and the employment-opportunities available in Scotland, is a matter of prime concern to the Government in Westminster, as the events of the last twelve months have so eloquently shown. It is certainly not a matter of indifference whether the UK merely follows a policy of "full employment" for the country as a whole – which means that not *all* Scotsmen are guaranteed a job in Scotland, and many of them may have to migrate elsewhere, for example, to the Midlands of England – or whether it also tries, as recent British Governments were increasingly impelled to do, to ensure sufficient job opportunities *in each area* so as to provide full employment for the inhabitants of that area, even at the cost of reducing the "fullness" of economic integration in the UK, looked at as a single economy.

Well, Mr. Chairman, the same problem will arise to a much greater extent in Europe; and if you aim at *complete* economic integration, you make it impossible for the French Government to follow a full employment policy for France, or for the Italian Government to follow a full employment policy for Italy. Since the creation of the Common Market, the rate of exchange of the franc in relation to the German mark has changed at least four times and it is now some 40 % lower in value than it was in 1960. Who can doubt that if these periodic adjustments in intra-Community exchange rates had *not* occurred, the economic trends within the Common Market would have come out very differently – in particular, the economic development of France would have taken a very different course? It certainly would not have been possible for France to maintain the five per cent growth rate which she succeeded in maintaining over the last decade.

I know of course that M. Pompidou, M. Giscard d'Estaing, M. Barre and other prominent Frenchmen are in the very forefront of the drive towards European monetary integration. The Hague summit and the Werner Report were largely the result of French initiatives. All I can say is that I find it very difficult to understand what they are after – because I cannot believe that they have ceased to be Frenchmen, and that they are indifferent to the question whether France as France – as part of Europe, no doubt, but still as France – will ensure prosperity and full employment *within* her own territory, or only as part of the wider territory of Europe.

VORSITZENDER:

Vielen Dank, Dr. Kaldor, das war eine Herausforderung für die Europäer.

LIONEL ROBBINS:

I felt called upon to ask for the floor because I felt impelled to say a word of disagreement with my old friend and colleague, who has just spoken. I don't think that on analytical grounds there is very much which separates me from Prof. KALDOR. I completely agree with the view that so long as there are independent centres of money supply, which are coincident with independent national governments, that there is a grave danger that a regime of fixed exchange rates may break down. But I ask myself: Where do we go from here? I wonder whether NICHOLAS KALDOR would have made a speech similar to the speech that he has just made, round about 1776, when the formation of the United States was in contemplation. I do ask him seriously whether he would have regarded it as a good thing if instead of the unification which was eventually brought about some years afterwards at Philadelphia, there had persisted 13 separate colonies each with 13 separate currencies and each – and here I come to the main point, Mr. Chairman – and each liable in the immortal words of the 'Federalist' to pursue a different foreign policy, to be liable to different foreign allowances and to be open on all sides to different aggressions.

In the last analysis, Mr. Chairman, I submit that those of us who believe in Western European integration are actuated finally by political rather than economic considerations. I myself as an economist – if I remain purely an economist – find myself open to argument if I listen to NICHOLAS KALDOR talking about the extreme dangers and expenses of the agricultural policy. I join with him in regarding it as rather ridiculous. Then I sway to the view that in the short run at any rate Great Britain has something to lose in joining. If I listen to some of my industrial friends and think of the great advantages of wider markets for heavy industries and specialized industries I see advantages on the other side. But in the end I come back to the fact that I myself have lived through two tremendous, frightful wars in which the nations of Western Europe have flown at one another's throats and have nearly destroyed the common civilization which is the one hope of humanity on this planet. And I refuse to allow these little economic difficulties of coordination between different areas to deflect me from the goal which I submit must be foremost in our minds, namely eventual political union, not necessarily a tight "Bundesstaat" in every possible respect, but at any rate sufficient of a "Staatenbund" to take an active part in ironing out the little difficulties which Prof. KALDOR has drawn attention to.

Of course, there are differences between the state of employment in Scotland and England, but does Prof. KALDOR really wish that the act of union should be repealed? Or would he argue that there should be a different unit of account in Scotland and in England? Surely, he doesn't, and I appeal to him, because I know that at heart he is a good European, that he should transcend these little inhibitions and devote his enormous intellectual ingenuities to thinking out ways round the economic difficulties. Because if we don't achieve the political goal, then I say to all of you in all seriousness: Ours will be the fate of the Greek city states vis-à-vis Philip of Macedonia and the Roman Empire.

BRIAN GRIFFITHS:

I shall be very brief on two subjects:

Some earlier speakers raised the question of why was there fundamental disequilibrium in the balance of payments between America, and Europe and Japan? One can postulate many causes for this disequilibrium. One can say firstly, that European exchange rates have been overvalued; one can say secondly, that the Europeans had pursued a less inflationary policy than that of North-America; one can say thirdly, that the Americans have not pursued a sufficiently deflationary policy; one can say fourthly, that the Americans have not put sufficient controls on outward directed foreign investments from America, and one can say fifthly, but I wouldn't, that the dollar price of gold has been too low. The question is: Which of these does one choose? If you tend to be rather nationalistic, one way or the other, you take your choice. I would suggest, Mr. Chairman, that the question which you choose can only be answered if you have a norm as to how countries should adjust. And in the Bretton Woods system there is in fact a norm, a norm which is not very explicit, unfortunately, and which countries have flouted in their policies; but unless the earlier speakers can be absolutely explicit on what that norm is, we can't on the one hand criticize America and neither can the Americans criticize Europe. As I see it, if we had to pursue an international monetary system with fixed exchange rates, which are only adjusted discretely through time, then what we have to solve is a sort of code of behaviour for countries in the aggregate.

Secondly, I come to the question of European monetary union. Here I must say, I disagree with my colleague, Lord ROBBINS. He has put the argument as if it were a political versus an economic question. I would submit to him that this is most categorically not so. There are those of us who believe to some extent in a political unity of Europe. I firmly believe that we can have a Europe in which we have a maximum degree of trade in goods, in which we have the maximum degree of direct foreign investment between European countries, in which we have a loosely coordinated foreign policy and defence policy, in which we create a specific European identity, but I cannot see that that *necessarily* means that we have to have a European monetary union. Here, as I see it, the question is: the efficiency of having a European-wide regional policy versus a policy of adjusting exchange rates occasionally between European countries, in order to correct balance of payments deficits between the various members of the Six. And what Lord ROBBINS is saying implicitly, though he did not make it explicit, is that a bureaucracy in Brussels can devise a regional policy in order to redistribute purchasing power throughout the enlarged community which is as efficient as the free market; something which I would vigorously challenge.

Robert Jablon:

En séparant comme on l'a fait, le problème plus général du déséquilibre monétaire sur le plan mondial et la crise ou la soi-disant crise du système de Bretton Woods, d'une part, des problèmes que pose l'intégration monétaire et économique de l'Europe, d'autre part, je crois que nos responsables ont été d'une très grande sagesse. Notre thème actuel est celui des réflexions sur l'intégration monétaire européenne.

Les banques centrales européennes, les pays européens se trouvent à l'heure actuelle, malgré leur volonté, associés dans une espèce de syndicat de détenteurs de créances en dollars non convertibles, et sont condamnés par conséquent à s'entendre sur une attitude plus ou moins commune et plus ou moins efficace devant ce problème.

Dans cette situation, il y a un élément de temps que je voudrais faire ressortir. Si on n'agit pas rapidement d'une façon méthodique et décidée pour saisir toutes les chances qui peuvent nous conduire à trouver, aussi bien sur le plan mondial que par le moyen d'une intégration européenne progressive, des armes pour résoudre nos crises, le temps risque de travailler contre nous. Nous sommes après tout lancés dans une espèce de dynamique historique et nous n'avons pas, comme les savants, le choix de nous poser des problèmes pour, selon les alternatives données, nous décider aujourd'hui, demain et après-demain. Ce qui m'a paru ressortir des conclusions de M. Raymond Barre ce matin, avec une évidence assez saisissante, c'est que la nécessité de saisir le moment est peut-être une des tâches les plus actuelles et les plus importantes devant lesquelles nous sommes placés.

C'est là que, sans négliger des réflexions sur les techniques monétaires à appliquer, il nous faudra une volonté pour déboucher sans tarder sur une politique. Après tout, cette crise du système de Bretton Woods est plutôt une crise de la situation monétaire américaine. L'action à entreprendre par les Etats-Unis n'est pas, en premier lieu, l'affaire de ce que nous venons d'appeler, un peu vulgairement peut-être, le «syndicat des créanciers immobilisés des Etats Unis». A ceux-ci, en Europe notamment, de voir s'ils peuvent déboucher sur une politique qui, comme l'a dit M. Barre et comme ceci a été dit dans les réflexions européennes depuis quelque temps, conduit à créer un pool monétaire: non pas tellement pour les «petits» qui veulent se réunir pour faire face aux grands, – cette idée prétentieuse serait puérile et extrêmement nuisible, – mais tout simplement parce qu'un certain nombre de conditions objectives semblent réunies pour faire sur le plan de ce que les uns appellent l'intégration économique et monétaire, ce que les autres appellent l'ajustement des politiques monétaires et économiques dans le cadre de la C. E. E., des progrès peut-être décisifs.

Ceci m'amène à nous rappeler, si vous le permettez, que cette affaire de l'Europe de 1958 s'est déroulée après tout d'une manière assez déconcertante.

Il y a quelques jours, un ambassadeur auprès de la Communauté à Bruxelles, qui quittait son poste, a expliqué très justement (je cite très approximativement) «qu'on a vu, pendant des années, des hommes qui n'ont pas signé le Traité de Rome (et qui y avaient été plutôt hostiles) appliquer une politique tendant vers l'intégration européenne que les signataires du Traité de Rome n'auraient probablement pas mise en œuvre eux-mêmes, alors qu'il lui paraissait certain que si ceux-là mêmes qui ont appliqué cette politique, avaient été appelés à signer le Traité de Rome, ils s'y seraient opposés». En fait, l'Europe s'est faite malgré des difficultés si considérables qu'on peut se demander si elle ne s'est pas faite en quelque sorte, après le lancement de 1958, par une dynamique qui a été appuyée aussi bien par certaines volontés politiques que -- et ceci était à mon avis très déterminant – par l'effet cumulatif des réalisations successives elles-mêmes. Les modifications très considérables dans la structure des politiques industrielles, des politiques commerciales, bref, des politiques économiques tout court des pays qui se trouvaient réunis dans la Communauté, créaient ainsi des faits accomplis dont chacun engendrait non sans difficultés, non sans recul, mais finalement quand-même avec des soldes positifs des pas nouveaux vers des réalisations nouvelles.

Là vous serez peut-être tentés de critiquer le pragmatisme de l'analyse si peu conforme à la réputation des Français d'être des cartésiens et de chercher des systèmes avant de trouver la réalité. A l'heure actuelle, je suis plutôt partisan d'une politique qui consiste à avancer résolument, mais par étapes, pas à pas, créant ainsi chaque fois des points de non-retour. Il faudra passer d'abord par un certain nombre de mesures telles que la réduction très sensible des marges de fluctuation des monnaies européennes entre elles, par la suppression du véhicule du dollar pour des opérations de change entre banques centrales de la Communauté ou de l'Europe en général, par l'acceptation des monnaies européennes par chacune des banques centrales comme monnaies de réserve. Progressivement, mais aussi rapidement que les situations économiques le permettent, sinon l'exigent, on s'orienterait vers la création d'un Fonds de Réserve Européen. Celui-ci serait administré, je ne sais pas comment, mais peu importe pour l'instant d'avoir des idées très précises à ce sujet. On arriverait éventuellement à des unités de compte à l'intérieur de la C.E.E. qui deviendraient en quelque sorte des «special drawing rights» européens, des special drawing rights qui devraient du reste changer de nom parce que la discussion de ce matin a bien établi qu'il s'agit de «general» drawing rights et non plus de «special» drawing rights, si toutes les conceptions qui s'y attachent se trouvent réalisées.

Bref, je crois que nous sommes arrivés, à l'heure actuelle, à un moment décisif. Il faut le saisir d'une manière résolue, mais pragmatique, sans esprit de système. Les nécessités imposeront les modifications institutionnelles et on arrivera finalement à des structures qui répondront d'une manière plus satisfaisante au besoin de maîtriser des faits par l'unification progressive du commandement; ainsi on se trouvera sans doute devant des structures devenues, dans une certaine mesure, supranationales. L'évolution des institutions, le fonctionnement des opérations, ça se fera un peu derrière le dos de tous les intéressés, un peu comme M. Jourdain faisait de la prose sans le savoir.

J'arrive par conséquent à la conclusion qui rejoint certaines idées, exprimées par Lord Robbins avec une éloquence et une force de conviction qui m'a beaucoup ému, c'est-à-dire qu'en fait nous sommes à l'heure actuelle peut-être à un des moments rares où nous pouvons faire acte de volonté, mais où nous avons peu de temps pour choisir. Choisissons, et choisissons effective-ment des solutions d'intégration qui non seulement résoudront un très grand nombre de problèmes actuels, et, pour répondre en partie au Prof. Kaldor, auront pour effet de «rentabiliser» l'économie européenne en général, comme cela se produit depuis dix ou quatorze ans d'une manière si étonnante que beaucoup de réalisations ont eu lieu qui, dans le cadre individuel de chacun des pays de la Communauté, n'auraient jamais pu être envisagées. J'ai assez largement confiance dans les effets irréversibles des constructions politiques et économiques, que par nos recommandations nous aurons contribué à pro-mouvoir, pour penser que nous vivons un des moments précis où nous aurons pu nous engager dans la bonne voie.

VORSITZENDER:

Vielen Dank, Herr Jablon. Ich glaube, die kohärente Darstellung der Posi-tion, so wie sie heute wohl auch in den Gesprächen in Paris gegeben wird, ist für alle nützlich.

Hans J. Mast:

Wenn ich mir erlaube, in dieser gelehrten Gesellschaft das Wort zu ergreifen, so deshalb, weil ich als praktischer Bank-Ökonomist das Gefühl habe, daß hier gelegentlich etwas zu viel an kleinen Schrauben gedreht wird und die realen Tatbestände und Tatsachen zu wenig berücksichtigt werden, die im Geschehen des Marktes eine Rolle spielen. Es sind nicht die Finessen, sondern die harten Tatsachen, die das im Geldwesen so wichtige Vertrauen schaffen. Ich war beeindruckt von der Fülle der Erkenntnisse und Aussagen, die hier präsentiert wurden; in der Währung spiegelt sich eben das Schicksal der Nationen politisch, gesellschaftlich und sozial.

Ich war in einer gewissen Hinsicht enttäuscht, enttäuscht darüber – Herr Prof. Holtrop hat es angedeutet –, daß der markante Wandel, der in der Wirtschaftspolitik in den letzten Jahren eingetreten ist, überhaupt nicht er-wähnt wurde. Wie ich es sehe, trat die westliche Welt nach dem Ende des zerstörenden Krieges unter dem Motto des magischen Dreiecks der Voll-beschäftigung, der Geldwertsicherung, des Zahlungsbilanzausgleichs an. Das

Ziel war schwer, die Aufgabe war schwierig, sie wurde nie vollständig erreicht, aber wir näherten uns an. Leider stellen wir in der letzten Zeit, so scheint es mir, einen Wandel der Auffassung fest. Der Geldwert wird vergessen, der Zahlungsbilanzausgleich wird der Theorie des „benign neglect" geopfert, – was geblieben ist, ist die lineare Vollbeschäftigungspolitik à outrance.

Jeden, der sich einer freiheitlichen Wirtschaft und Währungsordnung verbunden fühlt, erfüllt dieser Wechsel der Politik mit Angst. Ich habe einen guten Abschluß an der Universität gehabt und habe dort gelernt, daß die freie Marktwirtschaft von einem stabilen Geldwert abhängt. Ist diese Voraussetzung nicht erfüllt, wird der Vorteil, der dem Wettbewerb inhärent ist, verzerrt, die Leistungsfähigkeit der Wirtschaft sinkt. Für die freie Marktwirtschaft ist daher eine Geldordnung notwendig, die dafür sorgt, daß die Geldversorgung ungefähr im Gleichschritt mit den realen Wachstumsmöglichkeiten der Volkswirtschaft ausgedehnt werden kann. In dieser Hinsicht sind grobe Fehler begangen worden und die Fehler dauern noch an. Sie hängen z. T. mit der Währungsordnung zusammen, die wir diskutieren, letzten Endes aber hängen sie mit der Wirtschaftspolitik der Nationen zusammen, vor allem mit der allzu sehr übertriebenen und exzessiven Form in einer bestimmten Bahn der Voll-, ja der Überbeschäftigung um jeden Preis. Je länger dieser Prozeß, und das wird sehr oft übersehen, andauert, desto schwieriger wird es, ihm Widerstand zu leisten. In jedem Land, wir sehen es auch in der Schweiz, wir sahen es in Deutschland, wächst die Lobby der Inflationisten. Es wird schwierig, selbst ein Reserveland kann nicht mehr seine Zahlungsbilanz in Ausgleich bringen, ohne daß sofort von Deflation gesprochen wird. Die Regierungen machen Lippenbekenntnisse zur Inflationsbekämpfung, aber sie führen sie nicht durch. Auf diese Weise werden Regierungen wieder gewählt, aber das Grundübel bleibt bestehen, die Glaubwürdigkeit der Regierungen wird unterminiert. Ein Teil des Malaise, das die westliche Welt heute erfüllt, liegt der Geldentwertung zugrunde; aber ich habe auch meine Bücher noch weiter gelesen; daß unter einer Geldentwertung, wie wir sie heute haben, unterschiedliche Zahlungsbilanz-Defizite entstehen, braucht einen nicht zu wundern, und ich war in dieser Hinsicht wenigstens in den Prognosen glücklich.

Daß die Stagflation unter solchen Umständen kommt, war vorauszusehen, von jedem, der die Inflationstheorien gelesen hat. Daß in dieser Atmosphäre der Nationalismus wächst, scheint mir auf der Hand zu liegen und wir alle haben das erlebt. Aber wir sollten uns von diesen Sirenengesängen doch nicht verführen lassen, zumal die Welt die durch eine solche Politik geschaffenen Fehler und Schwierigkeiten bereits durchlebt hat. Lassen wir uns als Nationalökonomen einmal von der Erfahrung belehren! Wir müssen zurück und wir sollten zurück zu dem bekannten magischen Dreieck der Geldwertstabilisierung, der Vollbeschäftigung und des Zahlungsbilanzausgleichs.

Dabei, meine Damen, meine Herren, würde ich nicht glauben, daß es ein gleichschenkliges Dreieck sein muß, es kann ein rechtwinkliges Dreieck sein, mit der Vollbeschäftigung und der Geldwertstabilität auf der einen Seite, und lassen wir uns doch den Zahlungsbilanzausgleich nach dem Satz des Pythagoras errechnen, d. h. den Wechselkurs so festsetzen, daß unter gegebenen Verhältnissen der Zahlungsbilanzausgleich gesichert ist. In einer Weltwirtschaft, die diesen Namen trägt, können die einzelnen Staaten ihre Wirtschaftspolitik nicht allein nach den vermeintlichen nationalen Belangen ausrichten, sondern müssen in deren Gestaltung auch auf die Interessen der übrigen Staaten Rücksicht nehmen.

FRITZ NEUMARK:

Ich wollte ursprünglich nur zwei oder drei Fragen stellen, aber durch die Bemerkung meines Vorredners fühle ich mich veranlaßt, folgendes als Einleitung zu sagen:

Es wäre sehr schön, wenn es bei dem magischen Dreieck geblieben wäre, ein Wort nebenbei, das in einem Gremium entstanden ist, von dem zwei Mitglieder hier anwesend sind. Aber aus dem Dreieck ist längst ein Fünfeck geworden. Sie haben das Wachstum und die Einkommensumverteilung im Sinne einer gleichmäßigeren Verteilung des Einkommens beiseite gelassen, aber wenn man schon vom Dreieck spricht, dann, glaube ich, muß man die Erweiterung zu einem Fünfeck auch in Rechnung stellen bei den internationalen Problemen, die uns hier beschäftigen.

Und jetzt komme ich zu meiner Frage:

Ich war etwas erstaunt, was den ersten Punkt betrifft, daß keiner von den anwesenden amerikanischen Nationalökonomen Gelegenheit genommen hat, das zu tun, was ich jetzt zu tun versuchen werde, nämlich etwas auch den amerikanischen Standpunkt zu verteidigen oder doch wenigstens verständlich zu machen. Aber vielleicht hat man Angst gehabt, angesichts der Tatsache, daß hier keine rein englisch sprechende Gesellschaft versammelt ist, und an das französische Sprichwort gedacht: Cet animal est fort méchant, si l'on l'attaque, il se défend, und deswegen hat man vielleicht von der Verteidigung Abstand genommen; so gestatten Sie mir in Gestalt einer Frage diese Verteidigung zu übernehmen.

Herr Dr. SCHAEFER hat vor den wohlbekannten Gefahren der amerikanischen Investitionen gewarnt. Ich möchte die Frage stellen: Worin liegen eigentlich die Motive dafür, daß diese amerikanische Investitionspolitik so viel Erfolg gehabt hat in Europa? Es gehören doch zu einer solchen Politik zwei, erstens diejenigen, die die Gelder zur Verfügung stellen, und zweitens Personen oder Firmen, die gerne bereit sind, diese Gelder zu nehmen. Die mir bekannten mittleren Unternehmen etwa in der Bundesrepublik, die im Namen der sogenannten amerikanischen Herausforderung (ich glaube „neudeutsch" heißt das „Challenge") dazu veranlaßt wurden, Investitionen mit

Hilfe von amerikanischem Kapital vorzunehmen, haben mir gesagt, sie hätten das aus dem einfachen Grunde getan, weil europäische Firmen nicht in der Lage gewesen seien, ihnen die Unterstützung zu geben, die sie brauchten, und weil sie das amerikanische „know-how" sehr gut verwerten könnten. Wenn es unvorteilhaft gewesen wäre für die europäischen Unternehmen, sich von den Amerikanern Dollars geben zu lassen, dann wäre das wahrscheinlich nicht geschehen. Im übrigen möchte ich diese Gelegenheit benützen, um an folgendes zu erinnern:

Seit Hunderten von Jahren hat man immer wieder versucht, sogenannte „ewige" oder „natürliche" Gesetze, Proportionen u. dgl. zu entwickeln, wie z. B. das Verhältnis 1 : 15 von Gold und Silber, das lange Zeit als ein von Gott gewolltes, als ein natürliches angesehen wurde bis zu dem Zeitpunkt, wo aufgrund der bekannten Geschehnisse (Silberfunde) in Amerika dieses Verhältnis sich als durchaus unnatürlich und als nicht von Gott gewollt enthüllte. Daran mußte ich denken, als man bemerkte, daß das „Dollar-Gap", das vor zwanzig Jahren so stark beklagt wurde, nun nicht nur nicht mehr existiert, sondern sich in das Gegenteil verwandelt hat. Ich bin noch nicht davon überzeugt, daß wir aus den Geschehnissen der letzten fünf, vielleicht auch der letzten acht Jahre die Schlußfolgerung ziehen müssen, daß das amerikanische Zahlungsbilanzdefizit etwas natürliches oder von Gott gewolltes ist und daß man unter allen Umständen dieses Phänomen in die mittelfristige Planung – von der langfristigen zu schweigen – einbeziehen müßte. Das war Punkt 1.

Zweiter Punkt: Es ist sehr viel von den Gefahren der Unstabilität gesprochen worden. Ich möchte vorschlagen, daß wir in der Diskussion sehr deutlich unterscheiden zwischen „instability" auf der einen Seite und „flexibility" auf der anderen Seite. Ich glaube, niemand wird leugnen, daß eine flexible Wirtschafts- und auch Währungspolitik durchaus im Interesse einer größeren Stabilität der wirtschaftlichen Entwicklung in bezug auf einen als „reasonable" bezeichneten Beschäftigungsstand einerseits, eine als ebenfalls „reasonable" zu bezeichnende Preisstabilität andererseits betrieben werden muß. Aber mir scheint, daß auch eine gewisse Unstabilität auf manchen Gebieten innerhalb von Grenzen (daher nur eine „gewisse") nützlich sein kann sowohl für die Unternehmer als auch für die öffentlichen Gebietskörperschaften. Denn eine gewisse Instabilität kann sehr wohl, wie die Wirtschaftsgeschichte der neueren Zeit lehrt, ein wesentliches „incentive" sein, wiederum sowohl für die Privatunternehmen als auch für den Staat.

Ich darf damit schließen, daß ich Herrn GRIFFITHS sage: Ich stimme voll mit ihm darin überein, daß eine europäische Währung keineswegs unbedingt notwendig ist, um jenes Minimum an – aus Rationalitätsgründen – wünschenswerter Vereinheitlichung der Politiken sicherzustellen, die überall angestrebt wird. Mein Freund und Kollege FRANÇOIS PERROUX hat einmal in einem seiner Bücher gesagt: Man schimpft oder lächelt oft über die Utopien, zu denen man auch etwa die Utopie einer europäischen Währung rechnen könne oder das von PERROUX entworfene Bild eines „Europe sans rivages", aber „les utopies d'aujourd'hui sont souvent les réalités les plus solides de demain". In diesem Sinne möchte ich der Hoffnung Ausdruck geben, daß das, was gegenwärtig noch utopisch erscheint, nämlich eine Einigung der wichtigsten westeuropäischen Länder auf bestimmte Ideale und auf die wichtigsten Instrumente, um diese Ideale zu realisieren, sich als Realität von morgen erweisen wird.

FRANZ E. ASCHINGER:

I should like to concentrate in this debate on the problem of Europe. It has been shown that the Common Market has not proved equal to the challenge, when it was confronted by the crisis in May and the crisis in August. At any rate it fell apart at first as far as the policy of exchange rates was concerned. But this should not be overestimated. It was much more important (and this has been mentioned today by Prof. BARRE) that in the middle of September the Common Market found a common attitude as to what ought to be done in the future.

Without the Common Market we would certainly not have had a realignment in the way we had it in December, and we would not have had a contribution – a symmetrical contribution – from the United States. This realignment has certainly great advantages for the US as regards the balance of payments. But it will take months until we get the results in the balance of trade.

However, the US should have followed the experience which has shown that devaluation in itself is not enough, that it should be followed by a conformable policy. Unfortunately they have not adapted their monetary policy in the following months, but they increased their expansionist policy in the monetary field thus increasing the interest rate differentials to the European countries, and they have as yet not shown any interest in returning to convertibility.

Without convertibility the global return to fixed rates is a very precarious thing. The United States should take an interest in the problem first by re-establishing the balance of payments as quickly as possible, by an appropriate interest policy to induce a reflow of short-term capital, and they should take an initiative in asking the creditor countries to consolidate a part of their dollar overhang. But the policy of the United States government today is more on the side of benign neglect than ever before.

Now, what is the dilemma? If convertibility of the dollar is not re-established in due time, the European countries could be faced by the dilemma to float again against the dollar while fixing their rates amongst themselves and to coordinate their policy towards the dollar. This danger is certainly one of the most important causes of the present insecurity and of the present weakness of the dollar.

Such a policy would of course imply very intensive collaboration as regards stabilisation policy, harmonization of fiscal policy and monetary policy amongst European nations. It is not so essential if the final target of an economic and monetary union will ever be totally achieved. What is more important is that we go in the right way, that we take all efforts to adapt, to adjust our economies to each other and that by the instrument of integration we create an area of adjustment, a community of stability in Europe.

Paul Fabra:

Je voudrais faire deux remarques qui d'ailleurs – la seconde en tout cas – rejoignent un certain nombre de choses qui ont déjà été dites, notamment par Lord Robbins en ce qui concerne l'acte de volonté.

Ma première remarque est pour critiquer la méthode d'exposition du professeur Kaldor parce qu'il me semble qu'elle repose sur deux hypothèses que beaucoup de gens partagent et qui – à mon avis – ne sont pas exactes.

La première, c'est que la monnaie est nécessairement un attribut et un attribut très important de la souveraineté nationale. La plupart de nos contemporains sont convaincus de cela, mais il me semble que si on en reste là, nous resterons dans la situation où nous sommes, c'est-à-dire une situation de crise ou de quasi-crise. J'appartiens pour ma part à un pays qui a des traditions protectionnistes très fortes, et jusqu'en 1958 vous auriez entendu probablement la plupart des politiciens, la plupart des économistes, la plupart des experts français vous dire que la maîtrise des droits de douane, des contingents, en un mot: la maîtrise du commerce extérieur, était un attribut essentiel d'une politique économique nationale. Eh bien, à partir de 1958, comme vous le savez, la France ainsi qu'un certain nombre d'autres pays ont abandonné l'idée que les droits de douane, les contingents, le droit de diriger le commerce extérieur étaient des attributs essentiels de la souveraineté nationale, et la France ne s'en est pas plus mal portée. Aujourd'hui, après cet effort, notamment grâce au Marché Commun, qui a été fait depuis 12 ans, nous sommes dans un monde de libre échange et ce dont il s'agit c'est de sauver ce libre échange. Je crois que là un certain nombre de choses ont été dites, notamment par Monsieur Mast, et il a parfaitement raison. Ce que je vais dire paraîtra peut-être un peu exagéré, mais de cela il me semble qu'on devrait tous en être convaincus si on veut sauver le libre échange et le développer, qu'il faut partir de l'idée que la manipulation de la valeur de la monnaie n'appartient pas au pouvoir national. Et de même que les pays ont pu abandonner les droits de douane comme instrument de politique interne, il faut se dire que la manipulation de la valeur de la monnaie n'appartient pas aux gouvernements nationaux. Je ne voudrais pas faire de longues références historiques, mais on pourrait d'un seul mot rappeler qu'avant 1914, quand existait un système monétaire inter-

national, il y avait des pays qui étaient hautement nationalistes, la France
pour commencer, l'Allemagne, l'Italie, la Grande-Bretagne, et quand même,
tous ces pays se conformaient à un standard, et la valeur de la monnaie était
en quelque sorte considérée comme une donnée extérieure à laquelle les différentes politiques nationales devaient s'adapter.

Et j'en arrive alors à la deuxième hypothèse sur laquelle repose, si je
comprends bien, le raisonnement de Monsieur KALDOR, hypothèse qui me
paraît inexacte et dangereuse: c'est l'idée selon laquelle, quand un pays garde
sa liberté de manœuvre interne en ce qui concerne la politique monétaire, ce
pays dispose d'un instrument supplémentaire pour obtenir ce qui est l'objectif
de tout le monde, à savoir le plein emploi et la stabilité. Aussi bien le raisonnement économique que l'expérience prouvent que c'est inexact. Regardons ce
qui s'est passé depuis 20 ans. Les pays qui ont gardé la maîtrise de leur politique monétaire interne, qui autrement dit ont subordonné leur politique
monétaire interne à des objectifs uniquement internes, ce sont p. ex. les Etats
Unis et jusqu'à un certain point la Grande-Bretagne, mais enfin prenons
surtout l'exemple américain. Ce n'est pas le pays qui a obtenu les plus beaux
résultats en ce qui concerne la croissance et le plein emploi. Au contraire, un
certain nombre de pays tel que l'Allemagne, la Suisse – on pourrait en citer
quelques autres – conformaient leur politique monétaire à des objectifs
extérieurs, en particulier l'équilibre de la balance des paiements. Cette subordi-
nation n'a pas du tout eu pour conséquence des résultats moindres en ce
qui concerne le plein emploi et la stabilité des prix, au contraire. Et là je
pourrais faire encore le parallèle avec le commerce extérieur: c'est le jour
où par exemple la France s'est ouverte sur le monde extérieur qu'elle a pu
accélérer sa croissance et, tout compte fait, mieux maîtriser ses affaires intérieures.

Donc je crois que ces deux hypothèses devraient être profondément revisées
et que si nous voulons sauver non seulement le libre échange (évidemment
à l'échelle du monde entier, ce qui me paraît essentiel, mais pour commencer
à l'intérieur de l'Europe), il faut que les pays européens commencent par se
dire que la valeur de leur propre monnaie est une donnée extérieure, et de là
il découle que chacun devra ajuster sa propre politique à cette donnée extérieure. Cette conception est évidemment très loin de ce qui existe actuellement,
mais – et c'est là ma deuxième remarque qui est reliée avec notre discussion
et l'objet même de cette rencontre qui est, je crois, l'avenir du système monétaire international – cet avenir ne sera constructif, ne nous permettra de
sauver l'acquis et d'aller plus loin que si nous nous débarrassons d'une idée qui
me paraît extraordinairement dangereuse, selon laquelle il y a une sorte
d'évolution naturelle et progressive qui doit p. ex. amener petit à petit le
monde vers une intégration monétaire. Ce n'est pas vrai. Si on laisse les choses
aller comme elles vont, eh bien nous le voyons tous les jours, il y aura au
contraire une fragmentation de plus en plus grande du monde. L'histoire

monétaire des vingt dernières années nous prouve qu'il y a dans l'histoire monétaire ce que l'on pourrait appeler des commencements absolus. Je prends deux exemples et j'en termine là: il y a eu la réforme allemande de 1948 et du jour au lendemain les choses ont changé – il y a eu en 1958 l'instauration de la libre convertibilité en Europe, et cela, c'est un acte de volonté qui fait que du jour au lendemain les agents économiques doivent s'adapter à une nouvelle réglementation, à un nouvel état de choses.

WILHELM HANKEL:

Ich komme gerne zurück auf die Europäische Währungsunion. RAYMOND BARRE hat heute früh und Lord ROBBINS hat am frühen Nachmittag sehr überzeugend die teils europäischen und die teils politischen Imperative genannt, die uns auf den Weg der monetären Vereinigung führen. Ich möchte diesen überzeugenden Argumenten ein untergeordnetes hinzufügen: es gibt auch einen monetär-technischen Konstruktionszwang, über den, erstaunlich genug, heute früh und heute nachmittag noch nicht gesprochen worden ist.

Um die These vorwegzunehmen: der an die Wand gemalte Sonderziehungs-rechts-Standard und die Europäische Währungsunion schließen sich nicht aus; sie sind überhaupt keine Substitute, sie sind komplementär, ja der eine Prozeß treibt den anderen und vice versa. Warum? Ich glaube, wenn wir den Blick ein wenig zurück an den Anfang dieses Jahrhunderts werfen, sehen wir etwas ganz Interessantes: Vor 1914 gab es rd. ein Dutzend Währungen, die miteinander konvertibel waren. Das war eine Modell-Konvertierbarkeit unter ganz wenigen. Das Abkommen von Bretton Woods haben schon 32 Währungen unterschrieben. Auf der letzten Hauptversammlung des IWF registrierten wir 120. Wenn Sie nur diese wenigen Zahlen nehmen, so beobachten wir in den ersten sechzig Jahren dieses Jahrhunderts eine monetäre Differenzierung, eine monetäre Desintegration, die einfach atemberaubend ist. In derselben Zeit, in der die Märkte, die Güter- und die Geldmärkte zusammenwachsen, haben sich die Währungsräume separiert, zersplittert und verkleinert. Wenn wir einmal annehmen, was glaube ich nur Einstein in der dritten Dezimale bestreitet, daß in derselben Zeit die bewohnte Erdoberfläche dieselbe geblieben ist, so hätte sich danach der durchschnittliche Währungsraum im Verlauf dieses Jahrhunderts gezehntelt, und das in einem Zeitalter, in dem Technik und Verkehrsmedien uns einander näher gebracht haben!

Hieraus resultiert erstens: Wir haben 120 Währungen, wir haben 120 Wechselkurse und damit mindestens auch zehnmal mehr die Wahrscheinlichkeit von Wechselkursänderungen als vor 1914. Tatsächlich haben wir seit Bretton Woods an die 120 Paritätsänderungen gehabt, davon die meisten überwiegend nicht im Bereich der Industrieländer, sondern der Dritten Welt. So positiv, dieses in Klammern, dieser Prozeß der politischen Emanzipation gewesen ist, der die Entwicklungsländer herausgeführt hat aus Abhängigkeiten der verschiedensten Art, so negativ ist der monetäre Preis zu beurteilen, der bezahlt werden mußte: daß man neben dem eigenen Staatsoberhaupt, der eigenen Briefmarke auch die eigene Währung, den nationalen Geldschein kreiert hat. Durch diese Vielzahl von nunmehr 120 Währungsordnungen hat sich ganz einfach strukturell die Inflationskapazität in der Welt vergrößert. Es ist vordergründig, daß 120 Nationalbanken, besonders wenn Sie an die Segnungen der Notenpresse in unterentwickelten Räumen denken, die Möglichkeit und die Kapazität haben, mehr Inflation im eigenen Land zu erzeugen. Und es ist völlig klar, daß in einer integrierten Welt die autonome Inflation dieser neuen Zentralbanken nicht auf den eigenen Währungsraum beschränkt bleibt; sie wird exportiert über die Export-Überschüsse der anderen, die diese Inflationspolitik zu Hause nicht betreiben.

Entscheidender aber scheint mir zu sein, daß gleichzeitig mit der Verkleinerung der Währungsräume die Effizienz der monetären Instrumente, obwohl sie technisch immer raffinierter geworden sind, immer mehr abgenommen hat. Denn logischerweise ging mit der relativen Verkleinerung der Währungsräume eine Veränderung des Verhältnisses zwischen Außen- und Binnenumsatz einher, und je mehr Außenumsatz wir in Relation zum Binnenumsatz hatten, desto mehr verloren wir die Fähigkeit, mit Hilfe der eigenen Instrumente auf die von außen bestimmten Preise einzuwirken. Das heißt: das Inflationsproblem oder, genauer gesagt, die Nicht-Bekämpfungsmöglichkeit der Inflation wurde in dem Maß größer, in dem die Währungsräume, gemessen an den stark steigenden Umsätzen, sich relativ verkleinerten, oder um es noch simpler zu sagen: mit dem Wachstum von Export und Import relativ zum Sozialprodukt wuchs die Ohnmacht der nationalen Zentralbanken. Immer kleinere Teile des Prozesses vollzogen sich in den eigenen Grenzen.

Daraus erhellt ganz klar, daß die Reduzierung der Zahl der Währungen und damit die Herstellung größerer Währungsräume ein konstitutives Element einer künftigen besseren Weltgeldordnung sein muß. In Europa macht man den Anfang, indem man den Versuch unternimmt, aus 6 oder 10 Währungen langsam wieder eine Währungszone zu machen. Wir wollen hoffen, daß dieses Muster ansteckend wirkt.

Ich komme zum Schluß – wie könnte es anders sein? – wieder zu einer leichten Kritik an dem, was Prof. KALDOR heute früh gesagt hat: Ich kann mir sehr gut eine Welt vorstellen, in der wir statt 120 Einzelwährungen vielleicht ein Dutzend größerer Währungszonen haben, innerhalb dieser Zonen die Vorzüge eines quasi Goldstandards (mit nahezu festen metrischen Währungsparitäten und voller Mobilität) und im Verhältnis der Zonen zueinander (schon um dem strukturellen Gefälle in der Welt Rechnung zu tragen) etwas flexiblere Relationen. Last but not least hätten wir dann diesen traumatischen Streit um die Vorzüge fester und flexibler Wechselkurse nicht nur aus den Köpfen der Theoretiker, sondern sogar aus der Welt geschafft. Wir wären intern stabil und extern flexibler und hätten das Beste aus beiden Welten.

EDGAR SALIN:

Ich möchte gerne diese Diskussion, sowohl den Schluß des ersten Teiles wie vor allem den zweiten Teil, zurückführen auf die relative Einheitlichkeit, mit der wir am Morgen diskutiert haben. Sowohl Herr BARRE wie Herr DAMM und sogar Herr Kollege KALDOR sind davon ausgegangen, daß die Absicht besteht und die Absicht bestehen muß, zu einer Einigung von Weltwirtschaft und Weltwährung wieder hinzuführen. Statt dessen haben wir am Nachmittag viel zu viele einzelne Theorien diskutiert.

Ich bin sehr einverstanden mit dem Meisten, was mein Vorredner gesagt hat, gehe nur in manchen Punkten weit darüber hinaus. Ich halte es für eines der schweren Übel, daß viel zu viel mit Theorien gearbeitet wird, die überhaupt nicht zu realisieren sind. Wenn mir jemand heute noch etwas erzählt von einem magischen Dreieck oder Viereck oder Fünfeck, dann sage ich ihm: er hat noch nicht kapiert, was die Magie heute überhaupt tut: nämlich sie ersetzt das Denken; und zweitens: er hat nicht kapiert, daß jedenfalls bewiesen ist, das magische Dreieck gibt es nicht. Warum nicht? Und warum hat man überhaupt das Deckwort erfunden? Aus einem ganz klaren Grund. Man konnte vor dem ersten Krieg sehr wohl Inflation und konnte verschiedene Arbeitsmöglichkeiten usw. beschränken, weil man bereit war und weil es politisch und sozial als möglich galt, ein Heer von Arbeitslosen zu schaffen und zu halten. Da wir das heute in der Mehrzahl unserer Länder weder können noch wollen (die Amerikaner bringen es fertig, sehr erstaunlicherweise, aber bei uns in Europa hat niemand auch nur den Mut dazu), da wir also das nicht können und nicht wollen, ist die Möglichkeit, auf der einen Seite Vollbeschäftigung und auf der anderen Seite eine Gleichheit des Geldwertes und eine Vermeidung der Inflation in „sozialer" Marktwirtschaft zu erreichen, ausgeschlossen. Darüber müssen wir uns klar sein, – ich freue mich, daß Herr KALDOR nickt, – denn in diesen Fragen muß man unabhängig von jeder politischen Meinung zunächst einmal die wirklichen Zusammenhänge erkennen und den Mut haben, sie zu sagen. Das ist das eine.

Es ist weiter so, – und hier unterscheide ich mich von Herrn HANKEL –, es ist im Grunde interesselos, daß heute bei den Beratungen in Washington nicht mehr 14, nicht mehr 34, sondern 134 oder nächstens 150 verschiedene Staaten beteiligt sind. Zu sagen haben 30 oder 40 oder vielleicht nur die Zehn etwas, und darauf, daß die Zehn wirklich wissen, was geschehen soll, darauf kommt es an und darauf, daß man sich klar darüber ist, was bei diesen „Beschlüssen" der Zehn sowohl in Europa wie in der Welt geschieht. Es ist ganz richtig gewesen, daß Herr HANKEL die Entwicklungsländer mit hereingebracht hat; aber die Inflation der Entwicklungsländer? Das möchte ich mal sehen, wie z. B. die von Ghana die Weltwährung beeinflußt hat. Beeinflußt wird dadurch, daß man die Investitionen von uns, also von den Zehn, streicht; daß man verstaatlicht, d. h. daß man die Kredite und Investitionen auf einem politischen Weg aus der Welt schafft.

Ich finde, diese Dinge muß man klar sehen, klar sagen und dann muß man außerdem noch sehen: die Welt besteht ja wirklich nicht nur aus uns. Es ist hier an einer Stelle des Programms ausdrücklich noch hingewiesen auf den Osten. Es gibt den Ostblock, es gibt den Rubel-Block, es gibt ähnliche Möglichkeiten in Japan und wahrscheinlich in China. Es ist also durchaus nicht so, daß das Problem, mit dem wir nicht fertig werden, schon darum generell unlösbar ist. Es wäre erst noch zu untersuchen, ob vielleicht eine „dirigistische" Ordnung bessere Chancen besäße.

Weltwirtschaft und zukünftige Weltwährungsordnung: USA / Übrige OECD-Länder / Ostblock / Dritte Welt

Vorsitz: Samuel Schweizer

Vorsitzender:

„Weltwirtschaft und zukünftige Weltwährungsordnung, USA, übrige OECD-Länder, Ostblock, Dritte Welt", das sind Themen, die uns sicher für eine ganze Woche hier festhalten könnten. Ich möchte Ihnen deshalb vorschlagen, daß wir versuchen, uns auf einige wenige Themen zu beschränken, diese aber etwas eingehender besprechen. Dabei hat es nicht die Meinung, daß wir zu Konklusionen kommen sollten, die wir dann festhalten und der Welt bekannt geben würden. Ich glaube aber doch, daß wir im Sinne von dem, was Herr Damm heute morgen gesagt hat, uns in bezug auf die Prioritäten festlegen sollten.

Ich schlage Ihnen vor, daß wir als erstes Thema eines behandeln, das uns allen heute aus der Praxis bekannt geworden ist, nämlich „Flexible Wechselkurse". Wir sind nun seit Monaten mit schwankenden Wechselkursen eng vertraut geworden, ja zum Teil gibt es sie auch gegenwärtig noch. Fragen wir also zuerst: Ist in diesem Raum immer noch jemand überzeugt davon, daß frei schwankende Wechselkurse zu realistischen Paritäten führen? Dabei möchte ich präzisieren, damit wir klar sehen: bei frei schwankenden Wechselkursen gibt es ja die beiden Varianten „clean" und „dirty floating". Sie wissen, daß die „clean"-Definition dahin lauten würde, daß die Bildung des Wechselkurses völlig den Marktkräften überlassen bleibt, ohne Intervention der Zentralbanken, wogegen beim sogenannten „dirty"-Floating die Zentralbanken in von ihnen selbst festgesetzten Grenzen intervenieren. Dabei muß man sich der Klarheit halber vor Augen halten, ob man an das Floating jeder Währung gegenüber jeder anderen, oder an Floating gewisser Gruppen wie z. B. der Währungen des Gemeinsamen Marktes gegenüber dem Dollar denkt. Ich möchte Sie bitten, einleitend zuerst zu diesem Thema Stellung zu nehmen.

OTMAR EMMINGER:

Herr Vorsitzender, Sie werden vielleicht nicht überrascht sein, wenn ich nicht sofort Ihrem Wunsch hinsichtlich des zu behandelnden Themas nachkomme. Das ist nicht ungewöhnlich, wie ich heute Nachmittag festgestellt habe!

Es reizt mich sehr, zu einigen Punkten der vorausgegangenen Diskussion Stellung zu nehmen. Ich kann nicht unwidersprochen die vorhin getroffene Feststellung hinnehmen, wonach es heute erwiesen sei, daß man Stabilität und gesundes Wachstum nicht mehr unter einen Hut bringen könne. Das scheint mir keineswegs bewiesen zu sein. Man läßt sich zu rasch dazu hinreißen, Tendenzen, die infolge unzulänglicher Wirtschaftspolitik fünf oder zehn Jahre lang bestanden haben, als unabwendbar in die Zukunft zu projizieren. Ich glaube, wir sollten mit solchen Urteilen vorsichtig sein.

Ich hätte ganz gerne auch noch zu einigen anderen interessanten Punkten Stellung genommen. So zum Beispiel zu der Behauptung, daß die monetäre „Fragmentation" in 130 verschiedene Währungsräume (die sich wahrscheinlich, bei Licht besehen, doch auf 30 oder 40 reduzieren würden) das Inflationspotential wesentlich erhöht habe. Wäre dies richtig, so müßte man im Umkehrschluß wohl folgern, daß die größten Wirtschaftsräume die besten Chancen für die Stabilität haben! Nach dieser These hätten also die Vereinigten Staaten, als der mit Abstand größte geschlossene monetäre Raum, in Zukunft auch die mit Abstand größte Chance einer Stabilität. Wäre das der Fall, dann brauchten wir nicht so sehr besorgt zu sein, uns einem Dollar-Standard anzuvertrauen. Damit bin ich beim Thema; denn ob wir in Zukunft in einem Dollar-Standard leben müssen und in welcher Art von Dollar-Standard, das werde ich doch wenigstens am Rande zu behandeln haben.

Ich möchte etwas weiter ausholen, über das Thema hinaus, das uns der Vorsitzende heute gegeben hat. Wir stehen in der ganz einmaligen Situation, daß wir einen Zusammenbruch des bisherigen Währungssystems erlebt haben (obwohl es sehr viele verschiedene Meinungen darüber gibt, worin eigentlich der „Zusammenbruch" des Systems besteht, aber da ich kein „academic economist" bin, kann ich das auf sich beruhen lassen). Manchmal kann man aus einer solchen Krise heraus doch eine Verbesserung des Systems erreichen. Meine Erfahrung geht jedenfalls dahin, daß man ohne Krise normalerweise überhaupt keine Chance zu einer Verbesserung des Systems hat. Was ist denn nun realistischerweise an Reformen des heutigen Währungssystems zu erwarten?

Man muß wohl von dem ganz allgemeinen und sehr primitiven Satz ausgehen, daß wir im Grunde alle einen stabilen und verläßlichen Währungs-Rahmen für ein freies, multilaterales Handels- und Zahlungssystem anstreben. Das bedeutet, daß wir grundsätzlich *stabile und verläßliche Wechselkurse* anstreben – mit voller Freiheit des Zahlungsverkehrs natürlich, und das heißt auch mit voller Konvertibilität in andere Währungen; daß wir außerdem ein System anstreben, das *nicht aus sich heraus Inflation oder Deflation erzeugt;* und schließlich ein System, das etwas *weniger krisenanfällig* ist als das bisherige.

Nun, wie kann man das erreichen? Da sagt man zunächst, wir müßten in Zukunft einen *elastischeren Anpassungsprozeß* bei Zahlungsbilanzungleichgewichten haben, damit es nicht mehr so viele Krisen gibt, damit die Weltwirtschaft „stabiler" ist. Aber was heißt das, ein elastischerer Anpassungsprozeß? Wir müssen uns damit abfinden, daß wir an dem inneren Anpassungsprozeß der nationalen Volkswirtschaften auf kürzere Sicht kaum große Verbesserungen erreichen können. Wir wissen, jedes Land steht unter dem Zwang, primär seine inneren nationalen Wirtschaftsziele zu verfolgen. Infolgedessen kommt man zu dem Schluß: wenn man den Anpassungsprozeß verbessern will, muß dies im Bedarfsfall eben auch durch ein elastischeres Wechselkurs-System geschehen. Und da sind wir schon bei einem gewissen Widerspruch: auf der einen Seite wollen wir gerne ein stabiles und verläßliches Wechselkurs-System, aber wenn wir Krisen vermeiden wollen und das Weltwährungssystem etwas elastischer, etwas vernünftiger machen wollen als bisher, dann brauchen wir wieder ein elastischeres Wechselkurs-System. Es ist die Frage, wie wir in der Praxis aus diesem Dilemma herauskommen werden.

Was wir uns außerdem von einem besseren Währungssystem in Zukunft noch wünschen, ist eine *bessere Symmetrie.* Sicher wissen manche von Ihnen sofort, was mit diesem Schlüsselwort gemeint ist, nämlich daß die Lasten der Anpassung bei Ungleichgewichten richtig verteilt werden sollen; daß nicht ein Land, praktisch die Vereinigten Staaten, überhaupt nicht unter einem Anpassungszwang steht, jedenfalls nicht von außen, weil es alle Defizite mit der eigenen Währung, dem Dollar, abdecken kann. Insofern würde eine bessere Symmetrie also eine Änderung des Interventions- und Reservesystems erforderlich machen. Aber es wird oft vergessen, daß es auch eine andere Seite der Symmetrie gibt, nämlich daß die Vereinigten Staaten für sich die Möglichkeit fordern, sämtliche Instrumente der Anpassung, auch das Instrument der Wechselkursänderung, in gleicher Weise anwenden zu können wie es alle anderen Länder tun. Bekanntlich haben sie das bisher nicht autonom tun können; noch bei der Washingtoner Währungskonferenz vom vergangenen Dezember benötigten sie für das Ausmaß der Dollarabwertung eine Vereinbarung unter allen wichtigen Industrieländern.

Was wollen wir noch von einem verbesserten Währungssystem? Wir wollen natürlich auch, daß weniger Störungen im internationalen Devisenverkehr und in den Wechselkursen von seiten der *kurzfristigen Kapitalbewegungen und des Euro-Geld-Markts* auftreten. Das wären meine Vorstellungen von einem verbesserten Währungssystem. Was ist davon – jedenfalls in absehbarer Zukunft – *in der Praxis realisierbar?*

Erstens einmal hinsichtlich des Wechselkurssystems. Ich habe schon darauf hingewiesen, daß wir hier vor einem Dilemma stehen. Wir wollen möglichst stabile Kurse, wir wollen aber auch Kurse, die im Bedarfsfall elastisch anpaßbar sind, anpassungsfähig sind. Ich glaube, daß wir einen etwas mühseligen Kompromiß zwischen diesen beiden Anforderungen bekommen werden; einen Kompromiß, der etwas mehr Elastizität als bisher bringen wird, aber nicht sehr viel, weil auf der anderen Seite die relativ kurze Periode des „Floating", in mancher Hinsicht, wahrscheinlich sogar mehr als sie es verdient hat, abschreckend gewirkt hat, sogar in Kreisen, die im Prinzip für ein elastisches Wechselkurs-System sind oder gewesen sind. Ich hoffe, daß wir uns am Schluß zu einem vernünftigen Kompromiß zwischen diesen beiden von mir gekennzeichneten Anforderungen durchringen können. Ich halte es z. B. für sehr wahrscheinlich, daß wir nicht nur vorübergehend, sondern auf die Dauer mit etwas größeren Bandbreiten als früher fahren werden. Ich halte es auch für sehr wahrscheinlich, daß man mindestens versuchen wird, Änderungen der Wechselkursparitäten mehr als früher aus der Sphäre der Prestige-Politik herauszunehmen, z. B. durch internationale Festlegung von etwas präziseren Regeln für Wechselkursanpassungen als bisher.

Eine weitere Frage, die mit den von mir gekennzeichneten Anforderungen sehr eng zusammenhängt, ist die folgende: Wie sollen in Zukunft Zahlungsbilanzstörungen und inflatorische Überschwemmungen durch *kurzfristige Geldbewegungen* besser unter Kontrolle gehalten werden? Es gibt umfangreiche Untersuchungen im Währungsfonds, es gibt auch ganz interessante Untersuchungen im Rahmen der Europäischen Gemeinschaft, was man alles tun könnte, um derartige Störungen etwas systematischer auszuschalten oder jedenfalls zu vermindern. Ich will hier nicht auf die Möglichkeiten im einzelnen eingehen. Aber ich muß Ihnen eines sagen: ich habe keine sehr große Hoffnung, daß wir auf internationaler Basis ein System entwickeln werden, das diese Störanfälligkeit durch kurzfristige Geld- und Kapitalbewegungen sehr wesentlich vermindert. Man hat, wie Sie wissen, unter den Notenbanken im vergangenen Frühjahr eine Stillhalte-Absprache getroffen, um zu verhindern, daß die Notenbanken selbst noch ihrerseits diese Schwierigkeiten zusätzlich erhöhen, indem sie ihre Devisenreserven auf dem Euro-Markt anlegen. Aber die Wirksamkeit dieser Absprache wird meistens überschätzt, denn die Absprache bezieht sich nur auf die Notenbanken der Zehnergruppe, die sowieso nur relativ geringe Reservebeträge auf den Eurogeldmärkten halten, während viel größere Beträge von Notenbanken außerhalb der Zehnergruppe auf den Eurogeldmärkten gehalten werden. Ich glaube daher nicht, daß Absprachen allein unter der Zehnergruppe das Problem lösen. Jedenfalls möchte ich en passant bemerken, daß die Vorwürfe, die man an die Adresse der Notenbanken gerichtet hat, daß sie die vergangene Krise sozusagen ohne es zu wissen durch ihre Anlagepolitik verschärft hätten, stark übertrieben sind, soweit es die hierzu überhaupt ansprechbaren Notenbanken der Zehner-

gruppe angeht. Ich glaube also, wir werden in Zukunft mit den Eurogeldmärkten leben müssen, die gegenwärtig, wie Sie wissen, ein Volumen von
ungefähr 60 Milliarden Dollar haben, mit all den riesigen Geldbewegungen,
die Krisen hervorrufen können. Ob die Erweiterung der Bandbreiten ein aus-
reichendes Mittel sein wird, um diese Bewegungen wirklich nennenswert zu
erschweren und einzudämmen, das steht noch dahin, und ich glaube, hier
muß man den praktischen Test abwarten.

Infolgedessen, und das ist das letzte, was ich zu diesem Komplex sagen
möchte, scheint es mir wahrscheinlich, daß wir hier auch in Zukunft in der
Hauptsache *nationale Abwehrmaßnahmen* treffen müssen. Selbst die Bundesrepublik Deutschland hat sich inzwischen ein kleines Arsenal von Abwehrmaßnahmen zugelegt, und zwar sowohl im Bereich der Bankengelder als auch
neuerdings für Geldbewegungen, die die Nichtbanken-Sphäre betreffen (das
sogenannte Bardepot). Ich nenne das nur als Symptom, um darzutun, daß
selbst in einem Land, das eigentlich aus Prinzip heraus gegen solche Abschir-
mungsmaßnahmen eingestellt war, der Druck der Umstände allerhand erzwungen hat. Sie wissen, daß es einige andere Länder, vor allem in Europa,
gibt, die sehr viel stärker für solche nationalen Abwehrmaßnahmen eintreten.

Ich möchte nur am Rande erwähnen, daß damit ein schwieriges europäisches
Problem verbunden ist, nämlich die Frage, ob man in Zukunft für die Europäische Wirtschaftsgemeinschaft ein gemeinsames Abwehrsystem nach außen
wird erfinden können, oder ob wie bisher jedes Land nach unterschiedlichem
Verfahren – das eine mit dem gespaltenen Devisenmarkt wie Belgien, das
andere mit einem ganzen administrativen Arsenal wie Frankreich, die Bundesrepublik wiederum mit einigen etwas marktwirtschaftlicheren Mitteln –
sich so gut es geht durchschlägt. Die Tendenz geht natürlich dahin, die Europäische Wirtschaftsgemeinschaft in ein möglichst einheitliches System einzu-
betten, aber das wird in der Praxis sehr schwierig sein.

Ich komme nun zu einem weiteren Punkt, der in der aktuellen Diskussion
eine große Rolle spielt und auch heute Nachmittag schon angesprochen worden ist, nämlich zur Frage der *Konvertibilität* in unserem zukünftigen Währungssystem. Wenn man das Wort Konvertibilität in den Mund nimmt, dann
denkt man natürlich immer an die Konvertibilität des Dollars. Wir haben
heute Nachmittag gehört, daß das eines der dringendsten Probleme sei, um
überhaupt wieder eine stabile Währungsordnung herzustellen. Das ist nicht
etwa nur die Ansicht unseres Freundes Dr. ASCHINGER, sondern es ist die gän-
gige Ansicht überhaupt. Auch der bekannte amerikanische Währungsfach-
mann Mr. E. BERNSTEIN hat kürzlich einen aufsehenerregenden Appell an seine
eigenen amerikanischen Behörden gerichtet; er meinte, daß man keine Ruhe
auf den Devisenmärkten und im Währungssystem haben werde, ehe nicht die
Konvertibilität des Dollars wieder hergestellt sei. Ich will im Prinzip gar
nicht in Abrede stellen, daß das eine wichtige Sache sei, aber ich glaube, man
muß unter praktischen Gesichtspunkten – ich spreche hier nur als Praktiker –

die Dinge noch etwas genauer unter die Lupe nehmen. Was heißt überhaupt Konvertibilität? Wir wissen alle, daß die Umtauschbarkeit des Dollars *in Gold* nicht zur Diskussion steht. Niemand strebt das im Grunde genommen an, selbst der französische Staatspräsident Pompidou hat im September 1971 auf einer Pressekonferenz gesagt, das sei nicht mehr praktikabel: c'est un rêve – das ist ein Traum, hat er wörtlich gesagt. Aber was man natürlich wissen wolle und wissen müsse, sei folgendes: was bekommt man für die Dollars, die man am Devisenmarkt aufnimmt, welche anderen letzten Wäh-rungsreserven (SZR oder Reservepositionen im IWF) oder welche anderen starken konvertiblen Währungen kann man bekommen? Bei Lichte besehen ist es immer etwas ungewiß, was eigentlich mit dieser Konvertibilität des Dollars gemeint ist. Denn im Grunde genommen kann man, so lange die Wechselkurse gesichert stabil sind, für den Dollar genau dasselbe bekommen, was man auch für die DMark bekommt, nämlich andere Währungen zu einem verläßlichen Wechselkurs. Auch die DMark ist ja nicht in Gold konvertibel. Da die mir zugemessene Zeit zu Ende ist, will ich hierzu nur noch sagen: Man wird die Konvertibilität des Dollars kaum wieder voll herstellen können, wenn man nicht eine Lösung gefunden hat für den *Dollar-Überhang,* für die „überschüssigen" Dollarreserven, die sich heute in den Händen von Wäh-rungsbehörden befinden. Man muß eine Möglichkeit finden, daß ein Teil die-ses Überhangs irgendwie gebunden wird, damit sich bei Wiederherstellung einer gewissen Dollar-Konvertibilität nicht alle 50 Mrd. Dollar zum Umtausch herandrängen. Da gibt es sehr verschiedenartige Vorschläge, auf die ich nicht mehr eingehen kann. Nach meiner Ansicht wird es ziemlich lange dauern, eine Lösung zu finden, keine Sache von Monaten, sondern voraussichtlich eine Sache von einigen Jahren.

Wir müssen uns daher auf einen längeren *Übergangszustand* einrichten, und das bringt mich zu meinem letzten Punkt, nämlich zu der Frage: Welche Chance haben wir, daß wir diesen Übergangszustand überstehen, ohne daß es zu neuen großen Krisen kommt? Und was können wir von uns aus dazu beitragen? Nun, da die Glocke des Vorsitzenden schon geläutet hat, kann ich auf diesen Punkt leider nicht mehr eingehen!

Vorsitzender:

Meine Damen und Herren, ich möchte in erster Linie Herrn Dr. Emminger, sicher im Namen aller Anwesenden, den Dank dafür aussprechen, daß er zu uns gestoßen ist. Und im übrigen stelle ich fest, daß er in einem lapidaren ein-leitenden Satz zu dem Thema Stellung genommen hat, das ich zur Diskussion stellen wollte. Er hat gesagt: Wir streben stabile Wechselkurse an. Das ist eine sehr klare Stellungnahme. Im übrigen möchte ich doch bitten, daß wir die Themen eins nach dem anderen behandeln. Herr Dr. Emminger hat noch zwei

Themen angeschnitten, die ich zur Diskussion stellen wollte, nämlich die kurzfristigen Kapitalien und die Konvertibilität. Das sind aber Fragen, die wir
doch eine nach der andern behandeln sollten. Darf ich nun bitten, sich zur
Frage stabiler oder schwankender Wechselkurse zu äußern.

ALEXANDRE KAFKA:

I am not sure if I am addressing myself precisely to the subject you
wanted us to talk about, but what I am going to say is at the same
time a bit of a preface and a postscript to what Dr. EMMINGER was
saying. I do want to address myself to this intermediate period which has
started with the realignment and which greatly worries me. As to the future,
I think that for a long time to come the world is going to be divided into a
fairly large number of monetary areas and under those conditions there is no
question but that a parity-system is the best solution which we can have, if for
no other reason than because any floating rate system would not be a system
of genuinely floating rates, as was very correctly stressed this morning, but
would be a system which would give too much opportunity for offensive intervention.

Now, also as a representative of less developed countries – I think I am
the only less developed character in this gathering – I would like to stress
very much that the countries which are closest to my heart are very much
interested in as little flexibility in the future parity-system as possible. This
seems paradoxical to many people because they take a somewhat romantic
view of less developed countries, they think of less developed countries that
they are always highly inflationary countries, countries, where the export
prices go up and down wildly.

If you look at the statistics, you come to a very curious conclusion that
whatever percentage you choose as a cut-off, whether it is 3 % or 4 % or
5 %, the proportion of countries whose inflation exceeds that percentage is
exactly the same for the LDCs as it is for the DCs. As for the fluctuations of
export prices there is a difference, but in the postwar period as a result of
course of our success in avoiding depressions even the fluctuation of terms of
trade and export prices has not been such as to make stable exchange rates
and monetary stability an impossible achievement for the LDCs. With very
few exceptions, which the International Fund has had no difficulty in
tolerating, they can live very well and they want to live on a parity-system,
particularly because not having a parity-system would face them in many
cases with very embarrassing choices as to which currency to peg to and also
because it would face them and is already facing them with very embarrassing
debt management problems.

If the world goes over to two or three monetary areas in the more distant
future, I could imagine that because for each of these monetary areas its

external trade would be so much less important than it is today for the
majority of individual countries such major areas might be capable of living
within a system of genuinely freely floating rates and that it might be quite
tolerable. But that is for the far future. At the moment there is really no
practical alternative to a parity-system.

Now, how are we going to prevent the collapse of the present realignment?
And by collapse I mean collapse, I don't mean its orderly change which of
course we have to envisage even in the next two or three years during which
these further solutions, which Dr. EMMINGER spoke of, are worked out. We
all agree that this requires some sort of convertibility or a substitute for it
and that convertibility in turn requires some dealing with the dollar overhang. There are many systems which can be used to deal with the overhang,
but I think that preference has to be given to that system or those systems
which can be instituted most rapidly. It's a pedestrian subject, but I would
suggest that we should dedicate a good deal of this afternoon to the problem
of how to deal in a practical and rapid manner with the dollar overhang.

I won't leave you much better off than Dr. EMMINGER left you at this point,
because I don't have a better recipe or a particular recipe which impresses
me by its superior virtues. But there is one thing which I think might be
worth thinking about, just to start the discussion. This is something which
could be instituted rather rapidly, much more rapidly than a conversion of
dollars into SDRs which would require a Fund-amendment, and much more
rapidly than the negotiation of E. M. BERNSTEIN's reserve settlement account
which would also take a long time. One possibility would be a Fund decision
or agreement negotiated between major countries to treat existing dollar
balances which they hold essentially as we treat SDRs, in other words that
they can be used only under conditions of a balance of payments need,
because that at least would prevent one central bank from offloading its
dollar balances on any other central bank.

It is difficult to say how to deal with future deficits of the US which
would face the world as a whole with the need to take in dollars which it
might not want to take in, unless they were already convertible (or otherwise
made particularly attractive). On the other hand you cannot really expect the
US to consent to convertibility at this point, when they have to face the fact
that it may take two years even after the realignment and even assuming that
the realignment was correct and viable in the long run, to improve their balance
of payments. Well, here I am even more doubtful. It has occurred to me that
one might go back to something like the beginnings of the EPU and establish,
to begin with, a rather small but, one hopes, rising percentage of conversion,
starting off with 5 % in 1972, and hoping to go on to 20 % or perhaps 25 %
in 1973. I am just offering this as a suggestion to start off the discussion.

VORSITZENDER:

Ich danke Herrn Prof. KAFKA und möchte noch fragen: Wer wünscht sich noch zum Thema „Wechselkurse" zu äußern?

WALTER ADOLF JÖHR:

Ich wäre ein begeisterter Anhänger der flexiblen Wechselkurse, wenn die Einflüsse auf die Wechselkurse sich nur unter jenen Faktoren finden würden. die langfristig die Leistungsbilanz beeinflussen. Dann hätten wir eine Basis, aufgrund welcher die langfristige Allokation der Produktionsfaktoren vorgenommen werden könnte. Da aber zahlreiche andere Faktoren mit im Spiel sind, vor allem bei den Kapitalbewegungen, die z. T. auch politisch induziert sind, glaube ich, daß wir in dieser Weise keine Basis für eine solche langfristige Allokation der Produktionsfaktoren gewinnen könnten.

Im folgenden möchte ich einige Gedanken zur künftigen Weltwährungsordnung vortragen, wobei mir die Bemerkungen von Herrn NEUMARK über Utopien, die leicht Realitäten werden können, den hierfür notwendigen Mut eingeflößt haben. Dabei möchte ich nach einer Lösung suchen auf der Basis von fixen Wechselkursen, die aber korrigierbar und mit einer erweiterten Bandbreite versehen sind. Die politischen Schwierigkeiten werde ich nicht behandeln, auch wenn mir das den Vorwurf eintragen sollte, daß das, was ich vortrage, weltfremd sei.

Ich möchte anknüpfen an das, was Herr LUTZ im November in einem Vortrag ausgeführt hat, nämlich daß es sehr schwieriger und langwieriger Verhandlungen bedürfen würde, bis die Wechselkurse ausgehandelt seien. Nun, wenige Wochen später standen die neuen Wechselkurse als Ergebnis dieses Bargainingprozesses schon fest. Aber ich glaube, das wichtigste ist – und ich war überrascht, daß das bisher noch nicht gesagt worden war – daß zum erstenmal auf einer breiten, multinationalen Basis die Wechselkurse ausgehandelt worden sind. Dies ist im eigentlichen Sinne des Wortes ein neues Ereignis in der gesamten Währungsgeschichte. Natürlich haben wir schon entsprechende Ansätze hierfür im System von Bretton Woods gehabt, aber eine solche Aushandlung der Wechselkurse ist nie in dieser Weise erfolgt. Dieser Bargainingprozeß trägt im Grunde der Natur des Wechselkurses und der Wechselkurs-Korrektur Rechnung. Er bedeutet in der Regel für das Land A, das die Korrektur vornimmt, einen Vorteil und für alle übrigen Länder einen Nachteil. Das waren auch die Überlegungen, die Herrn KALDOR gegenüber einer europäischen Währungsunion so skeptisch sein ließen. Wenn ein Land aufwertet, so dämpft es bei sich die Inflation, aber zugleich fördert es die Inflation in den anderen Ländern. Wenn ein Land abwertet, so erhöht es die eigenen Exportchancen, aber zugleich vermindert es die Exportchancen aller übrigen Länder. Nun dürfen wir natürlich nicht übersehen, daß die Währungskorrektur auch Nachteile mit sich bringt, die für die anderen Länder

Vorteile bedeuten. Die Aufwertung dämpft wohl die inländische Inflation, aber sie vermindert die Exportchancen des eigenen Landes. Die Abwertung erhöht wohl die eigenen Exportchancen, aber sie fördert die inflatorische Entwicklung. Es ließe sich wahrscheinlich ein Idealfall konstruieren, bei dem im Falle einer bestimmten Wechselkurs-Korrektur der Überschuß der Vorteile über die Nachteile sowohl für das den Wechselkurs korrigierende Land wie für alle übrigen Länder am größten wäre. Aber es ist nicht damit zu rechnen, daß in der Wirklichkeit eine solche Konstellation anzutreffen ist. Wir wollen somit festhalten, daß die Wechselkurs-Korrektur eine Entscheidung in einem Interessenkonflikt ist. Und für diese ist das Aushandeln eine der möglichen Lösungen zur Behebung des Konfliktes. Aber ist es die einzige Lösung? Daß ein Automatismus in Gestalt der flexiblen Wechselkurse der Natur der Aufgaben nicht angemessen wäre, haben wir zu Beginn ausgeführt.

Aber es bliebe noch eine weitere Alternative, nämlich die Regelung durch eine Art von Internationalem Schiedsgericht, das eine gewisse Verwandtschaft mit dem Internationalen Gerichtshof in Den Haag hätte. Ich könnte mir vorstellen, daß ein solcher Gerichtshof etwa aus elf Nationalökonomen, Statistikern und anderen Wirtschaftsfachleuten bestünde und zur Aufgabe hätte, nun die richtigen Wechselkurse aufgrund der für die Konkurrenzfähigkeit der einzelnen Länder maßgebenden Daten zu ermitteln. Dieses Gremium müßte über die Wechselkurse wachen und sie immer dann neu festsetzen, wenn sich Divergenzen in der Konkurrenzfähigkeit – z. B. aufgrund abweichender Inflationsraten – ergeben.

Eine solche Lösung würde natürlich eine weitere Einschränkung der Autonomie des einzelnen Landes bedeuten, wie sie schon in Bretton Woods in einem ersten Schritt vorgenommen wurde. Aber dadurch wird man dem Umstand gerecht, daß ein Land nicht abwerten oder aufwerten kann, ohne daß sich daraus schwerwiegende Konsequenzen für andere Länder ergeben. Damit wären natürlich noch nicht alle Probleme gelöst. Ein Land könnte trotzdem als auf- oder abwertungsverdächtig erscheinen, wenn man annimmt, daß die genannte Behörde sich demnächst zu einer entsprechenden Korrektur entschließt. Infolgedessen müßte der skizzierte Vorschlag kombiniert werden mit einem großen internationalen Monetary Buffer Stock, der in solchen Situationen intervenieren würde und damit diese sich selbst verstärkenden internationalen Kapitalbewegungen *aus* der Währung des *ab*wertungsverdächtigen Landes oder *in* die Währung des *auf*wertungsverdächtigen Landes neutralisieren würde, in dem er je nachdem als Käufer oder Verkäufer der entsprechenden Währung auftritt.

VORSITZENDER:

Ich danke Herrn Prof. JÖHR. Ich glaube, Herr Prof. JÖHR hat sicher ein Thema berührt, das von großer Aktualität ist. Ich habe vor ein paar Tagen mit Herrn SALIN darüber gesprochen und wir haben gesagt, es gibt eigentlich heute noch gar keine von der Wissenschaft ausgearbeiteten allgemein anerkannten Kriterien, nach denen man eine neue Parität aufgrund von objektiven Argumenten festsetzen könnte. Ob ein Gerichtshof dazu in der Lage wäre, das möchte ich hier nicht beurteilen. Herr SALIN hat gesagt: man muß auch dem Fingerspitzengefühl noch etwas überlassen. Das ist wohl richtig, aber nicht völlig befriedigend.

HERMANN ABS *:

Es ist das Stichwort „internationales Schiedsgericht zur Festsetzung von Wechselkursen" gefallen – ein Stichwort, das wirklich erregend ist. Man stelle sich das in der Praxis vor: Wenn Wechselkurse einem Gericht überantwortet werden, ist das das Ende des Funktionierens eines jeglichen Weltwährungssystems.

Das Aushandeln der Wechselkurse in Washington am 17./18. Dezember als ein bemerkenswertes Ereignis zu bezeichnen, finde ich kühn. Denn was ist geschehen? Die Amerikaner haben sich dazu bereit erklärt, den Goldpreis von 35.– auf 38.– Dollar heraufzusetzen, was demnächst gesetzliche Wirklichkeit wird. Einige wichtige Währungen haben sich dabei nicht mitbewegt, haben also ihre Paritäten nicht geändert. Zwei Währungen sind um 1 % abgewertet worden, vier – oder, wenn man den Schweizer Franken mit einbezieht, fünf – Valuten wurden aufgewertet. Für die Währungen der beiden Hauptaufwertungsländer, die durch Floating bereits mehr getan hatten als sie vernünftigerweise allein gelassen hätten tun dürfen, wurde schließlich nach langem Kuhhandel ein Kompromiß geschlossen, von dem die Betroffenen meinten, es wäre schon zu viel, und andere meinten, wie immer, es wäre zu wenig. Ich bestreite daher, daß das Aushandeln der Wechselkurse – so sehr die Fixierung am 17./18. Dezember aus anderen Gründen zu begrüßen war – ein bemerkenswertes Weltereignis war.

Die Frage, wie Kurse adaptiert werden können, richtet sich natürlich nach dem jeweiligen Notstand des Landes, das aufwertungslustig oder -verdächtig oder abwertungsverdächtig oder -unwillig ist. Vielleicht ist denkbar, daß der Weltwährungsfonds etwas mehr Autorität hat, wobei ich nicht so sehr an das Instrumentarium denke, als an das Gewicht der Persönlichkeiten, die diesen Fonds leiten. Eine solche, in der Person begründete Autorität hat sicher Pierre SCHWEITZER zur Verfügung. Ich darf zu seiner Ehre sagen, daß er am 28. April der Bundesregierung gesagt hat, was geschehen wird, wenn sich die Bundesrepublik zu flexiblen Wechselkursen entschließt, nämlich genau das,

---

* Dr. h. c. H. Abs ist der Verfasser eines Gutachtens „Probleme deutscher Währungspolitik", das der Konferenz vorlag und von dem noch einige Exemplare beim List Institut, Basel, erhältlich sind. (Anm. d. Hrsg.)

was Nixon am 15. August verkündet hat. Was nützen aber Informationen, wenn der Empfänger davon nicht Kenntnis nimmt und keine Lehren daraus zieht, frage ich mich? Ich möchte mich auf diese etwas heftigen Bemerkungen zu diesem Punkt beschränken, und ich bitte meinen Vorredner in aller Form um Entschuldigung für meine Heftigkeit. Sie sind das wohl als Professor gewohnt – auch sogar in der Schweiz –; aber ich könnte mir vorstellen, wie Ihr Vater über diese Dinge gedacht haben würde, mit dem mich gerade in der krisenhaften Zeit der 20er und 30er Jahre eine so enge Freundschaft verbunden hat.

Warum keine flexiblen Wechselkurse im Prinzip? Meine Gegnerschaft gründet sich in erster Linie darauf, daß Staaten in flexiblen Wechselkursen die leichteste Entschuldigung finden, nichts für die Stabilität des Geldwertes zu tun und alles der Flexibilität des Kurses zu überlassen. Zum zweiten sind flexible Wechselkurse ein zusätzliches Handicap für jene langfristigen Kapitaltransaktionen – Geben und Nehmen –, die immer noch von einer großen Bedeutung sind für das Wachstum der verschiedenen nationalen Volkswirtschaften und die internationale Prosperität. Ich glaube, man muß die Frage des Kapitalverkehrs (des langfristigen Kapitalexportes und -importes) viel mehr einbeziehen in die Überlegungen, wie man defizitärer, kontinuierlicher Zahlungsbilanzdefizite Herr wird. Ich halte es für eine komplette Illusion, zu glauben, daß Amerika über die Handelsbilanz seine Zahlungsbilanz in Ordnung bringen kann, ein Land, das mehr Auslandsinvestitionen in den letzten 20 Jahren vorgenommen hat als Gesamteuropa, das heute über mehr Auslandsinvestitionen verfügt als Gesamt-Westeuropa. Das gilt selbst einschließlich der bedeutenden Leistungen, die das Vereinigte Königreich in den vergangenen 20 Jahren auf diesem Gebiet vorzuweisen hat – eine der Stärken Europas, einer der gewichtigen Vorzüge, die in meiner bescheidenen Meinung mit dem Eintritt Englands in den Gemeinsamen Markt verknüpft sein werden. Hat nicht Frankreich durch Napoléon Louisiana an Amerika verkauft, um seine Zahlungsbilanzdefizite in Ordnung zu bringen? Hat nicht Rußland vor 100 Jahren Alaska verkauft, um seine defizitäre Zahlungsbilanz auszugleichen? Beide sind nicht auf den Gedanken gekommen, über den Warenhandel (über die kommerzielle Bilanz) ihre Zahlungsbilanz in Ordnung zu bringen. Das bleibt einigen Nationalökonomen als das Privileg ihrer Einseitigkeit vorbehalten, und ich ende mit folgendem Appell, nur aus den Erfahrungen in meinem Land sprechend: ich halte den Einfluß von nationalökonomischen Instituten und deren Trägern, die selbst politisch nicht verantwortlich sind, auf die Entscheidungen oder Unterlassungen der Regierungen für undemokratisch.

Das ist meine Meinung, für die ich mich, wo immer ich kann, einsetzen werde.

VORSITZENDER:

Herr ABS, meine neutrale Stellung hier verbietet mir zu sagen, wie sehr ich mit Ihnen einig gehe. Aber nun darf ich vielleicht doch noch Herrn Prof. LUTZ das Wort geben. Vielleicht hören wir dann einen Verteidiger der fluktuierenden Wechselkurse.

FRIEDRICH A. LUTZ:

Ich habe das Gefühl, daß jemand etwas zu Gunsten der flexiblen Kurse hier in diesem Kreise sagen sollte. Zunächst möchte ich betonen, daß die Ereignisse nach dem 15. August bis zum 18. Dezember kein Beweis dafür sind, daß die flexiblen Wechselkurse nicht funktionieren können, denn da waren zwei Bedingungen nicht gegeben:

Erstens einmal die Bedingung, daß man nicht interveniert; es war eben „dirty" Floating und nicht „clean" Floating, wobei das „dirty" Floating ganz verschiedene Formen in den verschiedenen Ländern angenommen hat. In den einen haben die Zentralbanken interveniert, andere haben es auf andere Weise gemacht.

Zweitens wußte alle Welt, daß man zu festen Wechselkursen zurückgehen wird und daß die Vertreter des mächtigsten Staates der Welt verkündet haben, wo sie denken, daß die Paritäten ungefähr liegen sollen. Der Markt wird es dann dahin bringen, da sich die Marktteilnehmer sagen, die Amerikaner werden schon erreichen, daß wir zu diesen Kursen kommen.

Unter diesen Bedingungen und wenn außerdem jede einflußreiche Persönlichkeit und jedes einflußreiche Gremium sagt, wie die Kurse sich bewegen werden oder sollen, werden die Erwartungen verfälscht und die flexiblen Wechselkurse können dann nicht vernünftig funktionieren. Das scheint mir vollkommen klar. Also würde ich sagen, daß diese Periode in den letzten Monaten nicht ein Beweis gegen die Möglichkeit eines guten Funktionierens der flexiblen Wechselkurse ist.

Ich komme noch auf einen zweiten Punkt. Herr ABS hat gesagt, wenn ich ihn recht verstanden habe, daß Herr SCHWEITZER vorausgesagt habe: Wenn die Deutschen im Mai zu flexiblen Wechselkursen übergehen, wird das erfolgen, was NIXON am 15. August gemacht hat. Nun hat NIXON am 15. August doch nicht deshalb die Goldeinlösung für den Dollar eingestellt, weil die Deutschen zum Floaten übergegangen sind. Die Deutschen haben das doch getan, weil sie die Dollar nicht mehr kaufen wollten, die anfielen. Und es war dieser Dollar-Kauf, also diese Dollar-Akkumulation der anderen Länder, die NIXON schließlich dazu geführt hat, die Aktion vom 15. August zu unternehmen; und gerade die Deutschen haben doch gewollt, daß diese Dollar-Akkumulation in der Bundesbank aufhört, weshalb sie zu flexiblen Wechselkursen übergegangen sind. Also scheint das Argument, daß das „Floaten" der Deutschen zum 15. August geführt hat, ganz falsch. Im Gegenteil, es hat die Situation für Nixon erleichtert.

Was nun das Realignment anlangt, kann ich absolut nicht verstehen, welche Bedeutung man der noch ausstehenden Erhöhung des Goldpreises von $ 35.– auf $ 38.– für die Unze zumißt. Wenn eine öffentliche Stelle Eier verkauft und sagt, mein Preis ist Fr. 1.– für 12 Eier, aber Eier kriegt ihr dafür nicht; und nach einer Weile sagt die gleiche Stelle, wir haben jetzt den Preis erhöht von Fr. 1.– auf Fr. 1.50, aber Eier kriegt ihr dafür auch nicht, würde alle Welt sagen: die spinnen wohl. Also ein Goldpreis, für den man die Ware nicht bekommen kann, ist kein Preis. Daß es vollkommen bedeutungslos ist, ob er von 35 auf 38 Dollar heraufgesetzt wird, kann man jetzt doch sehen. Er ist noch nicht heraufgesetzt worden; man hat das Realignment gemacht, und wenn er jetzt heraufgesetzt wird, dann ändert sich doch absolut nichts. Ich würde es für viel vernünftiger halten zu sagen: ein offizieller Goldpreis besteht überhaupt nicht mehr!

Nicholas Kaldor:

I generally find myself in a small minority on most matters, and I think in a minority of almost one in being in favour of "dirty floating", as against both "clean floating" and "fixed" exchange rates. I cannot imagine in practice a system of exchange rates operating where the exchange is left entirely to the market, without central bank invervention. Moreover, I regard fixed exchange rates as nothing more than an extreme case of "dirty floating", the only difference between the two being that under fixed rates the German Bundesbank has an unlimited liability to buy all the dollars which are offered, whereas under "dirty floating" it can use its own judgment. When it has already bought 2 billion on one day, it could pause and allow the mark to rise a little before taking in a further billion. By this method the Bank could use its "Fingerspitzengefühl" (as Professor Salin would say) and thereby get the maximum degree of stability consistent with sensible policies. So I do not agree that "dirty floating" is worse than either "free" floating or fixed rates: "fixed rates" and "freely floating" rates are no more than two extreme cases of "dirty floating".

What I feel is that many of the speakers have not faced up to the problem that the more often exchange rate adjustments take place, the more difficult it will be to stick to "offizielle Bandbreiten", or formally announced pegs. I wish Dr. Emminger could have told us what the great merit of publicly announced margins is, whether they are 2.25 % wide or only 1.25 % or even 1 %, as against margins which could be operated just as effectively as self-imposed guide-lines by the Central Banks, but which are not *publicly* announced. Once they are publicly announced they invite the trouble which Dr. Emminger so eloquently described to us, namely the destabilizing effect of short-term speculative flows which arise in anticipation of adjustments in the exchange rate. The more frequently and the more readily Central Banks adjust the peg – in other words, the more often they devalue or re-value – the more frequent and burdensome such speculative anticipations will tend to be. Since the gains of speculators represent losses to the Central Bank and the Government, the latter will always try to beat the speculators in this game; but under a regime with fixed rates the Bank could only do so by acting contrary to what the economic situation requires. In the absence of formally pegged rates a speculator necessarily takes a two-way risk: though the probability of a rise may appear to him greater than that of a fall (or *vice versa*) he cannot rule out the possibility that the price will move in a direction contrary to what he expects. And as he has no means of knowing how much the currently prevailing price owes to official intervention rather than to market forces (including speculative forces), his expectation of what is likely to happen will itself be influenced by the actual movements of the price. He will tend to think that if speculators in general shared his view (about a probable rise or fall in the exchange rate), the rate itself would be different from what it is. Hence the very absence of formally announced pegs tends to discourage currency speculation – as is evidenced by the fact that such speculative flows were much smaller during the period when formal pegs and parities were suspended than before.

VORSITZENDER:

Ich darf eine kurze Notiz vorlesen, die mir Herr ABS gegeben hat: „Der Eingang von ca. 8 Milliarden Dollar (Sie meinen in Deutschland, nicht wahr?) zwischen Anfang 70 und dem 30. April 71 kam fast ausschließlich aus Krediterlös von im Ausland aufgenommenen Krediten." Damit kämen wir auch schon zum zweiten Thema, das ich zur Diskussion stellen wollte und das Herr EMMINGER schon berührt hat, nämlich: was soll die zukünftige Behandlung der kurzfristigen Kapitalien sein?

JULIEN-PIERRE KOSZUL:

Je vais parler du problème des balances-dollars de non-résidents, mais je voudrais, pour éviter toute fausse interprétation, qu'il soit bien entendu que vous avez devant vous quelqu'un qui croit profondément que le monde a besoin d'un bon dollar, et quand je dis le monde, j'inclus là les Etats-Unis, car les Etat-Unis eux-mêmes ont besoin d'un bon dollar. Je veux donc que dans ce que je vais dire sur les balances-dollars de non-résidents, rien ne permette de penser qu'à cet égard mon sentiment est autre que ce que je viens de dire.

S'agissant du problème des balances-dollars de non-résidents, je ne voudrais qu'attirer l'attention sur un aspect particulier de ce problème. Ce problème n'est pas un problème en soi, il n'est un problème que dans la mesure où le déficit de la balance des paiements des Etats-Unis subsiste, il ne restera un problème que dans la mesure où ce déficit continuera, et ma conviction est que dès l'instant où dans le monde on aurait des raisons de penser que la période des déficits de la balance des Etats-Unis est close, le problème des balances-dollars de non-résidents simplement s'évanouira. Nous avons sous les yeux un exemple qui me paraît absolument expressif et convaincant et c'est celui des balances- sterlings de non-résidents.

Les balances-sterlings de non-résidents dont on a entendu parler pendant le dernier quart de siècle, c'était un poids sur la Grande-Bretagne; aujourd'hui, elles ne le sont plus grâce à une politique économique efficace. Ce n'est pas que leur montant ait diminué, ce qui était le voeu officiel des autorités monétaires britanniques, c'est juste le contraire; car depuis un an le total des balances-sterlings de non-résidents a augmenté à peu près 900 millions de livres. Le problème des balances a disparu parce que depuis deux ans la Grande-Bretagne a redressé sa balance des paiements, d'une manière que je trouve proprement admirable. La Grande-Bretagne a su obtenir un excès de la balance des paiements tel qu'elle a été capable d'utiliser son surplus pour rembourser en toute hâte son endettement extérieur à court terme, et puis quand cela fut fait, elle s'est mise à rembourser son endettement extérieur à moyen terme, et nous savons tous que s'il reste encore un peu d'endettement extérieur à moyen terme – je fais allusion à ce milliard de dollars que la Grande-Bretagne doit encore au FMI – ce n'est absolument pas la faute de la Grande-Bretagne si elle ne l'a pas déjà remboursé. Dans le même temps que la Grande-Bretagne voyait ainsi disparaître tout ce qui était son endettement extérieur brûlant, elle a reconstitué des réserves de change immédiatement disponibles qui ont porté le total de ses réserves à un chiffre record, qui est, je crois, de l'ordre de 7 milliards de dollars. Alors nous en avons assez sous les yeux pour comprendre pourquoi il n'y a plus de problème de balances-sterlings de non-résidents, la position de trésorerie extérieure de la Grande-Bretagne a simplement changé du tout au tout depuis deux ans.

Ici j'attire l'attention sur une distinction, qui n'est pas assez souvent faite à mon avis, entre ce que représente une situation de trésorerie et ce que représente un bilan. Une affaire, et je pense ici à des affaires privées, peut avoir un bon bilan et elle mourra par sa trésorerie. Il en est de même des grands pays et des petits pays. On peut avoir un bon bilan en ayant des investissements directs à l'étranger extrêmement importants: si on a un problème de trésorerie extérieure, ce problème pèse sur le présent en même temps qu'il pèse sur l'avenir. Il est absolument faux de vouloir mettre en regard alors un endettement extérieur brûlant avec des investissements à long terme à l'étranger. Ce sont deux choses totalement différentes.

Même le fameux accord de Bâle, signé il y a déjà quelques années, par lequel assistance était promise à la Banque d'Angleterre en échange d'une garantie de change qui serait donnée à certains titulaires des balances-sterlings de non-résidents, est dès maintenant devenu inutile. Cet accord de Bâle était un en-cas, il a rendu service et le point que je désire souligner, c'est que si ce redressement britannique veut bien se maintenir un peu, nous ne sommes pas loin du moment où l'accord lui-même ne sera plus utile, car pour moi la meilleure, la plus durable des garanties d'une monnaie réside dans la gestion du pays qui émet cette monnaie.

Ceci dit, et revenant une seconde fois au problème des balances-dollars de non-résidents, on dira: ah oui, mais elles sont beaucoup plus importantes! Je dis oui, c'est vrai, mais si vous mettez en regard le rapport balance-dollars de non-résidents et PNB des Etats-Unis, et puis de l'autre côté le montant des balances-sterlings de non-résidents et le montant du PNB britannique, vous avez deux rapports qui sont d'un ordre de grandeur tout à fait comparable. Pour ma part je ne verrais que des avantages dans une grande action internationale plus spécialement européenne, mais de laquelle le Japon ne devrait certainement pas se dissocier, pour apporter aux Etats-Unis une aide financière dont une partie pourrait servir à une consolidation partielle, très temporaire des balances-dollar de non-résidents, pour donner à ce grand pays auquel sont redevables les uns et les autres de façon si diverse, le temps nécessaire pour revenir à des politiques intérieures qui remettraient sa balance des paiements en ordre. Ce qui est après tout ce dont, je crois, le monde entier a besoin.

CLAUDIO SEGRÉ:

Just a brief word. What Mr. KOSZUL has just said is of course most stimulating, but one has to ask whether the United States in this specific case are a "business", in the sense of a bank, or whether they are a Central Bank, because the liquidity conditions for a bank and for a Central Bank are not exactly the same. I think this is something which must be kept in mind.

But what I really was interested in hearing was a further explanation of Dr. EMMINGER's notion that we shall have to rely in the future pretty heavily on having instruments at our disposal for defence against unwanted inflows of short-term capital. My question is: What is the real objective which he has in mind? Is it the maintenance of independent or of autonomous national monetary policies for the purpose of regulating the internal trade-cycle or the employment conditions? Or is it a problem of preventing the accumulation of dollars by the Central Bank?

This is just a question, but I cannot resist adding a comment on it. I would say that if it is a matter of ensuring the independence of internal monetary policies, then I would say that it is once more an illusion to think that you can do that by means of a control of capital flows; moreover I think it is an irrelevant objective. If it is a problem of preventing the accumulation of dollars, I would say this is a matter which must be dealt with among Central Banks and not at the expense of the economy of the country as a whole. I think that capital controls, as we have experienced them in these past few years, really subject the economy to shocks which are not easy to bear – and I don't mean the banking system simply, but also the industrial structure and the trade relationships as well. I think therefore that one should think deeply, before having recourse to these capital control measures, whether the game is worth the candle or whether this is not just an easy way out which permits the authorities to avoid certain painful measures in the fiscal field or in the field of cooperation with other Central Banks.

VORSITZENDER:

Ich glaube, wir müssen das Problem genau umreißen: Es geht darum zu wissen, ob wir in Zukunft unser ganzes Währungssystem weiterhin ohne jegliche Abwehrmaßnahmen außerordentlichen Kapitalbewegungen, wie wir sie nun erlebt haben, aussetzen wollen oder nicht. Deutschland einerseits und die Schweiz andererseits sind es, die die größte Erfahrung haben auf diesem Gebiet. Herr Dr. EMMINGER hat eher einen liberalen Standpunkt eingenommen, während Ihnen heute morgen doch gesagt wurde, daß man mit gewissen vorbereitenden Maßnahmen dieser Gefahr entgegentreten soll. Ich möchte vielleicht Herrn Präsident STOPPER bitten, aus seiner Sicht, – er hat ja große Erfahrung –, zu diesem Thema das Wort zu ergreifen.

EDWIN STOPPER:

Es ist nicht abwegig, wenn für den Fall, daß trotz dem kürzlichen Realignment neue, massive Geldbewegungen eintreten, von verstärkten Kontrollen gesprochen wird. Dies nicht zuletzt aus psychologischen Gründen; man spricht dann weniger über neue Wechselkursänderungen. Ein derartiges Gerede wäre besonders inopportun in einem Zeitpunkt, wo der Umfang der Wirkungen der bisherigen Beschlüsse noch nicht überschaubar ist. Materiell darf man sich von Kontrollen allerdings nicht allzu viel versprechen. Wir haben seit dem 15. August des letzten Jahres diesbezüglich nicht besonders überzeugende Erfahrungen gemacht.

Gegenwärtig ist man vielerorts im Ausland der Meinung, die schweizerischen Kontrollmaßnahmen seien besonders wirksam gewesen, denn die Schweizerische Nationalbank ist eine der wenigen größeren Notenbanken, die seit dem Realignment keine Dollars aufnehmen mußte, obwohl der

Schweizer Franken zu den Zufluchtswährungen gehört. Diese Erscheinung ist aber nicht in erster Linie den Kontrollen zuzuschreiben.

Zweifellos haben auch die schweizerischen Banken in letzter Zeit Dollars gegen Frankengutschrift übernommen. Im Gegensatz zu den Banken anderer Länder haben unsere Institute die Dollars nicht der Nationalbank angeboten. Einerseits wissen unsere Banken, daß auf absehbare Zeit nicht mit neuen Wechselkursänderungen des Frankens zu rechnen ist, und andererseits ist ihre Liquidität in Notenbankgeld so groß, daß sie das Übermaß gar nicht verwenden können. Der Zinssatz für kurzfristiges Geld ist im Interbankenverkehr nahezu bei Null. Es bestand also nicht die geringste Veranlassung, Dollars bei der Nationalbank in Franken umzuwandeln. Es waren somit wirtschaftliche Fakten und nicht Kontrollen, die die Nationalbank vor Dollarübernahmen geschützt haben.

Trotzdem wir bezüglich der Wirkung von Kontrollen skeptisch sind, möchte ich nicht zum vornherein ausschließen, daß noch zusätzliche Vorschriften notwendig werden könnten. Dies insbesondere dann, wenn sich der Restriktionismus im Ausland weiter ausbreitet. Was uns zunehmend beunruhigt, ist die Tendenz zu wachsender internationaler Verwendung des Frankens zur Ablösung des Dollars für die Fixierung von Forderungs- und Schuldverhältnissen und für Währungsreservezwecke.

Solange sich das Vertrauen in den Dollar nicht wieder gefestigt hat, sind Währungen, die zu Recht oder zu Unrecht als besonders sicher gelten, der Gefahr ausgesetzt, mit Funktionen belastet zu werden, für die sie sich im Hinblick auf ihre relativ schmale nationale Basis nicht eignen.

Die gegenwärtige amerikanische Geldpolitik, die mehr auf die Wiederbelebung der Wirtschaft als auf die Erreichung des Zahlungsbilanzgleichgewichtes ausgerichtet ist, vermag das Vertrauen in den Dollar nicht zu stärken. Allerdings scheint die amerikanische Strategie, zuerst die Wirtschaft wieder anzukurbeln und dadurch die Voraussetzungen für eine Attraktion von Geld und Kapital zu schaffen, nicht abwegig. Ich hoffe, daß sich bald erste deutliche Erfolge einstellen und die amerikanischen Behörden dann eine Politik führen werden, die den Zahlungsbilanzausgleich fördert und damit das Vertrauen in den Dollar festigt. Erst dann dürften wir vor der Gefahr neuer Restriktionen geschützt sein, die wegen ihrer Mängel immer wieder zusätzliche Restriktionen provozieren könnten.

MARCUS BIERICH:

Sie haben mich gebeten, zu den hier angeschnittenen wirtschafts- und währungspolitischen Fragen vom Standpunkt der Industrie Stellung zu nehmen. Ich möchte das unter zwei Gesichtspunkten tun, die mir für eine solche Stellungnahme wesentlich erscheinen, nämlich denen der Geldwertstabilität und Stetigkeit.

I. Die Industrie wird durch hohe Inflationsraten und sprunghafte Änderungen der Währungsparitäten gestört und geschädigt. Die landläufige Meinung, nach der gewinnbringende Unternehmen gegen die Auswirkungen der Inflation gefeit seien, wird durch die Erfahrungen der letzten Jahre widerlegt. Die Gewinne ganzer Wirtschaftszweige reichten zum Ausgleich der durch die Geldentwertung eingetretenen sichtbaren und unsichtbaren Verluste nicht aus. Das läßt sich an den Ihnen vorliegenden Bildern verdeutlichen.

In den Jahren 1952 bis 1970 stiegen die Verbraucherpreise in der BRD durchschnittlich um 2,4 %, die Löhne und Gehälter um 8,5 % p. a. Preisanstieg und Lohnanstieg verhielten sich also im Durchschnitt der Jahre wie 1:3,5. Das galt mit geringen Abweichungen auch für die einzelnen Jahre. Die beiden als gleitende Dreijahresdurchschnitte ermittelten Kurven im ersten Bild verlaufen praktisch parallel.

Lohnanstiege in Höhe der dreifachen Preisanstiege sind nur bei niedriger Ausgangsbasis durch Produktivitätsfortschritte auszugleichen. In den letzten zwölf Jahren fand ein solcher Ausgleich nur in der Zeit von 1967–1968 statt. In allen anderen Jahren lag der Lohnanstieg über dem Produktivitätsfortschritt. Es entstanden Produktivitätslücken. Bild 2 zeigt die prozentualen Veränderungen gegenüber dem jeweiligen Vorjahreswert. 1971 zum Beispiel lagen die Löhne und Gehälter um 11,9 % höher als 1970. Die Produktivität stieg aber nur um 2,8 %. Zwischen Mehrverdienst und Mehrproduktion entstand also eine Produktivitätslücke von 9,1 %. Aus Bild 1 wissen wir, daß diese Lücke nur teilweise durch Preisanstiege ausgefüllt werden konnte. Der Rest ging zu Lasten der Unternehmensgewinne oder der Unternehmenssubstanz.

Man macht sich die Auswirkungen solcher Produktivitäts- und Preislücken auf die Erfolgsrechnung eines Industrieunternehmens am besten an einer Modellrechnung klar. Bild 3 zeigt in der ersten Spalte des oberen Teils die Ziffern einer konkreten Gewinn- und Verlustrechnung. Das Unternehmen hat eine Gesamtleistung von DM 3 Mrd. Der Vormaterialeinsatz macht 60 %, die Wertschöpfung 40 % der Leistung aus. Die Personalaufwendungen liegen bei 25 %, Abschreibungen und Sonstiges zusammen bei 10 %. Der Gewinn vor Ertragsteuern entspricht einer Leistungsrendite von 5 %. Als Ertragsteuersatz wurden 50 % unterstellt, also ein Satz, der zwischen Ausschüttungs- und Thesaurierungssatz in der Nähe des letzteren liegt.

Die zweite Spalte enthält die jährlichen Zuwachsraten, die, auf die Ziffern des Basisjahres angewendet, zu den Gewinn- und Verlust-Zahlen der rechten Bildhälfte führen. Als Indizes für die Gesamtleistung, das Vormaterial, die Löhne und Gehälter und den Produktivitätszuwachs wurden die durchschnittlichen Zuwachsraten der Jahre 1969 bis 1971 eingesetzt.

Die Ermittlung der Zuwachsrate für die Abschreibungen geht davon aus, daß die jährlichen Abschreibungsbeträge um den darauf entfallenden Preisanstieg vermehrt reinvestiert werden und zusammen mit dem Restbuchwert

Bild 1

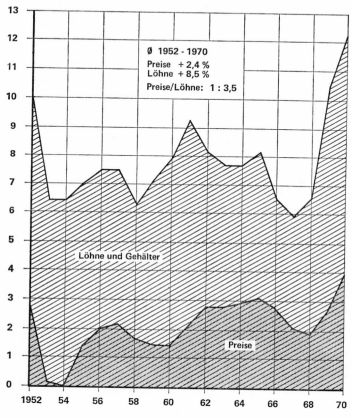

PREISE UND LÖHNE IN DER BRD
Jährliche Veränderung in %, gleitende Dreijahres-Durchschnitte

Ø 1952 - 1970
Preise +2,4 %
Löhne +8,5 %
Preise/Löhne: 1 : 3,5

Löhne und Gehälter

Preise

Löhne + Gehälter = Bruttoeinkommen aus unselbständiger Arbeit je Beschäftigten
Preise   = Lebenshaltungskosten

den neuen Abschreibungsausgangswert bilden. Als jährlicher Preisanstieg für Investitionsgüter wurde der Durchschnitt der Jahre 1969 bis 1971 eingesetzt. Ferner wurde eine betriebsgewöhnliche Nutzungsdauer von zehn Jahren und die lineare Abschreibungsmethode unterstellt.

Für die Zeile „Sonstiges" wurde eine Mischrate angesetzt, die zwischen den Zuwachsraten für Preise und Löhne liegt, da diese Zeile sach- und personalabhängige Aufwendungen und Erträge enthält (Verwaltungs- und Vertriebsaufwand, Erlösschmälerungen, Zinsen u. ä.).

Bild 2

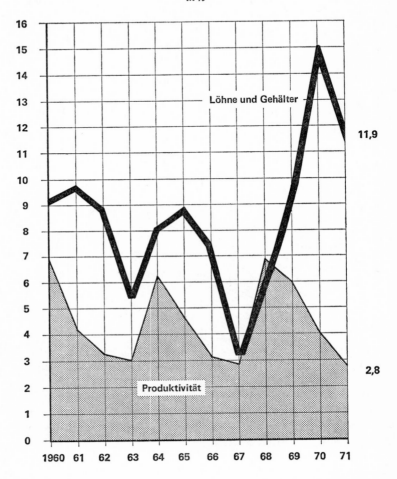

LÖHNE · UND PRODUKTIVITÄT
Zuwachs je Erwerbstätigen
in %

Löhne und Gehälter

Produktivität

11,9

2,8

1960 61 62 63 64 65 66 67 68 69 70 71

Die folgenden Spalten zeigen die Auswirkungen der entstehenden Produktivitäts- und Preislücken auf die Gewinn- und Verlust-Rechnung unseres Unternehmens in den nächsten fünf Jahren. Die Wertschöpfung steigt um DM 252 Mio, die Löhne nach Berücksichtigung des Produktivitätsfortschritts um DM 332 Mio, Abschreibungen und Sonstiges um DM 54 Mio. Die Differenz geht scheinbar zu Lasten des Gewinns, der von DM 150 Mio auf DM 16 Mio vor Steuern bzw. DM 75 Mio auf DM 8 Mio nach Steuern fällt.

AUSWIRKUNGEN VON PREIS- UND LOHNERHÖHUNGEN
AUF DIE GEWINN- UND VERLUSTRECHNUNG EINES INDUSTRIEUNTERNEHMENS
In Mio DM

	Basisjahr	Zuwachsrate p.a.	Inflationsmodell nach .... Jahren				
			1	2	3	4	5
Gesamtleistung	3.000	} +3,9 %[1]	3.117	3.239	3.365	3.496	3.632
Vormaterial	1.800		1.870	1.943	2.019	2.098	2.180
Wertschöpfung	1.200		1.247	1.296	1.346	1.398	1.452
Personalaufwand (+12,2 % Löhne und Gehälter) (− 4,3 % Produktivitätszuwachs) (+ 7,6 %) [2]	750	+7,6 %[1]	807	868	934	1.005	1.082
Abschreibungen	125	+0,8 %[3]	126	127	128	129	130
Sonstiges	175	+5,0 %	184	193	203	213	224
Aufwendungen	1.050		1.117	1.188	1.265	1.347	1.436
Nominaler Gewinn vor Ertragsteuern	150		130	108	81	51	16
./. Ertragsteuern (50 %)	75		65	54	40	25	8
Nominaler Gewinn nach Ertragsteuern	75		65	54	41	26	8
Ergänzungsrechnung							
Erhöhte Einstandskosten des Vormaterials [4]	(− 70)		(− 73)	(− 76)	(− 79)	(− 82)	(− 85)
Zu geringe Abschreibungen [5]	(− 100)		(− 101)	(− 102)	(− 103)	(− 104)	(− 105)
Zusammen	(− 170)		(− 174)	(− 178)	(− 182)	(− 186)	(− 190)
Auf Eigenkapital (30 % bezogen = Scheingewinn)	− 51		− 52	− 53	− 55	− 56	− 57
Realer Gewinn vor Ertragsteuern [6]	99		78	55	26	5	− 41
./. Ertragsteuern	75		65	54	40	25	8
Realer Gewinn nach Ertragsteuern	24		13	1	− 14	− 30	− 49

1) Ø 1969 · 1971
2) 112,2 : 104,3 = 107,6 : 100
3) auf Basis des Preisanstiegs für Investitionsgüter Ø 1969 · 1971 von + 8 % und zehnjähriger Nutzungsdauer
4) 3,9 % von 1800
5) 8,0 % von 1250
6) Nominaler Gewinn vor Ertragsteuern ./. Scheingewinn

Aber diese Aussage gilt nur scheinbar. Die Ergänzungsrechnung in der unteren Bildhälfte zeigt den Übergang von einer nominalen zu einer realen Gewinn- und Verlustrechnung. Ein Industrieunternehmen, das sich verteuernde Realien umsetzt, braucht eine solche Ergänzungsrechnung, um richtig kalkulieren und investieren zu können. Es braucht sie ferner, um seine Rücklagendotierung so bemessen zu können, daß trotz Inflation möglichst kein Substanzverlust eintritt.

Man kann sich das Entstehen von Substanzverlusten an folgendem Ablauf klarmachen. Ein Unternehmen kauft Vormaterial ein. Während der Produktionsdauer steigen die Verkaufserlöse. Der Gewinn des Unternehmens wird inflationär erhöht. Rund 50 % davon erhält der Fiskus. Das inzwischen im Preis angestiegene Vormaterial kann aus dem verbliebenen Gewinn nach Steuern nicht mehr bezahlt werden. Ähnlich sieht es bei den Abschreibungen aus. Da vom Anschaffungswert abgeschrieben wird, tritt bis zur Wiederanlage der Abschreibungsbeträge in neue Maschinen, die inzwischen teurer wurden, für das Unternehmen ein in der Bilanz nicht sichtbarer Verlust ein.

Die Ergänzungsrechnung geht von den gleichen Voraussetzungen aus wie die Rechnung oben. Die Preise des Vormaterials steigen um 3,9 %. Die Differenz zwischen Anschaffungs- und Wiederbeschaffungswert beträgt DM 70 Mio. Sie geht aber nicht voll in die Entwertungsrechnung ein, sondern nur mit dem durch Eigenkapital gedeckten Anteil, in unserem Modell mit 30 %. Die restlichen 70 % sind nach unserem Modell durch Fremdverbindlichkeiten gedeckt. Für diesen Teil trägt also der Gläubiger den Entwertungsverlust und läßt ihn sich im Zins vergüten. Der Verlust ist insoweit im Zinsaufwand mit enthalten.

Für die Abschreibungen auf das Sachanlagevermögen gilt Entsprechendes. Hier beträgt der Preisanstieg 8 % p. a., die Differenz von Anschaffungs- und Wiederbeschaffungswert also DM 100 Mio. Sie geht mit 30 % in die Entwertungsrechnung ein. Der Rest entfällt auch hier auf Fremdverbindlichkeiten und wird im Aufwandzins abgegolten.

Das Ergebnis sehen Sie in den letzten vier Zeilen. Der aktienrechtliche Nominalgewinn vor Steuern liegt nach dem oberen Teil von Bild 3 bei DM 150 Mio. Er enthält in Höhe von DM 51 Mio Scheingewinne aus Substanzverzehr. In dieser Höhe müßte der Unternehmer, um betriebswirtschaftlich richtig zu bilanzieren, mehr abschreiben oder eine Rücklage zur Substanzerhaltung bilden. Der reale Gewinn vor Steuern beträgt demnach nur DM 99 Mio. Von ihm gehen DM 75 Mio für Steuern ab, da für sie der Nominalgewinn maßgeblich ist, Scheingewinne also versteuert werden. Damit verbleibt ein Realgewinn nach Steuern von DM 24 Mio, der zur Ausschüttung oder zur Stärkung des Eigenkapitals verwendet werden kann, sowie ein Scheingewinn nach Steuern von DM 51 Mio, der einer Substanzerhaltungsrücklage zuzuführen wäre. (Der hohe Anteil der Thesaurierung begründet den Steuersatz von 50 %.)

Bild 4

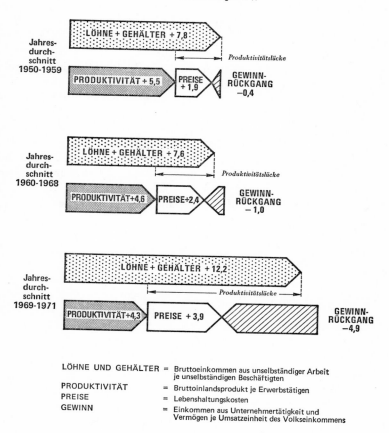

LÖHNE / PRODUKTIVITÄT / PREISE / GEWINNE
Bundesrepublik
Veränderungen in %

LÖHNE UND GEHÄLTER = Bruttoeinkommen aus unselbständiger Arbeit
je unselbständigen Beschäftigten
PRODUKTIVITÄT = Bruttoinlandsprodukt je Erwerbstätigen
PREISE = Lebenshaltungskosten
GEWINN = Einkommen aus Unternehmertätigkeit und
Vermögen je Umsatzeinheit des Volkseinkommens

In den Folgejahren steigen die Scheingewinne aus Substanzverzehr weiter an, während die Nominalgewinne zurückgehen. Die Realgewinne fallen dementsprechend stärker zurück. Nach zwei Jahren werden sie von den Ertragsteuern eingeholt. Von jetzt an, und verstärkt in den nächsten Jahren, lebt das Unternehmen von der Substanz.

Ein Vergleich der Zuwachsraten für Löhne, Produktivität und Preise und der Gewinnrückgänge der Jahre 1950 bis 1959, 1960 bis 1968 und 1969 bis 1971 macht das Besprochene noch einmal deutlich (Bild 4). Er zeigt, daß die

Produktivitätslücke von 2,3 % in 1950 bis 1959 auf 7,9 % p. a. in den letzten drei Jahren wuchs. Sie ging von 1950 bis 1959 mit 0,4, von 1960 bis 1969 mit 1,0 und von 1969 bis 1971 mit 4,9 % p. a. zu Lasten des Unternehmensgewinns oder, wie wir aus Bild 3 wissen, zu Lasten der Unternehmenssubstanz.

Die Zahlen der letzten Jahre und die Modellrechnung sprechen eindeutig für eine Rückkehr zur Preisstabilität. Man kann daher den volkswirtschaftlichen und sozialen Gründen für eine konsequente Stabilitätspolitik einige betriebswirtschaftliche Argumente hinzufügen:

Nach Auskunft von Bild 1 ist ein in der Höhe des Produktivitätszuwachses liegender Lohnanstieg nur bei niedrigem Preisanstieg erreichbar. Die in Bild 2 gezeigte Produktivitätslücke kann von der Lohnseite nur unter dieser Voraussetzung eingeengt werden.

Eine solche Einengung ist notwendig, um die in den Bildern 3 und 4 gezeigten Gewinnrückgänge und Substanzverluste auszugleichen und die ihretwegen zurückgestellten Investitionen und Innovationen durchzuführen. Dies würde von der Produktivitätsseite zur Schließung der Produktivitätslücke beitragen.

Unser Aktien- und Steuerrecht beruht auf dem Nominalwertprinzip und setzt Preisstabilität voraus. Preisanstiege bringen Fehlausweise und Fehlbesteuerungen mit sich. Diese Fehler lassen sich nur durch Rückkehr zur Preisstabilität vermeiden. Wird sie nicht erreicht, so muß die Wirtschaft die handels- und steuerrechtliche Berücksichtigung des Realwertprinzips verlangen.

II. Die Industrie benötigt für die Erfüllung ihrer Aufgaben andererseits eine gewisse Stetigkeit der Außendaten. Die exportorientierte und importexponierte Industrie insbesondere braucht stetige und damit berechenbare Währungsparitäten. Sprunghafte Paritätsänderungen beeinträchtigen die relativen Standortbedingungen und machen frühere Entscheidungen im Bereich der Fertigungs- und Vertriebsinvestitionen falsch. Das Maß der möglichen Verluste wird deutlich, wenn man die durchschnittlichen Gewinne der Industrie mit den Aufwertungsraten der DM gegenüber den Währungen der Haupthandelspartner und Konkurrenten vergleicht.

Die durchschnittlichen Umsatzrenditen der Exportindustrie lagen zwischen 2 und 5 % vor Steuern. Währungsänderungen in der Größenordnung von 6 bis 29 % haben deshalb zur Folge, daß der Export in einigen Märkten ganz zum Erliegen kommt und in anderen nur unter Kosten aufrechterhalten werden kann. Die Werftindustrie, die seit dem 10. 5. 1971 keinen Schiffsbauauftrag für das Ausland mehr abschließen konnte, gibt ein Beispiel der ersten, das Volkswagenwerk mit seinen Lieferungen in die USA ein Beispiel der zweiten Art.

Die Auswirkung der Währungsänderungen auf die Wettbewerbslage der importierten Waren im Inland kommt hinzu. Die Importanteile zahlreicher Produkte haben sich im Laufe der letzten Jahre mehr als verdoppelt.

Bild 5

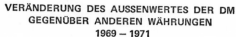

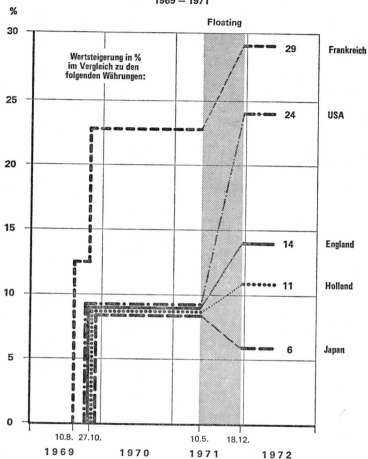

Währungsänderungen zwingen die Industrie, sich an die neuen Wettbewerbsbedingungen durch Freisetzung von Personal, Stillegung von Anlagen oder Verlagerung der Produktion in das Ausland anzupassen. Sie führen zu Änderungen der Wirtschaftsstruktur. Je sprunghafter und unberechenbarer sie erfolgen, desto schmerzlicher und verlustreicher in volks- und betriebswirtschaftlicher Hinsicht findet der Anpassungsprozeß statt.

III. Geldwertstabilität und Stetigkeit bilden offenbar die anzustrebenden, aber nie ganz zu vereinbarenden Pole, zwischen denen ein währungspolitischer Mittelweg gefunden werden muß. Wer der Stabilität eine so hohe Priorität einräumt, wie das nach den Erfahrungen der letzten Jahre geboten erscheint, kann die Änderung der Paritäten als ein Mittel hierzu bei Vorliegen ganz bestimmter Voraussetzungen nicht ausschließen. Andererseits muß er die Verstetigung eines etwa notwendigen Änderungsprozesses anstreben, um Schäden und Verluste, wie sie mit den Währungsveränderungen der vergangenen Jahre verbunden waren, möglichst zu vermeiden. Die Industrie nimmt deshalb an der Diskussion der möglichen Lösungen mit Interesse teil. Der Geld-, Kredit- und Währungsausschuß des Bundesverbandes der deutschen Industrie hat hierzu im vergangenen Jahr durch eine gründliche Untersuchung und Wertung der Lösungsmodelle beigetragen.

VORSITZENDER:

Ich danke Herrn Dr. BIERICH. Er hat ein außerordentlich wichtiges Thema berührt, nämlich die Wechselwirkung zwischen Inflation und Währungsproblemen; wir konnten leider auf dieses Problem heute nicht eintreten, aber ich bin froh, daß er es unternommen hat, an konkreten Beispielen auf die sich aus der Geldentwertung ergebenden Schwierigkeiten für die Industrie hinzuweisen.

DIETER SPETHMANN[*]:

Von 1950 auf 1970 hat sich das Bruttosozialprodukt der nachstehenden Länder, gemessen in US-$ nach dem Wert von 1970, wie folgt geändert:

England	+ 72 %
USA	+ 105 %
Frankreich	+ 174 %
Italien	+ 200 %
BRD	+ 244 %
Japan	+ 553 %

In diesem Zeitraum lagen die Preissteigerungsraten in Japan im Vergleich zu den anderen aufgeführten Ländern durchweg an der Spitze. Im Jahre 1970 hatte Japan eine interne Teuerungsrate zu verzeichnen von fast 8 %, also mehr als in den USA (ca. 6 %). Gleichwohl wurde der Yen im Rahmen des Washingtoner Währungs-Realignment vom Dezember 1971 gegenüber dem Dollar aufgewertet. Hier zeigt sich, daß Währungsprobleme nicht nur

---

[*] Anm. des Hrsg.: Dieses Votum konnte aus Zeitgründen nicht vorgetragen werden.

aus der Sicht der Zahlungsbilanzen und der Preisentwicklungen, sondern insbesondere auch der Produktivität beurteilt werden müssen. Denn nur durch ihre außerordentlich starken Produktivitätssteigerungen war es der japanischen Wirtschaft möglich, die hohen Preiszuwachsraten zu verkraften und gleichzeitig ihr rasches reales Expansionstempo aufrechtzuerhalten.

Die Wachstumsraten des realen Bruttosozialprodukts für Frankreich, Italien und die Bundesrepublik zeigen im Vergleich zu England unter anderem auch den Einfluß des Gemeinsamen Marktes. Im Jahre 1970 gingen 48 % der Exporte der BRD in die neun Länder des erweiterten Gemeinsamen Marktes. Sowohl gegenüber diesen Ländern wie auch den meisten anderen Außenhandelspartnern haben sich inzwischen im Vergleich zum August 1969 die Wettbewerbsbedingungen für den deutschen Exporteur durch Paritätsänderungen erheblich verschlechtert, und zwar:

gegenüber Frankreich	um 29 %
gegenüber USA	um 24 %
gegenüber Italien	um 15 %
gegenüber Großbritannien	um 14 %
gegenüber Belgien/Niederl.	um 11 %
gegenüber Japan	um 6 %

Da der deutsche Exporteur keine Möglichkeit hat, seine Waren von heute auf morgen „umzulenken", exportiert er weiter, und zwar zu nicht mehr gewinnbringenden Preisen oder zu Verlusten.

Außerdem muß der deutsche Produzent im *Inland* in die entsprechend gesenkten Angebotspreise des ausländischen Wettbewerbs eintreten – was ihn auch im Inland in Verluste führt – oder hinnehmen, daß die Auslandskonkurrenz in Höhe des Aufwertungssatzes Zusatzgewinne realisiert, die ausschließlich währungspolitisch verursacht sind. Das Argument der volkswirtschaftlichen „Globalrechnung", die Summe der Importverbilligungen entspreche der Summe der Exportverteuerungen, mag zwar rechnerisch zutreffen; es sagt jedoch überhaupt nichts aus über die strukturellen Gefahren, die mit einer solchen Politik verbunden sind. Die Tatsache, daß in der Bundesrepublik die Investitionsneigung und -fähigkeit der Unternehmen seit einer Reihe von Monaten sehr stark beeinträchtigt sind, ist ein deutlicher Beweis für die strukturverändernden Wirkungen einer Währungspolitik, die den Wechselkurs als Mittel der Konjunkturpolitik versteht.

Als Fazit bleibt, daß die Entwicklung der industriellen Produktivität in einem äußerst engen Zusammenhang mit den währungspolitischen Problemen zu sehen ist. Zumal innerhalb eines „Gemeinsamen Marktes" müssen die Regierungen deshalb alles tun, um die Entwicklung der industriellen Produktivität in etwa parallel zu halten. Dazu gehören stabile Wechselkurse mit möglichst engen Bandbreiten und wirtschaftspolitische Abstimmungen größten Umfangs.

ARMIN GUTOWSKI:

Ich muß mich entschuldigen, daß ich ein wenig nachklappe, aber ich hatte mich vorhin bei Herrn EMMINGER schon zu Wort gemeldet; jetzt, nach diesem Vortrag, würde ich ganz gerne noch einmal kurz auf die Kapitalverkehrskontrollen und die Goldkonvertibilität des Dollar zurückkommen.

Ich möchte gerade in diesem Kreise, in dem doch einiger Optimismus hinsichtlich der Wirksamkeit von Kapitalverkehrskontrollen zu bestehen scheint, meine Stimme warnend als Gegengewicht in die Waagschale werfen. Kapitalverkehrskontrollen, welcher Art auch immer, sei es in Form des gespaltenen Devisenmarkts oder mit den Mitteln des § 23 des deutschen Außenwirtschaftsgesetzes, verbunden mit den Maßnahmen, die der Bundesbank zur Verfügung stehen, und dem gerade durch Gesetz eingeführten, aber noch nicht angewandten Bardepot, können, glaube ich, die Probleme, die wir heute besprochen haben, nicht lösen. Allein schon die technische Anwendung von Kapitalverkehrskontrollen stößt auf große Schwierigkeiten. Denn, wie Herr Präsident STOPPER vorhin gesagt hat, ist es kaum möglich, kurzfristigen und langfristigen Kapitalverkehr sauber voneinander zu trennen. Möchte man tatsächlich nur die kurzfristigen Kapitalbewegungen unter Kontrolle halten oder unterbinden, dann gibt es vielfältige Möglichkeiten, die Kontrollbestimmungen zu umgehen, und damit würde die Gefahr sehr groß, daß man schließlich den gesamten Kapitalverkehr kontrollieren muß. Aber selbst wenn wir einmal unterstellen, daß die technische Anwendung gelänge, könnte man mit Kontrollen bestenfalls die Probleme lösen, die man heute mit Hilfe der erweiterten Bandbreiten in den Griff zu bekommen versucht, nämlich die Probleme, die sich aus zinsinduzierten Kapitalbewegungen ergeben. Kapitalverkehrskontrollen sollen also angewendet werden, um den einzelnen Ländern zu ermöglichen, eine autonome Zinspolitik zu betreiben, ohne daß die dann entstehenden Zinsdifferenzen Kapitalbewegungen induzieren. Genau das ist jedoch schon über erweiterte Bandbreiten möglich, wenn sie genügend Spielraum für die Differenzen zwischen den Terminkursen und Kassa-Kursen bieten.

Aber weder die breiteren Bänder noch die Kapitalverkehrskontrollen können einen Schutz gegen Zahlungsbilanzungleichgewichte bieten, wenn sich der Inflationstrend in den einzelnen Ländern unterschiedlich entwickelt – wobei ich gleich hinzufügen möchte, damit Herr HABERLER nicht protestiert, daß ich hier an die Außenhandelspreise und nicht an den Lebenshaltungskostenindex denke. Solange es solche unterschiedliche Inflationsraten, wenn Sie mir diese Abkürzung gestatten, gibt, können wir das Problem mit Kapitalverkehrskontrollen nicht lösen, denn in dem Maße, in dem sich die Preise der Außenhandelsgüter unterschiedlich entwickeln, wird sich entweder der internationale Preiszusammenhang durchsetzen, d. h. die Länder, die sich eigentlich gegen Inflation schützen wollen, werden dieser Inflation erliegen, oder, wenn es ihnen tatsächlich gelingt, sich besser als zu vermuten ist, gegen diesen Inflationsimport zu schützen, dann werden sie eben dementsprechende Exportüberschüsse haben und auf diesem Wege Liquidität hereinbekommen, so daß ihnen schließlich doch kaum etwas anderes bleibt, als den Wechselkurs zu ändern oder dem Inflationsdruck nachzugeben.

Darf ich dann vielleicht noch auf die Frage kurz zurückkommen, die Herr ASCHINGER angeschnitten hat? Herr ASCHINGER hat gesagt, eine der zentralen Fragen, die wir heute zu lösen haben, wäre die Rückkehr zur Konvertibilität des Dollar in Gold. (Replik von F. A.: Ich habe nicht gesagt in Gold, – nicht unbedingt in Gold . . .) Ja, wenn nicht die Konvertibilität des Dollar in Gold gemeint ist, sondern sie vielmehr im weiteren Sinne verstanden wird, dann wüßte ich nicht, ob man davon sprechen kann, daß sie erheblich beschränkt ist. Aber lassen Sie uns trotzdem einmal die Frage der Goldkonvertibilität er-örtern, denn offenbar sind in diesem Kreise viele, die sich von der Rückkehr zur Konvertibilität des Dollar in Gold einiges versprechen, und ich glaube, wenn ich Herrn EMMINGER recht verstanden habe, hat er etwas Wasser in die-sen Wein geschüttet. (Replik O. E.: einen ganzen Ozean!) Dann darf ich also, obwohl man zum Unendlichen nichts mehr hinzuzufügen braucht, noch ein wenig Ozean dazu schütten, und zwar mit einem Argument, das ich bei ihm nicht gehört habe, das verhältnismäßig simpel ist, aber, wie ich glaube, eine Rolle spielt:

Würden die Amerikaner das Goldfenster wieder öffnen, wie es so schön heißt, bei welchem Preise auch immer, dann wäre die Folge davon eigentlich nur die, daß die Notenbanken der übrigen Länder wieder das juristisch be-gründete Alibi hätten, Dollar anzusammeln. Dieses Alibi ihnen zu verschaf-fen, hielte ich für einen großen Fehler, denn ich meine, daß es Notenbank-Präsidenten sehr unangenehm sein muß, Dollarreserven anzuhäufen, wenn nicht eine, wenn auch nur formale, Umtauschmöglichkeit in Gold dahinter-steht. Es kommt einfach darauf an, daß man die internationale Liquidität knapp halten muß, und wenn man nicht zum reinen Gold-Standard zurück-kehren will, sondern tatsächlich nur wieder die Konvertibilität des Dollar in Gold verlangte, dann möchte ich eine ähnliche Frage stellen wie sie Herr SCHWEITZER vorhin in bezug auf die Flexibilität der Kurse – und ich gehöre nach wie vor zu den Verfechtern dieser Flexibilität –, gestellt hat. Ich würde fragen: Wer in diesem Raum glaubt tatsächlich, daß nach Rückkehr zur Kon-vertibilität des Dollar in Gold der Gold-Dollar-Standard, der dann zu neuem Leben erweckt würde, besser funktionierte als zuvor?

VORSITZENDER:

Leider konnten wir das Problem der Konvertibilität des Dollars nicht zu Ende besprechen. Es hängt eng zusammen mit der Frage, ob wir eine Leit-währung brauchen oder nicht. Ich kann nur einmal mehr feststellen, das

Thema ist so weit gespannt, daß wir unmöglich alle Aspekte heute beleuchten
können.

EDGAR SALIN:

Ich würde nur gerne ein Wort zu Herrn STOPPER sagen, damit es kein
Durcheinander in den Diskussionen gibt. Herr HABERLER hat erwähnt, daß
ich das Wort „Realignment" geschaffen habe. Das war im Jahre 60/61, als
ich den Notenbanken noch zugetraut habe, daß sie eine neue Ordnung schaffen, ehe es zu einer Krise kommt. Was jetzt zu geschehen hat, muß eine Neuordnung sein, die mit dem Bisherigen wenig zu tun hat, für die ganz sicher
kein Re-Alignment genügt, sondern vielleicht – hoffen wir – ein neues
Alignment.

DAVID HOROWITZ*:

The discussion which we have had till now was on a fairly high level, but
it has suffered from one short-coming: the optical illusion that Western
Europe and North America are the whole world. Practically one third of
humanity inhabits Western Europe and North America, but there is two
thirds of humanity – the whole third world – which has not been mentioned
at all in this discussion and which will have to play an important role in the
future. There is also some connection between monetary policy and the
problem of under-developed nations.

First of all you must take into account the demographic development.
Today there are two inhabitants of under-developed nations against one in
the developed countries. At the end of this century the relation will be one
to four, and that may create a very dangerous tension and some kind of stress
and strain which may lead the economy of the world, but even more the
political community of the world, to a crisis. At the present moment we have
about 20 % of the gross national product of the world concentrated on two
thirds of humanity and 80 % on one third, and the gap is widening. At the
same time, I am not sure that at the end of the century the power relations
will be the same, given the progress of modern technology, so that from a
purely utilitarian point of view, that development is a very dangerous one if
we don't know how to bridge that gap. This is the situation, and the conditions as they are.

Now, I would like to say something about the link between the problem
of the third world and the monetary problem. As far as the monetary situation is concerned, there are three possible solutions:

---

* This statement was delivered at the beginning of the afternoon session and has
been inserted here by the editor.

The first one is the floating rate. I would say that in the last year there has been some disappointment with the floating rates as a panacea for our monetary situation. First of all, the lack of certainty as to the future development of rates of exchange is a very serious impediment from the micro-economic point of view and may lead to a contraction of trade because of the eminent uncertainties in the development of the monetary situation with their impact on trade. So, micro-economically it is to some extent a failure.

Moreover, the short term capital movements are a destabilizing factor and additional reason to desist from floating rates.

The second solution, and here I may be flogging a dead horse, is the gold standard. It's obvious that there is no intention to return to the gold standard. One should only remember what happened in the early twenties in Britain with the return to the gold standard, and today if we would have the same results with the same mass unemployment, with the same economic crisis, there would be an explosion which would be socially and politically well-nigh intolerable. On the other hand, the managed currency in each of the countries concerned was on the whole a success. Internationally it was not tried at all, so I don't think that we are now going to return to the gold standard and anyhow, if the problem is one of liquidity, it can be created much cheaper and much better by other means than by – let us say – revaluation of gold, which would economically reproduce the same imbalances on another level with a few zeros added to the account.

The third solution is what we are doing now, in really instituting a kind of palliative which will last, as somebody said here, for another decade, i. e. the combination of a wider band with a realignment of currencies from time to time, with some use of the dollar as the international currency, and with the addition of SDRs. It is a very haphazard system, with various palliatives and compromises, but it is the most probable one for the next few years. And here we come to the SDR.

The SDRs are sometimes described as an inflationary measure. It is rather difficult to understand why. The creation of SDRs amounted to 3 billion a year in an economy which is rapidly approaching, probably in 1973 at the latest, a GNP of 4 trillion. This means less than one tenth of 1 %. What we are injecting into the economy is less than one tenth of 1 % of the GNP of the world. To assume that this should have an inflationary effect is preposterous.

But now I come to the point of the link between the problem of the third world and SDRs. As far as assistance to underdeveloped nations is concerned, there is a steady regression; we have already been at the point where the assistance to underdeveloped nations was nearly at the level of 1 % of the GNP, something like eight tenths of 1 %. Since then it has been diminishing all the time. When it has to go through the channels of political decisions and bureaucracy, it decreases relatively all the time. The only way to circumvent these political and bureaucratic barriers is by some other means, namely a link between the SDR and development. I don't suggest that SDRs should be created specially for the purpose of development although in each country this is done to some extent by the Central Bank by financing internal development programs through the Central Bank. I do not suggest that, but if there is need for new liquidity, there is no economic reason why it should not be channelled through the third world, why it should not be channelled for the explicit purpose of a redistribution of the capital flow and income.

First of all, the dimensions are such that it can't have any influence on the liquidity of the world to such an extent that it should create or generate inflationary pressures.

Secondly, the diversion of the newly created SDRs to the underdeveloped nations is less inflationary, because here we divert them to countries which have still dormant factors of production which can be mobilized and that would mean that any creation of the SDRs and their diversion to the underdeveloped world would first of all have the purpose of avoiding and circumventing the political machinery which doesn't allow really to increase substantially the available resources to the third world and secondly it would be less inflationary because there is in the underdeveloped nations unemployed or underemployed manpower which could still be activated and galvanized which would increase the wealth of the world as a whole and could to some extent also alleviate the problem of the monetary system.

VIERTE SITZUNG

12. Februar 1972, vormittags

Generaldiskussion

Vorsitz: Wilfried Guth

Vorsitzender:

Sinn und Zweck dieses Vormittages kann es nach meiner Auffassung nicht sein, zu übereinstimmenden Statements zu gelangen, geschweige denn Resolutionen zu fassen. Man braucht sich nur im Kreise umzusehen und die Diskussion von gestern im Ohr zu haben, um zu wissen, daß wir zu Einmütigkeit – es sei denn in den größten Generalia – bei den Temperamenten, die hier versammelt sind, bestimmt nicht kommen werden. Ich sehe die Aufgabe, die mir und Ihnen heute früh obliegt, in der weiteren Diskussion und deshalb darin, die wichtigsten Themen herauszugreifen, die die Konferenz beschäftigt haben. Ich hoffe, daß wir das Wesentliche vom Unwesentlichen trennen können und auch die gegensätzlichen Standpunkte noch mehr herauskristallisieren können. Wir sollten, um es Englisch zu sagen, versuchen, to know exactly on what we disagree, denn es gibt ja die andere Formulierung: I didn't quite understand your point, but I disagree! Es scheint mir aber auch wichtig zu sein, herauszufinden, ob doch gemeinsamer Grund in den entscheidenden Fragen vorhanden ist und ob wir gemeinsame Fragen formulieren können, nicht im Sinne eines schriftlichen Statements hier und heute, sondern durch Weitergabe der Gedanken der List Gesellschaft in einer späteren Publikation. Ich schlage deshalb auch vor, daß wir unsere Zeit nicht mehr mit Diskussionen verlieren, die fruchtlos sind, weil keine der beiden Seiten die andere überzeugen wird. Der Prototyp einer solchen fruchtlosen Diskussion ist für mich das Thema „flexible oder stabile Wechselkurse?". Das sind Religionsstreitigkeiten, und ich glaube, wir sollten hier über praktische Dinge reden. Wahrscheinlich wird es auch ziemlich müßig sein, zu fragen, ob ein neues Realignment kommen muß oder nicht. Ich würde das dem Wahrsager aus dem Kaffeesatz überlassen, es gibt andere wichtige Fragen, die hier tatsächlich noch zu diskutieren sind.

Ich wähle dieselbe Reihenfolge wie gestern nachmittag und wende mich zunächst den Fragen der Europäischen Währungsunion zu. Hier möchte ich meine Zusammenfassung mit einem einigenden Statement beginnen. Ich hatte gestern den Eindruck und ich hoffe, er bleibt unwidersprochen, es sind alle in diesem Raum, auch NICHOLAS KALDOR, Europäer in dem Sinne, daß wir ein weiteres Zusammenwachsen Europas begrüßen.

In der Frage der Währungsunion freilich scheiden sich die Geister, und hier haben sich drei Gruppen herauskristallisiert – ich vereinfache jetzt notwendigerweise etwas – erstens diejenigen, die dagegen sind (ich spreche von der Währungsunion, nicht von Europa) wie Herr KALDOR, oder die zumindest außerordentlich skeptisch bezüglich der Chancen der Harmonisierung als Voraussetzung einer solchen Währungsunion sind, und hier würde ich Herrn NEUMARK oder Herrn HOLTROP nennen. In der Mittelgruppe sehe ich diejenigen, die dafür sind, aber nur nach Maßgabe der Harmonisierungsfortschritte monetäre Schritte ergreifen wollen, die „Ökonomisten" also, wie sie in der Diskussion immer genannt werden. Herr SCHILLER ist nicht hier, aber als solcher sicher zu apostrophieren, und ich glaube, Herr EMMINGER ist mehr oder weniger auch in diese Kategorie der vorsichtigen Pragmatiker auf dem Wege zur Europäischen Währungsunion einzureihen. Ich würde aber gerne ihn selbst dazu noch hören. Und schließlich drittens diejenigen, die monetäre Daten setzen wollen, faits accomplis, wie Herr JABLON es gestern genannt hat, points of no return, um dadurch die Integration und die Harmonisierung voranzuzwingen. Sicherlich müssen wir auch Herrn BARRE – Gott sei Dank – in diese Kategorie der „Pusher" einordnen. Denn wie soll es vorwärts gehen, wenn nicht einige treiben? Die dritte Gruppe hat ihr Aktionsprogramm hier klar erläutert: Verengung der Bandbreiten, Schaffung eines europäischen Fonds etc. Die Frage geht daher m. E. mehr an die zweite Gruppe, die nicht so klar ihr Programm und ihr Konzept dargelegt hat. Wie treibt man die Harmonisierung voran, wenn nicht mit monetären Schritten? Wie erreicht man Fortschritte in der Harmonisierung der Budget-Politik etc.? Und wie schnell sollen diese Fortschritte sein? Das würde ich gerne hier als Punkt noch in die Diskussion werfen. Oder, um noch provozierender zu fragen: Muß man die Entscheidung über die weiteren Fortschritte zur Währungsunion nicht aus der Hand der Ökonomen und Währungspolitiker nehmen, weil diese sich mit ihren vielen Skrupeln nie einigen werden und den Staatschefs übergeben, die nicht so viel von Ökonomie verstehen. Dahinter steht natürlich die Frage: Sind diese Staatschefs, sind unsere Regierungen bereit zum Souveränitätsverzicht? Und: Who takes the lead, um diesen Souveränitätsverzicht einzuleiten? Welcher Staat? Es geht also um die Kernfrage, die, glaube ich, hier wirklich nochmals erörtert werden sollte: Wo besteht die größere Chance? Kann man darauf vertrauen, daß die Politiker die politische Union in Europa wollen und sie deshalb vorantreiben, auch wenn die Rechnung ökonomisch nur mit Fragezeichen aufgeht wegen verschiedener Inflationsraten usw.? Oder sind letztlich doch die Währungspolitiker die besseren Europäer, die die nationalen Macht- und Prestigeansprüche der Politiker hintanstellen, indem sie die Währungsunion vorantreiben? Das führt noch einmal auf die These von Lord ROBBINS zurück, die er, glaube ich, unwidersprochen in den Raum gestellt hat: wir brauchen Europa aus politischen Gründen!

Hier möchte ich nur die Frage anhängen: Gibt es nicht doch auch solide ökonomische Argumente (das ist also eine „anti-KALDOR-Frage"), die für die Währungsunion sprechen? Wir alle wissen, daß es eine wichtige Aufgabe ist, eine europäische Stahlindustrie, eine europäische Luftfahrtindustrie, eine europäische Computer-Industrie zu schaffen, und daß wir ohne diese Industrien gegen Japan und Amerika immer schlechter im Wettbewerb dastehen werden. Die Frage ist (und sie wäre an die hier versammelten Industriellen zu richten): brauchen wir nicht auch für die Verwirklichung solcher großen europäischen Industrien die Währungsunion?

Eine weitere Frage, die mehrfach gestellt wurde und die nun schon zum zweiten Thema überleitet, ist die: Stärkt eine Europäische Währungsunion die Weltwährungsordnung? Die Brücke also zwischen unseren beiden großen Themenkreisen. Die Antwort war durchweg positiv, aber sie basierte meist auf Unterstellungen. Auf der Unterstellung z. B., daß diese Europäische Währungsunion ein Block der Stabilität werden würde, und Herr HANKEL meinte, das muß so sein. Ich glaube, daß diese Frage doch noch einmal aufgegriffen werden sollte. Oder, um vielleicht noch skeptischer mit KALDORschen Argumenten zu fragen: Können wir sicher sein, daß dieser Block, wenn er sich formiert hat, nicht seine bargaining power nur zum Nachteil der USA ausnutzt statt zum Wohle der ganzen Weltwirtschaft?

Herr DAMM hat die delikate These vertreten, daß die europäische Integration sehr leicht anti-amerikanische Züge bekommen kann, und ein Teil der Diskussion schien ihm recht zu geben. Ich möchte hier anregen, daß vielleicht einer der amerikanischen Herren dazu nachher in der Diskussion sagt, wie er es aus seiner Sicht sieht. Ich finde aber, daß wir auf jeden Fall in diesem Zusammenhang eine Frage noch einmal auf den Tisch legen müssen, die gestern in einer Reihe von Diskussionsbeiträgen anklang: Was soll mit den US-Investitionen in Europa geschehen? Ist es wirklich vertretbar, die Frage ihrer Kontrolle von der europäischen Seite her in den Raum zu stellen? Ich muß gestehen, daß ich immer etwas verstört bin, wenn ich in Diskussionen dieser Art höre – und es ist gestern hier von drei Rednern gesagt worden: man könne die amerikanische Zahlungsbilanz nicht auf dem Gebiet des Handels allein ausgleichen, es gebe das große Problem der amerikanischen Direktinvestitionen. Die Redner machen dann allerdings immer an der Stelle Schluß und sagen nicht, *was* mit diesen Investitionen geschehen soll. Würden wir mit dem Gedanken einer Kontrolle amerikanischer Direktinvestitionen nicht das schlechteste Beispiel für alle Entwicklungsländer geben? Sollten wir nicht eine konstruktive Lösung anstreben im Sinne einer Stärkung Europas und damit der europäischen Wettbewerbskraft und durch vermehrte europäische Investitionen in Amerika?

Ich komme damit zur Frage der Außenbeziehungen der Gemeinschaft zu den USA im generellen. Hier schien mir in bezug auf die Wechselkurspolitik eine weitgehende, wenn auch nicht eindeutig formulierte Übereinstimmung zu bestehen. Eine größere Schwankungsbreite gegenüber dem Dollar, d. h. ein gemeinsames Floaten oder Bewegen innerhalb größerer Bandbreiten – das sind ja Unterschiede des Grades – zwischen Europa und Amerika wird für notwendig gehalten, falls Amerika nicht seine Zahlungsbilanz in den Griff bekommt. Ich komme darauf nachher zurück.

Damit sind wir aber bereits beim zweiten Thema, nämlich bei der Frage: „Flexible oder feste Kurse?" Wenn ich eben festgestellt habe, daß möglicherweise zwischen Europa und Amerika bis zu einem gewissen Grade gefloatet werden muß, so mögen Sie das als einen Teilerfolg der Anhänger der flexiblen Kurse buchen, ansonsten schienen sie mir hier eher in der Verteidigung. Das Argument von Herrn Prof. Lutz, die Testperiode gelte nicht, es gab kein reines Floaten, scheint mir nicht überzeugend. Ich würde sagen: das ist es ja! Die Welt ist schlecht und wir müssen in dieser schlechten Welt leben, in der es keine reinen Floater und keine reinen Toren gibt. Aber ich möchte nicht in den Wunden der Flexibilitätsdiskussion rühren, weil ich, wie gesagt, es nicht hier auf eine Fortsetzung abstellen wollte.

Einigkeit schien dagegen im Raum zu bestehen, daß die größeren Bandbreiten, die jetzt eingeführt werden, nützlich sind. Herr Schweizer hat Skepsis anklingen lassen, aber schließlich auch keinen Widerstand. Ebenso schien mir von allen eine größere Flexibilität des Systems im Sinne der größeren Bereitschaft zu Wechselkursänderungen im Falle fundamentaler Ungleichgewichte als Postulat akzeptiert.

Gar keine Einigkeit dagegen, und hier bin ich beim dritten und letzten Thema, habe ich erkennen können in der Frage der notwendigen Reform des Systems. Ich habe den Eindruck, daß die Schwäche unserer Diskussion zu diesem Thema das Fehlen einer wirklich überzeugenden Konzeption und die Ratlosigkeit, wie es weitergehen soll, widerspiegelt.

Auch hier möchte ich der Einfachheit halber drei Gruppen unterscheiden: Einmal die „Konservativen", die im wesentlichen alles beim alten lassen wollen, mit kleinen Modifikationen. Allerdings speist sich dieses Lager der Konservativen aus ganz verschiedenen Temperamenten, einmal die Skeptiker – ich würde Herrn Samuel Schweizer dazu zählen –, die zweifeln, ob das Neue irgendwie besser sein kann, ob es nicht viel inflationärer wird mit den Sonderziehungsrechten usw. Oder die andere Gruppe, die ich die Optimisten oder – vielleicht etwas zu boshaft – die „wishful thinkers" nennen möchte, die glauben, daß das alte System doch ganz gut funktionieren kann, *wenn* die USA die Inflation im Zaum halten und ihr Zahlungsbilanzdefizit korrigieren, und dazu müßte ich, glaube ich, Herrn Prof. Haberler rechnen.

Die zweite große Kategorie in dieser Diskussion über die Reform würde ich die pragmatischen Neuerer nennen, die behutsam das Neue anpeilen wollen, d. h. ein System, in dem der Dollar langsam zurücktritt und die SDRs eine gewichtigere Position erhalten, die sich aber zunächst klar darüber sind, daß es Übergangslösungen geben muß, und ich glaube, der prominenteste Vertreter dieser pragmatischen Neuerer ist Herr Emminger. Wir haben ihm ja gestern – oder er hat sich selber freiwillig – das Wort abgeschnitten, genau an der Stelle, wo er uns sagen wollte, wie diese Übergangslösung aussehen soll und ob sie tragfähig ist, und hier sollte er also heute unbedingt antreten.

Und schließlich die dritte Gruppe, die konsequenten Reformer, die sich nicht mehr mit so viel Skrupeln abgeben, sondern sagen, der Dollar muß nun zurücktreten und die SDRs müssen in großem Umfang inauguriert werden; die Leute, die also dem Konzept anhängen, das Schatzkanzler Barber in seiner großen Rede in Washington im September dargelegt hat, und zu diesen würde ich hier Herrn Hankel zählen, der leider heute nicht mehr unter uns sein kann.

Ich finde, wir sollten hier unsere Fragen wiederum auf die Mittelgruppe konzentrieren, weil sie wahrscheinlich die Dinge am realistischsten sieht und weil die jetzt zu lösenden Probleme auf dem Feld der Mittelgruppe liegen. Hier stellen sich in der Tat Fragen, die gestern nicht beantwortet wurden: Welche partielle Konvertibilität des Dollar und welche partielle Konsolidierung der dollar-balances ist möglich und wie? Ich glaube, selten hat man in einer Diskussion so häufig die Floskel „somehow" oder „irgendwie" gehört – das zeigt doch, daß die Vorstellungen über Lösungsmöglichkeiten noch recht unklar sind. Dahinter steht natürlich auch bei der Mittelgruppe die Frage, wie soll die weitere Schaffung von SDRs vor sich gehen? Sollen sie langsam weiter in den Kreislauf kommen oder in großen Schüben usw.?

Und letztlich erhebt sich die skeptische Frage: Wie geht es weiter, wenn *all das* nicht funktioniert? Müssen wir dann wieder zurück zum allgemeinen Floating? Hier möchte ich in Parenthese Herrn Gutowski Recht geben, daß die Antwort sicher nicht sein kann: wenn all das nicht funktioniert, müssen wir uns durch Kontrollen gegenseitig abschirmen. Ich glaube, daß Kapitalverkehrskontrollen das Problem in diesem Umfang nicht lösen können. Herr Segré war ebenfalls gegen Kapitalverkehrskontrollen, wenngleich aus anderen, und ich glaube z. T. auch aus bankmäßigen Interessengründen. Mir will freilich scheinen, daß die Mehrzahl der Teilnehmer eine Kontrolle der *kurzfristigen* Kapitalbewegungen für unausweichlich hält, und wenn es hier keine Gegenthesen gibt außer denen, die gestern schon geäußert wurden, würde ich glauben, daß wir dieses Thema auf sich beruhen lassen können. Allerdings taucht sofort – und ich erinnere an das, was ich vorhin zur Kontrolle der Direktinvestitionen sagte – die Frage auf: Kann man segregieren? Kann man die kurzfristigen von den langfristigen Kapitalbewegungen trennen (was ich

für notwendig halte, wenn man für Kontrollen der kurzfristigen Kapitalbewegungen ist)?

Hinter der Frage nach der Tragfähigkeit des Dollar-Standards und der
Tragfähigkeit von Übergangslösungen stand und steht aber immer wieder
die Frage nach dem weiteren Verhalten der USA selbst. Es ist zweifellos eine
Kernfrage unseres Systems, und es wäre natürlich schön, wenn einer der
amerikanischen Herren sagen würde, wie er glaubt, daß die Amerikaner sich
künftig verhalten werden. Es wurde von Herrn KOSZUL gestern beredt ausgedrückt: hätten die Amerikaner kein Zahlungsbilanz-Defizit mehr, würden
sich unsere Probleme in Nichts auflösen. Nun, Herr NEUMARK schien mir der
einzige, der hier optimistisch war; überwiegend waren große Zweifel, die
bestätigt wurden durch die Feststellung von Herrn KALDOR, daß die Theorie
des „benign neglect" wiederum fröhliche Urständ feiert.

Damit kommen wir zu der weiteren, meines Erachtens entscheidenden
Frage, die nur Herr BARRE vormittags und Herr ABS nachmittags angetippt
haben: Brauchen wir nicht eine stärkere „internationale Ordnungspolizei"?
Kann das System überhaupt funktionieren, wenn wir einerseits keinen Automatismus haben, wie er unter der Goldwährung bestand, andererseits aus
Gründen, die diskutiert worden sind, die Flexibilität ablehnen, schließlich
aber auch über keine wirkliche supranationale Autorität verfügen, die das
System in seinen Fugen hält? Können wir also ohne wirkliche Ordnungs-
autorität auskommen? Herr ABS sprach hier nur die Persönlichkeiten an, ein
delikates Thema, das wohl schwer zu diskutieren ist. Aber ich glaube, auch
die Frage der Institutionen ist zu prüfen, und ich würde hier konkret fragen:
Meinen es die Regierungen ernst, wenn sie im September in Washington fast
alle für eine Stärkung des Währungsfonds plädiert haben oder sind das nur
Lippenbekenntnisse? Ist es tatsächlich denkbar, daß die Regierungen hier ein
Stück Autorität abgeben und daß der Währungsfonds eine Art Zwang zu
Wechselkursänderungen ausüben kann?

Dahinter steht schließlich eine noch wichtigere Frage, mit der ich abschließen möchte: Welche Bereitschaft und welche Fähigkeit besteht intern bei den
einzelnen Regierungen, Stabilitätspolitik zu betreiben und die Inflation einzudämmen? Ich sage ausdrücklich: Bereitschaft und Fähigkeit, denn daß der
von außen kommende Stabilitätszwang, wie er etwa vom IWF ausgehen
könnte, die eigene Disziplin zu ersetzen vermag, werden wir alle bestimmt
nicht glauben. Die Folgen der Inflation hat Herr Dr. BIERICH gestern in
seiner frappierenden Tabelle eindrucksvoll demonstriert. Und was immer
wir von der Theorie der importierten Inflation und den verschiedenen An-
steckungsmethoden dieses Bazillus halten, im letzten werden alle Inflationen
zu Hause produziert, nicht in einer weltwirtschaftlichen Retorte. Ich fürchte,
daß wir das Problem einer reformierten Weltwährungsordnung trotz aller
Bemühungen der Theoretiker und Pragmatiker nicht lösen werden, wenn wir
nicht das Inflationsproblem lösen – oder, um es zum Schluß positiv aus-

zudrücken: Wenn wir genügend Abwehrbereitschaft gegen die Inflation behalten bzw. diese neu entwickeln, werden wir mit einem sinnvoll reformierten Bretton Woods-System sicherlich auch weiter durchkommen.

Ich möchte damit meine Zusammenfassung abschließen und nun zur Diskussion einladen. Ich schlage vor, daß wir zunächst die europäischen – aber wirklich strikt die rein europäischen – Fragen diskutieren und als nächstes dann – ich kündige das schon vorher an, damit jeder sich „einsortieren" kann, die Fragen des Zusammenhangs Europa–Amerika. Ist die europäische Integration möglicherweise Amerika-feindlich und wie ist die wechselkursmäßige Außenbeziehung Europas zu Amerika am besten zu verwirklichen? Dazu gehört auch das Thema „Amerikanische Direktinvestition in Europa", das ich also ganz offen und undiplomatisch nochmals aufgreifen möchte, weil es gestern dreimal genannt wurde, ohne daß Klares dazu gesagt wurde.

Daher zunächst: Europa in sich, die Frage also vor allem an die Mittelgruppe: Wie soll es jetzt weitergehen, wenn nicht durch ganz konkrete, sofort zu fassende Entschlüsse: Verengung der Bandbreiten, Schaffung eines europäischen Fonds? Wie schafft man Harmonisierung? Oder die weiteren Fragen, die damit zusammenhängen: Wie kommt man weiter mit der europäischen Agrarpolitik und wie sind die Probleme des Übergangs in eine europäische Währungsunion zu lösen?

CARL CHRISTIAN VON WEIZSÄCKER:

Herr GUTH hat eben in seiner Einleitung schon darauf hingewiesen, daß es evtl. notwendig ist, die Fragen der europäischen Wirtschafts- und Währungsintegration nicht so sehr durch die Experten als durch die politisch verantwortlichen Regierungs-Chefs lösen zu lassen. Diese Regierungs-Chefs sind aber natürlich, wie wir alle wissen, in Europa von Wahlen abhängig. Das Heraufspielen auf die politische Ebene kann also nur gelingen, wenn innerhalb der einzelnen Bevölkerungen, innerhalb der einzelnen Länder eine hinreichende Unterstützung für die europäische Integrationsbewegung, sei sie nun politisch oder wirtschaftlich, existiert. Ich habe nun den Eindruck, daß die Pläne, die seitens der Kommission in Brüssel und von anderen vorbereitet worden sind und die in die bisherigen Abkommen gemündet haben, eigentlich in der Bevölkerung keinen rechten Widerhall finden können. Man hat heute doch sehr stark den Eindruck, daß das, was man auf dem Gebiet der europäischen Integration tut, vor allem in Richtung auf ein Europa der großen Konzerne geht, auf ein Europa der Kapitalströme. Die ganz konkreten Interessen der Einzelnen, die natürlich von Europa berührt werden, kann der Einzelne selbst mit Europa nur sehr wenig in Verbindung bringen. Auf dieser Basis ist nicht zu erwarten, daß die einzelnen Wähler bereit sind, eine europäische Initiative ihrer Regierungs-Chefs besonders hoch zu honorieren. Ich glaube, dazu müßten wir aber kommen.

Ich möchte nun hier – und das soll auch mit zur Konkretisierung dessen geschehen, was Sie vorher die Mittelgruppe genannt haben, Herr GUTH – in der Frage der europäischen Integration davor warnen, eine monetäre Integration des Festschreibens der Wechselkurse voranzuziehen vor einer wirklichen Wirtschaftsintegration im Sinne einer Koordinierung der Konjunkturpolitik usw. Das muß schiefgehen, – und wenn es schiefgeht, ist es für Europa ein solcher Rückschlag, auch politisch, daß damit auch erheblich politisches Porzellan zerschlagen wird.

Statt dessen, glaube ich, sollte man versuchen, die Probleme des europäischen Agrarmarktes und die Probleme des europäischen Kapitalmarktes, die ja heute schon existieren, im Sinne der Errichtung einer europäischen Stabilitäts-Union und nicht einer europäischen Inflations-Union zu lösen durch – ich möchte hier also einen konkreten Vorschlag machen –: Einführung einer europäischen Recheneinheit, in der die Agrarpreise anstelle des bisherigen sogenannten „grünen Dollars", festgelegt werden können. Sie kann weiterhin zur Einführung eines Kapitalmarktes dienen, in dem es Papiere gibt, die auf diese Recheneinheit lauten. Das muß nicht notwendigerweise bedeuten, daß diese Recheneinheit auch als Zahlungsmittel im ersten Schritt schon existiert.

Diese Recheneinheit sollte nun (und da kommt das für die Stabilität Wesentliche herein) zumindest für den Anfang in ihrer Kaufkraft dadurch gesichert sein, daß man sie so bemißt, daß die umgerechnete Kaufkraft dieser Recheneinheit entweder konstant ist oder sich doch nur sehr wenig im Laufe der Zeit vermindert. Damit würde dem Anleger auf dem europäischen Kapitalmarkt die Möglichkeit gegeben, ein Papier zu kaufen, das das Kursrisiko der Aktien einerseits und das Kaufkraftrisiko der festverzinslichen Papiere andererseits ausschließt, und dies würde verknüpft werden mit dem Gedanken Europa und würde insofern, glaube ich, auch für den einzelnen Bürger zeigen, welche Vorteile eine solche auf Stabilität gerichtete Integration Europas bringt.

Ich glaube, man sollte das Problem der Inflation, das ja mit Recht gestern und heute auch schon in den einleitenden Worten von Herrn GUTH angesprochen ist, unter dem gesellschaftspolitischen Aspekt besonders ernst nehmen. Sie wissen ja, durch die Zeitungen gehen heute die Schlagworte von der starken Vermögenskonzentration. Etwa in der Bundesrepublik wird behauptet, 1,7 % der Bevölkerung besäßen 70 % des Produktivvermögens – eine Zahl, die allerdings problematisch ist, wie wir alle wissen, zumal ja das Produktivvermögen hier sehr eng definiert ist. Ich glaube, daß das natürlich mit der Inflation zusammenhängt, denn der kleine Sparer kann sich gegen diese Inflation anders als durch Grundstück- und Eigenheimkauf mit den katastrophalen städteplanerischen Folgen, die das hat, nicht schützen. Das ist heute für ihn nicht möglich und wir müssen ihm hier etwas anbieten. Ich glaube, wir haben nicht mehr die Zeit, darauf zu warten, daß die einzelnen Regierungen das Inflationsproblem von sich aus lösen, wir müssen vorher durch die Entwicklung solcher Instrumente etwa auf europäischer Basis zusätzlich etwas für die Stabilität tun. Man könnte dann daran denken, in einem späteren zweiten Schritt solche Recheneinheiten auszugestalten zu einer europäischen Währung und von dieser europäischen Währung her die monetäre Integration schrittweise zu vollziehen, und dies an die Stelle einer m. E. überhasteten und übereilten Währungs-Union zu setzen, wie sie gegenwärtig angestrebt wird und von der ich annehme, daß sie eines Tages doch zum Scheitern verurteilt sein wird.

VORSITZENDER:

Vielen Dank, Herr Prof. VON WEIZSÄCKER! Sie haben sich, meinem Gruppierungsschema folgend, in die Mittelgruppe eingereiht, und ich glaube, es ist wichtig zu sehen, daß es praktische Vorschläge gibt, die in dieselbe Richtung zielen, aber mit etwas anderer Stufenfolge.

KARLHEINZ NARJES:

Ich darf mich vielleicht auch im Sinne Ihrer Einführung als ein Mann der pragmatischen Mittelgruppe bezeichnen und möchte eine Frage stellen an die „Pusher", die Monetaristen, wie Sie sie bezeichnen, nämlich die Frage, welche Gründe eigentlich die Monetaristen daran hindern, die institutionellen Erfordernisse einer Währungsunion mit der gleichen Energie zu betreiben wie sie die monetären Fortschritte anstreben und fördern. Ich sehe keinen sachlichen und sehe auch keinen logischen Grund, dies zu verweigern. Ich darf dazu vielleicht noch ein paar Fußnoten machen.

Zunächst ist es ja so, daß wir von der politischen Praxis aus gar nicht mehr vor der Frage stehen, ob wir eine Wirtschafts- und Währungsunion haben wollen; im Prinzip ist sie ja im Haag beschlossen und wir haben keinen Grund, diesen Beschluß durch Zweifel wieder zu verwässern. Wenn das richtig ist, so sind auch theoretische Überlegungen darüber, ob man eine europäische Integration ohne Währungs-Union vollziehen könne, akademischer Natur, ebenso wie es akademischer Natur ist zu fragen, ob man ein oder zwei Währungsgebiete in Europa aufzieht. Den Haag ist von einem Währungsgebiet ausgegangen.

Nun hat Herr VON DER GROEBEN gestern bereits mit großem Nachdruck darauf hingewiesen, daß der Ministerrat der Europäischen Gemeinschaft kein adäquates Entscheidungsorgan ist, so wie er heute agiert und operiert, um all die Probleme einer Währungs-Union zu lösen. Adäquat heißt in diesem Fall, daß er nach innen und nach außen funktions- und handlungsfähig ist in dem Tempo, mit der Legitimation, wie es nun einmal die Sachentscheidungen erfordern. Ich darf zusätzlich zu dem, was gesagt worden ist, darauf hinweisen, daß diesem Ministerrat jetzt schon 340 unentschiedene Kommissionsvorschläge vorliegen, die teilweise seit Jahren in einem Gestrüpp von Ausschüssen, Expertenkommissionen usw. erarbeitet worden sind, und über die, glaube ich, selbst die organisierteste Delegation keinen Überblick mehr hat. Dieser Ministerrat wird in zehn Monaten von 6 auf 10 Mitgliedsländer erweitert, und von ihm noch erwarten zu wollen, über die Erweiterungsproblematik hinaus ein solch delikates Thema wie Wirtschafts- und Währungsunion sachgerecht zu entscheiden, ist einfach eine Überforderung und nur politische Hasardeure könnten es ihm anvertrauen. So deutlich möchte ich einmal werden. Die EWG ist schon heute ein Dinosaurier mit kleinem Kopf und großer Masse. Es geht dabei nicht um die Frage, Föderation, Konföderation oder Supranationalität oder Nichtsupranationalität, es geht einfach darum, eine Organisation zu haben, die nach innen und nach außen handlungsfähig ist, und zwar krisenfest handlungsfähig ist, und eine Krisenfestigkeit unter den Bedingungen der heutigen Zeit ist nicht denkbar ohne demokratische Legitimation und Kontrolle der in diesen autonomen Entscheidungszentren angesiedelten Macht. Wer das leugnet, wird in der ersten Krise den Rückfall erleben, und wenn diese Krisenfestigkeit nicht da ist, haben Institutionen auch kein Vertrauen. Das scheint mir mit der wesentliche Punkt zu sein.

Dabei sind die Operationen, um zu einem Besseren zu kommen, gar nicht so halsbrecherisch. Es würde schon genügen, wenn man zum Vertrag von Rom zurückkehrte. Der Vertrag ist bis heute nicht erfüllt. Die institutionellen Eskapaden des französischen Staatspräsidenten de Gaulle gegen den Vertrag sind bis heute nicht repariert worden; dies nur um darauf hinzuweisen, wie leicht es in der Theorie wäre, diese Gemeinschaft wieder mit mehr Handlungsfähigkeit zu erfüllen. Deshalb möchte ich eindringlich doch die Monetaristen bitten, einmal darzulegen, welche sachlichen oder logischen Gründe sie haben, die materielle Parallelität beider Richtungen zu verweigern. Wenn sie keine Gründe angeben, müssen sie sich die Frage gefallen lassen, aus welchen politischen Motiven heraus sie den von ihnen vorgeschlagenen Kurs wählen, – mit allen sich daraus ergebenden Konsequenzen über die Bewertung ihrer Intentionen.

VORSITZENDER:

Vielen Dank, Herr SALIN möchte unmittelbar hierzu etwas sagen, – ich weiß nicht, ob er sich zu den Monetaristen rechnet!

EDGAR SALIN:

Ich möchte zu dem, was Herr NARJES gesagt hat, zweierlei hinzufügen:
Ich habe ja wirklich nicht erst heute, sondern seit Jahren vor dieser Situation, die jetzt besteht, gewarnt und habe darum von Anfang an gesagt:

beginne man doch nicht mit der Währungsunion, sondern mit der Münz-Union. Denn die lateinische Münz-Union hat, ohne daß irgendwelche großen Verträge geschaffen worden sind, immerhin für ungefähr fünfzig Jahre eine relativ gleichmäßige Wirtschaftspolitik gesichert.

Ich würde außerdem sagen: die Dinge sind jetzt etwas schwieriger. Ich habe vor zehn Jahren gemeint, man könnte für diese Münz-Union ein einheitliches Geld schaffen, nämlich den Francor (ein Name, der den Franzosen ein Vergnügen machen könnte), aber sachlich: damit man ein Geld hat, mit dem man Grenzen überschreiten und, ohne zu wechseln, zahlen kann. Das haben wir kontinentalen Europäer vor 1914 gekonnt, das ist allmählich kaputt gegangen, aber damit hätte man längst wieder beginnen können und sollen.

Ferner sollte beachtet werden: ob in einem Fall die Ökonomen, in einem anderen Fall die Politiker tonangebend sind, hängt immer von der Zusammensetzung und der Klugheit beider Gruppen ab, – es ist eine gefährliche Überheblichkeit, wenn die Ökonomen glauben, sie hätten die Weisheit der Währungspolitik gepachtet. Als über das deutsche Reichsbank-Gesetz im Jahr 1873, also vor hundert Jahren, verhandelt wurde, traf jemand Bismarck zu Pferd im Tiergarten, wunderte sich und sagte: es werde doch heute im Reichstag das wichtige Reichsbankgesetz verhandelt. Da hat Bismarck geantwortet: „Ja, aber im Reichstag sitzt doch Herr Bamberger, – der versteht doch viel mehr davon als ich." Das ist die Weisheit, die nötig ist – aber nicht der Wahn, daß ein ganzes Volk ein sachliches Urteil über Währungsfragen haben und fällen könne.

ALBRECHT DÜREN:

Ich möchte ein paar Bemerkungen zur Agrarpolitik machen, die gerne als die große Klammer bezeichnet wird, die den Gemeinsamen Markt zusammenhält. Leider müssen wir ihr heute attestieren, daß sie eine Krisenquelle ist, die ein ganz erhebliches Gewicht in der Störung der Entwicklung Europas zu einem Gemeinsamen Markt hat.

Die Preispolitik als das Mittel zur Sicherung der bäuerlichen Einkommen zu benutzen, hat einen Fehlschlag erster Klasse heraufbeschworen. 1968 ist berechnet worden, daß die Summe der direkten Finanzhilfen und der Steuernachlässe für die Landwirte in der EWG der Sechs mehr als 25 Mrd. DM gekostet hat. Das ist der gleiche Aufwand, den z. B. die USA für ihre Agrarpolitik zu Hause aufbringen. Das ist mehr, als die alten Industrieländer insgesamt allen Entwicklungsländern jährlich an Hilfe geben. Wir müssen jetzt in der Frage der Strukturpolitik zu einem Durchbruch kommen. Ich stelle mir vor, daß eine aktive europäische Strukturpolitik mit einem horizontalen Finanzausgleich gekoppelt werden muß, bei dem mit Sicherheit ein Land wie die Bundesrepublik Deutschland einiges wird zuzahlen müssen; aber das wird weniger und sinnvoller verwendetes Geld sein als für die Förderung von Produktion, die keinen Markt findet.

Wir stehen heute, wo mit Großbritannien und Dänemark zwei sehr starke Agrarpotenzen zur EWG dazukommen, vor der Frage, ob etwa das bisherige Preisniveau auch auf diese Länder übertragen werden soll. Die Bauern demonstrieren in den EWG-Ländern sogar dafür, das Preisniveau noch einmal um 10 oder 12 % anzuheben. Das würde zur Produktion von weiteren Zusatzmengen führen, für die wir weitere zusätzliche Milliarden sinnlos aufwenden müßten, um Absatzmärkte zu finden. Wir würden noch mehr als bisher die Weltmärkte stören, nicht zuletzt unsere Handelsbeziehungen zu den USA.

Ich weiß, daß die innenpolitische Schlüsselstellung, die die Bauern haben, es in allen Ländern schwer macht, zu einem Kurswechsel zu kommen; aber wenn wir hier nicht mit großer Anstrengung jetzt diese Gelegenheit dazu benutzen, um insbesondere Frankreich und Italien zu helfen, daß die notwendige Struktur-Reform beschleunigt in Angriff genommen wird, kommen wir in eine so tiefe Sackgasse mit der Fortsetzung der bisherigen Politik hinein, daß der Weg zur Wirtschafts- und dann Währungs-Union noch stärker blockiert wird als er heute schon erscheint.

VORSITZENDER:

Ich danke Herrn DÜREN. Ich glaube, es ist wichtig, sich zu überlegen, ob man die Währungs-Union überhaupt verfolgen kann, ohne dieses andere Problem auszuräumen.

HANS MÖLLER:

Ich teile die Auffassung von Herrn BARRE, daß es im Augenblick nicht so sehr darauf ankommt, sich auszumalen, was in zehn oder fünfzehn Jahren sein könnte, sondern zu entscheiden, was heute und morgen zu geschehen hat. Ich knüpfe an an den Vorschlag der WERNER-Kommission, der ja vorgesehen hat, die Bandbreiten ab sofort innerhalb Europas zu verengen, im Gegensatz zu weiteren Bandbreiten im Verkehr mit der übrigen Welt. Dieser Vorschlag könnte theoretisch auf Grundlage einer garantierten unbegrenzten Kreditgewährung zwischen den europäischen Ländern durchgeführt werden. Ich kann mir schlecht vorstellen, daß man ihn auf dieser Grundlage verwirklichen kann. Das würde ja praktisch bedeuten, daß keinerlei Grenze für die monetäre Politik der einzelnen Mitgliedstaaten der EWG gesetzt wäre. Wenn man den Vorschlag realistisch interpretiert, dann würde man ihn aber auch verwirklichen können auf der Grundlage einer unmittelbaren Abrechnung

Woche um Woche oder Tag um Tag, also ohne Kreditgewährung zwischen den EWG-Ländern. Das ist das andere Extrem, vermutlich würde man eine Lösung versuchen, die „in between" liegt, d. h. gewisse Kredite würden gewährt, aber bei Überschreitungen müßte bezahlt werden.

Meine Frage an die Währungspraktiker geht nun dahin: Worin will man eigentlich bezahlen? So lange die Frage des Dollar-Standards noch nicht auf dem Tisch lag, so lange man also davon ausging, daß der Dollar ein internationales Zahlungsmittel ist und bleibt, da konnte man die Salden, die etwa im Verlauf der Stabilisierung der Kurse innerhalb Europas aufliefen, in Dollar abtragen. Wenn jetzt aber der Dollar-Standard in Frage steht, frage ich mich: Worin will man dann eigentlich zwischen den europäischen Ländern abrechnen? Es gibt eigentlich nur drei Möglichkeiten, entweder in Gold, das würde darauf hinauslaufen, daß die europäischen Länder zunächst einmal, so lange diese Fragen ungeklärt sind im weltweiten Rahmen, provisorisch das Gold als internationales Zahlungsmittel zwischen sich wieder etablieren. Man könnte daran denken, die Sonderziehungsrechte zu verwenden, aber so wie sie gegenwärtig konstruiert sind, sind sie dafür eigentlich nicht geeignet. Man könnte daran denken, nun gleichwohl den Dollar zu nehmen, das würde aber bedeuten, daß man eine Entscheidung zugunsten der Beibehaltung des Dollar-Standards trifft, eine Entscheidung, die von großer Tragweite wäre. Meine Frage also: Worin würde man, wenn man diese Verengung der Bandbreiten vornimmt und wenn man sich nicht zu unbegrenzter Kreditgewährung zwischen den Mitgliedsländern entschließt, dann eigentlich zwischen den Mitgliedsländern abrechnen?

CHARLES HYDE VILLIERS:

I have spent the first day at your distinguished Society wondering whether to make a contribution. A group of academics and "real world" people have been meeting in London for 18 months with help from the other side of the Atlantic and from Europe, who on Monday are launching a report* at a meeting of which Lord ROBBINS is going to be the Chairman and at which the Chancellor of the Exchequer is going to make the opening speech. I have wondered whether this report would get a warm reception at the meeting here or whether it would be a damp squib.

I feel now that the reception would not be hostile, and so in the remaining minutes left to me, I will try to describe this report which is conceptually not difficult.

It is that a European bank, an official European bank à la Prof. TRIFFIN, should be set up forthwith, and that it should launch and foster a new European currency to be known as the Europa, which would act as an alter-

---

* This report is reproduced in the appendix *(Ed.)*.

native to the Euro-Dollar. That is to say it would not be in our pockets, but it would be a bank-asset of both national banks and commercial banks. The initial launching of the bank is something which can be visualized by those familiar with the work of Prof. TRIFFIN. The bank would have its capital subscribed by the ten European countries of the enlarged Community. On the asset side, there would be gold and dollars and national currencies, and there would also be Europa-denominated bills and loans. On the liability side there would be Europa-denominated deposits by central banks and commercial banks. The problem would be to get the Europa launched as a market-asset. The "unité de compte" is not conceived as a market-asset, but we think that the Europa could so be, and this could be done in a number of ways on which I can only touch very lightly now. There will be the issue by Community institutions of loans denominated in Europas, long-term loans. There could be a Community requirement that some proportion of the debt of each member-state should be denominated in Europas. There would be some obligation upon commercial banks to hold some proportion of their assets in Europas. There might be a willingness of national governments to accept payment of taxes in Europas, at the later stage one can visualize the travellers-cheque within Europe also being denominated in Europas.

I could list many more of these types of introduction to get the Europa into circulation as an acceptable market-asset. Once Europas got into circulation in this way, the European bank (a multi-role bank in the end), would have the job of intervention between the Europa and the dollar and between the Europa and the national currencies. This is important because after the introduction of the Europa, which would be a short period, there would be a long intermediate period, during which national currencies would circulate as well as the Europa. This would be very necessary in order that the economic harmonization, which the monetarists always recognize must exist, can take place, particularly of course for the harmonization of unit cost trends, many of which are divergent at the moment and will require a long period for harmonization. Clearly, if we were to go immediately to full monetary union through the Europa or in any other way, unbearable strains would immediately be set up which would bring the whole system into disrepair and disrepute. We feel, however, that this intermediate phase – the Europa circulating as an alternative to the Euro-Dollar and national currencies remaining still available for re- or devaluation – provides the flexibility that we need for the next stage in European monetary integration. Finally, we would come to full economic union with the European economies sufficiently harmonized to sustain the use of the Europa as a currency used for all purposes by all Europeans. For this we must wait perhaps for ten years or more.

We have wondered how this would be received and how it could be implemented. We have felt that this is not a matter which economists can "make happen" nor indeed is it a concept which bankers can bring about, nor even Central Banks nor even Treasuries. This is essentially a political matter. Really, we believe it is for statesmen who have the vision and the courage to see that, unless they tell us that they wish to do it, we will not get down to actually doing it. Many of us have been studying the speeches of Mr. POMPIDOU, of Mr. HEATH and also of Mr. BRANDT. We feel that all these great men are moving to the point where at the summit meeting consideration of a plan of this sort is not so remote as it seemed a year ago. There is no doubt that the international monetary crisis of 1971 has made European statesmen feel that something must be done to give Europe its individuality. That is the purpose of the European bank and the Europa. There are instruments to cope with the huge bag of dollars which is swinging round the world still increasing and still threatening our economic way of life.

VORSITZENDER:

Thank you Charles, for giving us this advance release of the plan; I take it that we would then have two currencies, neither of which would be in our pocket: Europas and SDRs. But I think it is a very interesting proposal.

OTMAR EMMINGER:

Zunächst möchte ich sagen, daß ich heute zu Beginn der Sitzung sehr bewundert habe, wie Sie, Herr Vorsitzender, aus der gestrigen verschlungenen Diskussion einen roten Faden herausdestilliert haben, – ich möchte sagen, mit viel Geschick, aber auch mit großer Phantasie, und die Phantasie bezog sich u. a. darauf, daß Sie mich, wie auch andere Teilnehmer, bestimmten Meinungsgruppen zugeteilt haben – ich hoffe, alle finden sich dabei so wohl wie ich bei dieser Einteilung. Aber weil wir gerade beim Europa-Thema sind, möchte ich eines sagen: Sie haben mich als einen Prototyp des Ökonomisten, d. h. der Mittelgruppe, apostrophiert, auch versehen mit dem epitheton ornans „Vorsichtiger Pragmatiker", – das nehme ich gerne für mich in Anspruch. Aber Sie haben da einen gewissen Gegensatz konstruiert zu den Monetaristen, die bereit seien, Daten zu setzen, faits accomplis zu schaffen usw. Wenn Sie die Bandbreitenverringerung als ein solches monetäres Datum ansehen, dann möchte ich mich eindeutig zu dieser letzteren Gruppe rechnen und nicht zu der Gruppe, zu der Sie mich mit etwas Phantasie gerechnet haben; denn auch ich bin der Meinung, daß wir diese Bandbreitenverringerung in naher Zukunft, vielleicht nicht in vier Wochen, aber in einigen Monaten einführen müssen und einführen werden. Dazu braucht man nicht Illusionist zu sein; ich glaube vielmehr, daß die Entwicklung unweigerlich dahin treibt. Hier möchte ich eine technische Parenthese einschalten, um auf eine Frage von

Prof. Möller zu antworten, die er an die Währungspraktiker gerichtet hat. Die Techniker der EWG-Notenbanken haben schon seit Anfang Dezember, schon vor der Washingtoner Währungskonferenz begonnen, sich erneut mit den technischen Voraussetzungen für eine solche Bandbreitenverringerung zu befassen – wir haben uns ja schon einmal vor einem Jahr damit befaßt – und technisch liegen die Pläne fertig auf dem Tisch. Wir werden am kommenden Montag hier in Basel eine Sitzung der Notenbank-Gouverneure der Gemeinschaft zusammen mit dem englischen Notenbank-Gouverneur haben, wo über diese technischen Voraussetzungen diskutiert wird, und da spielt natürlich auch das Problem, das Herr Möller berührt hat, eine Rolle, nämlich die Frage des Saldenausgleichs. Ich habe bisher noch niemanden getroffen, der den extremen Vorschlag gemacht hätte, daß man zum Saldenausgleich innerhalb Europas unbegrenzte Kreditmöglichkeiten braucht, mir ist das völlig neu. Ich war etwas perplex, daß man überhaupt an so etwas denken könnte. Es ist dies auch sicherlich nicht notwendig. Alle Beteiligten haben ausreichende Währungsreserven. Die Salden innerhalb Europas sind genauso ein Teil des Zahlungsbilanz-Saldos eines Mitgliedslandes wie jeder andere Teil und müssen aus den Währungsreserven abgedeckt werden und werden aus den Währungsreserven abgedeckt werden. Das, was man als technische Erleichterung, aber wirklich nur als technische Erleichterung im Sinne hat, sind kurzfristige Swap-Fazilitäten unter den Notenbanken, und da geht die Diskussion nur darum, ob man z. B. alle vier Wochen abrechnen soll wie seinerzeit in der Europäischen Zahlungsunion oder etwas früher oder ein paar Wochen später.

Also das ist nicht schwierig. Etwas schwieriger ist die andere Frage, *wie* diese Salden ausgeglichen werden sollen. Auch hier gibt es schon sehr dezidierte Vorschläge, z. B. daß jeder Schuldner das Recht haben soll, mit der Mischung von Reserven anzutreten, aus der seine eigenen Währungsreserven bestehen, d. h. mit der Mischung von Gold, Sonderziehungsrechten und Devisen, die er in seinen eigenen Reserven hat. Das bietet den zusätzlichen Vorteil, daß dann (über einen längeren Zeitraum allerdings) die Zusammensetzung der Reserven dieser Teilnehmer sich etwas harmonisiert, was ja à la longue auch ein Ziel ist, das anzustreben wäre. Sie werden vielleicht überrascht sein, nach den Zweifeln, die Herr Möller hierzu vorgebracht hat, daß wir unter den EWG-Notenbanken nach kurzer Überlegung zu dem Schluß und Entschluß gekommen sind, daß man den Dollar keinesfalls als Mittel des Zahlungsbilanzausgleichs ausschließen kann; genauso wie man andere Devisenreserven nicht ausscheiden kann. Wenn ein Land DMark in seinen Reserven hat, kann es dann anteilig auch mit DMark antreten. Es ist gar nicht einzusehen, warum der Dollar nicht als Ausgleichsmittel benützt werden soll. Alle beteiligten Notenbanken verwenden ihn ja als Interventionswährung weiter und damit als ihre hauptsächliche „Ausgleichswährung" an den Devisenmärkten. Warum man dann beim Ausgleich innerhalb Europas eine Ausnahme machen soll, ist gar nicht einzusehen. Das ist also alles schon weitgehend auf dem Weg zur Lösung und vielleicht auch nicht so grundsätzlich schwierig, wie es zunächst scheinen könnte.

Nun aber noch ein paar kurze Schlußbemerkungen: Wenn ich für dieses Fait Accompli bin, dann heißt das nicht, daß ich glaube, daß die Bandbreitenverringerung als solche einen nennenswerten Zwang auf die Vereinheitlichung der übrigen Wirtschafts- und Währungspolitik ausüben wird. Sie wissen, daß man zehn Jahre lang behauptet hat, die Vereinheitlichung der Agrar-Politik würde auf die übrige Wirtschaftspolitik einen Harmonisierungszwang ausüben. Das war pure Illusion. Dasselbe kann man heute schon sagen von der These, daß eine Verringerung der Bandbreite einen solchen Zwang ausüben wird, davon kann nicht die Rede sein. Aber es gibt ja auch andere Dinge, die in diese Richtung treiben und die Hoffnung besteht, daß der Impetus, der heute da ist, doch dahin führt, daß wir nicht gleich wieder vor eine Krise gestellt werden. Ausschließen kann man aber nicht, daß trotz der Verringerung der Bandbreiten auch innerhalb Europas wieder mal eine Krise kommt. Das haben wir immer offen gesagt, deswegen ist ja für Notfälle auch eine Veränderung der Wechselkursrelationen innerhalb Europas, wenn auch nur für echte Notfälle, noch vorgesehen.

Ein Wort noch zu einem anderen interessanten Diskussionsbeitrag: Ich glaube nicht, daß man über *kaufkraftgesicherte Rechnungseinheiten*, d. h. Wertpapiere und Anleihen in kaufkraftgesicherten Rechnungseinheiten, einen nennenswerten Beitrag zur europäischen Währungsunion liefern kann. Man wird der Bevölkerung dadurch nicht die Vorteile einer stabilitätsorientierten Währungsunion vor Augen führen können, man wird der Bevölkerung höchstens vor Augen führen, wie unstabil die eigene Währung im Vergleich zu kaufkraftgesicherten Anleihestücken ist, mehr nicht, und ich glaube auch nicht, daß man durch solche kaufkraftgesicherte Rechnungseinheiten die schwierigen Agrarprobleme irgendwie wird lösen können. Man wird statt eines „grünen Dollars" eine grüne Rechnungseinheit haben, die beinah wieder dieselben Schwierigkeiten mit sich bringen wird.

Vorsitzender:

Vielen Dank, Herr Dr. Emminger. Ich bin sehr glücklich, wenn meine Zusammenfassungsmethode des „terrible simplificateur" so klare Statements produziert und provoziert wie das Ihre.

Nicholas Kaldor:

You mentioned me, Mr. Chairman, as an opponent of monetary integration. You also asked the question, particularly addressed to economists, whether the monetary integration of Europe is not highly desirable on economic grounds, for much the same reasons for which Europe needs certain common industries of which you gave some examples. I myself believe, as I said already yesterday, that monetary integration is an essential element of "full" economic integration; and insofar as "full" economic integration has large economic advantages for the group of countries as a whole, so must monetary integration. Customs unions, etc. can carry integration up to a certain point but not beyond. Beyond that, monetary union and much else besides also become essential.

Now, why then am I so much against this move? For the simple reason that in my view it is putting the cart before the horse. I do not believe that you can have monetary integration without fiscal integration, and by "fiscal integration" I do not mean "fiscal harmonization". The latter term "fiscal harmonization" means the alignment of the tax-structures and the tax-rates of different members, but with each country collecting taxes from its inhabitants separately. Such "harmonization", for reasons I shall explain, is really rendered impossible by monetary union, because if the levels and the rates of growth of incomes differ, it is impossible to keep tax rates equal and to provide the same standard of public services.

"Fiscal integration" on the other hand means a central taxing authority; a central Treasury or Ministry of Finance which imposes taxes on uniform principles throughout the area, and then dispenses the money so collected on uniform principles; on education, social services, etc., either directly or by way of grants to the national spending authorities. In this manner there is automatic re-distribution of income through taxation from the richer areas to the poorer areas. This problem always arises in countries with federal constitutions, or in countries with local autonomy (such as Britain) where the local authorities traditionally raise their own tax revenue for their own expenditure; it is less likely to arise in countries where everything is centralised, as in France. It is becoming a very acute problem just now in the United States where there is a strong Federal Government but where the powers of taxation are divided, and there is an ever-present danger of bankruptcy of some states or cities. Hence there is a strong movement in the US in favour of the (post-war) German system of "revenue-sharing" or "automatischer Finanzausgleich" as against "Saldenausgleich".

Without such fiscal integration – with all taxes raised in the centre and the moneys dispensed from the centre – you cannot have a monetary union in a world in which the government is not purely 'laissez-faire' – in which it does not restrict itself to a very narrow range of activities such as administration, law and order, and defence, as it did in the 19th century. When the Governments are responsible for wide-ranging social services, for providing social security, education, health and so on, then it is impossible to integrate in the monetary field – with one central bank, and a single authority with credit-creating power – without introducing full fiscal integration as well, and this of course means full political union. That is what I meant by saying that it is putting the cart before the horse; and that is what I meant yesterday in saying that premature steps towards a monetary union will be a divisive force which will put back the clock of the unification of Europe and not advance it.

I only wish to add that I entirely agree with Herr EMMMINGER, when he said that while the reduction of bands may be a desirable thing in itself, it does not really make any fundamental difference; it certainly does *not* involve a move towards "monetary integration". I entirely agree with him also in thinking that an index-currency as a solution to our problems is a nonsensical idea.

VORSITZENDER:

Thank you very much! If I stick to my method of grouping, I would have to put you in the field of the "economists", but in the end your position means that we need political union first because otherwise you won't have a common fiscal policy.

KURT RICHEBÄCHER:

Es ist verschiedene Male die Frage gestellt worden, wie die Monetaristen dazu kommen, die Weisheit in den Wind zu schlagen, daß man eine Währungsunion nur bilden kann, wenn man die Währungspolitik koordiniert. Das sind Banalitäten, die natürlich jeder behaupten kann, es sind sogar Selbstverständlichkeiten, aber hier geht es doch gar nicht um die Wahl zwischen perfekten Lösungen; wir haben nur eine Wahl zwischen unperfekten Lösungen. Demjenigen, der mir die Frage stellt, muß ich zunächst die Gegenfrage stellen: Sind Sie der Meinung, daß wir auf bestem Wege sind, wenn wir nichts weiter tun? Was geschieht denn eigentlich? Wird dieses System so bleiben wie es ist, d. h. wird der Dollar das Zentrum des Systems bleiben? Wir haben keine Sicherung gegen amerikanische Zahlungsbilanz-Defizite außer den Tröstungen, die jedes Jahr von neuem ausgesprochen werden. Nun, machen wir noch erweiterte Bandbreiten, wir versprechen uns gegenseitig, in Zukunft häufiger die Wechselkurse zu ändern – ich glaube, es ist bereits gelungen, auf diese Weise dem gesamten Währungssystem das Fundament des Vertrauens zu nehmen; ich sehe den Unterschied zu flexiblen Wechselkursen nicht mehr als sehr groß an. Ich bin der Ansicht, daß dieses System, auf dem wir reiten, uns nur in eine nächste Krise hineinbringen kann und da beginnt dann meine Fragestellung, meine Herren Fundamentalisten, was sagen Sie dazu? Was ist dafür Ihre Lösung? – Hier muß man sich entscheiden.

Ich glaube, daß das jetzige System nicht gut ist, es sei denn, es würde wesentlich geändert. Da sehe ich keine Antwort drauf, und wenn ich die Dinge so pessimistisch sehe, dann muß ich mir die Alternative überlegen, und ich komme dann zu dem Ergebnis: es gibt keinen Alleingang in diesem System, wir können und müssen nur versuchen, in Europa für Europa eine europäische währungspolitische Lösung zu suchen. Nur da können wir – vielleicht – eine konstruktive Lösung finden. Wenn ich dann höre, das kann man bestenfalls in zehn Jahren, kann ich nur sagen, „forget about it", das bedeutet die Entscheidung für dieses System.

Ich finde aber, wenn ich an Europa denke, daß in Deutschland ganz besonders die Schwierigkeiten, die wir in Europa haben, maßlos übertrieben werden. Wir Europäer haben eines gemeinsam und eines unterscheidet uns von den Amerikanern: wir alle haben bisher die Zahlungsbilanz immer als ein Datum anerkannt, wir alle haben uns mit Schmerzen den Zahlungsbilanzproblemen untergeordnet, jedes europäische Land hat in der Vergangenheit seine Zahlungsbilanzkrise gehabt und jedes europäische Land hat diese Zahlungsbilanzkrise gelöst. Aber wir sind nicht in der Lage, die amerikanische Zahlungsbilanzkrise zu lösen. Insofern bin ich nicht der Ansicht, daß POMPIDOU oder GISCARD D'ESTAING Tag und Nacht darüber nachdenken, wie sie mit Hilfe der europäischen Währungsunion uns das Hemd auszuziehen, nichts berechtigt uns zu diesem Vorwurf. Ich bin der Meinung: Frankreich hat in diesen 20 Jahren keine schlechtere Währungspolitik als Deutschland betrieben. Das Argument der Fundamentalisten ist der deutsche Hang zum Perfektionismus und zu einer Stabilitätsarroganz, zu der wir keinen Anlaß haben.

VORSITZENDER:

Vielen Dank für dieses temperamentvolle Statement.

GOTTFRIED HABERLER:

I fully agree with KALDOR that to start with monetary integration (that is having a common currency and doing away with the band altogether) means putting the cart before the horse oder 'das Pferd vom Schwanz aufzuzäumen'. But I think he goes a little too far if he says that fiscal integration is necessary. By fiscal integration he meant fiscal centralization. The United States is not fiscally integrated, but nobody has ever noticed that that makes it impossible for the US to have a unified currency. So I think he really goes much too far unless I misunderstood what he meant.

What is really necessary to my mind is to harmonize the propensity to inflate – if I may use Dr. MAGNIFICO's telling phrase – that is to say centralize or integrate monetary policy; that includes nowadays also incomes-policy and wage-policy. If that is not done first, then I think monetary integration will fail and I fully agree with Prof. VON WEIZSÄCKER that that would be a very serious set-back. So, from the point of view of integrating Europe economically one should not start from the monetary side but one should try to coordinate and integrate fiscal policy, integrate not in the KALDOR sense but in the weaker sense monetary, fiscal and wage policies.

If I look at Europe at the present time, I think I cannot be as optimistic as Mr. RICHEBAECHER was. After all, we experienced not long ago exchange-rate changes and Dr. EMMINGER said, even in the future it will be necessary from time to time to have changes, intra-European changes of exchange-rates. So I think Europe is still pretty far away from full integration.

Dr. EMMINGER has drawn the parallel with the agricultural policy and he pointed out that the agricultural policy has not been an element of promoting economic integration. I am afraid the same will be true of monetary integration, if it is tried prematurely. But here I ask myself: why does he say that narrowing the margin should be tried, not eliminating it but narrowing it? What is gained by narrowing the margin a little bit? In my opinion it is not only useless for integration, but it will cause lots of troubles and I think that also is part of what Dr. KALDOR called putting the cart before the horse. Once the integration of fiscal and monetary policy is sufficient, you can go all the way and abolish the margin altogether. The complications resulting from just narrowing the margins are then entirely unnecessary.

VORSITZENDER:

Vielen Dank, Herr Prof. HABERLER. Sie sehen, wir haben sogar zur Frage der Bandbreitenverengung ganz verschiedene Meinungen: Diejenigen, die dies für einen wichtigen Schritt halten, die, die dem nur einen symbolischen Wert beimessen, und schließlich die, die es für einen falschen und gefährlichen Schritt ansehen.

WILSON SCHMIDT:

It's hard for an American to talk about European monetary integration because one lacks the detailed knowledge that exists in this room and also because we have enjoyed the benefits of a common currency for so long that even to contemplate the effects of having one is analytically and historically difficult.

I would, however, like to make one point concerning the implications for regional problems of a common currency. The subject matter of the meeting forced me to think a good deal about what one might say at the theoretical level as to the effect of the American common currency and some of our rather severe regional economic problems. It occurred to me at first, that there was no analytical relationship between the establishment of a common currency and the development of the poor parts of America, but on reflection it did occur to me that this was perhaps incorrect and that the establishment of a common currency or a set of currencies the rates between which are fixed forever does have a possible substantial real income effect which in turn benefits the poor parts of any particular currency union. That is to say the formation of a currency union does increase the real value of any given currency by increasing its value as a medium of exchange, by avoiding the nuisance of conversions. And in so far as the improvement in well-being of the people of the State of West Virginia e. g. depends, as I believe it does, on the expansion of the real income of the people of the rest of US, this kind of increment in the real income of the Nation will enhance the well-being of the West-Virginians. I do not regard this point as being inconsequential because while the costs of conversion per dollar into some West-Virginia-currency might be small, the volume of transactions itself is so large as to signify a significant sum. In particular, if I can make an even more theoretical point: to the extent that the currency by increasing the value of holding money increases the willingness of people to hold a common currency, that itself increases in turn the base on which the benefits of holding money are increased. Therefore even though this is never measured in the GNP it is nonetheless a real increment in the real income for the Nation and thus adds to the real income of the people of West-Virginia indirectly through the market mechanism.

So, having said that which is perhaps the only contribution an American can make to complicated questions of monetary integration within Europe, let me talk more broadly about the relationship between US and European monetary integration. I think it's clear, – at least to me – that the exact forms and consequences of European monetary integration are still so unclear, that it is very difficult for someone on the outside to react, as to how this will affect the well-being of his own country. I think it's clear, however, that if the integration takes an inward form, one that restricts trade and restricts monetary transactions between Europe and the rest of the world this is a design on which we would frown. In contrast, if it's one that participates in an increasing integration of the world as a whole, that contributes and stimulates the integration of this poor globe this then will make a positive contribution, not only to the US but to all remaining countries of the world.

On that particular point let me comment on the direct-investment question. I find surprising the suggestion that there is some desirablitiy in controlling American direct investment in Europe (and I am not talking about the balance of payments questions for which I reserve some time); it seems to me unlikely that Europe could say: American enterprise can no longer contribute anything to its economic growth, to its economic advance. The future has many new ideas in organization and in technology and we would like to participate and contribute our part just as we very much welcome European investment in the US. It seems to me we should integrate direct-investment together. There is in particular one point that I would like to react to; it was made by Prof. KALDOR, yesterday morning; he suggested the possibility that American direct-investment was a considerable source of un-employment in the US. I have engaged in my official capacity for the last 6 months in an extensive endeavour to discover what the facts are. While the labour union movement in the US has spread a considerable amount of so-called information suggesting that the American corporation by going over-seas contributes to unemployment in the US, the fact of the matter is: there is not one scrap of evidence that will support that contention. There is thus no combination of interest between the US and Europe which in my mind would make it desirable to restrict direct investment and I say that not in the context of being American, but because I believe that Europe must contribute to the integration of the world and we shall see in the next decade whether it does or not. I would like to make some remarks later on about the balance of payments conditions and international monetary reform.

VORSITZENDER:

Thank you very much, Mr. SCHMIDT, for having responded to my request that someone from the United States should speak on these questions. I think your positive approach to European integration is very welcome and I think all of us share your opinion that it must be an open union and not a restricted one in trade. As far as direct investment is concerned you have said yourself, the key-question is the balance of payments, but we will come to that later.

ARMIN GUTOWSKI:

Ich will es kurz machen, aber Kürze bedeutet oft, daß es etwas provo-kativer klingt, als es sein soll.

Meine Frage ist: Wer hat die größeren Illusionen, d. h. wer sind die grö-ßeren Utopisten, diejenigen, die Herr RICHEBAECHER die Fundamentalisten nennt, oder diejenigen, die sich als Pragmatiker vorstellen? Ganz konkret beziehe ich diese Frage auf das enge Band. Herr EMMINGER hat gesagt, und insofern würde ich ihn dann doch eher zu den Monetaristen rechnen, das enge Band sei essentiell. Wir sollten dazu übergehen, es würde keine großen Probleme mit sich bringen, denn die EWG-Länder würden ja untereinander monatlich in Devisen abrechnen. Hinzugefügt hat er allerdings, daß, selbst wenn man in Devisen abrechnet, doch einiges andere notwendig sein wird. Die Notenbanken müßten Swap-Politik betreiben, es müßten auch gewisse Kredit-Fazilitäten geschaffen und in Anspruch genommen werden, und ich

frage mich, ob das nicht doch sehr nahe an das herankommt, was Herr
MÖLLER als eine der Möglichkeiten, nämlich die unbegrenzte Kreditgewährung der europäischen Länder untereinander, dargestellt hat.

Welcher Unterschied würde bestehen zwischen der Situation innerhalb
der EWG mit wirklich engen Bandbreiten und der Situation der Welt insgesamt vor dem 15. August? Ich sehe, ehrlich gesagt, keinen allzu großen
Unterschied; besonders wenn hinzugefügt wird, daß Wechselkursänderungen
praktisch nicht vorkommen sollen, oder, wie Herr EMMINGER sagte, nur in
alleräußersten Notfällen als Ausweg vorgesehen sind. Denn wenn man daran
glaubt, daß Wechselkursänderungen wirklich nur in äußersten Notfällen
vorgenommen werden, dann muß man auch glauben, daß der Übergang zum
engen Band die beteiligten Länder zur Stabilitätspolitik zwingt. Aber ich
sehe noch nicht, wie diese Wirkung tatsächlich hervorgerufen werden soll.
Wenn also der Ausweg von Kursänderungen nicht besteht, welche Auswege
gibt es dann? Ein Ausweg ist zweifellos, daß man Kapitalverkehrskontrollen
innerhalb Europas einführt; aber wenn man das tatsächlich täte, dann würde
m. E. die Währungsunion zu einer Farce werden. Der andere, wirklich echte
Ausweg, den Herr RICHEBAECHER, wenn auch vielleicht nicht so deutlich,
angesprochen hat, besteht darin, daß man sich auf eine gemeinsame Infla-
tionsrate einigt. Ich habe Respekt vor allen, die diese Lösung als Alternative
hinstellen, weil ich sie tatsächlich für eine realistische, wenn auch nicht für eine
wünschenswerte ansehe.

Ich möchte mich nicht ganz strikt zu den Ökonomisten rechnen. Auch ich
meine, daß die Ökonomisten, die erst alles harmonisiert und geregelt haben
wollen, bevor man an eine monetäre Union herangeht, praktisch die Wirt-
schafts- und Währungsunion ad infinitum aufschieben würden. Irgendwann
muß man sicher den Sprung ins kalte Wasser riskieren, irgendwann muß man
darauf vertrauen, daß dieser Schritt dann auch die nötigen Zwänge für den
Rest der Harmonisierung hervorruft. Aber jetzt im Moment scheint mir
dieser Sprung ins kalte Wasser noch zu riskant; in 15 ⁰ kaltes Wasser würde
ich immer gerne springen, auch mit einem gewissen Risiko, in 5 ⁰ kaltes Wasser
nicht, denn da würde ich einen Herzschlag befürchten, und ich glaube, augen-
blicklich ist das Wasser tatsächlich noch zu kalt.

VORSITZENDER:

Vielen Dank, Herr GUTOWSKI. Sie haben beinahe eine Art Schlußwort für
die Europa-Diskussion gesprochen. Irgendwann muß der Sprung ins kalte
Wasser kommen, das fand ich ein sehr gutes Wort gerade von Ihnen, und es
bleibt die Frage: wie schnell? Das haben nicht wir, sondern die Regierungen
zu entscheiden. Es ist sicher nicht leicht, die Entscheidung richtig zu treffen.
Im übrigen haben Ihre Worte erkennen lassen, daß meine bewußt provo-

zierend gewählte Kategorisierung sicher nicht voll der Wirklichkeit entspricht, die wesentlich bunter ist bzw. mehr Schattierungen aufweist. Und das hat ja auch Herr EMMINGER demonstriert.

EDGAR SALIN:

Ich möchte noch etwas provozierender als Sie, Herr GUTH, fragen. Ich bin schrecklich enttäuscht, daß eigentlich nur auf der bisherigen Basis diskutiert wurde. Das ist ungefähr so, als ob das Haus hier zur Hälfte abgebrannt wäre und man sich nur unterhalten würde, auf welche Weise man es etwas feuersicherer ausbessert. Ich würde dann erstens sagen: Es ist nicht wahr, daß man mit einer Währungsunion anfangen muß. Es hat in der Geschichte – der einzige, der das gesagt hat, war Herr HANKEL, der leider heute nicht mehr hier ist – Gegenbeispiele zur Genüge. Man kann mit einer Münzunion anfangen und es wäre darüber zu disktuieren, ob eine europäische Münzunion, wie sie 50 Jahre bis zum ersten Krieg bestanden hat, nicht leichter zu schaffen wäre und den Weg zu einer Währungsunion ebnen könnte.

Ich würde zweitens nochmals sagen: es ist ja so getan worden, als ob wir überhaupt nur Amerika und Europa zu behandeln hätten. Aber wenn morgen die Amerikaner mit den Russen nicht nur ein Abkommen über das Militär schließen, sondern ein Währungsabkommen, dann möchte ich einmal sehen, welcher europäische Staat nicht schleunigst danach rennt, sich dieser Weltwährungsordnung anzuschließen. Ich finde von all diesen wirklichen Zukunftsfragen ist überhaupt nicht die Rede gewesen, – auch über das Gold wurde nicht gesprochen. Soll das Gold demonetisiert werden? Soll der Goldpreis überhaupt gleich bleiben? Oder soll er erhöht werden? Und auf welche **Höhe?**

VORSITZENDER:

Ich bitte jetzt, das Thema „Reform des Währungssystems" im breitesten Sinne zu diskutieren, und wenn möglich die Themen anzuschneiden: Wie werden sich die USA weiterhin verhalten? Gibt es Stabilisierungszwänge von einer internationalen Autorität her? Wie ist das Verhältnis Europa/USA? Kontrollen oder nicht Kontrollen? – alle diese Themen.

MILTON GILBERT*:

The Chairman this morning invited discussion by some Americans, but I would like to respond as an international.

---

* M. GILBERT attended the session on Saturday and delivered the following speech (*Ed.*).

There have been quite a few interventions at this meeting which suggested that United States policy has not been oriented in a manner appropriate to a country which has just devalued its currency. Specifically, it has been argued that the United States should have adopted restrictive measures in fiscal and monetary policy in order to support and validate the new exchange rate of the dollar which was agreed upon on December 18, as is generally required when a currency is devalued.

I believe that this criticism ignores the glaring fact that the United States economy is not in the position of excess demand which is the usual case when devaluation of a currency is undertaken. In fact, the United States economy is in the recession phase of the business cycle, with unemployment at the high level of about 6 per cent. and with a substantial margin of unused industrial capacity. Moreover, this has been a very stubborn recession, which has not yielded to the previous efforts of the authorities to initiate renewed expansion. This recession phase of the cycle has been one of the longest in United States economic history.

Therefore, it would be entirely inappropriate for the United States to adopt restrictive policies which would have the effect of prolonging the recession and probably of deepening it. To put the priority on stabilizing the exchange market rather than on promoting internal expansion would, in my opinion, just be getting the priorities wrong – economic priorities and human priorities. There is nothing in the Bretton Woods Statutes or in the generally accepted code of international behaviour that demands that any country sacrifice an adequate level of economic activity and employment to the requirements of the balance of payments or the exchange market. Remove excessive demand, yes; try to control inflation, yes; but not prolong large and stubborn unemployment.

I believe it is necessary to see that the measures taken by the President of the United States on August 15 were essentially a programme aimed at reviving the domestic economy. The suspension of the convertibility of the dollar, which was forced upon the authorities by the run on the currency, was really a side issue. You can see this from the fact that a 10 per cent. import surcharge was imposed so as to obtain a favourable impact on domestic employment; such a measure would not have been required from a balance-of-payments standpoint when the dollar was floating. And, above all, on August 15 the President took the unprecedented step in peacetime of imposing wage and price controls. Thus, combined with the devaluation of December 18, the American authorities tried to do their part in contributing to international equilibrium by putting a brake on domestic inflation. They did not take the additional usual step of trying to eliminate excess demand because there wasn't any.

I believe it is necessary to look at the present situation from quite another angle. You all know that the pressure for a realignment of currencies on the basis of a new structure of fixed rates, including a devaluation of the dollar, came from the other countries of the Group of Ten rather than from the United States. It is they who wanted a quick end to the interval of floating rates. When the United States agreed to this on December 18, together with the removal of the 10 per cent. import surchage, the United States made no commitment to take measures that would prolong its recession. And no such commitments were asked for by the other countries. Furthermore, the new structure of exchange rates, which was agreed upon, was largely determined by the other countries. The United States was quite prepared to accept a larger relative devaluation and it was the other countries that were not prepared to go farther in their relative revaluations. Hence one must say that the new structure of rates was determined by the countries other than the United States.

It seems to me that this fact puts the responsibility for consolidating the new structure of rates firmly on the other countries. It is up to them, by an appropriate management of monetary and exchange-market policies, to demonstrate that the realignment of rates agreed upon was the appropriate one; and I do not believe it can be said that they have thus far pursued this aim as forcefully as they might have.

Finally, I would like to say that, despite the present uneasiness in the exchange markets, one should guard against being overly pessimistic. It is well recognised in official circles that the adjustment process that will result from the new structure of exchange rates will take some time to show its full effects. New trade relations will have to be established and I think there can be little doubt but that the fairly substantial realignment of exchange rates will produce a significant improvement in the US balance of payments. In the meantime, it is quite clear that the other central banks fully intend to support the Smithsonian agreement by buying up the excess of dollars that may appear in exchange markets.

Even here the pressure on the dollar may not be very great over the next year or two of the adjustment process. The dollar has been very heavily over-sold and there is a sum of perhaps from $ 12 to 15 billion of potential reflow to the United States outstanding. As speculative uncertainties die down, and as international interest rates become better co-ordinated, it is quite possible that the US deficit during the period of adjustment may be financed by the reflow of short-term funds – without putting large pressure on other central banks to buy dollars in support of their new exchange rates.

WILSON SCHMIDT:

I would like to comment on some aspects of the European/American international monetary relations. The first point I would like to take up – it came up yesterday – is the question of regulation of short term capital movements.

The US is quite willing to listen to all the arguments on this issue, but speaking personally I have serious doubts as to the feasibility of any general restriction in short term capital movements, simply because even if you regulate the banking industry, you will find that the funds will move to the non-banking channels rather readily. I also question the desirability of such regulations, in as much as it seems to me that the short term capital markets are extraordinarily efficient devices for the movement of funds and, therefore, contribute to our economic development.

The question of direct investment by the US and the US balance of payments came up and direct investment in Europe in particular. I found this focus to be an exceptionally inappropriate deviation from multilateralism and, worse yet, a specification of a kind of transaction for singling out. If one looks at net private long term capital movements between the US and the rest of the advanced world, namely Japan, Canada and Europe, the fact of the matter is that for net private long term capital movements in the last three years there has been a net movement to the US and not from the US, so the context in which the discussion of the direct investment took place yesterday was, as I thought, singularly inappropriate. If you are concerned about capital movements, I would say you should focus much more on the 5 or 6 billion dollars of movements of public grants and capital to the less developed world that the US provides. If it is the desire of the rest of the world to cut down on these provisional funds from the US to the poor parts of the world, then so be it. I would, however, think it most inappropriate and I should think we need a balance of payments position necessary to achieve that result.

Thirdly, let me comment on the question of convertibility. We are quite prepared to talk about convertibility. It is perfectly obvious, however, that there are many kinds of convertibility that can be discussed and until the discussion can narrow down somewhat, it is very difficult to be very positive about what can be said in this particular area. We do feel quite strongly that any discussion of convertibility must be in the context of a reform of the international monetary system, and in particular the development of some system of symmetry, so that there is a balance of pressures on the surplus and deficit countries that will lead to an actual distribution of the burden of balance of payments adjustment. If I may say so, the notion of convertibility, before some substantial improvement in the US balance of payments takes place, is rather like the old prescription of bleeding a sick man before he gets well in order to cure him.

Turning to the question of the immediate situation, there has been considerable concern, but there has not been, allegedly, a substantial reflow of short term capital to the US. In my own view, this is partly based on a rather naive interpretation of how exchange-rate adjustments work. It is clear to those of us around this table that they take time to work on the balance of payments, and to the extent that the improvements of the balance of payments will give rise to the return of that capital, there is a natural sequence of events that will work with a lag and thus I would not be concerned in this respect, and in particular it seems to us from the data we have available, that the reflow has already begun. We estimate that in the last couple of months something of the order of a billion and a half dollars have returned to the US, approximately half of that has taken the form of an official settlements surplus and the other half covers a continuing basic deficit. And may I add in respect to that basic deficit that there is fairly hard evidence that a substantial inflow of European portfolio capital is now occurring and has been occurring into the US stock market.

Considerable concern was expressed yesterday about the level of short term rates in the US, what the prospects were for inflation in the US and thus for the balance of payments. I begin by saying that it is not possible to specify exactly what will happen, when, and how much. Our tools of economic analysis are not sufficiently well developed. But it does seem to us that the combination of the very substantial financing that we will require internally for a forthcoming budget-deficit will raise interest-rates somewhat in the US and in combination with an easing of interest rates in Europe and elsewhere will tend to remove the differential between interest rates between our two great monetary areas, and this will have significant impact on the short term capital movements. It's clear that US policy is not designed to go over-board, while clearly the US government is not prepared to go to an unemployment rate of say $6\,1/2\,\%$ against our present 6, just to preserve the balance of payments. It's also clear that we are not going over-board. The administration's target for employment for the end of this calendar year is about $5\,\%$, far short of the full employment objective that some perhaps would fear. We believe that the outlook is for relatively stable prices; we do not undertake, we do not plan to undertake a major inflationary program. We could of course raise interest rates, but we would have to have a larger budget deficit to do so and I don't think anyone in this room really wants the US to undertake substantial deflationary pressure which would significantly increase unemployment which stands today at some 5 million Americans out of jobs. We must recognize that substantial levels of employment in the US are a threat to world integration. The forces of protectionism are strong and these forces of protectionism must be avoided. It is only by a return to some sensible level of employment with price stability that such threats can be avoided and may I say as a technical matter that the expansion of economic activity in the US normally and under the cyclical conditions which we presently have, leads to a rise in productivity and a reduction in unit labour costs and therefore one of the major ways out of the present malaise is to expand the American economy so that our competitive position is further improved by greater productivity.

I hope some of these comments have gone directly to some of the issues that were raised yesterday.

VORSITZENDER:

Thank you very much! You have made very clear statements indeed on many points and I would recommend that later on in the discussion, particularly on the question of foreign investment, where you took a very clear stand (which is mine too), those who have a different view should speak. I should also like to invite those to take part in the discussion who think that America should conduct a bit more deflationary policies, as this was clearly rejected by our last speaker.

OTMAR EMMINGER:

Ich möchte bei einem Punkt beginnen, den Herr GILBERT schon erwähnt hat, nämlich bei der *Wechselkurs-Neuordnung* vom vergangenen Dezember in Washington. Es muß anerkannt werden, daß dieses Realignment der amerikanische Beitrag zur Zahlungsbilanz-Sanierung war. Hier war kein „benign neglect" gegenüber dem US-Defizit da, sondern die Vereinigten Staaten wären im Gegenteil – wie jedermann weiß – bereit gewesen, den Dollarkurs im Vergleich zu den anderen wichtigen Währungen – und zum Gold! – noch stärker herabzusetzen, also für ihre Zahlungsbilanz noch mehr zu tun. Die anderen Länder waren nicht bereit, das zu akzeptieren, d. h. sich gegenüber dem Dollar stärker aufwerten zu lassen. Das ist ein wichtiger Punkt, der immer wieder vernachlässigt wird. Die Amerikaner sind immer noch nicht Herren über ihren eigenen Wechselkurs. Sie mußten diese Wechselkursrelation für den Dollar aushandeln; sie konnte gar nicht frei im Markt gebildet werden. Warum? Weil verschiedene andere wichtige Länder, wenn der Dollar noch mehr nach unten gegangen wäre, auch ihrerseits mit ihrer Parität nach unten gegangen wären und damit eine entsprechende relative Abwertung des Dollars (auf die es ankam) verhindert hätten. Man kann also nicht gut sagen, wie das heute in einem Diskussionsbeitrag angeklungen ist: die übrige Welt sei hilflos den amerikanischen Zahlungsbilanzdefiziten ausgeliefert. Die übrige Welt kann natürlich durchaus etwas dagegen tun. Den amerikanischen Defiziten entsprechen die Überschüsse der anderen Länder, und diese anderen Länder könnten entsprechende Maßnahmen ergreifen, um ihre Überschüsse zu verringern. Sie hätten z. B. vorigen Dezember stärker aufwerten können oder bei einer stärkeren Herabsetzung der Dollarparität stillhalten können. Die Amerikaner, das weiß ich aus vielen Unterhaltungen, haben ihrerseits sehr stark das Gefühl, daß sie der Zahlungsbilanz-Politik der anderen Länder ausgeliefert sind, z. B. der japanischen Zahlungsbilanz-Politik, die, wie bekannt ist, in diesem Jahr ungefähr 5–6 Milliarden Dollar Überschüsse, darunter einen großen Teil gegenüber den Vereinigten Staaten, erbringen wird. Die Amerikaner haben keine große Möglichkeit, dagegen etwas zu tun, außer durch entsprechenden Druck beim Festsetzen der Wechselkursrelationen, der aber – wie ich schon ausführte – nicht ganz erfolgreich war.

Nachdem die Amerikaner mit großer Mühe versucht haben, die Wechselkursrelationen zu verschieben, haben sie allerdings gesagt, wie MILTON GILBERT mit Recht hervorhebt: Nun haben wir unseren Beitrag in der Zahlungsbilanz-Politik geleistet und von jetzt ab ist es Sache der übrigen Länder, wie sie mit den Wechselkursen, die sie ja selbst mit großer Zähigkeit festgesetzt haben, zurechtkommen. Außerdem haben die anderen Länder diese neuen Wechselkursrelationen akzeptiert in voller Kenntnis der Tatsache, daß es dabei für eine Übergangszeit von 1 bis 2 Jahren noch weitere amerikanische Defizite geben wird. Infolgedessen muß die übrige Welt damit rechnen, in dieser Übergangszeit Dollars hereinzubekommen, es sei denn, daß dies durch Rückflüsse von kurzfristigen Geldern in die USA kompensiert oder sogar überkompensiert wird. Das wird vermutlich auch noch eintreten, aber etwas später, als man sich das zunächst vorgestellt hatte.

Ein weiterer Punkt: wird der Ausgleich über die *Handelsbilanz* oder über die *Kapital-Bilanz* der Vereinigten Staaten kommen? In ziemlich extremer Weise ist gestern von mehreren Rednern festgestellt worden: er kann gar nicht über die Handels-Bilanz kommen. Ich möchte genau umgekehrt sagen: Er *muß* zu einem erheblichen Teil über eine Verbesserung der amerikanischen Handelsbilanz kommen. Die Verschlechterung der amerikanischen Grundbilanz („basic balance"), um die es bei der Dollarabwertung in erster Linie geht, rührt fast ausschließlich von der Handelsbilanz her. Von 1964 bis 1971 hat sich die amerikanische Handelsbilanz um fast 10 Milliarden Dollar verschlechtert. Die „Überbewertung" des Dollars, die durch das Washingtoner Abkommen korrigiert werden sollte, bestand ja hauptsächlich darin, daß die amerikanische Wirtschaft im internationalen Wettbewerb nicht mehr ausreichend wettbewerbsfähig war. Also muß auch die Verbesserung wohl zu einem erheblichen Teil wieder über die Handelsbilanz kommen. Es ist natürlich sehr willkommen, wenn dazu auch noch eine Verbesserung der amerikanischen Kapitalbilanz treten sollte. Ich glaube nicht, daß dies über zusätzliche Kontrollen der amerikanischen Kapitalausfuhr erreichbar sein wird. Ich halte eine Diskussion über zusätzliche Kapitalkontrollen seitens der Amerikaner für Zeitvergeudung. Wir haben ganz klare Policy-Statements von den verantwortlichen Leitern der amerikanischen Wirtschafts- und Zahlungsbilanz-Politik, daß sie nicht daran denken, zusätzliche Kontrollen einzuführen, daß ihr Ziel vielmehr dahin geht, in wenigen Jahren die noch bestehenden Kontrollen möglichst abzubauen; das äußerste, was man erwarten kann, ist also, daß die noch bestehenden Kontrollen nicht allzu rasch abgebaut werden. Wenn die anderen Länder mit dem, was sich daraus an Kapitalströmen ergibt, nicht einverstanden sind, dann müssen sie sich überlegen, ob sie selbst Kontrollen dagegen errichten wollen, aber davon will ja doch niemand so gerne etwas wissen, außer gegenüber kurzfristigen Geldströmen.

Ein Wort noch zu dem *Ergebnis des Wechselkurs-Realignment.* Ich sagte schon, es mußte mühsam ausgehandelt werden, weil Amerika nicht in der Lage ist, seinen Wechselkurs autonom festzusetzen, weil die anderen Länder eben immer mitgehen können, wenn ihnen die Dollarabwertung zu hoch ist. Solange erstens die amerikanische Währung eine so wichtige Währung ist und zweitens der amerikanische Dollar die allgemeine Interventionswährung ist, hat der Dollar keine volle Selbstbestimmung über den eigenen Wechselkurs. Das Aushandeln einer Verschiebung des relativen Dollarwerts und eines allgemeinen „Re-alignment" aller wichtigen Währungen war etwas Neues und Einmaliges. Es ist jedoch nicht richtig, daß es keine wissenschaftlichen Kriterien für eine solche Wechselkurs-Bereinigung gibt, wie gestern behauptet wurde. Es gab zwei Modelle, die sowohl die Größenordnung der erforderlichen Gesamtverschiebung des Dollar-Wechselkurses als auch die Aufteilung auf die wichtigsten Währungen versucht haben vorauszuberechnen: Ein Modell des IWF, ein Modell der OECD in Paris. Wir haben im Oktober 1971 im Zahlungsbilanz-Ausschuß der OECD (Arbeitsgruppe 3) beide Modelle vor uns gehabt und waren sehr beruhigt, daß sie, von kleinen Abweichungen abgesehen, auf verschiedenem Wege zu fast denselben Ergebnissen führten. Sie, meine Damen und Herren, wären wahrscheinlich überrascht, wenn ich Ihnen vorführen würde, wie ähnlich im Grunde das Ergebnis der Washingtoner Konferenz diesen Modellberechnungen gewesen ist. Wenn Wechselkursrelationen durch diskretionäre Entscheidungen festgelegt werden müssen, gibt es entweder politisches Aushandeln oder wissenschaftliche Untermauerung. In unserem Fall hat beides zusammengewirkt, um ein Ergebnis zuwege zu bringen, das relativ nahe an die Modellberechnungen herangekommen ist.

Eine letzte Frage: Kann der Dollar in Zukunft aus der *Asymmetrie des Systems* (daß er nämlich als Interventionswährung gar nicht in der Lage ist, autonom seinen Wechselkurs zu bestimmen) befreit werden oder nicht? Es gibt viele, auch offizielle amerikanische Stimmen, die fordern, der Dollar müsse von dieser „diskriminierenden" Behandlung befreit werden. Ich persönliche zweifle, ob dies in absehbarer Zeit erreichbar sein wird. Es kann freilich sein, daß mit der Zeit die Herausbildung eines europäischen Währungsblockes dazu führt, daß doch eine gewisse Symmetrie hergestellt wird. Dann hätten wir nämlich zwei Blöcke, die entweder ihre Wechselkurse gegeneinander schwanken lassen und damit die Entscheidung der Wechselkursrelation des europäischen Blocks zum Dollar dem Markt überlassen; oder die die Wechselkursrelation im Wege einer oligopolistischen Festlegung von Zeit zu Zeit aushandeln. Das sind allerdings Perspektiven, die auf eine noch ferne Zukunft hinzielen. Denn dazu müßte zunächst eine viel größere Einheitlichkeit der Interessen und der Währungsentwicklung in Europa erreicht sein.

JÁNOS FEKETE:

Gestern früh stand ich noch vor der Hamletschen Frage: to speak or not to speak, denn ich habe daran gedacht, wenn ich das westliche monetäre System zu kritisieren wage, dann werden Sie sagen, wir haben genug Leute hier, die das tun, warum sollen wir noch einen aus dem Ostblock importieren! Und wenn ich das nicht tue, dann werden Sie meinen, daß ich mit Ihnen nicht aufrichtig bin. Aber dieses Problem ist inzwischen gelöst worden, weil ich gestern und heute so viel Kritik am westlichen Währungssystem gehört habe, daß ich nur noch einige mildernde Worte anzufügen hätte. Da ich nicht als Advokat Ihres Systems auftreten will, werde ich auch das nicht tun, aber ich kann Ihnen nur sagen: So schlecht geht es Ihnen nicht, glauben Sie mir! Und wer noch Zahlungsbilanzüberschüsse hat und deshalb klagt, da möchte ich sagen: diese Sorgen möchte ich haben.

Um doch etwas ernster zu werden, möchte ich Ihnen gerne meine Eindrücke kurz zusammenfassen. Ich habe zwei Sachen gelernt:

Die erste Lehre, die mir diese Diskussion bestätigt, ist, daß keine Regierung, mag sie noch so groß und stark sein, à la longue den wirtschaftlichen Realitäten widerstehen kann. Ein kleines Land, wenn es etwas schlechtere Wirtschaftspolitik macht, ist sofort pleite, also muß es sich sofort nach den wirtschaftlichen Gesetzen orientieren. Ein größeres Land wie Frankreich oder Deutschland kann es sich erlauben, ein Jahr zu warten, bis die fälligen Beschlüsse gefaßt worden sind. Es ist das Privileg nur eines einzigen Landes in der Welt, schon fällige Beschlüsse jahrzehntelang hinwegzuschieben, — es ist wahr, daß damit das ganze Währungssystem des Westens beinahe zum Bankrott gebracht wurde. Ich bin optimistisch, weil ich sehe, daß die Realitäten doch durchbrechen und ich muß sagen, daß ich von meiner eigenen Heimat aus auch ein wenig optimistischer geworden bin, wenn ich höre, daß auch die größten Länder sich einmal den Realitäten anpassen müssen.

Das zweite, was ich gelernt habe und was hier Prof. WEIZSÄCKER gesagt hat, ist, daß das Währungssystem eine erstklassige politische Frage ist, eine politische Frage par excellence, nicht nur eine wirtschaftliche. Aber wenn es so ist, daß es eine politische Frage ist, dann muß dieses Weltwährungssystem den politischen Kräfteverhältnissen entsprechen. Nach dem Krieg war es so, aber seitdem ist sehr viel geschehen, z. B. wurde Europa seit der Wiederherstellung aus den Ruinen zu einer starken wirtschaftlichen Einheit, von Japan nicht zu sprechen. Governor HOROWITZ hat gestern überdies die dritte Welt erwähnt, die auch da ist und last but not least will ich Ihre Illusionen nicht zerstören, aber bei uns im Osten geht es auch vorwärts und wir haben in den letzten 25 Jahren an wirtschaftlichen Kräften auch etwas zugenommen. Wenn dem so ist, dann brauchen wir ein Weltwährungssystem, das diese Realitäten auch irgendwie in Betracht zieht. Was die heutige Lage anbelangt, glaube ich, daß wir ruhig sagen können, daß das Bretton Woods-System nicht mehr funktioniert. Wir befinden uns in einer monetären „ex lex"-Situation. Das alte System funktioniert nicht mehr wie vorgesehen und wir haben kein neues System, das gesetzlich von allen Partnern angenommen wurde. Also sind wir heute ein wenig außer Gesetz, was kein unangenehmer Zustand ist manchmal, aber à la longue wird diese Gesetzlosigkeit zu Komplikationen führen. Wenn man so weit ist, daß der Schuldnerstaat seine Schulden nicht mehr bezahlen kann, wie das heute mit dem Monetary Fund in England der Fall ist, dann muß ich sagen, daß etwas im System nicht mehr funktioniert. Natürlich möchte ich gerne ein solcher Schuldner sein, dem die Schuldenbezahlung nicht erlaubt ist, aber ich glaube, das kann ich auf Ungarn nicht beziehen. Ich glaube, Sie haben aus dem System die automatische Bremse ausgeschaltet, und das war ein grundlegender und fataler Fehler, nicht ein amerikanischer Fehler, sondern ein gemeinsamer Fehler. Als Sie die zwei Goldpreise angenommen haben, sind Sie damit praktisch von der ursprünglichen Bretton Woods-Theorie abgegangen.

Wenn ich von einer neuen Weltwährungsordnung sprechen dürfte, begänne ich mit dem, was Herr DAMM gestern gesagt hat, daß das Bretton Woods-System von Anfang an asymmetrisch war. Warum? Weil es nicht den originären Prinzipien entsprach. Niemand wollte am Anfang ein monetäres System, an dem nur ein Teil der Welt teilnimmt. Damals war vorgesehen, daß es ein universelles System sein werde. Nachher (und das war ein Resultat des kalten Krieges) wurde das monetäre System in zwei Teile gespalten. Wenn wir also heute von diesem Problem sprechen, müssen wir daran denken, daß viele Überbleibsel des kalten Krieges langsam aus der Welt geschafft werden. Wir sehen heute, wie solche Probleme gelöst werden können z. B. am Vertrag zwischen der UdSSR und der Bundesrepublik, dem Vertrag zwischen Polen und der Bundesrepublik, ja sogar die Berliner Frage wird vielleicht gelöst – hoffentlich –, also ich glaube, andere Fragen, die auch aus dieser Zeit zurückgeblieben sind, lassen uns hoffen, daß auch die Spaltung der Welt durch das monetäre System tragbar wird. Wir müssen ein System, das universell sein soll, und nicht auf eine nationale Währung gestützt und keinen klassischen Goldstandard, aber ein link mit dem Gold besitzt, errichten.

Ich muß, weil ich die Zeit schon überschritten habe, sagen, warum wir an dieser neuen Weltwährungsordnung interessiert sind. Wir hoffen, daß wenn es eine gute Ordnung ist, der Handel besser geht und wir besser unsere Differenzen erledigen können. Lord ROBBINS hatte vollkommen recht gestern, wenn er sagte: besser wieder etwas mehr diskutieren, als einen neuen Krieg haben.

VORSITZENDER:

Vielen Dank, Herr FEKETE, für Ihr undogmatisches Statement, mit dem Sie auch sehr dem Wunsch von Herrn SALIN entsprochen haben, den Horizont mal noch etwas weiter zu spannen. Es war für uns sehr anregend und Sie haben sicher recht, daß die Theorie der économie dominante in den letzten Jahren und Jahrzehnten wesentliche Veränderungen zu registrieren hat.

MAX IKLÉ:

Wenn wir in Zukunft weiterhin ein konvertibles Währungssystem haben wollen, so benötigen wir dazu eine Leitwährung. Ohne eine Leit- und Schlüsselwährung ist die Konvertibilität praktisch nicht zu bewerkstelligen. Als solche Leitwährung drängt sich für die nächsten zehn Jahre nur der Dollar auf. Es gibt keine andere Währung, die geeignet wäre, diese Funktion zu übernehmen. Leider wies das Land, welches die Leitwährung bisher zur Verfügung stellte, dauernd Defizite auf, so daß das Vertrauen in den Dollar untergraben wurde.

Wenn wir eine Lösung finden wollen, so müssen wir zunächst einmal fragen, warum die Vereinigten Staaten so große Defizite gemacht haben. Das ist in drei Zahlen zu beantworten. In den sechziger Jahren haben die Vereinigten Staaten 27 Milliarden Dollar kumulierte Defizite auf Liquiditätsbasis ausgewiesen. In der gleichen Zeit haben sie 37 Milliarden Dollar brutto für Militärzwecke ausgegeben und für 40 Milliarden langfristiges Kapital exportiert. Die amerikanische Wirtschaft war also in der Lage, beträchtliche Überschüsse zu machen. Sie konnte die ganzen Direktinvestitionen finanzieren, aber nur noch einen Teil der Militärausgaben. Trotzdem hat sich die amerinische Zahlungsbilanz bis 1965 verbessert, nämlich von 3,7 Milliarden Defizit anfangs der sechziger Jahre auf 1,3 Milliarden in der Mitte der sechziger Jahre. Dann wurde der Vietnam-Krieg eskaliert, was zur Folge hatte, daß das Zahlungsbilanzdefizit wieder auf 3,6 Milliarden anstieg. Der Vietnam-Krieg belastete in den letzten Jahren die Zahlungsbilanz mit 1,6 Milliarden direkt und mit 1,1 Milliarden für Importe von Rohmaterial für Waffen; schließlich trug er mit dazu bei, die Inflation anzuheizen, was eine weitere Verschlechterung der Zahlungsbilanz zur Folge hatte.

Wie kommen wir nun wieder zu einer mehr oder weniger ausgeglichenen Zahlungsbilanz? Mir scheint, daß die Lösung nicht in erster Linie über die Handelsbilanz gefunden werden kann. Etwas wird sie sich ja wohl verbessern aufgrund des Realignments, aber die Exporte der Amerikaner stoßen auf eine gewaltige Konkurrenz: ihre eigenen Direktinvestitionen. Dennoch sollte es möglich sein, zu einem Ausgleich der Zahlungsbilanz zu kommen, und zwar durch eine wesentliche Verringerung der Militärausgaben, wozu die Europäer sehr viel beitragen könnten, nämlich dadurch, daß sie für ihre Verteidigung selbst aufkommen. Die Vereinigten Staaten haben bis vor kurzem noch 1,8 Milliarden Dollar ausgegeben nur für die Verteidigung von Europa. Durch das Burden-sharing und durch offset-Vereinbarungen und namentlich durch die Deseskalation des Vietnam-Krieges sollte es möglich sein, die Militärausgaben vielleicht um 1 1/2 Milliarden zu senken.

Die zweite Chance besteht darin, daß die Kapitalerträgnisse zunehmen. Diese ersetzen heute schon beinahe den ausfallenden Handelsbilanzüberschuß, zum mindesten wenn man die ganzen Gewinne der Tochtergesellschaften mit einrechnet. Nachteilig wirkt sich jedoch der Umstand aus, daß die Gewinne z. T. reinvestiert werden und deshalb in der Zahlungsbilanz nicht in Erscheinung treten. Die Nettokapitalerträgnisse haben sich im ersten halben Jahr des letzten Jahres beträchtlich verbessert. Die Differenz gegenüber dem Vorjahr beträgt nicht weniger als 900 Millionen Dollar, was darauf zurückzuführen ist, daß die Passivzinsen, die in den letzten Jahren sehr hoch waren, nunmehr zurückgehen. Diese Position kann sich auch in Zukunft noch verbessern.

Die dritte Chance liegt darin, daß der Kapitalaustausch möglich geworden ist. Das war bis 1967 nicht der Fall, weil die europäischen Kapitalmärkte noch nicht leistungsfähig genug waren. Was wir in Zukunft haben müßten, ist anstelle eines einseitigen Kapitalabflusses aus den Vereinigten Staaten, einen gewissen Kapitalaustausch zwischen Europa, Kanada, Japan und den USA; das ist möglich, wenn das Vertrauen in den Dollar wieder zurückkehrt, weil die nichtamerikanischen Kapitalmärkte leistungsfähiger geworden sind. Wichtigste Voraussetzung ist die Rückkehr des Vertrauens in den Dollar, und das ist in nächster Zeit nicht zuletzt eine Frage der amerikanischen Geldmarktpolitik. Wenn die Amerikaner bereit sind, eine Geldmarktpolitik zu betreiben, die das Zinsgefälle zu ihren Ungunsten beseitigt, so besteht die Möglichkeit, daß der sogenannte Dollar-overhang sich z. T. selbst resorbiert. Man kann dabei davon ausgehen, daß der Dollar-overhang anders entstanden ist als die Sterling-balances. Der Dollar-overhang besteht in der Hauptsache aus spekulativen Geldabflüssen und im Falle Westdeutschlands aus kurzfristig aufgenommenen Krediten. Die Wiederherstellung des Vertrauens in den Dollar, bei einer realistischen Zinspolitik, müßte deshalb zu einem Rückfluß von Dollar führen.

Im vergangenen Jahr wies die Zahlungsbilanz der Vereinigten Staaten auf official settlement basis ein Defizit aus von 29,8 Milliarden Dollar. Auf die laufende Bilanz entfielen dabei nur 0,8 Milliarden, auf langfristige Kapitalbewegungen 8,5 Milliarden und der Rest, rund 22 Milliarden, bestand aus kurzfristigen Geldbewegungen. Unter die letzteren fallen die sogenannten leads and lags, die Dispositionen der internationalen Gesellschaften, sowie Rückzahlungen von kurzfristigen Geldern. Von diesen 22 Milliarden sind etwa 15 Milliarden im Prinzip bereit, wieder zurückzukommen, sobald das Vertrauen wiederhergestellt ist. Von den weiteren Milliarden, die bei den außeramerikanischen Zentralbanken liegen, stammen 10 Milliarden allein aus privaten Händen; die privaten Guthaben wurden abgebaut und die Gelder sind in die Zentralbanken geflossen, aber die privaten working-balances in Dollar sind heute minimal.

Soll das Währungssystem wieder funktionsfähig werden, muß die amerikanische Zahlungsbilanz in ein besseres Gleichgewicht gebracht werden. Die Theorie des „benign neglect" bedeutet keine Lösung. Wenn sich die amerikanische Zahlungsbilanz dauernd im Defizit befindet, wird der Dollar früher oder später zu einer nicht mehr akzeptierten Währung. Ohne eine gesunde Währung ist aber auch die Weltmachtstellung der USA in Frage gestellt; das römische Reich hat während einigen hundert Jahren eine solide Währung gehabt.

Ich komme zum Schluß. Ich möchte bitten, daß man in den Vereinigten Staaten heute auf eine realistische Geldmarktpolitik drängt; mit einer Zinsdifferenz von einem halben Prozent zugunsten der USA wäre schon viel erreicht. Man kann nicht mit billigem Geld allein die Wirtschaft ankurbeln. Ob die Zinssätze 3 oder $4^{1}/_{2}$ % betragen, kann nicht ausschlaggebend sein. Es wäre zu wünschen, daß die Budgetdefizite nicht inflatorisch finanziert werden, sondern durch die Ausgabe von kurz-, mittel- und langfristigen Papieren, damit nicht aus der Finanzierung des jetzigen Defizits in zwei Jahren wieder eine Inflation entsteht, die den Dollar erst recht wieder in Schwierigkeiten bringen müßte.

VORSITZENDER:

Vielen Dank, Herr IKLÉ. I could see that Mr. SCHMIDT listened carefully and so he will certainly have taken your point. As he did not defend the theory of „benign neglect" I think we are in agreement.

HANS MÖLLER:

Ich möchte anknüpfen an die Darlegungen von Herrn SCHMIDT, die mich sehr beeindruckt haben, und ich möchte ihm versichern, daß wohl hier niemand im Saal ist, der irgendwie daran interessiert wäre, daß die amerikanische Wirtschaft in Schwierigkeiten geriete oder mit den Problemen der Unterbeschäftigung oder der Inflation nicht fertig werden würde, denn wir wissen alle, daß wir natürlich mit den USA in einem Boot sitzen, und ihr Schicksal ist bis zu einem gewissen Grade eben auch unser Schicksal. Aber ich habe gewisse Zweifel, ob nun die Ausführungen, die er gemacht hat, das Problem schon endgültig beleuchten. Er ist davon ausgegangen, daß jetzt die Bekämpfung der Unterbeschäftigung im Vordergrund stehen müsse, und da würden wir ihm wohl alle folgen. Aber wie wir sehen, wird diese Bekämpfung im Grunde genommen mit einer Politik des billigen Geldes vorgenommen, der Vermehrung des Kreditangebotes in den Vereinigten Staaten, in der Hoffnung, auf diese Weise die Beschäftigung wieder anzukurbeln. Aber wer sagt uns eigentlich, daß eine solche rein monetäre Politik zur Bekämpfung der Unterbeschäftigung erfolgreich ist? Und soweit sie nicht erfolgreich ist, führt sie doch praktisch dazu, daß Geld und Kredit in den Vereinigten Staaten überreichlich angeboten wird und dann wiederum nach Europa abströmt. Wir haben ja doch jetzt schon die Effekte, trotz des Realignment: der Dollarkurs hat sich schon wieder verschlechtert und tendiert schon wieder an die untere Grenze. Diese Entwicklung kann man m. E. nicht aufhalten, wenn man – und hier folge ich in einem gewissen Sinne Herrn IKLÉ – nicht die Geld- und Kreditpolitik irgendwie in der Welt harmonisiert. Denn wenn die Amerikaner weiter billiges Geld anbieten, haben wir den Druck auf die Wechselkurse und dieser Druck auf die Wechselkurse wird dann die Unsicherheiten des Währungssystems weiter vergrößern, und wir kommen, wie Herr RICHEBAECHER angedeutet hat, in die nächste Krise.

Ein zweiter Punkt in diesem Zusammenhang. Selbst wenn es uns gelingt, Sonderziehungsrechte zu etablieren als eine Art internationales Zahlungsmittel zwischen den Zentralbanken, und wenn das System dann so konstruiert wird, daß die Vereinigten Staaten von Amerika ihren Kurs im Verhältnis zu den Sonderziehungsrechten verändern könnten, haben wir genau das gleiche Problem, wenn die Vereinigten Staaten die gleiche Geldpolitik betreiben wie heute und wenn diese Geldpolitik sich als unwirksam erweist für die Bekämpfung der Unterbeschäftigung. Die Vereinigten Staaten können zwar dann nicht mehr zahlen in einem Geld, was sie selbst schöpfen, sondern sie müssen in Sonderziehungsrechten zahlen. Aber wenn die Sonderziehungsrechte ausgelaufen sind, dann müssen sie ihre Währung abwerten, und dann haben wir genau dasselbe Problem, nämlich daß der Dollar weiter abgewertet wird, vermutlich ganz unabhängig von den Fragen der Handelsströme und der Direktinvestition, denn Handelsströme und Direktinvestition, die passen sich nur über längere Zeitspannen, wie Herr EMMINGER, glaube ich, richtig betont hat, an; wir können nicht erwarten, daß Wechselkursänderungen in einem oder 1½ Jahren zu irgendeiner Umkehr der Handelsströme führen. Wir haben dann infolge der nicht-harmonisierten Geldpolitik im Weltmaßstab erneut Wechselkursänderungen, würden sie auch haben mit Sonderziehungsrechten, und das Problem würde nach wie vor auf unserem Tisch liegen. Ich sehe also keine Lösung, so lange nicht irgendeine Harmonisierung in der Geldpolitik erreicht wird, und dann sind wir wieder bei dem alten Problem, das uns gestern und heute beschäftigt hat: ohne irgendeine verbindliche Politik der beteiligten Länder können wir in bezug auf Geld und Kredit nicht erwarten, daß unsere Währungen national wie international einigermaßen befriedigend funktionieren.

WALTER ADOLF JÖHR:

Ich glaube, mein gestriges Votum hat zu einigen Mißverständnissen geführt, die sich ja auch sehr lebhaft manifestiert haben. Sie wollen mir deshalb gestatten, daß ich nochmals die Substanz meines Arguments kurz wiederhole, obwohl diese Wiederholung eigentlich schon in einem Votum von Herrn EMMINGER zu finden war, aber vielleicht doch nicht so explizit, daß dies allen Teilnehmern bewußt geworden wäre.

Es kann nicht bestritten werden,

erstens, daß sich fast in allen Fällen eine Wechselkurs-Korrektur im Sinne einer Begünstigung des korrigierenden Landes zu Lasten der übrigen Welt auswirkt,

zweitens, daß infolgedessen eine Wechselkurs-Korrektur ein Entscheid in einem Interessenkonflikt ist,

drittens, daß die de facto bis vor dem 18. Dezember 1971 praktizierte Entscheidung dieser Konflikte durch autonomen Akt dem Gebot der internationalen Solidarität widerspricht,

viertens, daß infolgedessen ein gegenseitiges Aushandeln der Wechselkurse der Natur der Aufgabe adäquat ist,

fünftens, daß dieses Aushandeln, je interessenbewußter die Länder werden, um so schwieriger und langwieriger sein wird,

sechstens, daß infolgedessen der Entscheid durch eine unabhängige und unparteiische Instanz naheliegt,

siebtens, daß eine solche Lösung nicht nur auf Weltebene denkbar ist und naheliegt, sondern ebenfalls auf europäischer Ebene,

achtens, daß die Ermittlung richtiger oder vielleicht besser gesagt guter Wechselkurse schwierig ist, daß aber jeder, der ein Urteil fällt wie „der Dollar war überbewertet" eigentlich sich ein solches Urteil aufgrund gewisser Kriterien zutraut; also sollte man erst recht einem Gremium unabhängiger Wissenschaftler und Fachleute ein solches Urteil zutrauen können,

und neuntens – es ist meine letzte Feststellung –, daß es nicht zu bestreiten ist, daß in der Konvention von Bretton Woods bereits Ansätze zu einer solchen Lösung zu finden sind.

VORSITZENDER:

Ich danke Ihnen, Herr Professor JÖHR, für Ihre präzisen Formulierungen. Ich bin froh, daß damit auch noch einmal die Frage der internationalen Autorität in die Diskussion gekommen ist, obwohl wir nicht mehr die Zeit haben, uns darüber zu unterhalten, ob das nun am besten unabhängige Nationalökonomen oder andere Species sind. Aber immerhin, daß es eine solche Autorität geben und daß sie vielleicht beim Internationalen Währungsfonds sein soll, ist, glaube ich, wichtig festzustellen.

Nicholas Kaldor:

I should like to answer very briefly some of the points raised by Dr. Iklé and I think also Professor Möller.

I do not see why a uniform monetary policy or interest rate policy should be a necessary feature of international economic or monetary equilibrium. A close relation between re-discount rates may be necessary under a system of fixed exchange rates, but the whole point about the advocacy of broader bands was, as I understood, to make it possible to compensate for interest-rate differences by corresponding differences between spot and forward rates. If America, for internal reasons, wishes to maintain low interest rates, while European countries, also for internal reasons, want to maintain higher interest rates, I do not see why either side should legitimately be asked to adjust their policy to the other. To avoid this it is necessary to invent a system under which direct equalisation of interest rates is not necessary, and I thought that that was the point of the "broader band" feature of the agreement.

Secondly, I think we must distinguish between deficits in the balance of payments of those countries which incur deficits because in some sense they live beyond their means (because they consume more than what they are *capable* of producing – we know of many countries in which balance of payments deficits basically reflected this cause) and deficits such as the American balance of payments deficit which no one could reasonably attribute to "living beyond her means". America, with her large unemployment problem, with her large surplus capacity, and with foreign trade a small proportion of her total national product, could obviously produce far more than she does; there is no problem of providing the "resources" for any surplus amount in her balance of payments, without any sacrifice (in the form of lower consumption) on the part of the US public.

Thirdly, it also follows from this that there is no way in which America can regulate her own balance of payments, or "play her part" in the maintenance of international equilibrium, without an adjustment in the exchange rates. Any other suggestion amounts to asking a very small tail to wag a very large dog. America cannot incur deflation and reduce her general wage-level in order to adjust to changes in her competitiveness in international trade. As Dr. Emminger reminded the audience – but I fear that his words have not sunk in sufficiently – the difficulty was not that the Americans were not ready to devalue; the difficulty was that the other advanced countries were very reluctant to allow a realignment that would decrease their own competitive power and increase the competitive power of the Americans.

Finally, Dr. Iklé says we must be on guard against a situation developing in which the dollar becomes a non-acceptable currency. I would very much like to know what he meant by this. Did he mean a situation in which nobody would buy *any* dollars at *any* price? I can assure him that there will always be a price for the US dollar, higher than zero, at which we would all be unlimited buyers of dollars.

VORSITZENDER:

Thank you very much, Mr. KALDOR. On your point that the only way is to change the parity, I would like to remind the audience of what Mr. SCHMIDT said on the time sequence. So I think before they do anything or we do anything, we should wait two years to see the real effect of this realignment. But theoretically I am in full agreement.

Meine Damen und Herren, es bleibt mir als Diskussionsleiter des heutigen Vormittags nur Ihnen zu danken und gleichzeitig zu danken auch im Namen des Vorstandes der List Gesellschaft für Ihr außerordentlich aktives Interesse an diesen Fragen.

Wenn ich eine Schlußbemerkung, kein Schlußwort, machen darf, so würde ich als meinen Eindruck aus der Diskussion des heutigen Vormittags festhalten wollen, daß wir bei unseren europäischen Problemen immerhin etwas mehr Courage zu haben schienen, vorwärts zu gehen oder wie Herr GUTOWSKI sagte, in das 15°-Wasser zu springen, als in den Fragen der Reform des Weltwährungssystems. Wenn wir diesen Gedanken fortsetzen, dann ergibt sich doch – zusammen mit der Feststellung, daß man erst einmal zwei Jahre Übergangszeit braucht, um zu erkennen, wie sich überhaupt das Realignment auswirken wird – die Hoffnung, daß wir in diesen zwei Jahren in Europa ein so gutes Stück vorankommen, daß die neue Weltwährungsordnung, wie Herr EMMINGER es schon skizziert hat, dann mit diesem neuen stärkenden europäischen Element rechnen kann. Ich finde das doch ein ganz positives Resultat und gleichzeitig auch eines, das im Sinne der ursprünglichen Zielsetzung der List Gesellschaft liegt: daß man auf dem Wege des weiteren Zusammenwachsens in Europa nun bei allen Nuancen, die wir hier weidlich festgestellt haben, vorankommen und, wo notwendig, vernünftige Kompromisse finden kann. Dabei ist als ein „Essential" deutlich geworden, daß wir dieses Europa in offener und in freundschaftlicher Beziehung zu Amerika weiter ausbauen müssen. Durch eine solche Entwicklung wird dann auch die Weltwährungsordnung gestärkt werden.

EDGAR SALIN:

Ich habe nicht die Absicht, ein Schlußwort zu halten, wie es ursprünglich vorgesehen war; denn ich finde: wir sind viel zu weit von jeder Einigung entfernt, als daß ein Schlußwort möglich wäre. Ich hoffe, Sie sind zufrieden, wie ich es auch bin, daß viele Gesichtspunkte für ein kleines Problem, für das zwar zentrale, aber doch kleine Problem des Dollars und des Verhältnisses Amerika/Europa besprochen worden sind. Aber ich habe vorhin bewußt unterstrichen: machen Sie die Fenster auf nach dem Ostblock, nach den Entwicklungsländern, nach der wirklichen, ganzen Welt. Ich bin sehr froh über das, was Herr FEKETE gesagt hat. Aber, Herr FEKETE, Sie haben nicht vom Comecon gesprochen, nicht vom Rubel; sonst hätte sich gezeigt, daß die Probleme sehr verwandt sind und teilweise gelöst wurden nicht durch dauernde Währungsmanipulationen, sondern auch durch Warenlieferungen.

Ich mache ferner nochmals aufmerksam: ich habe ganz bewußt im Arbeitskreis I hinter übrige OECD-Länder: Ostblock und Dritte Welt gesetzt, – die dritte Welt ist aber hier völlig übersehen worden. Das heißt: wir haben die Frage nicht behandelt, wie weit ein Ausbau der europäischen Industrien *in* der dritten Welt eines Tages dazu geeignet sein kann, einen industriellen und einen monetären Ausgleich zu schaffen. Das ist die Form, in der in der Antike, im 2./3./4. Jahrhundert das wirtschaftliche Wachstum sich vollzogen hat, und das ist der Grund, warum Sie heute in Tunis und an der ganzen afrikanischen Küste mehr gewerbliche Reste der römischen Spätzeit finden als in Italien selber. Ich bin also der Ansicht: wir haben nur die Hälfte behandelt, – es waren allerdings nur $1^1/_2$ Tage zur Verfügung, – die Hälfte dessen, was wirklich Problem von heute und morgen ist; eigentlich hat nur Herr HOROWITZ, der sich mit diesen Fragen von Israel aus zu befassen hat, Fragen der dritten Welt erörtert.

Ehrlicherweise können wir also kein anderes Fazit ziehen: wir haben vor allem über die Probleme, die uns in Europa aktuell angehen, umfassend diskutiert und haben Neues und Wegweisendes dazu gesagt. Aber wir haben über die wirklichen Probleme von morgen und übermorgen, die eine grundsätzliche Neuordnung erfordern werden, viel zu wenig gesagt, – wir haben eine langsame friedliche Evolution vorausgesetzt in einem Jahrzehnt, das vielleicht revolutionäre Entscheidungen in der Ordnung der Weltwirtschaft und der Weltwährung verlangt. Sie werden vielleicht sagen: das sind Zukunftsfragen für eine junge Generation. Ich meinerseits bin darum seit langem so tief besorgt, weil ich finde, „Die Zukunft hat schon begonnen", und weil mir die scheinbare Lösung aktueller Krisen keine Neugestaltung einer gestörten Weltordnung verspricht.

In diesem Sinn war unsere Tagung vielleicht mehr ein Ende als ein Neuanfang einer Epoche. Aber wie dem auch sei, – ich darf Ihnen allen, die Sie in dieser Konferenz mitgearbeitet haben und allen Mitgliedern der List Gesellschaft für ihre freundschaftliche Unterstützung danken und schließe diese Tagung und meine Tätigkeit mit herzlichen Wünschen für eine erfolgreiche Zukunft. *(Applaus)*

Zweiter Teil

GUTACHTEN

EDGAR SALIN

DIE KRISIS DER EWG*

(Ein neues Kapitel der Politischen Ökonomie)

1. Zur Einführung

Es dürfte kaum eine Wissenschaft geben, die in all ihren Zweigen in diesem Jahrhundert so viele wechselnde Perioden zu verzeichnen hat wie die Sozialwissenschaft. Vielleicht gilt dies im deutschen und im romanischen Sprachbereich noch stärker als im anglo-amerikanischen. Man könnte sagen, daß hier seit Ricardo oder sogar seit Adam Smith die rationale Theorie trotz der Keynesschen „Revolution" eine kaum unterbrochene Entwicklung und Herrschaft zu verzeichnen hat, während dort, in der Heimat der anschaulichen Theorie, Epochen der bewußten Eigenheit mit anderen gewechselt haben, in denen die angelsächsische Theorie in all ihren wechselnden Formen als „die" Theorie schlechthin erschien und in Gedanken und Begriffen mehr oder weniger gut übernommen wurde. In England ist auf die klassische eine neoklassische Theorie gefolgt, und daß es Marx und Marxismus gab, hat selbst ein Keynes kaum zur Kenntnis genommen. In Deutschland gab es ein Jahrhundert lang eine Historische Schule von Rang, und selbst wenn man wie der Verfasser gegen ihre Alleinherrschaft zu kämpfen für unerläßlich hielt, so hätte man nie für möglich gehalten, daß fünfzig Jahre nach dem Tod ihrer bedeutendsten Vertreter es Studenten gibt, welche nicht einmal die Namen dieser großen Vorgänger kennen, und daß auch jetzt, nach dem katastrophalen Fiasko der mathematischen Währungstheoretiker, keiner nach dem Band gegriffen hat, in dem Friedrich List vor langer Zeit seine Erkenntnisse niedergelegt hat, nach dem Grundwerk der Politischen Ökonomie.

Dabei hätte es genügt, die Vorrede zu Lists System zu lesen, um zumindest nachdenklich zu werden und sich zu fragen, ob nicht Wahrheiten, die List gegenüber Vorläufern und Zeitgenossen ausgesprochen hat, heute wieder so aktuell sind, daß man sie jedem angehenden Nationalökonomen als unumstößliche Grundlage einprägen müßte. Einem „angehenden Lehrer der Poli-

* Erschienen erstmals in Kyklos XXV (1972), S. 3 ff.

tischen Ökonomie" wirft List vor[1], daß er unaufhörlich von einer Güterwelt spricht. Demgegenüber stellt List fest, daß es eine Güterwelt überhaupt nicht gibt. „Zu dem Begriff von Welt", schreibt er, „gehört geistiges und lebendiges Wesen ... nehmt den Geist hinweg, und alles, was ein *Gut* hieß, wird zur toten Materie..."

Man könnte ganze Absätze aus dieser Vorrede anführen, und es dürfte in allen Ländern der Erde wenige Ökonomen geben, die diese verstehen und nicht – auf sich gemünzt glauben würden. Aber diese und jede Polemik liegt mir fern. Es geht mir nur darum, auf der Grundlage von List zu einer fruchtbaren Betrachtung der heutigen Situation der Weltwirtschaft und zumal ihrer Währungsordnung hinzuleiten.

List selbst berichtet, er habe sein Werk zunächst das *Natürliche* System der Politischen Ökonomie nennen wollen – es ist der Titel, den nun seine erst nach zirka hundert Jahren veröffentlichte Preisschrift trägt[2]. Indem er sich zum Titel „Das Nationale System" entschloß, hat er nicht nur schon seiner Tochter die irrige Verwechslung von Lists Ziel („Freihandel das Ziel, Erziehungszoll der Weg") mit Bismarcks Schutzpolitik ermöglicht, sondern hat er bis in die Gegenwart hinein, zumal für Nicht-Schwaben, die nationalistische Mißdeutung seiner Ziele erleichtert. „*Et la patrie et l'humanité*" heißt das freimaurerische Motto seines Hauptwerks – aber was sollte die *Humanité* den Nationalisten des neunzehnten und zwanzigsten Jahrhunderts bedeuten, die unter „*Patrie*" nur kapitalistischen Aufschwung der heimischen Wirtschaft und imperialistische Beherrschung möglichst großer Teile der Weltwirtschaft verstanden.

List dagegen sah in der Nationalität nur das Mittelglied zwischen Individualität und Menschheit. Nur für seine eigene Zeit sah er „Erhaltung, Ausbildung und Vervollkommnung der Nationalität" als Hauptgegenstand des Strebens der Nation, gerechtfertigt nur dadurch, daß allein dieses Bestreben zur endlichen Einigung der Nationen unter dem Rechtsgesetz, zur *Universal-Union* führen könne und werde. Diese Ansicht, diese Hoffnung, dieser Glauben wird heute der Mehrzahl der Europäer als utopisch erscheinen. Aber wenn man die Voraussetzungen des Gelingens und des Mißlingens nicht sehr nüchtern prüft, dann wird die Geschichte der 125 Jahre, die seit dem Wirken Lists verstrichen sind, als die Beschreibung eines einzigen, konsequent beschrittenen Irrwegs erscheinen. Der österreichische Historiker Friedjung, der die Ge-

---

[1] *Das Nationale System der Politischen Ökonomie.* Stuttgart 1841, p. XLIV. Ich zitiere das *Nationale System* nach der 1. Auflage, weil ich mit größerer Wahrscheinlichkeit als die von mir betreute zwölfbändige Gesamtausgabe der Werke diese erste Ausgabe in den meisten Bibliotheken des In- und Auslandes vermute. Von der Gesamtausgabe der Werke ist eben eine 2. Auflage im Erscheinen, die in mancher Hinsicht verbessert und ergänzt ist, so daß die List Gesellschaft hoffen kann, daß auch diese ihren Zugang zu Mitgliedern und vor allem zu Bibliotheken findet.

[2] Vgl. *Werke* Bd. IV und die Einleitung von Artur Sommer.

schichte dieser Jahrzehnte verhältnismäßig früh geschrieben hat, hat daher mit vollem Recht nicht von Epochen des Nationalismus – und schon gar nicht des Nationalismus im Listschen Sinn –, sondern von einer Zeit des Imperialismus gesprochen.

Diese Epoche des Imperialismus, so wie sie vor dem ersten Krieg verstanden worden ist, ist mit diesem Ersten Weltkrieg zu Ende gegangen. Zu Ende gegangen sicher nicht aus psychologischen Gründen, sondern darum, weil nicht nur die sozialen und sozialistischen Bewegungen den alten Führerschichten den Boden und den guten Glauben wegnahmen, sondern vor allem, weil die führende Macht, nämlich das Britische Empire, zwar siegreich, aber mit solchen Verlusten aus dem Krieg hervorgegangen ist, daß es nicht mehr durch sein Wort oder durch sein Eingreifen die Welt regieren konnte. Infolgedessen hat mit diesem Ende der ersten Epoche ein neues Stadium begonnen, dessen Dauer wir von 1919 bis zum Ende des Zweiten Weltkriegs oder in mancher Hinsicht sogar bis 1970/71 ansetzen können.

2. Die EWG, ihre Gründung und ihre Krise

Haben die Listschen Erwartungen sich jemals erfüllt? Die Frage ist leicht gestellt – die Antwort ist schwer zu geben. Es dürfte durchaus die Möglichkeit bestehen, die schweizerische Eidgenossenschaft als einen Staat zu interpretieren, der im wesentlichen in der Form entstanden ist, wie List es für die europäische Zukunft erwartet hat. Es ist nach dem Krieg von 1870/71 auch üblich gewesen, die Entstehung des Deutschen Reichs mit gleichen Argumenten zu motivieren und zu erklären. Von heute aus gesehen wird man sagen müssen, daß diese Interpretation zweifellos unrichtig ist und daß gerade die Entstehung des Deutschen Reiches zeigt, wie wenig nationale, wie wenig vor allem wirtschaftliche Interessen ausreichen, um ein größeres Staatsgebilde zusammenzubringen.

Wir kennen heute besser als die Generation vor uns die Mittel, die Bismarck benötigt und angewandt hat, um zum Beispiel den bayerischen König zur Zustimmung zur Reichsgründung zu bestimmen. Aber noch wichtiger ist ja die Tatsache der Kriege von 1864 und 1866; ohne daß auf kriegerischem Weg einige Gebiete der preußischen Vormacht angeschlossen und andere nicht nur von Preußen, sondern von Deutschland abgestoßen wurden, wäre es nicht zu einem Deutschen Reich ohne und fast gegen Österreich-Ungarn gekommen. Der Erste Weltkrieg war, insoweit als sein Ursprung auf deutscher Seite gelegen hat, ganz gewiß nicht ein Krieg im Sinn der Ausdehnung der Nation, sondern ein Krieg im Sinn der Bildung eines Imperiums, wobei ja daran erinnert werden darf, daß List bei entscheidender Gelegenheit in weiser politischer und geschichtlicher Voraussicht eine Zusammenarbeit zwischen dem deutschen Zollverein und der englischen Hegemonialmacht vorgeschlagen hat, um auf diese Weise ein dauerhaftes europäisches Weltimperium zu schaffen. Der Zweite Weltkrieg hat unendlich viele alte Staatsgebilde zerstört, hat vor allem dem englischen *Commonwealth*, das an die Stelle des *British Empire* getreten war, den Todesstoß versetzt; aber am Ende des Zweiten Weltkriegs bestand ein europäisches Gefühl in vielen alten Nationalstaaten, wie es ein Mensch des neunzehnten Jahrhunderts oder ein Teilnehmer des Ersten Weltkriegs niemals erwartet hätte. Im Ersten Weltkrieg gab es noch Legenden vom „Erbfeind". Nach dem Zweiten Weltkrieg waren nicht nur diese Legenden verschwunden, sondern es gab gerade zwischen den zwei Mächten, die durch Jahrhunderte hindurch sich immer wieder bekämpft hatten, zwischen Deutschland und Frankreich, dazu unter Einschluß mehrerer Kleinstaaten, ein europäisches Bewußtsein und einen politischen Willen, aus diesem europäischen Gefühl heraus ein gemeinsames staatliches Gebilde, ein zumindest wirtschaftliches Europa zu schaffen.

Das Verständnis für diese geschichtlich so wichtige und interessante Atmosphäre der Gründung der EWG ist im Augenblick so stark verlorengegangen, daß es Politiker gibt, die überhaupt nur noch von einem ersten Akt sprechen und diesen ersten Akt im Grunde als unpolitisch verwerfen, während sie erst in dem, was nachher geschehen ist, die politischen Möglichkeiten eines Zusammenbaus europäischer Staaten erblicken. Dies tut den Staatsmännern unrecht und tut den Völkern unrecht. Die Adenauer, Schumann, de Gasperi, die den Gedanken einer europäischen Wirtschaftsgemeinschaft sich zu eigen machten, und die Jean Monnet und ihre Mitarbeiter, die vorher schon den Gedanken eines Zusammenschlusses wenigstens der kohlenproduzierenden Unternehmungen in die Tat umgesetzt hatten, sind nicht unpolitische „Idealisten" gewesen – Adenauer war ganz sicher ein Realist *pur sang* –, sondern sie haben ein altes Ideal, das zu Zeiten die katholische Kirche, in anderen Zeiten das deutsch-römische Kaisertum bereits vertreten und verwirklicht hatte, wieder aufgegriffen und haben in den Römer Verträgen und haben in der Gründung der EWG geglaubt, den Weg für eine bessere und friedlichere Zukunft zu schaffen.

Es ist heute leicht, von einer Selbsttäuschung dieser Staatsmänner zu sprechen; ich würde, um nicht nur ein Urteil über andere abzugeben, meinerseits offen gestehen, daß ich selbst an dieses Europa geglaubt habe. Die List Gesellschaft, die wir von Deutschland aus als europäische Gesellschaft gegründet und vertreten haben, war auf diesem Boden errichtet, und ich selbst habe jahrelang die Hoffnung vertreten, daß wir noch den Tag erleben würden, an dem mit einem europäischen Paß zumindest die sechs Staaten der EWG durchreist werden könnten, ohne Visum, ohne Zollkontrollen und dergleichen mehr. Der erste deutsche Bundespräsident, Theodor Heuss, der als gebürtiger Schwabe den Ideen Lists von Geburt aus nahestand, war selbst der Ansicht, daß nun der Augenblick gekommen sei, nicht nur um einen dauernden Frieden zwischen Rest-Deutschland und Frankreich zu begründen, sondern in einem Bund der europäischen Staaten eine Macht zu schaffen, die gegenüber den Supermächten USA und Rußland sich für ein Jahrhundert behaupten könne.

Heuss war der Hoffnung, und ich muß wieder gestehen, daß ich sie durchaus geteilt und vertreten habe, daß „wirtschaftliche Union und politische Union Zwillingsschwestern" sind und daß nach Lists Formulierung, Hoffnung und Politik, die eine nicht bestehen könne, ohne daß die andere aus ihr folge. War dies nur ein Traum, und hat es den einen de Gaulle gebraucht, und hat dieser eine de Gaulle ausgereicht, um diesen Traum zu zerstören?

Es liegt heute so, daß man gerne wieder das Wort und das Faktum der „Realpolitik" aus dem neunzehnten Jahrhundert hervorholt und daß man vergißt, daß es oft die Idealisten gewesen sind, die in langen Kämpfen den Boden geschaffen haben, auf dem dann die „Realpolitik" juristisch das festhalten konnte, was schon längst in den Geistern als Hoffnung bestanden hatte. Ich würde auch heute noch meinen, daß es um die Zukunft, schon um die nächste Zukunft des freien Europas sehr schlecht bestellt wäre, wenn die alte Feindschaft zwischen Deutschland und Frankreich wieder aufleben und wenn nicht der Glaube an eine politische Zusammenarbeit sich durchsetzen sollte. Aber die Tatsache ist die, daß die wirtschaftliche Union nicht die politische zur Folge gehabt hat, sondern daß das Wort General de Gaulles und die erstarkende Kraft von Frankreich es vermocht hat, aus dem einigen Europa der Gründer wieder ein Europa der Vaterländer werden zu lassen. Dies liegt sicher nicht allein an dem Bürokratismus der Brüsseler EWG-Behörden, denen man sehr viel Schuld zu Unrecht zugeschoben hat – es liegt sicher auch nicht allein an den sehr schlagkräftigen Worten von General de Gaulle, obwohl dieser gewiß schlummernde Kräfte, schlummernde Gefühle in den Völkern geweckt und dadurch den Weiterbau des ursprünglichen europäischen Gebildes erschwert oder unmöglich gemacht hat –, sondern es liegt aller Wahrscheinlichkeit nach daran, daß der Listsche Satz nicht richtig ist und daß es in Wirklichkeit in der Geschichte bisher so war und offenbar auch heute noch so ist:

Aus einer wirtschaftlichen Union wird nur dann eine politische Union, wenn durch politische und militärische Kräfte ein Zusammenhalt erzwungen und gesichert wird.

Daran hat es gefehlt. Warum es daran gefehlt hat, dafür einen einzelnen Grund zu nennen, ist unmöglich. Sehr wesentlich ist sicher die Tatsache gewesen, daß von den beiden wichtigsten Mächten der EWG, von Deutschland und Frankreich, keine Kraft ausstrahlte, die einen echten Zusammenschluß hätte erreichen können. Mindestens so bedeutsam war die Tatsache, daß die Staatsmänner beider Staaten sich bewußt sein mußten und bewußt gewesen sind, daß sie auch gemeinsam nicht oder noch nicht in der Lage wären, eine Streitmacht aufzubauen, die stark genug wäre, um den Supermächten entgegentreten zu können. Beide wußten, und darum hatten sie die EWG nötig, beide wußten, daß ihre Existenz von dem Schutz durch die Vereinigten Staaten abhing. Ohne diesen Schutz und ohne die militärische und wirtschaftliche Hilfe der Vereinigten Staaten wäre vermutlich keiner dieser europäischen Staaten und ganz gewiß die EWG schon lange nicht mehr existent. Trotzdem hätten ganz sicher Möglichkeiten bestanden, um auf den verschiedensten Gebieten nicht nur irgendwelche Verbindungen oder sogar Unionen zu schaffen, sondern um eine einheitliche Politik auf dem Verkehrsgebiet, auf dem Währungsgebiet, sogar auf dem Gebiet der allgemeinen Wirtschaftspolitik zu erreichen. Aber was hätte dies vorausgesetzt, und was hätte dies bedeutet? In jedem einzelnen Gebiet wäre damit der Verzicht auf einen Teil der Souveränität verbunden gewesen, – aber die ganze Geschichte der Welt, die wir überblicken, ist verbunden mit Konflikten, die dadurch entstanden sind, daß kleine Bezirke oder große Staaten, die schon längst nicht mehr ihre Souveränität aus eigener Machtbefugnis behaupten konnten, in dem gleichen Augenblick leidenschaftlich für kleine und kleinste Souveränitätsrechte eintraten, wo sie das Gefühl hatten, vielleicht etwas längst Verlorenes jetzt endgültig aufgeben zu müssen. Wenn man das Glück oder das Pech hatte, an der einen oder anderen intereuropäischen Ministerversammlung teilnehmen zu dürfen, so hat man mit Schrecken feststellen müssen, daß dieser Kampf um kleine Souveränitätsrechte durch Jahrzehnte selbst technische Fortschritte verhindert hat, von wirtschaftspolitischen Fortschritten ganz zu schweigen. Man hat immer wieder kleine Fortschritte als großen Triumph gepriesen – aber meistens ist es nicht mehr gewesen als eine Anpassung an einen „Fortschritt" der Technik bei möglichster Festhaltung aller alten Verkehrswege und Verkehrsrechte. Selbst auf dem vergleichsweise neuen Gebiet der Luftfahrt ist es überall zur Ausbildung von nationalen Fluggesellschaften gekommen, die höchstwahrscheinlich in gar nicht zu ferner Zeit vielleicht ihre politische, aber sicher nicht ihre finanzielle Unabhängigkeit behaupten können.

Es ließe sich eine lange Liste aufstellen, dessen, was gebaut, und dessen, was zerstört, dessen, was erreicht, und dessen, was für jetzt oder für immer verbaut worden ist. Wir wollen uns hier auf ein einziges Gebiet beschränken, nicht nur darum, weil es im Augenblick besonders akut ist, sondern weil von einer Lösung, seiner richtigen Lösung, und zwar seiner richtigen, sowohl theoretischen wie praktischen, vor allem aber politischen Lösung die Zukunft der europäischen und die Zukunft der Weltwirtschaft abhängen dürfte. Ich meine das Gebiet der Währung.

Es gibt leider weder in der EWG noch in den Vereinigten Staaten noch in der EFTA viele Menschen, die in verantwortlicher Stellung, leitend oder ratgebend, schon die Krise der beginnenden dreißiger Jahre dieses Jahrhunderts miterlebt haben. Ich weiß von ihnen allen, von dem verstorbenen Blessing wie von dem lebenden Vocke und von Rueff, dem lebenden Vertreter der französischen Währungstheorie und Währungspolitik, mit welchen Sorgen, ja mit welchem Schrecken sie in den letzten Jahren den Weg verfolgt haben, den die europäischen Währungen und den die Weltwährung genommen hat. Ich habe selbst vergeblich an den verschiedensten Stellen immer wieder gewarnt, und wir haben oft genug in Gesprächen in kleinem Kreis festgestellt, wie groß die Gefahren sind und wie schlimm es heute – schlimmer noch als in den dreißiger Jahren – bestellt ist, weil an so vielen Stellen die Ansicht besteht: man müsse nur eine richtige Währungstheorie haben und dieser Theorie folgen – dann ergäbe sich auch schon eine richtige Währungspolitik.

Das Gegenteil ist der Fall, und es ist darum vielleicht doch nötig, nochmals einen Blick nach rückwärts zu werfen. Für die heute lebende Generation dürfte die „Goldwährung" ein schönes Märchen sein und die Zeit der Goldwährung nur noch aus Lehrbüchern in Erinnerung gerufen werden. Aber die Goldwährung ist eine lange Tatsache gewesen, und die Goldwährung hat sich mindestens von 1870 bis 1914, aber auch, wenn man den Bogen weiter spannen will, von 1815 bis 1945 ein sehr breites Anwendungsgebiet geschaffen und eine sehr hohe Achtung in aller Welt genossen. Warum? Die Antwort hat jahrzehntelang gelautet: durch den Glauben an den Substanzwert des Goldes und durch die Tatsache, daß für die sich ausdehnende Weltwirtschaft immer neue Goldadern und Goldhorte gefunden und dadurch die Chancen der Schaffung großer Goldreserven in allen alten und neuen Währungsbanken erleichtert wurden. Selbstverständlich ist diese Argumentation nie ganz falsch gewesen. Ohne die großen Funde in der Mitte des neunzehnten Jahrhunderts, ohne Kalifornien, ohne Südafrika, ohne Alaska wäre die weltweite Ausbreitung der Goldwährung nicht zustande gekommen.

Aber keine Goldwährung hat nur darum bestanden, weil in der Zentralbank ein bestimmter Prozentsatz an Gold als Deckung für die Noten hinterlegt war. Gewiß waren die 33¹/₃ oder 40 Prozent oder eine noch höhere Prozentzahl von Wichtigkeit, und gewiß haben sie den Leitern der Notenbanken eine Macht gegeben gegenüber den Politikern, um vor politischen Maßnahmen zu warnen, die den Goldschatz bedroht hätten. Aber es soll doch niemand glauben, daß in Wirklichkeit diese Goldreserve die wirkliche Sicherung des Geldwerts und der Währungspolitik gebildet hätte. Wäre das Gegenteil zu beweisen gewesen, so hätte die Geldpolitik der Deutschen Reichsbank während des Ersten Weltkriegs und in den darauf folgenden Jahren den ausreichenden Beweis geboten. Man lese nur nach, was John Maynard Keynes in seinem „Traktat" über den damaligen deutschen Reichsbankpräsidenten geschrieben hat; kein Wort von Keynes ist zu scharf über diese Politik, die zwar rechtlich allen gesetzlichen Anforderungen entsprochen hat, die aber völlig ohne Verständnis für die wirtschaftlichen, für die gesellschaftlichen und für die sozialen Voraussetzungen und Folgen gewesen ist. Ich nehme die wichtigste, unausgesprochene und heute kaum mehr begreifliche gesellschaftliche Voraussetzung voraus: Es wäre damals keinem Präsidenten einer europäischen Notenbank in den Sinn gekommen, die Goldparität nicht als oberstes Ziel zu betrachten, das heißt die Parität zum Pfund nicht aufrechtzuerhalten; denn jeder Notenbank- und jeder Bankpräsident und jeder hohe Beamte, zumal in der Diplomatie, kannte kein höheres Ziel, als am englischen Hof empfangen zu werden und für den englischen Hof gesellschaftsfähig zu bleiben. Aber im Frack oder Smoking konnte niemand erscheinen, hätte niemand erscheinen können, der seine Währung nicht mehr an das Gold und das heißt nicht mehr an das Pfund gebunden hätte.

Wirtschaftlich war, zumindest in Deutschland, trotz des großartigen Werks von Juglar *„Des Crises Commerciales"* die Krise stets als eine Erfindung der Sozialisten verdächtig. Ich entsinne mich sehr genau, wie die Ankündigung von Emil Lederer vor dem Ersten Weltkrieg, daß er ein Kolleg über „Konjunktur und Krisen" halten werde, sofort als Bestätigung seines vermuteten Sozialismus aufgefaßt wurde, und die Tatsache, daß Arthur Spiethoff sich sein Leben lang mit dem Problem der Konjunktur beschäftigte, hat in Bonn dazu geführt, daß die Studenten von ihm stets nur als von der „Krisentante" gesprochen haben. Ich habe auch in der englischen Literatur den Eindruck, daß erst in den zwanziger Jahren ein Wandel eingesetzt hat, nicht nur Keynes, sondern vor allem auch Robinson sind Zeichen neuer Einsichten. Aber vor allem lag es so, daß das soziale Gewissen nicht geschärft genug war, um die sozialen Gefahren zu erkennen, die jede Krise mit sich brachte. Ganz im Gegenteil.

Auch wenn man wußte, daß jede ernsthafte Krise mit steigender Arbeitslosigkeit verbunden war, so sah man in dieser Arbeitslosigkeit nicht eine Gefahr für den Staat, sondern ein Mittel der Selbstheilung der Krise. Der Begriff der Inflation war bis etwa 1920 so wenig verbreitet wie der Begriff der Deflation, und hätte sich nicht aus der ungeheuerlichen Arbeitslosigkeit in Deutschland in den zwanziger und dreißiger Jahren das Verbrechertum des Nationalsozialismus in die Höhe geschwungen, so wäre wahrscheinlich noch heute die Einsicht in die Gefahr großer Arbeitslosigkeit sehr gering und würde diese Folge einer deflationistischen Politik in Europa wie in den Vereinigten Staaten nicht sehr wichtig genommen. Nur aus dieser dreifach mangelnden Einsicht ist wohl die Weltwirtschaftskrise der dreißiger Jahre ganz zu verstehen, und nur aus den Resten dieses Mangels ist wohl auch zu verstehen, daß in Bretton Woods zwar die Rolle des Goldes eingeschränkt wurde, aber an den Souveränitätsrechten der Notenbanken und erst recht der Staaten kaum gerührt wurde. Es ist erstaunlich genug, daß die Vereinbarung von Bretton Woods ein Vierteljahrhundert halten konnte, obwohl die Voraussetzungen der alten Goldwährung nicht mehr existierten und obwohl keine Strafbestimmungen und keine Ordnungsmächte ein Abweichen von der gesetzten und vertraglich unterschriebenen Ordnung verboten.

Freilich datiert der Zerfall von Bretton Woods nicht erst von heute, sondern er war lange vorauszusehen und ist durch die allerverschiedensten Maßnahmen schon lange im Gang gewesen. Er war vorauszusehen, weil alle drei Stützen der Reihe nach schwach geworden sind, zuerst das Pfund Sterling, sodann der Glauben an das Gold und schließlich die Kraft des amerikanischen Dollars

Es ist erstaunlich genug, daß die Weltstellung des englischen Pfundes den Zusammenbruch des *British Commonwealth* sehr lange überdauert hat – in der Antike sind ähnliche Fristen sehr viel kürzer gewesen, obwohl gelegentlich in den Provinzen die Münzen noch vollwertig geprägt wurden, wenn im Rom der Kaiserzeit bereits eine Art von Falschmünzerei im Gang war. Aber auf die Dauer hat die alte Glorie des Pfundes doch nicht die innere Schwäche ausgleichen können. Das Gold hat gewiß einen Wert wie immer – aber welchen Wert? Je mehr in allen Staaten papierenes Geld und Kredite neben das Münzgeld getreten sind, um so mehr verlor der Mythos des Goldes an Kraft – dies vor allem auch darum, weil der Preis des Goldes von den Amerikanern im Jahre 1934, also in einem längst vergangenen Zeitpunkt, festgesetzt und von da an bis heute festgehalten war.

Das hatte die unweigerliche Folge, daß der Preis des Goldes dirigistisch der gleiche blieb in einer Weltwirtschaft, die sich sonst auf ihre soziale, marktwirtschaftliche Preisbildung so viel zugute tat; es wird sich in wenigen Jahren zeigen, ob dieser Gegensatz der Prinzipien überhaupt auf die Dauer haltbar ist, jedenfalls aber hat er zu Diskrepanzen führen müssen, wenn die Mehrzahl der Waren ihre Preise auf das Doppelte und Dreifache steigerte und das Gold allein auf dem alten Satz festgehalten wurde. Es ist nur allzu begreiflich, daß hierdurch die Zahl der Skeptiker wuchs, welche die Rolle des Goldes überhaupt bestritten und welche auf seine Demonetisierung hindrängten. Und wenn schon die Demonetisierung des Silbers gelungen war, das noch bis um die Jahrhundertwende seine große Bedeutung neben dem Gold besessen hatte – warum sollte es dann nicht möglich sein, auch das Gold völlig aus den Währungen und Währungssicherungen herauszunehmen?

In den Vereinigten Staaten ist der Goldbesitz verboten – in den meisten Ländern ist kein Gold in Umlauf, sondern ist das Gold höchstens in den Horten der Notenbanken und in privaten Horten zu finden; wozu also dann noch Gold als Währungssicherung? Aber nicht nur das Pfund, sondern auch die andere, die erste Reservewährung, der Dollar, wies dauernd größere Zeichen der Schwäche auf – Zeichen der Schwäche, die vor allem in einem dauernd wachsenden Zahlungsbilanzdefizit sichtbar wurden und die von Land zu Land infolgedessen verschiedene Wirkung zu verschiedener Zeit ausübten. Man kann darüber streiten, wie man das Ergebnis bezeichnen soll. Aber eine Tatsache sollte kein Theoretiker und sollte kein Praktiker bestreiten: Das Ergebnis ist gewesen, daß die Paritäten, die in Bretton Woods einmal festgesetzt wurden, und auch die Paritäten, die sich nach gesonderten Auf- und Abwertungen einzelner Länder ergeben hatten, in gar keiner Weise mehr den marktwirtschaftlichen Gegebenheiten entsprachen und daß die Notwendigkeit bestand und besteht, die Paritäten der wirklichen Wirtschaftssituation anzupassen. Das habe ich als *Re-Alignment*[3] bezeichnet, als Veränderung der Paritäten, wobei

---

[3] Vgl. Kyklos, vol. XIII (1960!), S. 437 ff.

ich annahm, daß diese Veränderung rechtzeitig und auf dem Verhandlungs-
weg geschehen könne. Aber die Verhandlungen haben jahrelang nicht statt-
gefunden, nicht nur wegen der Unwilligkeit einiger europäischer Zentralbanken, sondern vor allem, weil die Vereinigten Staaten in gar keiner Weise
bereit waren, auch nur auf Diskussionen einzutreten, die in ihren Voraussetzungen oder in ihren Folgen eine Veränderung des Goldpreises und somit eine
Art Abwertung des Dollars als Voraussetzung oder im Gefolge gehabt hätten.
In dieser Lage war begreiflicherweise in den Ländern der EWG eine Überlegung geboten, ob man nicht etwa durch eine gemeinsame Währungspolitik
der EWG eine so starke Stellung gegenüber den Vereinigten Staaten erreichen
könne, um Verhandlungen zu erzwingen oder um wenigstens den Boden für
spätere Verhandlungen zu schaffen und um dadurch ganz friedlich auch neue
Paritäten auszuhandeln.

3. Währungsunion der EWG in einer Weltwährung?

Den nachfolgenden Überlegungen liegt die Voraussetzung zugrunde, daß an
eine wirkliche Entwicklung und auch nur an ein Weiterbestehen der Weltwirtschaft in heutigem Umfang und heutigem Stil nur zu denken ist, wenn
eine Weltwährungsordnung geschaffen wird, die mindestens so gut wie Bretton
Woods arbeitet, die aber nach Möglichkeit so offen gestaltet wird, daß die
heute gefährdete Entwicklungshilfe hierdurch eine Förderung erfährt[4]. Angesichts dessen, was in den letzten drei oder vier Jahren geschehen oder nicht
geschehen ist, ist es freilich sehr bedenklich, wenn man eine Voraussetzung
hinsetzt, deren Verwirklichung kaum mehr möglich ist. Aber es ist doch nötig,
wenigstens klarzulegen, woran bisher alle Versuche gescheitert sind und ob
überhaupt noch neue Möglichkeiten bestehen. Einige Punkte seien zusammengefaßt in knappen Überschriften, da eine ausführliche Darlegung sich in diesem programmatischen Aufsatz verbietet.

Notwendig für eine Währungsunion, die Bestand haben soll, ist nicht nur
die Einigung über die Währungspolitik, sondern ist:

1. eine gemeinsame Wirtschaftspolitik;
2. eine gemeinsame Verkehrspolitik;
3. eine gemeinsame Sozialpolitik;
4. eine gemeinsame Bildungspolitik;
5. eine eidliche Erklärung, daß von allem selbständigen Vorgehen eines
   beteiligten Staates Abstand genommen wird, solange nicht die Möglichkeiten der Gemeinsamkeit bis zum Rest ausgeschöpft sind.

---

[4] Dieser Satz ist wie der ganze Artikel schon vor Monaten geschrieben. Ich sehe
keinen Grund, auch nur ein Wort zu ändern, da nach der Zuspitzung der ganzen
Weltkrise das Re-Alignment des Dezember 1971, auch wenn es wirklich durchgeführt
wird, nicht mehr als einen ersten Baustein einer neuen Ordnung darstellt.

Ich spreche absichtlich von gemeinsamer Politik, ohne damit sagen zu wollen, daß bereits am Anfang eine Gemeinsamkeit durch Aufgabe aller partikularen Souveränitätsrechte geschaffen werden muß. Es hat im Deutschen Reich, im Bismarck-Reich, auch nach der Gründung der Reichsbank, noch in Baden bis in die dreißiger Jahre dieses Jahrhunderts die alte Nationalbank gegeben. Also Länderbanken können durchaus weiterbestehen, müssen vielleicht sogar weiterbestehen; aber es wird unter allen Umständen nötig sein, ein Zentralinstitut über den nationalen Instituten zu schaffen und diesem Zentralinstitut Entscheidungsbefugnisse zu geben, auch für den Fall, daß keine Einstimmigkeit unter den Beteiligten erreicht werden kann.

Diese Voraussetzung ist wichtig, auch wenn man sich darüber klar sein muß, daß Majoritätsbeschlüsse gerade nach dem etwaigen Beitritt Englands und nordischer Staaten sehr erheblich einschneidende Wirkung haben können; denn es wird sich sowohl die Möglichkeit ergeben, daß England mit Frankreich gegen Deutschland wie daß England mit Deutschland gegen Frankreich, ohne jedes Verständnis für die Wirtschaft der kleineren Staaten, einen Mehrheitsbeschluß zustande bringt. Jede gemeinsame Währungspolitik setzt voraus, daß vorher eine gemeinsame Wirtschaftspolitik in den Grundlinien geschaffen ist. Geschieht dies nicht, so besteht die Gefahr, daß im einen Land eine Arbeitslosigkeit entsteht, zu deren Bekämpfung inflationäre Maßnahmen ergriffen werden, die auf die Dauer selbst innerhalb der Union die vorherige Parität als nicht mehr haltbar erscheinen lassen; wird aber innerhalb der Union die Parität aufgegeben, so ist sie auch nach außen nicht mehr zu halten.

Wirtschaftspolitik besagt nicht, daß all die Maßnahmen, die man im vergangenen Jahrhundert unter Wirtschaftspolitik zusammengefaßt hat, heute genügen. Die Verkehrspolitik zum Beispiel hat ganz anderes Gewicht erlangt, und sie wird in der Zukunft bei den bevorstehenden, unvermeidlichen Änderungen noch sehr viel größeres Gewicht bekommen. Es darf zum Beispiel dann nicht mehr geschehen, daß ein einzelnes Land Vorteile gegen außen gibt, die nicht von allen Ländern der Gemeinschaft geboten werden. Es darf nicht vorkommen, daß durch die Gestaltung der Gebühren, sei es in den Häfen, sei es in den Flugzeugen, eine Konkurrenz innerhalb der EWG geschaffen wird, während die Konkurrenz auf dem Weltmarkt hierdurch Schaden erleidet. Es muß andererseits geklärt werden, daß die einheitliche Wirtschaftspolitik und ihre Voraussetzung, das einheitliche Wirtschaftsgebiet, überhaupt nur Sinn haben, wenn innerhalb dieses einheitlichen Gebietes zum Beispiel die gleiche Kartellpolitik und die gleiche Agrarpolitik betrieben werden. Nach außen und nach innen ist eine Agrarpolitik, wie sie jetzt innerhalb und außerhalb der EWG stattfindet, auf die Dauer nicht haltbar. Nach außen und nach innen ist es ein Unfug, wenn in den einzelnen Ländern verschiedene Maßnahmen für oder gegen die Konzentration ergriffen werden. Das große Wirtschaftsgebiet hat nur dann Sinn, wenn wirklich alle Möglichkeiten des Gebietes genutzt werden, und dazu ist dann nötig, daß die Produkte, vor allem die neuen Produkte, so billig, als dies der Regel nach nur bei Großproduktion möglich ist, in den sämtlichen beteiligten Ländern zur Verfügung stehen. Es darf auch nicht durch Verwaltungsmaßnahmen der freie Handel innerhalb des großen Wirtschaftsgebietes um seine Möglichkeit und seinen Sinn gebracht werden.

Dies sind nur einige der wichtigsten Voraussetzungen – für alle ließen sich Beispiele aus dem neunzehnten Jahrhundert in großer Zahl finden –, und für alle ließe sich aus der kurzen Lebenszeit der EWG am mehrfachen Beispiel zeigen, wie gegen den Geist und sogar gegen die Ordnungen der Gemeinschaft verstoßen worden ist. Weitaus am bedenklichsten sind hierbei die Verstöße, die von Westdeutschland her zu verzeichnen sind. Auch andere Länder haben sich nicht immer an das Abkommen von Bretton Woods gehalten – es sind Auf- und Abwertungen vorgenommen worden, ohne vorherige Zustimmung der beteiligten Behörden. Aber die formelle Freigabe der Wechselkurse durch die Bundesrepublik war die erste schwere Verletzung, welche im Grunde das normale Funktionieren der Währungen unmöglich gemacht hat, und welche, wenn sie als Form der Politik sowohl vom Ministerium wie von einer Vielzahl von Theoretikern gefordert wird, innerhalb ganz kurzer Zeit nicht nur die Währungsunion, sondern die EWG als solche zerstören muß. Man sollte einmal einen Doktoranden mit der Aufgabe betrauen, alle Äußerungen zusammenzustellen, die der deutsche Wirtschafts- und Finanzminister in den letzten fünf Jahren in wichtigen Reden getan hat, und ebenso die entsprechenden Äußerungen, die von den „Sachverständigen", die man in der Bundesrepublik sogar die „Weisen" nennt, getan worden sind. Ich zweifle, ob sich in der ganzen Welt etwas Ähnliches finden ließe, und ich würde meinen, es läge im Interesse aller Beteiligten, wenn in Zukunft etwas mehr Schweigen gewahrt würde.

Mehr Schweigen wäre auch darum unerläßlich, weil die größte Krankheit, welche von Westdeutschland aus über die Welt verbreitet worden ist, nur mit sehr schwierigen Anti-Bazillus-Mitteln auszutreiben sein wird: der Irrsinn, der den Bürgern der westlichen Welt, mit Ausnahme der Vereinigten Staaten, beigebracht worden ist, daß *sie* über die richtige Währungspolitik entscheiden könnten. Aber es ist nicht die einzige Hysterie, die durch deutsche Wahlen, Wahlpropaganda, Wahlschlager usw. verbreitet worden ist. Ebenso schlimm ist die Wachstumshysterie, die in allen Ländern ihre Vertreter und ihre Verbreiter gefunden hat; sie ist von Grund auf neu zu durchdenken, und ich möchte zweifeln, ob das Ergebnis so sein wird, wie es sich ihre Verfechter dank ihrer mathematischen Modelle und in Unkenntnis der realen Weltwirtschaft vorgestellt haben. Am schwierigsten dürfte die dritte Hysterie zu bekämpfen sein, die Hysterie des Anti-Amerikanismus. Es ist zu begreifen, daß sich in Europa antiamerikanische Strömungen breitgemacht haben: noch immer haben in der Geschichte Staaten ihre Dankbarkeit dadurch am besten zum Ausdruck gebracht, daß sie sich als möglichst undankbar erwiesen haben. Dies gilt wieder insbesondere von der Bundesrepublik, deren ganze Existenz und deren riesiges Wachstum den Vereinigten Staaten und der Marshall-Hilfe zu danken ist, dank deren der Arbeitswille des Volkes und der Wagemut der Unternehmer zu einem in der Welt bisher nie gekannten Aufschwung in kürzester Zeit geführt hat. Aber antiamerikanisch ist eine Weltwährungsordnung überhaupt nicht zu schaffen, sondern es wird sich jetzt darum handeln, nachdem durch das Floating und durch das Auftreten von Ministern, die sich als Heilsbringer gebärdeten, die Stimmung in den Vereinigten Staaten zur Gefahr für den Weltbestand geworden ist – es wird sich jetzt darum handeln, überhaupt wieder eine Atmosphäre zu schaffen, in der eine Verhandlung zwischen normalen Menschen und mit normalen Zielen möglich ist. Wenn schon von Hysterien gesprochen wird, die ausgetrieben werden müssen, so ist noch vor allem zu nennen die Hysterie, die meint, daß man neue Kreditmöglichkeiten schaffen müsse – dies in einem Augenblick, wo die Tatsache der überschüssigen Kreditmöglichkeiten die ganze Unruhe der Devisenmärkte in ihre gefährliche Größe steigert.

Das Fazit dieser Überlegungen ist bedenklich, das weiß niemand besser als der Verfasser, der seit Jahr und Tag mit größter Besorgnis die Entwicklung auf dem Währungsgebiet und die Entwicklung auf dem politischen Gebiet verfolgt. Wenn der Satz von List, daß wirtschaftliche und politische Union Zwillingsschwestern sind, nicht mehr gilt, sondern wenn es nötig ist, die zweite Schwester der ersten anzugleichen oder vielleicht sogar die erste zunächst einmal so zu gestalten, daß überhaupt eine Angleichung möglich ist, dann dürfte in der gegenwärtigen Weltlage sowohl der EWG wie der Weltwährung eine sehr ungünstige Prognose zu stellen sein. Vor allem aber dürfte dann die Gewißheit bestehen, daß alle die, die in den letzten Jahren sich mit Fiktionen zufriedengegeben haben, zurücktreten müßten hinter den wenigen Menschen, die in Frankreich wie in England noch zu harten Maßnahmen und zu klaren Maximen hingedrängt haben und weiter hinwirken.

Ist daraus die Folgerung zu ziehen, daß überhaupt Handeln zwecklos ist und daß man die Hände in den Schoß legen soll? Mitnichten. Genau das Gegenteil ist nötig. Es ist notwendig, auf der einen Seite alles Gerede über *„Floating"*, über „Kreditfacilitäten" und all die Methoden, die in den letzten Monaten und Jahren nutzlos hochgespielt worden sind – all dies Gerede wegzulassen und sich klar darüber zu werden, daß man zur Rettung der Weltwirtschaft unter allen Umständen dafür sorgen muß, daß jenseits aller Krisengefahr ein fester Punkt besteht, durch den überhaupt der weltwirtschaftliche Austausch in Gang gehalten werden kann.

Daß das möglich ist, hat sich im Lauf der Geschichte oft genug gezeigt. Es wäre niemals zu dem Aufschwung der europäischen Wirtschaft gekommen, hätte nicht, als das Gold mit den Kreuzfahrern nach Europa hereinströmte, zuerst Venedig, dann Florenz eine gesunde Währung aufgebaut und hätten nicht in Deutschland die vernünftigen Kaufleute der Hansestädte gesehen, daß nichts so wichtig ist wie eine feste *Rechen*einheit. Genau das gleiche gilt heute. Wenn es überhaupt zu einer neuen Ordnung der Weltwährung kommen sollte, so werden darüber Jahre vergehen. Wenn es zu einer Ordnung einer europäischen Währungsunion kommen sollte, so wird diese nach einigen Monaten zerbrechen. Aber was möglich ist und was nötig ist, ist die Schaffung einer *festen Recheneinheit*, einer Recheneinheit, in der nicht nur Rechnungen ausgestellt, sondern auch Zahlungen geleistet werden. Ich sehe gar keine andere Möglichkeit dafür als die Schaffung einer europäischen Zentralbank mit Goldbasis und mit Gold als Recheneinheit. Ob man diese Basis nach Brüssel legen soll, das ist eine Nebenfrage, obwohl Brüssel an Ansehen so stark verloren hat, daß man vielleicht besser auf irgendeine kleine Insel zwischen dem Kontinent und England zieht. Aber das ist gleichgültig. Wichtig ist nur: Recheneinheit. Und wichtig hierfür ist: Gold. Ich halte für sehr denkbar, daß der Goldschatz einer solchen Bank, die Reserve, die sie haben muß, zunächst einmal zum bisherigen Goldkurs angekauft wird und dort liegenbleibt. Aber nachher wird dann für die Begleichung von Rechnungen über einen bestimmten Betrag hinaus und für die Begleichung vor allem von Rechnungen über einen längeren Zeitraum mit dieser Einheit, deren Parität von Tag zu Tag wechseln und der monetären Lage des einzelnen Landes angepaßt werden kann, dem einzelnen die Möglichkeit gegeben, seine Rechnung sofort oder sogar voraus zu bezahlen. Das wird eine Stütze nicht nur der einzelnen Währung, nicht nur der Weltwirtschaft, sondern indirekt auch eine Stütze des Goldpreises sein und wird wahrscheinlich auf dieser Basis die Errichtung eines neuen Weltwährungs-Turms ermöglichen.

4. Zum Abschluß

Wenn wir von List ausgegangen sind, wie jede politische Ökonomie es sachlich und in Anerkennung der Größe, der selbständigen Größe von Lists Werk tun sollte, und wenn wir feststellen mußten, daß einer seiner grundlegenden Sätze, der auch von uns lange Jahre hindurch akzeptiert worden ist, diesmal entweder aus singulären oder aus generellen Gründen nicht mehr Gültigkeit besitzt, so muß die Frage abschließend gestellt werden: ist damit Lists *„Nationales System"* politisch erledigt?

Eine eindeutige Antwort ist nicht zu geben. Ich finde es recht bezeichnend, daß noch immer Übersetzungen des „Nationalen Systems" erscheinen – soweit ich sehen kann, ausschließlich in Entwicklungsländern [5]. Daraus dürfte der

---

[5] Interessanterweise ist in Rumänien eine neue Übertragung des *Nationalen Systems* im Erscheinen – eindeutiges Zeichen einer *zweiten* Periode der Industrialisierung. Professor Raducanu, Bukarest, hat mich auf diese interessante Tatsache aufmerksam gemacht.

Zusatz (1972): Über das Stadium des Entwicklungslandes hinaus ist Japan; aber auch in diesem mächtigen Industriestaat blüht die List-Forschung: am 1. Juni 1972 erhielt in Gegenwart von Kaiser Hirohito ihr anerkannter Führer, der Übersetzer

Schluß zu ziehen sein, daß Entwicklungsländer – nicht etwa darum, weil sie unterentwickelt, sondern darum, weil sie nun auch politisch selbständig sind –, ein Interesse daran haben, die Listschen Grundsätze zur Erlangung einer wirtschaftlichen Selbständigkeit anzuwenden. Vermutlich wird der Wille, nach Listschen Grundsätzen und Zielen zu handeln, um so stärker sein, je mehr die Entwicklungshilfe in einer karitativen Art gegeben wird, die freilich für den Empfänger einen entwürdigenden Bestandteil besitzt. Dagegen dürfte in den Ländern, in denen das „*Nationale System*" bereits zur nationalen Verwirklichung der Nation geholfen hat und in denen es in der Zeit des Imperialismus gebraucht und mißbraucht wurde, in der nachimperialistischen Zeit also, schwierig sein, noch Ziele aufzustellen und mit Listschen Argumenten zu verfechten, die übernational und die überimperialistisch sind. Wenn wir nicht in einer Welt von Groß- und Supermächten lebten, dann hätte unter Umständen General de Gaulle mit seinen Vorstellungen des achtzehnten Jahrhunderts der letzte große Listianer im zwanzigsten Jahrhundert sein können. Aber dann hätte er wissen müssen, daß gerade für ein übernationales System der politischen Ökonomie die Elemente der nationalistischen Zeit nicht mehr ausreichen und nicht mehr anwendbar sind.

Wenn man die Wirtschaftspolitik vereinfachend mit den heute beliebten Schlagworten entweder als liberal oder als dirigistisch bezeichnen will, dann wäre die Listsche These „Über Erziehungszoll zum Freihandel" so zu bezeichnen, daß List glaubte, mit dirigistischen Mitteln zu einer liberalen Ordnung der Weltwirtschaft gelangen zu können. Jetzt ist die Situation völlig umgekehrt: auch dort, wo man glaubt, eine soziale Marktwirtschaft zu verwirklichen, kann man es nur mit dirigistischen Mitteln tun, und das System, das heute die Welt regiert, ist nicht mehr das liberale mit dirigistischen, sondern das dirigistische mit liberalen und vor allem mit sozialen Elementen. Wenn aber der Dirigismus oder auch nur der Bürokratismus eine solche Macht wie heute erlangt hat, dann ist das Gebiet, auf dem mit Mitteln der liberalen Theorie gearbeitet werden kann, sehr klein geworden. In Amerika ist die richtige Bezeichnung für diejenigen Ökonomen, welche einen Einfluß auf die Politik der Zentrale haben, infolgedessen sehr richtig „*Economic Adviser*". In Deutschland hat man aus dem Sachverständigenrat, wie er gesetztlich genannt war, einen „Rat der Weisen" gemacht, wodurch der Eindruck erweckt wird – vielleicht bewußt für das Volk erweckt werden soll –, daß hier „Weise" am Werk sind, welche der Politik die Weisungen richtigen Handelns geben. Das Gegenteil ist richtig. Weise ist im Rahmen der Ökonomie nur, wer die Grenzen der Theorie kennt und wer sich bewußt ist, daß die Theorie nur einen ganz kleinen Teil zur Politik beitragen kann; denn die Theorie kann ihrer Natur nach – und schon gar in einem Massenzeitalter und schon gar in einer

---

des *Nationalen Systems* ins Japanische, Prof. Dr. Nobom Kabayashi, den Ehrenpreis der japanischen Akademie.

Zeit der riesigen wirtschaftlichen Konzentrationen – bestenfalls mit ihren Modellen sagen, wie die Politik hätte beschaffen sein können, wenn es alle diese modernen Großgebilde nicht gäbe. Grundsätzliche Bescheidung der Theorie ist daher eine der wesentlichen Voraussetzungen für das Weiterbestehen irgendeiner Art von politischer Ökonomie und für wissenschaftliche Hilfe zu gesunder Währungs- und Wirtschaftspolitik.

(Dezember 1971)

GIOVANNI MAGNIFICO

THE THEORY OF OPTIMUM CURRENCY AREAS AND EUROPEAN MONETARY UNIFICATION *

In an article published about ten years ago Prof. R. Mundell introduced the optimum currency area theory. [26] ** In his formulation, everything hinges upon factor mobility. In defining the optimum domain of a monetary union, one should see whether there is full mobility of factors of production between the regions which it would comprise: Interregional factor movements can substitute changes in regional exchange rates. If between A and B, assumed to be regions of the same monetary area, mobility is low, a shift of demand from the products of B to those of A will cause unemployment in B and inflation in A. Unemployment in B could be prevented by expanding money supply, but by the same token inflation would be fed in A. Conversely, inflation could be checked in A at the expense of employment in B; or, finally, both A and B could contribute to the adjustment process, the former by allowing some inflation, the latter by tolerating some unemployment. But both inflation and unemployment could not be avoided.

The adoption of a flexible exchange rate for the currency common to A and B (or resort to external flexibility in the case of A and B having each its own currency, but being linked through a fixed rate of exchange), while it would work in favour of payments equilibrium with the rest of the world, would not help to correct the imbalance between A and B. Internal flexibility would be of no avail for the purposes of domestic stabilisation policy. While, on this basis, the world is not an optimum currency area, if it could "be divided into regions within each of which there is factor mobility and between which there is factor immobility, then each of these regions should have a separate currency which fluctuates relative to all other currencies". [26, p. 663]

---

* The reflections presented in this paper on the optimum currency area theory were prompted by my study of the problem of European monetary unification, and the proposals I have made concerning it. These were published by Princeton University last August, as *Essay in International Finance no. 88*. In the May 1972 issue of the Bulletin of the Banque Nationale de Belgique, the theoretical parts of this paper were published.

** Numbers in square brackets [ ] refer to my bibliography, pp. 190–1.

Thus what Mundell in fact does is to relax for monetary theory the assumption on which Ricardo built the theory of international trade as a body distinct from the general theory of exchange; namely, that productive factors are mobile internally but immobile internationally. Ricardo argued that „the difference ... between a single country and many is easily accounted for by considering the difficulty with which capital moves from one country to another, to seek a more profitable employment, and the activity with which it invariably passes from one province to another in the same country". [30, p. 83]

The Ricardian assumption was exploded – as Mundell himself points out – by international trade theorists, writing in the first decades of this century. J. Williams, among others, argued that "the question whether we have, have ever had, or are ever likely to have the same mobility of factors between as within trading countries ceases to be *the* question on which the entire analysis must turn and takes its proper place as one, only, among a number ... It is not Ricardo's *immobility* premise that stands most in need of defence, but rather his *mobility* premise, the assumed free movement of factors *within* countries ... For us, the theoretical question raised is as to the adequacy of a method of analysis which, taking a cross-section view in that moment of time, to fit those conditions so created assumes as a first fact national entities economically organised internally mobile and coherent, and then attempts to study contacts between them on the assumption that international mobility of factors is so imperfect that for value purposes it may be ignored". [35, pp. 197 and 209]

The decisive step forward was taken when the emphasis was shifted from the law of comparative costs to a factor proportion theory. G. Del Vecchio [5] argued that international competition tends to promote the export of goods produced with the factors which are cheaper in the exporting country; Heckscher and Ohlin formalised the argument that a country's comparative advantage lies with those products which use more intensively the country's more abundant factor. [12 and 29] They pointed to the link between a country's foreign trade and its factor endowment – or economic structure – and surmised that even in the total absence of international movements of productive factors, factor prices would *tend* towards equalisation as a result of free international trade in goods.

There are *two* basic points in the new approach, which are relevant to the paper's argument. *One* is the relaxation of Ricardo's assumption about internal mobility and external immobility. "Factors command varying prices in different parts of the same country, and these differences in local factor cost and supply affect the location of production and interregional trade within countries in the same way as international differences affect foreign trade." [29, p. 159] The *second* point is that mobility was discarded as the cornerstone in the equilibrating process.

If internally, instead of the hypothesized one-market factor mobility, there are the immobilities of a multiple market system, in which factors are confined to certain locations, and hence the latter are quasi-given, there may simply not be enough mobility altogether for it to play *the* dominant role. It is commodity trade which will compensate for the prevalent immobility of factors and *under certain conditions* equalise both commodity and factor prices[1].

Now, it seems to me that Mundell only goes as far as to extend to monetary theory the former of the two points just mentioned. He points out that the optimum currency area is not necessarily co-terminous with national boundaries: "The optimum currency area is the region ... If factor mobility is high internally and low internationally a system of flexible exchange rates based on national currencies might work effectively enough. But if regions cut across national boundaries or if countries are multiregional, then the argument for flexible exchange rates is only valid if currencies are reorganised on a regional basis." [26, pp. 660–61] But he does not seem to accept the implications for monetary theory of the second point. He keeps factor mobility in the key role; he defines the [regional] optimum currency area in terms of internal factor mobility and external factor immobility. Having upheld in the substance Ricardo's approach, he only differentiates his position by not regarding political frontiers as necessarily marking optimum currency domains.

The criteria for defining the optimum currency area, offered by McKinnon [21] and Kenen [18], refer on the other hand to elements of the economic structure. McKinnon classifies, for analytical purposes, the goods produced by a country into tradable and non-tradable. By tradable goods he means: exportables (i. e. goods produced domestically, and exported) and importables (i. e. goods produced domestically and imported). He argues that if the

---

[1] Ohlin argued that free trade would not entirely equalise factor prices, as he considered it a partial substitute for factor movements. Samuelson [31 and 32] instead proved that free trade would bring about full equalisation, under certain conditions. These have been so stated by Haberler [9]: "(1) free competition in all markets; (2) absence of transportation costs, hence equality of all commodity prices as between different countries or regions; (3) all commodities continue to be produced in both countries after free trade has begun, in other words, specialisation is incomplete; (4) the production functions in both countries are identical and homogeneous in the first degree, that is, a given uniform percentage change in the quantity of all inputs results in an equal percentage variation in the resulting output; (5) in addition, the production function must be such that one commodity is always labor intensive and the other always capital intensive whatever the relative supply of factors and the ratio of factor prices; (6) the factors of production are qualitatively the same in all countries, although they are available in different quantities; and (7) the number of factors is not greater than the number of commodities. In a two-commodity model, for example, there could be no equalisation of factor prices (except by change), if there were three or more factors." These conditions are so restrictive that they have prompted the comment they could be considered to prove the opposite thesis.

ratio of non-tradables to tradables is high, primary reliance on monetary-fiscal policy, reducing domestic demand in order to maintain external balance, will bring with it higher unemployment. "The optimal currency arrangements may be to peg the domestic currency to the body of non-tradable goods ... and change the domestic price of tradable goods by altering the exchange rate to improve the trade balance ... The desired effect of the relative price increase in the tradable goods is to stimulate the production of tradable compared to non tradable goods and thus improve the trade balance." [21, p. 720] If, on the other hand, the ratio of non-tradable to tradable goods is low, fixed exchange rates would be more appropriate: "External exchange-rate fluctuations, responding to shifts in demand for imports or exports, are not compatible with internal price-level stability for a highly open economy ... In a highly open economy operating close to full employment, significant improvements in the trade balance will have to be accomplished via the reduction of domestic absorption, i. e. real expenditures ... In the extreme case where the economy is completely open, i. e. all goods produced and consumed are tradable with prices determined in the outside world, the only way the trade balance can be improved is by lowering domestic expenditures while maintaining output levels. Changes in the exchange rate will necessarily be completely offset by internal price level repercussions with no improvement in the trade balance ... If we move across the spectrum from closed to open economies, flexible exchange rates become both less effective as a control device for external balance and more damaging to internal price level stability". [21, p. 719] In turn, domestic price instability would undermine the liquidity value of individual currencies; residents would tend to shift their financial assets to other currency areas, in order to stabilise their purchasing power; the process of saving and capital accumulation would be hampered.

While McKinnon stresses the degree of economic openness, Kenen emphasises diversification. "In my view, diversity in a nation's product mix, the number of single-product regions contained in a single country, may be more relevant than labor mobility ... A well diversified national economy will not have to undergo changes in its terms of trade as often as a single-product national economy ... When, in fact, it does confront a drop in the demand for its principal exports, unemployment will not rise as sharply as it would in a less diversified national economy ... The links between external and domestic demand, especially the link between exports and investment, will be weaker in diversified national economies, so that variations in domestic employment 'imported' from abroad will not be greatly aggravated by corresponding variations in capital formation." [18, p. 49] Kenen himself qualifies his thesis in several important respects. He points out that production and export diversification cannot guarantee internal stability, even where external shocks tend to average out, unless there is sufficient occupational mobility to reabsorb labour and capital made idle by external disturbances. Again, he acknowledges that when changes in export demand arise from business cycle swings, the whole range of exports will be hit, and therefore export diversification cannot be expected to protect in this case against imported instability. And he also grants the main counter-argument to his conclusion that the more diversified an economy, the more appropriate are fixed exchange rates: namely, that in a large, highly diversified economy, the use of monetary-fiscal policy, in spite of the smallness of the foreign trade sector in relation to total g.n.p., would imply greater internal instability (rather like the tail wagging the dog).

A feature of the optimum currency area theory, as developed so far, is that it has been largely developed in terms of demand; the criteria suggested for defining the optimum domain of a currency area are intended to secure an optimum condition under which monetary-fiscal policy is used for purposes of stabilisation against shifts in demand.

Another feature is that those criteria fail to offer guidance as to the size, at the lower/upper limit, of an optimum currency area. Mundell's factor mobility criterion would easily lead to the establishment of micro-currency-areas, if not restrained in its application through some other criteria. Kenen's economic diversification comes short of indicating an upper limit to size: Mundell e.g. has argued that it could be stretched to imply that the world is the optimum currency area. [27, p. 111]

Finally, the currency area is defined as one in which a single currency is in circulation. When a multiple currency area is considered, it is assumed that currencies are linked on the basis of fixed exchange rates. This latter monetary arrangement is then regarded as a very close substitute, from an economic point of view, for the single-currency area. But the assimilation of the two definitions, which in abstract may be innocuous, can in fact be misleading: for when several currencies are in circulation, a "credibility gap" may form as to the irrevocably fixed rate link, and there is also the likelihood of all kinds of more or less thinly disguised controls and obstacles to the free flow of funds being resorted to, for supporting the exchange rate. There-fore, while the optimum currency area theory has so far revolved round the fixed or floating exchange rate dilemma, there is now need to pay more attention to the convertibility aspect, and to investigate possible forms of intermediate monetary arrangements, representing a sort of half-way house towards the establishment of a fully fledged monetary union, with one currency, one central banking system, one monetary policy.

The concept of factor mobility, while possessing great intellectual appeal, is elusive. International trade theorists had good reasons for discarding it as *the* condition for achieving factor price equalisation, and developing a theory in which commodity trade reduces interregional discrepancies in factor prices, interregional factor movements are thereby made less compelling, and the movement of goods takes at least partially the place of factor movements. There are good reasons – it seems to me – which also apply against making it *the* criterion for the determination of optimum currency areas. As J. Williams questioned Ricardo's mobility premise – the assumed free movement of factors within countries – so one can question Mundell's assumed intra-regional mobility, if one thinks of regions as consisting of a system of sub-regions, each of these comprising in turn a myriad of micro-districts. Only when these smaller components of a region have a similar distribution of natural resources, production factors and environmental facilities can the consideration of factors which determine the intra-regional location of industry and the intra-regional distribution of production and trade be disregarded.

Whether it is justified, or not, to repeal the Ricardian assumption about internal mobility and external immobility in relations among countries, but then retain it for the definition of the region, it seems to me that elements in the very nature of factor mobility make it unsuitable as a basis for a durable arrangement – which of course a currency area has to be, lest it resemble an industrial or commercial conglomerate expanding or contracting, selling a business and buying another, without any too great toil.

Mobility is a behavioural quality, the readiness to respond to stimuli imparted by market conditions, by the changing supply-demand relationships for production factors and commodities. Labour will move when an excess demand for it tends to bring about a differential in remunerations high enough to win the factors which make for immobility. True, it tends to have an equilibrating effect in an area which has both high and low activity regions; and it tends to move in parallel to the cycle: mobility is as a rule higher during the upswing than in the downswing, when uncertainty arises as to the ease of finding employment. But it is during the cyclical troughs that the relationship to one another of even geographically contiguous labour markets turns out to be a remote one. In periods of less than full employment, workers feel the lack of security which they value so much, because they need it. The greater difficulty of finding a job in the high activity regions, coming on top of the private opportunity costs usually associated with the transfer from one geographical area to another, reduces the ability of the market to allocate labour efficiently and distributes unemployment in an even fashion throughout the system [2].

The intensity of mobility fluctuates in the course of the cycle. When it remains high, the change affects its direction. If the area as a whole happens to go through a prolonged period of slack in economic activity, then the

---

[2] It is also worth noting that the commonly held notion that unemployed workers will accept any job, or "the first job offered", because their choice would be made outside a framework of comparison, is not necessarily correct in present-day conditions.

migration of labour will be to outside areas, where economic activity may be booming: labour mobility will be low internally, very high externally. In Italy, labour migrations abroad were in the fifties more important than internal movements – a pattern which was reversed in the sixties when the booming North proved to be a magnet for Southern unemployed or under-employed manpower. Should the domain of Italy's currency area have been changed before internal mobility emerged, only to be restored after it did?

The same experience was made on a larger scale. While European countries were industrialising, migration within Europe itself never developed into a mass phenomenon comparable with migration overseas – with the large emigration waves of Italians, Scandinavians, Poles and other East Europeans which took place in the five decades prior to World War I. This trend did not continue; some signs of its reversal appeared in the twenties, when two million Europeans immigrated into France; and intra-European migration came eventually to dominate the scene in the post World War II period. Finally, an interesting case is represented by the United States, which at present is the country with perhaps the highest internal mobility. It did not seem to possess this quality some decades ago, when the huge inflow of foreign labour met with very imperfect internal distribution, to such a point that some scholars spoke of external mobility producing internal immobility. [35]

World wide mobility is still more marked with other productive factors. In contrast with Ricardo, J. S. Mill emphasised the world vocation of capital: "A tendency may, even now, be observed towards such a state of things: capital is becoming more and more cosmopolitan: there is so much greater similarity of manners and institutions than formerly, and so much less aliena-tion of feeling, among the more civilised countries, that both population and capital now move from one of those countries to another on much less tempta-tion than heretofore." [25, p. 348]

It is not just financial capital which can move swiftly on a world wide basis. With regard to enterprise capital, mercantile and industrial, A. Smith, who shared with Ricardo a lack of enthusiasm for investment abroad, re-marked that: "The capital ... that is acquired to any country by commerce and manufactures is all a very precarious and uncertain possession. ... A merchant, it has been said very properly, is not necessarily the citizen of any particular country. It is, in a great measure, indifferent to him from what place he carries on his trade, and a very trifling disgust will make him remove his capital, and together with it all the industry which it supports, from one country to another." [33, p. 373]

If by definition mobility tends to stay unfettered, it cannot be assumed to remain constant as to intensity, breadth and direction; *ergo* it cannot provide the criterion for defining a currency area, if this is meant to be a durable arrangement, or unless it comprises the whole world. Indeed, from this point of view, one might argue that the world *is* the optimum currency area.

To pursue somewhat further aspects relating to the working of mobility in the longer term, let us assume that between districts of a currency area there obtains a fairly constant pattern of factor mobility, in the sense of a one-way movement of labour and/or capital from one district, or group of districts, to another: a pattern which has in fact been observed in a few countries. The long term implication of this, however, might well be unacceptable. If it is irreconcilable with economic logic that industrial growth should be promoted with little or no regard for efficiency, in every district, however improbable the location, it is hardly realistic to appraise the suitability of countries with old cultural and industrial national traditions to form an economic and monetary union on the basis of a criterion and a mechanism which might denude them of people and capital and, at the limit, push them back to the stage of declining subsistence economies. If within countries a case can be made also on economic grounds in favour of regionally balanced growth – because of the addition which it can make to the country's total employment; the consequent gain of output which otherwise would be forgone; the containment of congestion in the centres of agglomeration, and of the external diseconomies associated thereto – that case is stronger when different countries set about to form an economic and monetary union. In such a context, the spacial aspects of the process of growth deserve no less attention than the role of the time element [3].

Some of the economic gains which can be expected to accrue to the area as a whole as a result of regional policies leading to a definite location of any increase in demand for output and labour assume that mobility would not mop up unemployment altogether. This will be the case when demand shifts take place and the production processes show widely differing labour intensities as between types of output. Also, natural growth of population may more than offset the effects of emigration. One might perhaps argue that there is a relationship between the two, in the sense that net emigration may push under-utilisation of private and social capital, such as houses, schools, hospitals, to a point where, in the age of social security and welfare, it elicits a higher birthrate. This may help to explain why in certain areas higher mobility and persistent unemployment coexist. Furthermore, the size and speed of the changes in demand, in technology, in industrial organisation and deployment may be such as to outweigh by far the working of the

---

[3] In what is now a long tradition, time is given special consideration. A. MARSHALL, although he dealt at some length with the (natural) causes of concentration of specialised industries in particular locations, wrote that time requires more careful attention, because its influence is more fundamental than that of space. [24, Book V, Chapters I and XV]

mobility mechanism. Referring to conditions in Great Britain during the inter-war period, Prof. Cairncross has written: "... the new and growing industries, such as motor-car manufacturing, instead of expanding alongside the older and declining industries and absorbing unemployed workers in the vicinity of their homes, grew up in the very parts of the country where there was least unemployment, and created a major problem of labour transference from contracting to expanding areas. No group of workers suffered more from these changes than the coalminers. Employment fell from 1,212,000 in June 1923 to 638,000 in June 1932, and since mobility was low in comparison with other industries, and opportunities of alternative employment rare, a serious problem of long-term unemployment came into existence in the mining areas. ... In pre-war Britain, the changed balance between export and home markets, between capital and consumption goods, and between north and south, put a heavy strain on the adaptability of industry. Structural unemployment, therefore, was unusually high." [3, p. 419]

All this points to the conclusion that for policy purposes it is necessary to acknowledge, no matter how small the area considered, the existence of immobility as well as mobility. That the two concepts are not mutually exclusive is implied by the standard statement that mobility is not perfect. What should be pointed out, however, is that rather than making everything hinge upon mobility and then dismissing as an empirical question whether or not it passes the threshold, a more fruitful approach would be for stabilisation policies to take into account both factor movements and rigidities. If the rate of unemployment in the area as a whole is in the end a function of the locational pattern of the labour force, increases in demand which differentiate as to location would be required: factor immobilities themselves could be turned to advantage for the enactment of differentiated policies. To quote again from Cairncross: "The heaviest unemployment that Britain has suffered in the past half century has been concentrated in her export industries. Had those industries been diffused over different parts of the country and made use of a wide range of skill and technical experience, much of this unemployment might have been made to yield a general increase in the level of demand accompanied by restrictions on imports. ... In fact, however, the export industries were highly localised and highly specialised, and this reduced the effectiveness of a general increase in demand. To take the extreme case: it was of little help to unemployed shipbuilding workers in Glasgow, if people spent their extra earnings on beer, or, for that matter, on imported meat." [3, p. 643]

The role of mobility has generally been examined in relation to shifts in demand, just as the theory on optimum currency areas has mainly been developed in terms of the instruments best suited to adjust to fluctuations in demand. In Mundell's article, the disequilibrium emerging between East and West follows a shift of demand from eastern produced cars to western lumber products. However, the disequilibrium will not develop, if the increased demand for western products and the West's rising demand for labour are met by an inflow of workers from the East. Thus mobility will help to fight (demand-pull) inflation in the West, and unemployment in the East. A flexible exchange rate between the eastern and western regions is not required for purposes of stabilisation policy; they comprise an optimum currency area.

Of course, even in the case of demand-pull inflation the problem may not be as simple as that when countries happen to be parts or regions of a currency area. National authorities may aim at different employment and growth targets, and as a result prices may show the tendency to increase at different rates. The increase in the number of objectives of economic policy – each being in turn pursued with a number of qualifications, in so far as it has not been matched by an increase in the number of instruments, has augmented the possibility of conflicts, as shown by Tinbergen's celebrated theorem.

When conflicts arise, governments tend to compromise: the way out is found by sacrificing the full attainment of a certain objective in order to attain more of another. Objectives are traded-off, depending on the priorities which governments assign to the different objectives.

While experience has repeatedly shown how difficult it is to harmonise governmental policies as to the order of priorities, membership of the same currency area would tend to force alignment of priorities. In this respect, the contention of the "monetarists" that monetary unification would itself be a powerful instrument for bringing about overall consistency of national policies also in other fields, thus fostering the process of economic integration, contains a grain of truth. A stance in demand management policy which happened to differ too much from that in most constituents of a currency area might not be sustainable for any length of time. Because leakages affecting the regional multiplier may be assumed to be larger than in a closed economy, the addition to employment and income which can be expected from differential local demand management would tend to have a high payments cost, in terms of the imbalance which would arise vis-à-vis the rest of the area. The case would be different if expansion could be fed with resources attracted by, or channelled into, a region from elsewhere in the area. This need not give rise to a payment and/or inflation problem. Thus, for open regions it is reasonable to assume no specific "warranted rate of growth", since the supply of savings and of productive factors generally, which for closed economies represents the exogenous variable determining the equilibrium growth paths, as in the Harrod-Domar model of growth, must be treated as an endogenous variable in the case of an economy becoming part of a larger area. And this could be the other side to the coin of constraints, which a mutually consistent order of priorities among the main objectives of economic policy would require member countries to accept.

The crucial dilemma for stabilisation policy within a monetary area arises when national authorities agree on the same employment and growth rate targets, but this notwithstanding costs and prices rise at different rates. Although there is a tendency to assume, through unqualified application of the Phillips curve analytical framework, that countries have less inflation because they tolerate higher unemployment, or more inflation because of lower unemployment, in fact lower unemployment – lower inflation, higher unemployment – higher inflation are often to be found combined together. In Europe, countries which have had more success in maintaining monetary stability have also had low unemployment, in the context of an expanding labour force; and conversely for those which have had less success in fighting inflation. In terms of the Phillips curve, this means that some countries have a more favourable "trade-off" than others; but what I wish to stress is that the economies themselves possess a different inflation-unemployment trade-off and that the failure to keep broadly in line with one another is not just the result of the authorities' perverse behaviour in the framework of a self-adjusting system.

To deal with this problem, reference to the concept of *national propensity to inflation* (NPI), which I introduced in the Princeton Essay [22, p. 12] [4], may help.

If countries showing the same rates of utilisation of productive factors, systematically show different rates of cost and price increases, they can be said to possess a different NPI. The concept of NPI is akin to that of cost-push, but differs from it in some important regards. In both concepts, the functional relationship between the rate of change of prices and changes in aggregate demand relative to potential output is somewhat weakened.

---

[4] A concept somewhat akin to mine was subsequently expressed by M. FLEMING [7, pp. 468–69]: "Where tendencies towards progressive relative disequilibrium existed within a unified exchange rate area because some of the participating countries had more favourable unemployment/inflation relationships than others, the following situation would tend to emerge and persist. Much the same rate of price inflation would prevail over the area as a whole, a rate somewhat higher than that preferred by the surplus members. The deficit members would be able to keep their rates of inflation down to the common level only by tolerating indefinitely a level of unemployment higher than they would prefer if they were free to change their exchange rates and adopt their preferred positions on the unemployment/inflation curve.

The argument in the foregoing paragraph assumes the existence in each country of an inverse long-term relationship (given the rate of productivity growth and the rate of change in terms of trade) between the rate of unemployment on the one hand and the rate of price inflation on the other. In the short run this relationship will be affected by such dynamic factors as past rates of change of prices and the rate of change of unemployment, but this does not preclude the existence of steady state relationships linking levels of unemployment with the corresponding long-term equilibrium rates of price increase."

Aggregate demand relative to potential output may show the same level and the same change as measured by the rate of change of unemployment in countries belonging to a currency area; and yet cost and price changes may diverge due to differentials in trade union militancy, and ability to bargain for money-wage rises, or to resist increases in the prices of wage-goods. Contrary to the view held by some that trade unions cannot affect wages independently of the state of demand, it has been found that trade union "pushfulness", measured by the rate of change of the percentage of labour force unionised (a measure not correlated with the demand for labour), can help to explain the total variation in wage rates. For the United Kingdom, A. G. Hines has found trade union pushfulness to be "the most powerful of all explanatory variables" since the end of World War I. [14]

Because it is true of most industrialised countries that unions can push up wage rates in a way which is, albeit to different degrees, independent of the state of the markets, money tends to accommodate itself to changes in wages, rather than the other way about. As Prof. J. R. Hicks stressed some years ago "Instead of actual wages having to adjust themselves to an equilibrium level, monetary policy adjusts the equilibrium level of money wages so as to make it conform to the actual level. It is hardly an exaggeration to say that instead of being on a Gold Standard we are on a Labour Standard." [13, p. 88]

And while the Gold Standard was an international standard, so that "there was some sense in saying that there was an 'equilibrium wage', a wage that was in line with the monetary conditions that were laid down from outside", the labour standard is, or at least tends to relapse into, a national standard. To firmly build it into a consistent standard for a currency area embracing several countries, intergovernmental harmonisation of demand management is not a sufficient condition; nor is factor mobility. Hence we have here one reason for speaking of different NPIs as a factor which is relevant for the definition of currency areas.

More generally, gaps in NPIs are – to paraphrase Keynes when referring to the subjective factors in the propensity to consume – also a matter of attitudes, of habits formed by education and convention, of social practices and institutions which, though not unalterable, are unlikely to undergo a material change over a short period of time. Prices are fixed and changed against given institutional and social backgrounds. To make these converge implies a sort of "gesellschaftliche Integration", which is indeed one of the conditions named by Dr. Emminger for giving solid foundations to Europe's process of integration. [6]

Furthermore, the inflationary bias affects the different national economies to different degrees, because the mixture of competition and monopoly differs from country to country. I have referred above to trade union militancy and their monopoly bargaining power as the factor which seems to exert the most powerful upward push on costs today. But, to the divergences in NPIs contributes the organisation of markets for factors as well as goods, according to the measure by which the competitive elements prevail over the monopolistic ones in each and all of those markets. In a wider sense this can be meant to include also the institutional and administrative restrictions which shelter certain groups or sectors from competition. To them accrues a surplus income, the "institutional rent", which does not substantially differ from the surplus profits made under conditions of monopoly. If there is a feeling that actual income shares are too much out of line with a "fair pattern", this is likely to impart an inflationary bias. As Prof. Ackley has put it: "the competition for incomes – the pressures for and against a redistribution – creates inflation, usually without any significant redistribution occurring. The important conclusion to be drawn is not that whatever income distribution exists is correct or cannot be changed, but rather that attempting to change income distribution through the process of pushing up prices or wages in the market is (a) likely to be ineffective, and (b) almost sure to be inflationary. Other means are available, and far more effective, should a society conclude that its income distribution needs to be changed." [1, p. 36] Again, the gaps between actual shares and the "Vorstellungen" of people as to what they should be, may not differ from country to country, and yet the pressure on costs and prices may be more or less strong, depending on the instruments which are available to pursue the aim, and the ability of people to use them.

Expectations play an important role. Governments have for some decades now aimed at maintaining the full employment level of monetary demand. But some have had more success than others in attaining internal and external equilibrium; some have paid more attention than others to changes in external competitiveness and payments balance. As a result, expectations of price stability or inflation have been embedded into the public psychology. The behaviour of people as producers and users of income, as organised workers and entrepreneurs, as savers and investors, is more inflationary in countries which have a record of persistently higher inflation. In this sense, anticipated inflation is a distributed lag function of past inflation, with expectations tending to be self-fulfilling. Expectations (which diverge consistently as to the degree of inflation) affect the working of stabilisation policies and extract from these differential results, even when the national authorities accept the same order of priorities, with the same degree of determination.

Finally, the existence of persistent regional growth differentials has in the case of certain countries limited policy choices in a quasi-automatic fashion; so that it would be proper to regard such situations rather as putting an *objective* constraint on governmental policies. As with a regional unemployment gap the national average of unemployment tends to be low only when the high activity regions experience pressure of excess demand, accompanied by rising costs and prices, governments have been inhibited in their fight against inflation lest unemployment in the weak regions should rise to levels socially and politically intolerable. "Fine tuning" in particular has been made nearly unworkable, since the disinflationary impact of restrictive measures tends to concentrate in the weak regions where unemployment is already high, and to affect less and later high activity regions. But while in the latter wage rises are, however loosely, correlated to the demand for labour, in the high unemployment areas wage increases are largely a result of external cyclical conditions. To draw on the experience made in the United Kingdom: "When action has become imperative to restrain the pressure of demand in the areas of high employment – and because this has involved measures affecting the whole economy – then unemployment in the Development Areas has been pushed up to an extent which has not proved acceptable for any length of time. This has led to a reaction against the measures of restraint and to pressure for relaxations." [4, p. 11]

Regional disparities in economic performance can thus be considered as a built-in factor contributing to the upward trend of costs and prices, i. e. as an element heightening the NPI. In the context of European monetary unification, the problem arises from the fact that regional disparities have a different weight in the countries of the enlarged community. And it is worth noting that this should start to find recognition also in a country such as the Federal Republic of Germany which has no sizeable regional problem and a relatively better record as far as growth with monetary stability is concerned [5].

The causes of gaps in NPIs are deep rooted and widespread. Those gaps cannot be closed, except in the long run, through the relentless progress towards true integration and interpenetration of the national economic and social fabrics. What is needed to make cost and price trends converge in the E. E. C. as a whole is not just the harmonisation of governmental policies – which is in some respects the most that one can expect from the creation now of a rigid common monetary framework. Convergent changes in the pattern of behaviour of the masses are also needed – and these cannot be brought about by an adjustment at the margins. The margin is, of course, the cornerstone in any explanation of the working of markets; where demand is elastic, there is substitutability on the supply side, and prices are flexible both ways. It is at the margin that pressure builds up on exchange values and therefrom tends to affect those values throughout a whole class of goods and its substitutes. But, in the light of the foregoing remarks, it appears hardly

---

[5] Dr. W. HANKEL, formerly director in the Bundesministerium für Wirtschaft, responsible for monetary affairs, has recently stated: "Ein Grund für den differierenden Inflations- oder Stabilitätsrhythmus liegt zweifellos in dem objektiven Merkmal der Strukturunterschiede. Für Frankreich, aber auch für Italien, hat das Problem der Randzonen auf sektoral schwachen Bereichen ein viel stärkeres Gewicht als für uns und schafft eine innenpolitisch schwierige Situation hinsichtlich der Durchsetzung der Stabilitätspolitik. Hier bedeutet Stabilitätspolitik, daß man mit innenpolitischen Reibungen ganz anderer Art als etwa bei uns – und auch bei uns sind sie groß genug – zu rechnen hat. Daraus ergibt sich eine unterschiedliche Prioritätsskala." [10, p. 19]

reasonable to assume that factor movements – the migration of some hundred thousand workers – can work changes in what is ultimately a basic behavioural pattern of the tens of millions. Adjustments through factor mobility will simply allow extra room for manoeuvre in influencing the rates of price increases and growth, without improving the inflation- unemployment trade-off. To improve it, the NPI needs to be lowered, through long and all-pervasive processes of adjustment in the fields mentioned above. And to make the slow movements in NPIs converge towards a common pattern, the regions or countries of a monetary area need to be fully integrated and not just semi-integrated, as it is the case today in Europe.

To sum up: the NPI is the resultant of a multitude of factors, a few of which have been mentioned here. It is a compound concept which is meant to do justice to the complexity of the inflationary phenomenon, and to the national connotations which even in this age of fairly open markets it has maintained. The need for such a concept is suggested by the dissatisfaction with monistic explanations of inflation which the demand-pull/cost-push dichotomy has not quite met.

Dissatisfied with the state of theory on inflation, Prof. Machlup offered several years ago a remarkable piece of elucidatory analysis, in which he specifically defined types of demand *and cost* push inflation, which would occur also in a fully competitive market, and types which presuppose monopolistic power. [20] The feeling of dissatisfaction is again expressed in a recent articulate analysis of the inflationary process, from which I quote the following: "In an important sense, each inflation is a unique historical experience. How prices and incomes will behave responds to a wide variety of conditions and forces – economic, social and political – in the society. And each stage in such an inflationary episode depends not only on what happened in earlier stages of that episode, but also on what has happened during preceding inflationary episodes or what is happening in other countries. For example, the whole character of the inflationary process in an economy that has experienced a runaway inflation will be deeply influenced by that fact. All of this does not, of course, mean that inflations are completely accidental – Acts of God – and that nothing, therefore, can be done to avoid or control them. It only means that simple monistic theories of the causation of inflation – that prescribe simple monistic policies for their control – are wrong or seriously incomplete ... [Inflation] will not go away by itself, and it cannot be cured simply by avoiding future 'mistakes' of economic policy. Given the understandable and desirable pressures for full employment in every country, given the increasing aspirations of every group for rising real incomes, given the tendency everywhere for the fulfilment of people's aspirations (in all areas of economic, political and social life) to be pressed ever more aggressively and insistently, given the inevitable frictions and immobilities that exist in every economy, no country can avoid inflation merely by avoiding 'mistakes'.

Effective control of inflation requires a determination to apply positive anti-inflationary policies across the board." [1, pp. 56 and 96]

Finally, the case for referring to NPIs when deciding about the domain of a currency area is strengthened by the relevance of that concept to present-day conditions. Inflation is at the centre of the economic policy debate; in many industrialised countries it is generally felt that inflation represents a serious problem, and that it could become a disastrous one – to the point where it would prevent the proper working of the market mechanism of allocation of resources, as well as jeopardise the social and political order based on freedom. On the other hand, it is argued that the failure to stop inflation, despite the high price which quite a few countries have had to pay lately in terms of resources made idle by restrictive policies, proves that it has become an endemic feature. Rather than wasting resources on the attempt to undo the inevitable, the task should be to learn to live with inflation, to "institutionalise" it in the socio-economic structure in a way which will minimise its costs and be politically acceptable. Sometimes reference is made to certain (Latin-American) countries which have experienced inflation over several decades, without it degenerating into the hyper-inflation of the kind that raged in Germany, in Austria and in some Eastern European countries in the early twenties. Prof. Johnson, commenting upon the discussions at a conference recently held at the London School of Economics, writes: " ... the inability of the 'big models' to deal more satisfactorily with wage, and therefore price, behaviour may be less a consequence of the inherent difficulties of the problem than of the probability that, for both government and private business, it is quantities of output rather than the money price tags put on them that it is really important to forecast. If so, the implication is that inflation is by no means as serious an economic problem (I do not say social problem) as the problem of unexpectedly slack demand and high unemployment." [16]

Be that as it may, it is generally held that this issue might make or break the construction of a united Europe: the latter cannot afford to be either a community of inflation, or one of monetary stability with stagnation. In assessing the problem, I think one cannot overlook the relevant national connotations. There are countries which posses a "gift for growth" and succeed without great tensions in establishing and maintaining a rhythm of growth very close to the potential rate. Their NPI is low; prices will not as a rule rise faster than 2–2.5 per cent p.a. They cannot be complacent with inflation, if through some external disturbance it threatened to break through that ceiling. A price rise above it, not only would be unneeded, it could do damage because it would not be consistent with the low NPI, which in these countries belongs to the self-warranting properties of the growth process.

On the other hand, there are countries where growth is accompanied by economic and social tensions expressing themselves in a higher NPI. Although inflation will not guarantee them growth (for those tensions may exist, perhaps even more intensely, in the absence of growth), a relatively higher rate of price increases from, say, 2.5 to 4 per cent, may be needed to realise their potential rate of growth – as long as the NPI itself remains high.

Thus while it may be true, as is sometimes argued, that inflation is largely irrelevant to growth, in the sense that satisfactory results have been achieved both by inflationary and non-inflationary countries, the foregoing suggests that the issue is far from irrelevant when considering specific cases. Indeed, one might speak for each country of a rate of price rises consistent with its NPI; so that material, plus or minus, deviations from this "optimum" rate would hinder its process of growth.

That being so, one monetary policy for a multi-country area only makes sense if members' NPIs have (roughly) equal values. Failing this, no pattern of unified stabilisation policies will be acceptable: in order to keep price increases within a common narrow range – a condition implied by fixed exchange rates – countries with a low NPI would have to accept what to them would be a sterile, possibly damaging, extra dose of inflation and/or countries with a high NPI would have to bring about more unemployment than would be needed, if they could allow prices to rise to the extent required by their NPI.

Thus, the condition for countries to form an optimum currency area is that the NPIs have the same value. Being a broadly based concept, being a constant for purposes of short-term policy, but carrying essential stabilisation policy implications, the NPI criterion is better suited to define the domain of optimum currency areas.

I have spoken so far of *national* propensities to inflation because the case I have in mind is of a group of European countries with a long past as separate political, social and economic entities, which are now striving to merge into an economic and monetary union of some kind. But the questions which the theory on optimum currency areas tries to answer are relevant, of course, also in the case of national states whose different regions are not thoroughly integrated. In fully integrated economies the business cycle would show no appreciable discrepancy through space; and yet there are countries which have long been unified politically, while the cycle differs as between regions because of both the duration and the amplitude of the swings. In such cases one would evidently have to consider, and speak of, *regional* propensities to inflation (RPIs).

Indeed, to speak of RPI would be more appropriate also on conceptual grounds since the NPI is the average of a series whose items, in countries that are not well integrated, may have widely different values. On the other hand, the regions could be defined with reference to the determinants of the propensity to inflation, but the values of the terms in the series would have to be within a narrow range, as the "homogeneity" of a region would be established thereby. At any rate, the economic region – whether defined on the basis of its propensity to inflation, or of mobility, openness, homogeneity of some kind – is the relevant concept for purposes of stabilisation policy; the political and geographical dimensions of that notion are incidental. As Kenen writes by way of interpretation [18, p. 42] of Mundell's definition, the region which is relevant in this context is not to be found on an ordinary map, because it is a functional concept. If the economic region has a geographical dimension it is mainly because of the (varying) degree of localisation of industries: the extent to which certain industries are concentrated in particular regions gives the latter a structure different from that of the country as a whole. Were it not for this, it would clearly be more useful to speak of an industrial propensity to inflation (IPI), even in an approach which is very much concerned with the special balance of integration. Especially if one can abstract from administrative, political and cultural factors, it is the industries, the economic sectors, which present the highest degree of homogeneity: the economic determinants of their propensity to inflation have values which lie within a narrow range internally, while they differ widely individually and in many cases also as a mean in inter-industry, inter-sector comparisons. Industrial specialisation by regions, however, makes the IPI move tendentially towards coincidence with the RPI. That, of course, simplifies matters for, as McKinnon points out, "it may not be feasible to consider slicing the world into currency areas along industrial groupings rather than geographical groupings". [21, p. 724] Undoubtedly, space is still the most straightforward dimension to use for operational purposes (if not for analysis); but contiguity may have to be sacrificed. The elements of a (regional) set, which may have the same propensity to inflation, need the same currency and form an optimum currency area, would not need to be in any sense geographically contiguous, as long as they were part of a larger system, itself comprising more than one optimum currency area. This is the type of arrangement which would obtain as a result of creating and putting into circulation an (additional) European currency, in terms of which the existing national currencies would be allowed limited, Community-supervised flexibility of exchange rates. Furthermore, an arrangement in which the introduction of a European currency would not imply the adoption of *one* currency alone for the whole Community, would also allow a choice consistent with the IPIs. In a multi-currency area, sectors could gear themselves to the common European currency, or to (a group of) existing national currencies. "Currency specialisation" by industrial sectors could after all prove feasible. The possibility should be explored since the integration of the national labour standards seems to proceed, at different speeds, by sectors. Attempts to develop a common European approach are being made by sector industrial unions; in the first place, by those which have to bargain with transnational companies. On the initiative of the E.E.C. section of the International Metalworkers' Federation, several meetings have been held over the past few years between the Federation's affiliated trade unions and the management of one such company in the electrical and engineering industries, with headquarters in Holland. The discussions, consultative in nature, have concerned the company's E. E. C. plants and have covered *inter alia* production and welfare problems, manpower planning, intercompany transfers of profit and profit sharing. Similarly, the French, German, Italian and American affiliates of the International Chemical and General Workers' Federation have agreed to adopt a coordinated strategy in the negotiations with a large chemical company in France. This includes among other things the setting up of a standing committee and the undertaking not to conclude national negotiations without its approval; as well as the granting of financial and other support to affiliates involved in industrial action. Again, an official United Kingdom document reports: "... groups of workers in close contact with their counterparts overseas, such as seamen and airline pilots, may increasingly seek pay in the light of an international standard". [28]

Thus we have here the first attempts to "Europeanise" (internationalise) collective bargaining along industrial lines, rather than globally between national labour confederations (which as a rule are at one remove from live bargaining).

However, for anyone considering the formation of a monetary union in Europe, the member countries' NPIs are the starting point. I do not have ready yet supporting statistical evidence for the European countries. But, a cursory reading of their record over the past twenty years or so seems to me to point to different NPIs. The fact that member countries' currencies have undergone changes of opposite sign in terms of the U. S. dollar, suggests that discrepancies in cost and price trends grew within the Community itself more than between its members and a third country (more at any rate in relation to the imbalances that they could sustain). The gaps which would appear to exist in European NPIs do *not* make of the European Economic Community (before and after enlargement) an optimum currency area.

Of course, this does not imply that one should at worst let the European economies drift further and further apart; at best, that the conditions for them to form an optimum currency area would eventually be met in the absence of determinate action on the part of the Community and of national governments. What it means is that if because of gaps in NPIs, E. E. C. countries would not constitute an optimum currency area, then the instant formation of a monetary union in the sense usually envisaged of an area having one currency (or local currencies linked through irrevocably fixed rates), one central banking system and one pattern of policy is definitely not desirable and hardly feasible.

If, however, there is the political will to unite, the question arises of how those countries could be made to meet the requirements of an optimum currency area. In my analytical framework, the compact answer would be that European countries would have to close the gaps in their NPIs. This means that the process of effective integration of member countries needs to be pursued much further than is the case today. To further that process, a much wider and deeper opening of national markets is needed, with the total elimination of restrictions (not just exchange controls) on the movements of factors, and of discrimination of any kind based on nationality; also a series of steps needs to be taken through the whole range of industrial relations, market monopoly and social exclusionist practices, education and social security, taxation, general economic and monetary policies.

As far as these latter are concerned, I have put forward proposals about things which have not been attempted yet, but which could start to be implemented in the near future. The operations of a Multi-role European Bank could help to relieve one cause of gaps in member countries' NPIs. If these could be satisfied as to the ability of a Community institution to help significantly to meet, also under less than favourable circumstances, the growth needs of the low activity regions, national monetary authorities could more reasonably be expected to abide by the rules of the game, to behave more like commercial banks when these experience a liquidity drain. The creation of a European currency unit (ECU), which would enter and remain in circulation side by side with the national currencies, would represent a big step forward towards monetary unification, but in a way that would not do violence to the fact that NPIs differ, that member countries do not yet comprise an optimum currency area. It would make possible a gradual approach to integration, which would start now and be accomplished over a number of years, thus bridging the gap (which is also psychological) between those who would like to see an instant monetary union and those who would prefer as remote a date as possible for setting about to build it.

The ECUs would provide the common monetary link across the national borders; but they would do so for the sectors whose integration was advanced far enough not to make nonsense of one currency. In this new arrangement, the present monetary order based mainly on national currency domains would be reshuffled. Within the Community as a whole, a few currency areas would emerge, each consisting of a group of regions/sectors geared respectively to the ECU, to the national currencies which were appreciating, and to those which might have to depreciate. In this set-up, uniformity of rates of appreciation (depreciation) should not be difficult to attain, and might in fact obtain quasi automatically, given the small annual percentage, as specified hereinafter, by which currencies which chose to glide would be allowed (and would need) to do so.

This would also afford the possibility of dealing in a satisfactory way with the problem of size. It seems to me that the solution of this problem is not made any easier by assuming that, as the size of the currency area decreases, the number of areas would have to increase, and so would the number of "independent" currencies. This is the assumption apparently made by Mundell: "If, then, the goals of internal stability are to be rigidly pursued, it follows that the greater is the number of separate currency areas in the world, the more successfully will these goals be attained (assuming, as always, that the basic argument for flexible exchange rates per se is valid). But this seems to imply that regions ought to be defined so narrowly as to count every minor pocket of unemployment arising from labor immobility as a separate region, each of which should apparently have a separate currency! Such an arrangement hardly appeals to common sense." [26, p. 662] He was considering a world context; the assumption, however, would be misleading in the case of the E. E. C. Here differences in NPIs, while deep-rooted, are not unmanageably large. It is likely that, on the average for a number of years, gaps in NPIs would not imply cost-price discrepancies of more than 2–2.5 per cent p. a. compound. Any discrepancies in excess of that would perhaps have to be considered as the result of sheer mismanagement, and their elimination should not be too difficult as they could hardly be tolerated for any length of time without causing damage to the economies producing them.

Those discrepancies would be larger than between regions, but not so large as to prevent their accommodation within a context offering a three-pronged choice. Thus a meaningful choice would be afforded to every region or district, no matter how small. There would not necessarily be geographical contiguity between the various elements of the currency areas, but an undue multiplication of these would be avoided and so would the problem of illiquidity of currencies, usually associated with the operation of small currency areas. In an arrangement of this type, while the usefulness of money as a measure and store of value, and as a medium of exchange would not be impaired, a considerable amount of orchestration might be required. But is it realistic to visualise the process of monetary integration in Europe as taking place in a neat, textbook-like fashion? Although it occurred in what must have been more propitious circumstances, that process was not free from tensions in the United States of America, tensions which were prominent as late as the first decades of this century. They were described by Prof. Friedman and Dr. Jacobson Schwartz, from whose monumental monetary history of the United States I learn that prior to the Civil War notes of different banks circulated at discounts or at premiums that varied according to whether they happened to be nearer to, or further from, the issuing banks; and that the economy coped with the phenomenon by employing "bank note detectors" to determine the value of such notes. [8, Chapters 3 and 4]

As to the costs arising from the fact that more than one currency would be in circulation, this would not appear to be a disproportionate price to pay for a mechanism needed to cope with the *dynamic disequilibrium*[6] which

---

[6] For the notion of dynamic disequilibrium see Prof. Harrod [11].

different NPIs are apt to generate: a disequilibrium which by its very nature requires a form of gradual, continuous adjustment, rather than a spasmodic one. Prof. Sohmen has offered some interesting considerations on the question of "operating costs" in a multi-currency area. [34] At any rate, these costs would not be eliminated in a multi-currency system, which attempted, however, to ossify intra-group exchange rates. Such a system will in addition suffer from the distortions and disturbances – not just in the field of capital movements – caused by the "credibility gap" which is bound to form if a mechanism is lacking for taking care of the sequence of disequilibrating impulses emanating from different NPIs. Ultimately, the undertaking to maintain unimpaired convertibility will come under fire, so that the most meaningful ingredient of a monetary union will be missing, with effects which usually largely exceed those measured statistically.

On the other hand, the process of adjustment would not hinge exclusively, or mainly, on regulated internal exchange rate flexibility. In order that adjustment may take place without hindering growth in some member countries or regions thereof, I have argued that it would be wrong to base policies on Community-wide aggregates, just as it would not be consistent with the aim of realising the economic and monetary union to go on thinking and acting largely in terms of national aggregates. Community and member Governments' policies should be tailored to the needs of the economic regions, which would be likely to cut across national borders. To prevent the systematic sacrifice of the interests of one group to another's, twin regional policies should be pursued on an equal footing, rather than repeating the traditional pattern in which regional measures, piecemeal in nature, are considered in an ancillary relationship to the general economic policy. It is the uncritical acceptance of "general", as meaning absence of a differentiated regional impact, which is misleading. As Borts and Stein have stressed: "Today, many Federal policies have a differential effect on regional growth in the areas of agriculture, natural resources, public power, transportation, and housing, to name a few... In a sense, all governmental economic policies have a regional impact. Some laws and regulations are consciously designed to stimulate the growth of one or two regions at the expense of others. Public power projects are an example. Other policies have an implicit regional effect because of the varying geographical location of economic activity. Examples of the latter might be a tight-money policy pursued by the Federal Rerseve System or the favorable Federal tax treatment of mineral property depletion. The impact of tight money is likely to be greatest in those regions where a large proportion of resources is devoted to construction. The tax policy will affect the regions where mineral production is located." [2, pp. 188–89] And because in Europe's mixed economic systems, official involvement in the economy is far-reaching and often growing, it is necessary to ask whether the Community itself is equipped to pursue, with the national governments, policies suitable to the different needs of different regional groupings; whether in a progressively integrating Community there would be room for policies aimed at preventing regions from falling behind – and some of them, further behind.

The assumption and fulfilment by the Community of direct, albeit partial, responsibilities in this field, could be accomplished by wielding the instruments of tax and budgetary policies, which are prominent in the regional policies of many countries, and notably the United Kingdom. Prof. Kaldor has recently pointed to the regional employment premium, introduced some years ago in favour of the low growth regions of the United Kingdom, as a better substitute for devaluation. Like devaluation, it has the effect of counteracting adverse trends in "efficiency wages" (index of money wages divided by index of productivity); but unlike devaluation, it does not bring forth a deterioration in the terms of trade for the beneficiary regions, since the cost is borne by the national taxpayers' community. [17, pp. 346–47] Some of the instruments already available to the Community, such as the expenditure on re-structuring of agriculture, tend to have a "favourable" regional impact. And it would appear that the scope for such measures could be expanded somewhat even in the absence of further steps towards strengthening the Community's political institutions; considerably more, if that strengthening did take place. [23] What, however, I wish to stress here, as I have done in [22], is that there would be room for differential regional policies also in the field of money and credit, leading in the end to a differentiated demand management. Prof. Isard has argued with reference to the United States that in the use of those quint-essential instruments of monetary policy which the rate of rediscount and open market operations are, allowance should be made for differentials as between Reserve districts, since "a policy based on national aggregates alone is an inferior one". [15, p. 77] In the Community, a new credit institution of the "universal" type, the Multi-role European Bank, would for the time being provide the main instrument for pursuing differential demand management. Any increases in demand for output and productive factors would be made bearing in mind that the regional distribution of their effects, in markets which will remain for some time only semi-integrated, would depend to a considerable extent on the location at which the injections of demand would be made. To implement this policy, the Multi-role European Bank would avail itself of the *immobilities* which exist among member countries, as well as within each of them. Also in the banking systems which operate on a national rather than regional basis, there are discontinuities tending to reduce the leakages that might percolate through a procedure of locally tied credits. These imperfections represent a drawback for the smooth working of the mechanism of interregional settlements; but to ignore them, or play down their importance, does not help. While progress on the way to integration works towards the gradual and partial removal of immobilities, the task should be to harness them for the need of a differentiated policy, just as mobility is relied upon for the process of adjustment and the mechanism of settlements.

The arrangement sketched here is, of course, meant to apply to the *intermediate* stage of European monetary unification. Steering successfully through that stage is likely to tax most the ingenuity and imagination of those who will be entrusted with the task of merging into one optimum currency area a Community which, in the meantime, would comprise three such areas, at best.

(January 1972)

Bibliography

[1] ACKLEY, G., Stemming world inflation. The Atlantic Papers 2, The Atlantic Institute, Paris 1971.

[2] BORTS, G. H. and J. L. STEIN, Economic growth in a free market. Columbia University Press, New York & London 1964.

[3] CAIRNCROSS, A., Introduction to economics. Butterworths, Third edition, London 1960.

[4] Department of Economic Affairs The development areas. Her Majesty's Stationery Office, London, April 1967.

[5] DEL VECCHIO, G., Teoria del commercio internazionale. Padova 1923.

[6] EMMINGER, O., Die Rolle der Währungspolitik in der europäischen Integration, in: Integration durch Währungsunion?. Edited by H. Giersch for the Institut für Weltwirtschaft an der Universität Kiel, Tübingen 1971, pp. 67–77.

[7] FLEMING, J. M., On exchange rate unification. The Economic Journal, Sept. 1971.

[8] FRIEDMAN, M. and A. JACOBSON SCHWARTZ, A monetary history of the United States 1867–1960. Princeton University Press, Princeton 1963.

[9] HABERLER, G., A survey of international trade theory, Special Papers in international economics. Princeton University, Princeton, Sept. 1955, rev. ed. July 1961.

[10] HANKEL, W., in: H. Giersch, as under no. 6.

[11] HARROD, R. F., Money. Macmillan, London 1969.

[12] HECKSCHER, E., The effects of foreign trade on the distribution of income, Ekonomiks Tidskrift, 1919. Reprinted in Ellis H. S. and Metzler L. A. (eds.), Readings in the theory of international trade, Blakiston, Philadelphia 1949, pp. 272–300.

[13] HICKS, J. R., Essays in world economics. Oxford 1959.

[14] HINES, A. G., Trade unions and wage inflation in the United Kingdom 1893–1961. Review of Economic Studies, 1964, pp. 221–51.

[15] ISARD, W., The value of the regional approach in economic analysis, Regional Income, National Bureau of Economic Research Studies in Income and Wealth, Vol. 21, Princeton 1954.

[16] JOHNSON, H. G. and A. R. NOBAY (eds.), The current inflation. Macmillan, St. Martin's Press 1971.

[17] KALDOR, N., The case for regional policies. Scottish Journal of Political Economy, Vol. XVII, n. 3, Nov. 1970, pp. 337–47.

[18] KENEN, P. B., The theory of optimum currency areas: an eclectic view, in: Monetary Problems of the International Economy, edited by R. A. Mundell and A. K. Swoboda. The University of Chicago Press, Chicago 1969.

[19] KEYNES, J. M., The general theory of employment, interest and money. Macmillan, London 1951.

[20] MACHLUP, F., Another view of cost-push and demand-pull inflation. Review of Economics and Statistics, Vol. 42, 1960, pp. 125–39.

[21] McKINNON, R. I., Optimum currency areas. American Economic Review, Sept. 1963, pp. 717–725.

[22] MAGNIFICO, G., European monetary unification for balanced growth: a new approach. Essays in International Finance no. 88, August 1971, International Finance Section, Department of Economics, Princeton University, Princeton, New Jersey.

[23] MAGNIFICO, G. and J. WILLIAMSON, European monetary integration. Report of the Federal Trust Study Group, to be published in London 1972. Reproduced in Anhang III below.

[24] MARSHALL, A., Principles of economics, eighth edition as reprinted in 1962. Macmillan, London.

[25] MILL, J. S., Principles of political economy. Longmans Green & Co. London 1904.

[26] MUNDELL, R., A theory of optimum currency areas. American Economic Review, Sept. 1961, pp. 657–65.

[27] MUNDELL, R. and A. K. SWOBODA (eds.), Monetary problems of the international economy. The University of Chicago Press, Chicago 1969.

[28] NATIONAL BOARD FOR PRICES AND INCOMES, Second general report, July 1966 to August 1967, Cmnd 3394. Her Majesty's Stationery Office, London.

[29] OHLIN, B., Interregional and international trade. Revised Edition 1967, Cambridge (Massachusetts), Harvard University Press, London: Oxford University Press.

[30] RICARDO, D., The principles of political economy and taxation. Dent: London, Everyman's Library n. 590, reprint 1964.

[31] SAMUELSON, P., International trade and the equalisation of factor prices. The Economic Journal, June 1948, pp. 163–84.

[32] SAMUELSON, P., International factor-price equalisation once again. The Economic Journal, June 1949, pp. 181–97.

[33] SMITH, A., The wealth of nations. Vol. I, Dent: Everyman's Library n. 412, reprint 1965.

[34] SOHMEN, E., in: H. Giersch as under no. 6, pp. 125–28.

[35] WILLIAMS, J., The theory of international trade reconsidered. The Economic Journal, June 1929.

Humpty Dumpty sat on a wall,
Humpty Dumpty had a great fall.
Can all the King's horses and all the King's men
Ever put Humpty together again?

(engl. Kinderreim, leicht „realigned")

WALTER DAMM

EUROPA – AMERIKA – JAPAN: PARTNER ODER RIVALEN?

Einleitung: Das Ende der Nachkriegsära

Wir leben nicht mehr in der heilen Welt des Kalten Krieges. Die politischen, wirtschaftlichen und militärischen Gegebenheiten, die die Entwicklung der Nachkriegszeit bestimmten, existieren nicht mehr oder werden nicht mehr anerkannt.

Die Bipolarität wird in Zweifel gestellt. Politische Tabus werden gebrochen durch Kontakte zwischen den USA und Rotchina oder der Bundesrepublik und der DDR. Die anglo-amerikanische „Special relationship" ist tot. Die Bundesrepublik ist selbstsicherer geworden.

Im militärischen Bereich ist ein atomares Gleichgewicht zwischen den Supermächten erreicht. Der Ernst der Bedrohung aus dem Osten und die Glaubwürdigkeit des amerikanischen Schutzes werden angezweifelt.

Innerhalb des Westlichen Bündnisses werden die Gemeinsamkeiten wie politische und kulturelle Tradition, der Glaube an die Tragfähigkeit des demokratischen Systems und die Vorzüge einer liberalen Wirtschaftspolitik sowie die Führungsrolle der USA in Frage gestellt.

Die Wirtschaftspolitik ist in einer Krise. Nach einer Phase lang anhaltender Expansion erscheinen die Fortdauer des wirtschaftlichen Wachstums und die Erfolge staatlicher Inflationsbekämpfung als nicht mehr gesichert. Sozialpolitische und wirtschaftspolitische Forderungen treten in Konflikt. Die „revolution of rising expectations" hat auch auf die Industrieländer übergegriffen. Außenwirtschaftlich verschieben sich die Gewichte zu Lasten der USA durch das Erstarken der europäischen Länder und Japans.

Liberalismus und Multilateralismus, Reaktion auf Autarkie und Bilateralismus der Vorkriegszeit brachten allen Ländern ungeahnten materiellen Wohlstand. Die weitgehende Verflechtung von Volkswirtschaften unterschiedlicher Struktur bei Fortbestand nationaler Autonomie und divergierender wirtschaftspolitischer Prioritäten schuf jedoch neue, schwerwiegende Probleme.

Die wirtschaftlichen, militärischen und politischen Veränderungen haben dem oft totgesagten Nationalismus neuen Auftrieb gegeben. Seit langem schwelte die Krise im Westlichen Bündnissystem. Durch die Freigabe des DM-Wechselkurses und wenig später durch den „Nixon-Schock" wurde das Ausmaß der Probleme allen offenbar. Wie es zu dieser Entwicklung im Welthandel, im Weltwährungssystem und in der Europäischen Integration kam, soll im folgenden an dem GATT, dem IMF und der EWG dargelegt werden, um sodann aufzuzeigen, welche Fragen sich für die zukünftige Entwicklung stellen.

I. Das GATT – Ein Provisorium von Dauer?

Das GATT wie auch der Weltwährungsfonds sind Ausdruck des Bemühens, zukünftige Generationen vor den wirtschaftspolitischen Fehlern der Vorkriegszeit zu bewahren. In den dreißiger Jahren war der Außenhandel in der Zwangsjacke der mengenmäßigen Beschränkungen, Prohibitivzölle, Einfuhrlisten und bilateralen Handels- und Verrechnungskonten geradezu erstickt. Als nach dem Zweiten Weltkrieg die geplante International Trade Organisation am amerikanischen Widerspruch scheiterte, wurde ein „Provisorium" geschaffen, das General Agreement on Tariffs and Trade, ein multilaterales Handelsabkommen mit dem Ziel, die Freiheit des Handels wiederherzustellen und damit zur Vollbeschäftigung und Steigerung des Lebensstandards beizutragen. Dies sollte durch die multilaterale Gewährung der Meistbegünstigungsklausel, den Abbau der Zölle und mengenmäßigen Beschränkungen und durch einen Kodex des Wohlverhaltens erreicht werden, der Schutz gegen Dumping und Exportsubventionen bot und die Beilegung von Streitigkeiten erleichtern sollte.

Wenn auch die außerordentlich bedeutsame Handelsausweitung in der Zollunion und Freihandelszone der EWG und EFTA nicht als Erfolg des GATT gewertet werden können, so kann man doch mit Befriedigung feststellen, daß dieses „Provisorium" außerordentlich zu dem wirtschaftlichen Aufschwung der Westlichen Gemeinschaft beigetragen hat. Die Signatarstaaten haben im GATT ein Forum für Liberalisierungsverhandlungen gefunden, die es in den meisten Fällen ermöglichten, den Zollsätzen den Charakter von ernst zu nehmenden Handelshemmnissen zu nehmen. Die mengenmäßigen Beschränkungen haben ebenfalls stark an Bedeutung verloren, und gegen Dumping-Maßnahmen gewährte der Anti-Dumping-Kodex einen recht wirksamen Schutz. Streitigkeiten wie der sogenannte „Hähnchenkrieg" konnten im GATT beigelegt werden. So hat sich der Welthandel von 1953 auf 1963 von $ 75 Mia. auf $ 150 Mia. verdoppelt und in den darauffolgenden 5 Jahren noch einmal um den gleichen Betrag erhöht.

Trotz dieser Erfolge läßt sich nicht verheimlichen, daß sich das GATT in den letzten Jahren immer größeren Schwierigkeiten gegenübergesehen hat. Gerade weil Zölle und mengenmäßige Beschränkungen abgebaut worden sind, traten tieferliegende und deshalb hartnäckigere Handelsschranken wie die nicht-tarifären Hemmnisse an die Oberfläche. Diskriminierende Vorschriften bei öffentlichen Ausschreibungen, Unterschiede in der direkten und indirekten Besteuerung, den Sicherheitsvorschriften, Verpackungsarten, Veterinär- oder Pflanzenschutz oder Vorschriften um Umweltschutz können ernste Hindernisse darstellen, die jedoch meist nicht bewußt zur Abwehr von Importen geschaffen wurden, sondern notwendige innerstaatliche Regelungen sind, die man nicht einfach beseitigen kann, sondern von Fall zu Fall international harmonisieren muß. Die Beseitigung der Handelsschranken hat auch die Strukturunterschiede zwischen den einzelnen Volkswirtschaften stärker hervortreten lassen und damit ernste Probleme für die Landwirtschaft, die Textilindustrie, die Schuhindustrie usw. entstehen lassen.

Schwierigkeiten entstanden auch aus der mangelnden Präzision der GATT-Bestimmungen. Dies gilt zum Beispiel für die Vorschriften über Exportsubventionen oder stillschweigende Erhöhungen von konsolidierten Zöllen oder die bevorzugte Behandlung der USA in gewissen Vertragsbereichen. Die GATT-Regeln beruhten zudem auf der Annahme, daß die USA für die anderen Signatarstaaten der bedeutendste Handelspartner bleiben und das „Dollar gap" längere Zeit Bestand haben würde. Die Schutzklausel bietet deshalb mehr Möglichkeiten bei Auftreten eines eventuellen Zahlungsbilanzdefizites als bei einem überraschend schnellen Ansteigen von wettbewerbsfähigen Importen, die ernste Probleme für die heimische Wirtschaft bringen können.

Die GATT-Vorschriften entsprechen auch nicht mehr den Erfordernissen eines strukturell stark gewandelten Welthandels. Die moderne Wirtschaft verlangt nach großen Märkten; dem trug man durch die Gründung von Zollunionen und Freihandelszonen Rechnung trug. Das Prinzip der multilateralen Meistbegünstigung, der Eckpfeiler des GATT-Systems, wurde auf diese Weise im Laufe der Zeit jedoch immer stärker ausgehöhlt und die Ausnahmemöglichkeit des Artikel XXIV immer mehr zur Regel. In den letzten 15 Jahren wurden über 20 Präferenzabkommen abgeschlossen. 55 der 80 Signatarstaaten gehören der einen oder anderen Integrationszone an. Heute sind die Mitgliedsländer in zwei Blöcke gespalten: in diejenigen Länder, die Präferenzabkommen beigetreten sind und in solche, die es nicht sind.

Andere Schwierigkeiten entstehen durch das System des staatlichen Handelsmonopols der Ostblockstaaten und das ungeklärte Verhältnis der Industrieländer zu den Entwicklungsländern, deren wichtigste Exporte, die Roh- und Grundstoffe, eine geringe Nachfrageelastizität aufweisen, starken Preisschwankungen unterworfen und der Konkurrenz durch synthetische Erzeugnisse ausgesetzt sind. Zwischen den Industrieländern nimmt der Export von Gütern ab und verschiebt sich tendenziell zum Export von Dienstleistungen und Produktionsmitteln. Der Aufbau ausländischer Produktionsstätten – dies hat die EWG gezeigt – wird durch den Abbau der Zölle eher gefördert als gebremst. Ein weiterer Ansporn dazu sind Wechselkursänderungen. Die Regeln der klassischen Handelspolitik sind jedoch weder auf den Export von Dienstleistungen, noch auf multinationale Unternehmen voll anwendbar.

Zu allen diesen sachlichen Problemen gesellen sich die politischen Schwierigkeiten, die sich aus dem Wiedererwachen des handelspolitischen Nationalismus
ergeben. Die noch erlaubten Instrumente der klassischen Handelspolitik werden hartnäckig verteidigt, wie die Diskussion um die Abschaffung der mengenmäßigen Beschränkungen für sensible Produkte zeigt; zugleich werden
neue Instrumente der Diskriminierung wie Steuermaßnahmen, Exportförde-
rung, „freiwillige" Importbeschränkungen usw. eingeführt. Erst wurden die
Regeln des GATT von den interessierten Parteien immer extensiver ausgelegt,
dann beachtete man sie überhaupt nicht mehr, in der richtigen Annahme, daß
die anderen Vertragsstaaten die Situation nicht noch durch Vergeltungsmaß-
nahmen verschlimmern wollten. Die Unsicherheit in der Währungssituation
tat ein übriges, um neue Initiativen für eine weitere Liberalisierung des Welthandels zu behindern; die letzte unergiebige Vollversammlung des GATT hat
dies deutlich gezeigt.

II. Das Westliche Währungssystem: Ordnung oder conflittualità permanente?

Die dreißiger Jahre waren eine Zeit des währungspolitischen Nationalismus. Auf die Abwertung des Pfund-Sterling 1931 und die Phase des „gold
standard on the booze" (Keynes) folgte die Zeit der Währungsblöcke, der
schwankenden Wechselkurse, der Autarkiebestrebungen, der strengen Devisenkontrollen und der beggar-my-neighbour-policy durch Abwertungen. Die Des-
integrationseffekte dieser „Währungsordnung" waren der Grund dafür, warum die Verfasser des 1944 konzipierten Systems des Internationalen Währungsfonds mit Nachdruck darauf bestanden, daß sich die Mitgliedstaaten in
der äußeren Wirtschaftspolitik gemeinsam anerkannten Beschränkungen und
Verhaltensregeln unterwarfen. Um den Handel nicht durch Kursschwankungen zu behindern und um Abwertungen als Mittel der Konjunkturpolitik aus-
zuschließen, entschied man sich für ein System stabiler, aber nicht starrer Wechselkurse, denn gelegentliche Paritätsänderungen waren gestattet, wenn die
Zahlungsbilanz eines Landes ein grundlegendes Ungleichgewicht aufwies. Bei
vorübergehenden Zahlungsbilanzschwierigkeiten sollten die Signatarstaaten
Devisenkredite vom Fonds erhalten können. Alle Devisenbeschränkungen für
den internationalen Handel und die laufenden Zahlungen sollten abgebaut
werden; für den Kapitalverkehr wurden keine Liberalisierungsverpflichtun-
gen vorgesehen. Das Bretton-Woods-System sollte nicht nur die Vorteile des
reinen Goldstandards bringen, sondern den Mitgliedstaaten auch die Autonomie belassen, neue Ziele der Wirtschaftspolitik wie Vollbeschäftigung, Stabilität und Wachstum zu verfolgen.

Bereits zur Zeit der Schaffung des IMF war offensichtlich, daß die USA eine
Schlüsselrolle in dem System einnehmen würden, obwohl dies nicht in den
Statuten verankert war. Sie waren die größte Wirtschaftsmacht, besaßen bei

weitem die meisten Reserven, waren nur unbedeutend verschuldet und erfreuten sich eines ständigen Handelsbilanzüberschusses. Statt Gold- legten die Mitgliedstaaten ihren Währungen feste Dollarparitäten zugrunde. Kursschwankungen auf dem Kassamarkt wurden durch Dollarinterventionen der Notenbanken auf eine Bandbreite von maximal 1 % zu beiden Seiten der Parität begrenzt. Dies galt jedoch nicht für die USA, da die anderen Notenbanken durch ihre Intervention für eine Einhaltung der Schwankungsbreiten des Dollar sorgten. Statt dessen verpflichteten sich die USA gegenüber ausländischen Notenbanken, deren Dollarguthaben zu $ 35 je Feinunze in Gold einzutauschen. Diese Garantie der Einlösung in Gold wurde damit zur Grundlage des Systems der festen Wechselkurse des Bretton-Woods-Systems.

Der IMF wurde bald durch weitere Gremien, meist regionaler Art, ergänzt und gestützt. Zu nennen sind insbesondere die Europäische Zahlungsunion, das Europäische Währungsabkommen, die währungspolitischen Gremien der OECD und der EWG sowie die Swap-Abkommen und der Zehnerklub, die notwendig wurden, um die ständig wachsenden und länger anhaltenden Defizite zu finanzieren.

In der ersten Nachkriegsphase stand der Fonds stark im Schatten der Europäischen Zahlungsunion, die als Nachfolgerin der Intereuropäischen Zahlungsabkommen 1950 gegründet und 1958 in das Europäische Währungsabkommen übergeleitet wurde. Ihre Aufgabe war die multilaterale Aufrechnung von Überschüssen und Defiziten im gegenseitigen Zahlungsverkehr, der Ausgleich der Salden durch zum Teil automatische Kreditgewährung in einer Rechnungseinheit, die eine Art synthetisches Reserveguthaben mit Goldgarantie darstellte, die gegenseitige Abstimmung währungspolitischer Maßnahmen und die regelmäßige Überprüfung der Zahlungsbilanzsituation der Mitgliedstaaten.

Die EZU kann als eines der erfolgreichsten Experimente der Währungsgeschichte der Nachkriegszeit angesehen werden. Ohne die EZU-Reserven wäre es der OEEC schwerlich gelungen, die mengenmäßigen Beschränkungen zu beseitigen und in diesem Bereich den Warenverkehr zwischen den Mitgliedstaaten zu liberalisieren.

Als die Zahlungsbilanzdefizite der USA einsetzten, waren sie lange Zeit den europäischen Staaten willkommen, da sie sich in mäßigem Rahmen hielten und zu einer Aufstockung der europäischen Währungsreserven und zu einer besseren Verteilung des Reservemediums Gold führten. Ende 1958 konnten die meisten Länder Westeuropas für ihre Währung die Ausländerkonvertierbarkeit für laufende Zahlungen erklären, und etwa um 1960 waren die wesentlichen Ziele, die man sich im Währungsbereich für die Nachkriegszeit gesetzt hatte, erreicht.

Es erscheint paradox, daß fast zum gleichen Zeitpunkt die erste Kritik an der Funktionsweise des Gold-Dollar-Standards laut wurde. Dies war vor allen Dingen darauf zurückzuführen, daß die Gefahren des „asymmetrischen"

Währungssystems immer deutlicher zutage traten. Waren bis Ende 1965 die Privilegien, die sich aus der zentralen Rolle des Dollar im Weltwährungssystem ergaben, für Europa noch tragbar gewesen, so veränderte sich von diesem Zeitpunkt an die Lage. Die Inflation in den USA führte zu einer defacto Aufhebung der Goldeinlösungspflicht des Dollar, die die übrigen Länder aus politischen Gründen ihrer militärischen Schutzmacht konzedierten. Damit war die „goldene Bremse" des Bretton-Woods-Systems außer Kraft gesetzt.

Dies erklärt, warum Akademiker, und dann auch Praktiker, sich immer kritischer über das Weltwährungssystem äußerten und auf – je nach Temperament – konservative oder progressive Reformen drängten.

Ihre Einwände konzentrierten sich einmal auf die Verzögerung oder das Ausbleiben notwendiger Wechselkurskorrekturen bei fundamentalem Ungleichgewicht. Daß aus dem System stabiler Wechselkurse ein System starrer Wechselkurse geworden ist, liegt zu einem großen Teil an der Schwierigkeit, objektive Kriterien für ein fundamentales Ungleichgewicht zu finden. Andererseits aber wurden die Spielregeln des Systems nicht eingehalten. Abwertungen schob man aus politischem Prestige, Aufwertungn dagegen wegen der Rückwirkungen auf die Exportwirtschaft hinaus. Weitere Hindernisse waren in der EWG die Agrarpolitik, da eine Veränderung der Wechselkurse automatische Rückwirkungen auf das Einkommen der europäischen Landwirte hatte, und in den USA das relativ geringe Volumen des Außenhandels, das eine zahlungsbilanzorientierte Wirtschaftspolitik politisch schwer vertretbar machte. Weiter wurde kritisiert, daß die Versorgung der Weltwirtschaft mit Währungsreserven letztlich von der Wirtschaftspolitik des Hauptwährungslandes abhängt, denn die Bildung internationaler Devisenreserven war praktisch nur ein „Abfallprodukt" des amerikanischen Zahlungsbilanzdefizites. In dem Maße jedoch, in dem sich die kurzfristige Verschuldung der Vereinigten Staaten erhöhte, wuchsen das Mißverhältnis zum amerikanischen Goldbestand und die Zweifel an der Wertbeständigkeit des Reservemediums Dollar. Gleichzeitig führte der Umtausch des Dollar in die Währung der Gläubigerländer zu einer ständigen Ausweitung der Binnenliquidität und einer „importierten Inflation".

Drittens wurde bemängelt, daß die USA vom Zwang befreit wurden, Zahlungsbilanzdefizite zu beseitigen, da der Dollar Reserve-, Handels- und Interventionswährung war. Da die Gläubigerländer die defacto Nichtkonvertierbarkeit des Dollar in Gold hinnahmen, konnten sich die USA ein „Defizit ohne Tränen" (Rueff) leisten. Der Anteil des Dollar an den Währungsreserven der Notenbanken nahm immer größere Ausmaße an und betrug bis zu 90 %.

Dieses „privilège exorbitant" (Général de Gaulle) des Hauptwährungslandes wurde jedoch teuer erkauft. Einmal führte das wachsende Zahlungsbilanzdefizit der USA zu ernsthaften wirtschaftlichen und sozialen Problemen. Durch die Überbewertung des Dollar ergaben sich Absatzschwierigkeiten und Arbeitslosigkeit. Zum anderen setzte die zunehmende Auslandsverschuldung der Rezessionsbekämpfung durch eine „easy money policy" immer engere Grenzen. Die Zinssenkung bei den USA bei hohen Zinsen in Europa und mangelndes Vertrauen in den Dollar führten schließlich zu einer rapiden Verschlechterung der Zahlungsbilanz der USA, die allein in den ersten neun Monaten von 1971 ein Defizit von über $ 23 Mil. aufwies.

Das Verdienst des Bretton-Woods-Systems liegt darin, nach dem Zweiten Weltkrieg eine Zusammenarbeit auf weltweiter Ebene ermöglicht und dadurch das Zusammenwachsen der Weltwirtschaft und die kontinuierliche Ausweitung des Welthandels gefördert zu haben. Das System konnte jedoch nur funktionieren, so lange das Verhältnis zwischen den USA und den übrigen Industrieländern die Vormachtstellung des Dollar und die Rolle des Federal Reserve als supranationale Zentralbank tolerierbar machte. Es brach zusammen, weil der Anpassungsmechanismus insbesondere im Falle der USA nicht funktionierte, weil die Mitgliedstaaten dem süßen Gift der Inflation verfielen und schließlich weil man nicht fähig war, wirksame Fangnetze für die von den Euromärkten ausgehenden kurzfristigen Kapitalbewegungen zu errichten. So wurde das wirtschaftliche Gefüge der Westlichen Welt von 1967 an in immer schnellerem Rhythmus durch internationale Währungskrisen erschüttert. Man versuchte zwar, durch eine Reihe von Kunstgriffen wie Roosa-Bonds, Swap-Abkommen, Sonderziehungsrechte, eine Spaltung des Goldmarktes und den stillschweigenden oder gar schriftlichen Verzicht auf eine Konversion von $-Zentralbankguthaben die Schwierigkeiten zu überdecken. Das zunehmende Mißverhältnis zwischen kurzfristiger Auslandsverschuldung und Goldbestand der USA, die Anziehungskraft der durch keinerlei Devisenbeschränkungen abgeschirmten DM als Zufluchtswährung, die Umkehr der Zinsrelationen zwischen den USA und Europa sowie offiziöse und private Verlautbarungen über Wechselkursänderungen führten schließlich zu einer für die Bundesrepublik und andere europäische Staaten unhaltbaren Situation. Einige Länder werteten auf oder nahmen zu Devisenbeschränkungen Zuflucht; andere wie die Bundesrepublik entbanden sich von der Interventionspflicht gegenüber dem Dollar. Das offizielle Ende des fiktiven Gold-Dollar-Standards kam dann mit der formellen Aufhebung der Dollarkonvertierbarkeit. Sie wurde nicht durch Verhandlungen beschlossen, sondern einseitig von den USA dekretiert, war aber letztlich von der Macht der Ereignisse diktiert.

III. Die Euromärkte: Währungspolitische Nebenregierungen?

Jede Schilderung des westlichen Währungssystems wäre unvollständig, die nicht auf die kurz- und langfristigen Euromärkte zu sprechen käme, denn diese Märkte haben sich zu einem überaus potenten Faktor entwickelt. Der kurzfristige Euromarkt kann fast als währungspolitische Nebenregierung apostrophiert werden.

Die Ursachen für die Entstehung der beiden Märkte sind die gleichen: es ist eine kuriose Mischung von Restriktionen und Liberalisierungsmaßnahmen. Der Euro-Bond-Markt entstand durch die Ankündigung der amerikanischen interest equalization tax und der deutschen Couponsteuer, die Liberalisierung des Kaufs und Verkaufs von börsennotierten Wertpapieren in der EWG sowie durch die großzügige Haltung der englischen Regierung bei der Stempelsteuer und der Verwendung von Inhaberobligationen. Die Entstehung des kurzfristigen Eurodollarmarktes, durch die amerikanischen Zahlungsbilanzdefizite gespeist, ist weitgehend auf die Anlagepolitik des Ostblocks, auf die amerikanische „Regulation Q" und die Freiheit der Verzinsung von Währungsguthaben in anderen Ländern zurückzuführen.

Beide Märkte wiesen seit dem Anfang der sechziger Jahre ein rapides Wachstum auf. Von einem Gesamtvolumen von ca. $ 150 Mio. im Jahre 1963 wuchs der Eurobondmarkt bis heute auf ein Gesamtvolumen von ungefähr $ 17 Mia. international placierter Emissionen an. 1971, in einem Jahr größter Währungsunruhen, betrug das Emissionsvolumen $ 3,35 Mia. und übertraf das bisherige Rekordergebnis des Jahres 1968 von $ 3,1 Mia. Das Volumen des kurzfristigen Euromarktes wurde Ende 1970 auf ca. $ 57 Mia. geschätzt, wovon ca. $ 46 Mia. auf den Dollar entfielen. 1969 wuchs der Markt um 50 %; im Jahre 1970 nahm er um weitere 30 % zu.

Die Wirtschaft nimmt gegenüber den beiden Märkten eine positive Haltung ein, da sie der zunehmenden Internationalisierung der Wirtschaftsbeziehungen entsprechen und flexibles Handeln gestatten. Auch die Regierungen und Zentralbanken haben sich gerne dieser Märkte bedient, um Zahlungsbilanzungleichgewichte auszugleichen, neue Finanzierungsquellen für staatliche und private Kreditnehmer zu erschließen, die nationalen Finanzplätze zu stärken und sich eine günstige Verzinsung ihrer nationalen Dollarreserven zu sichern.

Da das rapide Wachstum der Märkte jedoch die wirtschafts- und währungspolitische Autonomie aufzuheben drohte, bemühten sich Regierungen und Notenbanken, dieser Störungen durch Kontrollen Herr zu werden. Im Bond-Sektor versuchte man, durch die Einführung eines Emissionskalenders, Einschränkungen in der Placierung oder der Verwendung der Anleiheerlöse Rückwirkungen auf die nationalen Kapitalmärkte oder die Zahlungsbilanz zu mildern. Für den kurzfristigen Euromarkt, der das größere Volumen aufweist und der besonders schnell auf Zinsdifferenzen oder potentielle Paritätsänderungen reagiert, wurde ein noch vielfältigeres Arsenal von Maßnahmen geschaffen. Die Palette reicht von der Devisenzwangswirtschaft bis zur Devisenbannwirtschaft. Die Spaltung von Devisenmärkten, beschränkt oder frei schwankende Wechselkurse, Restriktionen im Devisenkassa- und Devisenterminmarkt, Vorschriften über die Zahlungsfristen bei Exporten und Importen, Zinsarbitragegeschäfte usw., die Kontrolle der Auslandsposition der Banken, diskriminierende Mindestreservevorschriften für Einlagen von Devisenausländern, das Verzinsungsverbot von Einlagen, Kontenblockierungen,

Gentlemen's Agreements und Kontrollen des Nichtbankensektors sind eine
vielleicht unvollständige Aufzählung der Maßnahmen, die in den letzten
Jahren in Europa und den USA ergriffen wurden. Die zunehmende Zuflucht
zu derartigen Praktiken bildete einen eigenartigen Kontrast zu den deutlichen
Liberalisierungsfortschritten im Handelsbereich, der wachsenden Bedeutung
der multinationalen Produktionsunternehmen und der Internationalisierung
des Bankwesens. Die Spannungen, die hierdurch entstanden, bilden ein großes
Hindernis für weitere Fortschritte in der Liberalisierung des Geld- und Kapitalverkehrs in der westlichen Welt.

IV. Die europäische Integration: Traum oder Alptraum?

Hatten das GATT und der IMF vornehmlich wirtschaftliche Aufgaben, so
verfolgte man mit der Integration der europäischen Wirtschaften eminent politische Ziele. Die Verschmelzung von 6 Volkswirtschaften zu einer Einheit
sollte die politische Stabilität Europas und vor allen Dingen die Verankerung
der Bundesrepublik in das Westliche Bündnissystem sichern. Zum ersten Mal
in der Geschichte sollte die Schaffung eines einheitlichen Wirtschaftsraumes
nicht durch Okkupation und Zwang, sondern mit Mitteln der Vernunft erreicht werden. Instrumente dieser Politik waren die Spezialorganisationen für
Kohle und Stahl und Atomfragen und die für die sonstigen Wirtschaftsfragen
zuständige Europäische Wirtschaftsgemeinschaft. Diese Institutionen konnten
auf den positiven Ergebnissen des Marshall-Plans und der OEEC aufbauen,
die die psychologischen und materiellen Hemmnisse beseitigten, die sich
aus dem Zweiten Weltkrieg ergeben hatten.

Die Europäische Gemeinschaft für Kohle und Stahl und EURATOM sind
in den Hintergrund getreten. Die EWG erzielte in den 14 Jahren ihres Bestehens besondere Erfolge im Binnenhandel, in den Außenhandelsbeziehungen
und im Agrarbereich. Der erste große Schritt, die Beseitigung der Binnenzölle
und die Einführung des gemeinsamen Außenzolltarifs, wurde noch vor Ablauf der vertraglich festgelegten Fristen vollzogen. Mit dem Ende der Übergangszeit wurden die letzten mengenmäßigen Beschränkungen abgeschafft und
den Mitgliedstaaten die Möglichkeit genommen, im innergemeinschaftlichen
Warenverkehr Schutzklauseln in Anspruch zu nehmen. Der Kommission wurde
die Kompetenz übertragen, für die Gemeinschaft in Fragen der Handelspolitik
zu verhandeln. Die Kompensationsverhandlungen im GATT, die der Ein-
führung des gemeinsamen Außenzolltarifs Rechnung tragen sollten (Dillon-
Runde) und insbesondere die durch die europäische Integration provozierte
Kennedy-Runde brachten eine seit dem 19. Jahrhundert nicht mehr gekannte
Liberalisierung des Welthandels in Industrieprodukten. Rund 50 % des
EWG-Außenhandels werden heute mit anderen Partnerstaaten abgewickelt.
Neben den assoziierten afrikanischen Staaten hat die EWG mit zahlreichen
Ländern Präferenzabkommen abgeschlossen. Die Gemeinschaft leistet so einen

Beitrag zur wirtschaftlichen Entwicklung Afrikas und zur Stabilisierung des politisch explosiven Mittelmeerraumes. Für die Entwicklungsländer führte sie für die Dauer von 10 Jahren allgemeine, nicht diskriminierende und einseitige Zollpräferenzen für gewerbliche Halb -und Nichtfertigwaren und für gewisse Agrargüter ein. Die Gemeinschaft bewies damit, daß sie „outward looking" ist.

Die Gemeinschaft ist jedoch nur eine Zolltarifunion. Von einer Zollunion kann noch keine Rede sein. Es gibt zwar gewisse Gemeinschaftsregelungen, aber die Vereinheitlichung des Zollwesens ist weiterhin Gegenstand langwieriger Verhandlungen.

Der Erfolg der EWG im Handelsbereich hat viel dazu beigetragen, daß andere europäische Staaten sich um Beitritt oder um eine andere Form der Verbindung zu der Gemeinschaft bemüht haben. Zunächst bot die EWG den anderen europäischen Staaten jedoch nur eine Vollmitgliedschaft an. Solange der gemeinsame Außenzolltarif das politische Band darstellte, das die Gemeinschaft zusammenhielt, hätte die Schaffung einer Großen Europäischen Freihandelszone den Zusammenhalt der EWG entscheidend schwächen können. Da sich aber inzwischen die Gemeinschaft für innerlich genügend gefestigt hält und der gemeinsame Außenzolltarif dank Dillon- und Kennedy-Runde stark an Bedeutung verloren hat, konnte die EWG nunmehr den nicht beitrittswilligen EFTA-Staaten die Schaffung einer Freihandelszone vorschlagen. Das wirtschaftlich stärkste Mitglied der EFTA, das Vereinigte Königreich, hat dagegen beschlossen, der Gemeinschaft als Vollmitglied beizutreten, und auch die übrigen Beitrittskandidaten werden sich sicherlich der EWG anschließen, wenn die Fischerei-Probleme gelöst werden und die notwendigen Volksentscheide positiv ausfallen. Die Gemeinschaft, schon jetzt die größte Handelsmacht der Welt, würde damit auch politisch und wirtschaftlich eine ausgewogenere Struktur erhalten.

Die Vertragsvorschriften über die Landwirtschaft waren zwar sehr allgemein gehalten, aber da der politische Wille vorhanden war, konnte in langwierigen Verhandlungen eine gemeinschaftliche Agrarpolitik geschaffen werden. 1965 wurde das Prinzip einheitlicher, in Rechnungseinheiten ausgedrückter Preise gebilligt, und 1968 waren bereits für eine Vielzahl von Agrarprodukten gemeinsame Marktordnungen in Kraft. Die Agrarproduktion sollte durch die jährliche Festsetzung von gemeinsamen Preisen gesteuert werden. Die Preisstützung auf dem Binnenmarkt und die Subventionierung der Exporte wurde dem Ausrichtungs- und Garantiefonds anvertraut, der auch zur Finanzierung der strukturellen Reform der europäischen Landwirtschaft beiträgt. Die Solidarität im Agrarsektor war für die Mitgliedstaaten von derartiger Bedeutung, daß sie sich bereit fanden, ab 1975 sämtliche Kosten der Agrarpolitik – die bei weitem den größten Anteil der Ausgaben der Gemeinschaft ausmachen – gemeinschaftlich über die Einnahmen aus Mehrwertsteuer, Zöllen und Agrarabschöpfungen zu finanzieren und Großbritanniens Beitritt von der Annahme dieses für das Land sehr kostspieligen Systems abhängig machten.

Sowohl in dem Bereich der Handelspolitik wie auch in der Agrarpolitik ist die Gemeinschaft jedoch seit langem starker Kritik ausgesetzt gewesen, insbesondere auch von amerikanischer Seite. Amerika hat eine traditionelle Abneigung gegen regionale Wirtschaftsräume, die sich schon bei der Einführung der „Commonwealth preferences" durch das Ottawa-Abkommen von 1932 bemerkbar machte. Sie verstärkte sich durch die Entwicklung der EWG und den Ausbau ihres Präferenznetzes immer mehr, da damit das Prinzip des nicht diskriminierenden weltweiten Freihandels ständig mehr an Bedeutung verlor.

Auch die Agrarpolitik wurde angegriffen, da sie stark protektionistisch ausgerichtet war. Die hohen Preise der Gemeinschaft führten nicht nur zur Selbstversorgung, sondern auch zur Erzeugung von Überschüssen, die mit Hilfe von Ausfuhrsubventionen auf den Weltmärkten abgesetzt wurden, die Weltmarktpreise von Agrarprodukten drückten und so das Einkommen der agrarexportierenden Länder minderten. Die Abschöpfungsbeträge werden als den mengenmäßigen Beschränkungen überlegene Einfuhrschranken angesehen. Die Koppelung von nationalen Agrarpreisen an die Rechnungseinheit verzögerte die notwendigen Anpassungen der Wechselkurse und führte bei Paritätsänderungen zu einer Aufspaltung des gemeinsamen Agrarmarktes in verschiedene Teilmärkte.

Als Ende 1969 die sogenannte Übergangszeit des Vertrages auslief und die Staats- und Regierungschefs in Den Haag eine Erklärung über die Vollendung, Stärkung und Erweiterung der Gemeinschaft abfaßten, waren wichtige Bestimmungen des Vertrages nicht erfüllt. Es bestand auch keine Aussicht, daß dies bald geschehen würde. Zu erwähnen wäre unter anderem das Niederlassungsrecht, der freie Dienstleistungsverkehr, die Steuerharmonisierung, die Regionalpolitik, die Industriepolitik usw. Am wichtigsten jedoch ist der Fehlschlag in der Koordinierung in der Wirtschafts- und Währungspolitik.

Seit vielen Jahren verficht die Kommission zu Recht die These, daß die Entwicklung der Gemeinschaft im Binnenhandel und der Landwirtschaft eine Ergänzung durch eine Wirtschafts- und Währungsunion erforderlich mache, selbst wenn dies im Vertrag nicht ausdrücklich fixiert ist. Als Reaktion auf außergemeinschaftliche Entwicklungen konnte die EWG in Fragen der internationalen Währungspolitik auch einige beachtliche Erfolge erzielen. Die Stärkung des innergemeinschaftlichen Zusammenhaltes im Währungs- und Wirtschaftsbereich gelang jedoch bei weitem nicht in ausreichendem Maße, obschon bis etwa 1968 das währungspolitische Klima in Europa wegen der Parallelentwicklung der Wirtschaften und der Überschüsse der Zahlungsbilanzen günstig war. Abgesehen von einigen Liberalisierungsmaßnahmen im Kapitalverkehr, der Errichtung von Beratenden Ausschüssen und der Pflicht zur Konsultation bei Paritätsänderungen und grundsätzlichen Veränderungen der nationalen Wirtschaftspolitik wurden keine ins Gewicht fallenden Fortschritte erzielt. Das System des kurzfristigen Beistandes wurde bisher nicht in Anspruch genommen; der mittelfristige Beistand ist noch nicht von allen Staaten gebilligt.

Der Abbau von Devisenbeschränkungen wurde autonom vorgenommen, um die eventuelle Rücknahme nicht Gemeinschaftsregelungen unterstellen zu müssen. Neu eingeführte Beschränkungen mußten durch juristische Kunstgriffe mit den Gemeinschaftsbestimmungen in Einklang gebracht werden oder gaben gar – wie im Falle der Direktinvestitionen – zu Verfahren vor dem Europäischen Gerichtshof Anlaß. Die langjährigen Bemühungen, gewisse administrative Diskriminierungen im Börsen-, Emissions- und Anlagebereich zu beseitigen, blieben stecken. Die Vorschläge zur Aufhebung der Diskriminierung bei der Niederlassung von Kreditinstituten und ihrem grenzüberschreitenden Dienstleistungsverkehr sind seit vielen Jahren Gegenstand zähflüssiger Verhandlungen. Bei ihrem Bemühen, einen europäischen Kapitalmarkt zu schaffen, befaßte sich die Kommission nur mit solchen Fragen wie der Verbesserung der Publizität usw., die die währungspolitische Souveränität der Mitgliedstaaten nicht antasteten. Fortschritte in diesen Bereichen würden zwar die Funkionsweise der nationalen Kapitalmärkte verbessern, nicht aber eine so einschneidende Liberalisierung bewirken, daß die nationalen Märkte für die liberalen und flexiblen Euromärkte eine ernst zu nehmende Konkurrenz darstellen würden. Was die Koordinierung der wirtschafts- und währungspolitischen Entscheidungen angeht, so ist schließlich zu bedenken, daß „Konsultation" noch nicht mit effektivem Eingehen auf die Vorstellungen der Partner gleichzusetzen ist. So ist die Bedeutung der getroffenen Vereinbarungen und geschaffenen Gremien mehr darin zu sehen, daß man die Situation der einzelnen Mitgliedstaaten besser erkennt. Dies ist ein nicht zu unterschätzendes Ergebnis, reicht für eine währungspolitische Eigenständigkeit der Gemeinschaft jedoch nicht aus.

Zwar schienen sich dank der Haager Konferenz die Aussichten für eine stärkere Koordinierung der Wirtschafts- und Währungspolitik zu verbessern. Bis 1980 sollte in mehreren Etappen eine Wirtschafts- und Währungsunion geschaffen werden. Die Prioritäten der Mitgliedsländer in der Wirtschafts- und Währungspolitik sowie im institutionellen Bereich gingen jedoch nach wie vor weit auseinander, so daß der auf der Grundlage des „Werner-Berichtes" ausgehandelte Kompromiß auf schwankendem Boden stand. Symptomatisch für die Unsicherheit war die auf deutsches Drängen eingeführte Klausel, von den Währungsmaßnahmen zurücktreten zu können, falls in der Koordinierung der Wirtschaftspolitik innerhalb einer gewissen Frist keine angemessenen Ergebnisse erzielt wurden.

Seit der Flucht in die DM im Mai 1970 ist die Schwäche der Vereinbarungen, aber auch die der Gemeinschaft überhaupt, nicht mehr zu übersehen. Die EWG war im August 1971 nicht in der Lage, dem amerikanischen „challenge" eine bereits bestehende und erprobte „response" entgegenzustellen und war deshalb in einer sehr schwierigen Verhandlungsposition.

So befindet sich die EWG, deren „point of no return" schon so oft beschworen wurde, gerade heute in der schwersten Krise ihrer Existenz. Man wird zu-

geben müssen, daß die völlige Verschmelzung von 6 so lange getrennten Volkswirtschaften nicht innerhalb der vertraglich festgelegten Frist von 12 Jahren
verwirklicht werden konnte. Aber der eigentliche Grund für die Krise ist
politischer Natur. Die Mitgliedstaaten sind bisher in der Praxis nicht bereit
gewesen, die politischen Entscheidungen zu treffen, die zur Verwirklichung der
von ihnen verkündeten Ziele der Europäischen Einigung notwendig sind.
Außerdem sind die Mitgliedstaaten bisher nicht willens, eine gemeinsame
und klare Konzeption der Rolle Europas in der Welt zu entwickeln. So ist
die Bereitschaft zu Beschlüssen gering und die Brüsseler Integrationsmaschi-
nerie wenig erfolgreich. Wie wird es den wirtschaftlichen und politischen Zielsetzungen der europäischen Einigung ergehen, wenn die Gemeinschaft auf
10 Mitglieder angewachsen ist? Wenn die Gemeinschaftsinstitutionen nicht
mit stärkeren Kompetenzen ausgestattet werden, ist auch das bisher Erreichte
in Frage gestellt.

V. Der „Nixon-Schock" – Krise oder Sternstunde?

Das Datum des „Nixon-Schocks", der 15. August 1971, wird in die Wirtschaftsgeschichte eingehen wie die „bombshell message" von Präsident Roose-
velt, die 1933 die Londoner Währungskonferenz platzen ließ. Die Maßnahmen zur Sanierung der Zahlungsbilanz waren so weitreichend, daß sie dem
Welthandelssystem einen schweren Schlag versetzten und das Weltwährungssystem aus den Angeln hoben; die USA führten nicht nur ohne vorherige Absprache mit ihren Verbündeten GATT-widrige Handelsrestriktionen ein und
entzogen dem Bretton-Woods-System seine Grundlage, sie erwarteten außerdem von der Westlichen Welt Vorschläge für eine einseitige Bereinigung der
Wechselkursrelationen, eine Aufhebung ihrer „unfairen Handelshemmnisse"
und eine gerechtere Verteilung der Verteidigungslasten.
Zum besseren Verständnis der amerikanischen Situation muß gesagt werden, daß die europäischen Länder die USA in der Vergangenheit wiederholt
aufgefordert hatten, Schritte zur Gesundung ihrer Zahlungsbilanz zu ergreifen; auch sind die amerikanischen Klagen gegenüber Japan und Europa
keineswegs neu. Die USA haben das Gefühl, von Europa aus der Rolle des
gutmütigen „Uncle Sam" in die Rolle des „Uncle Sucker" gedrängt zu sein.
Aus politischen Motiven waren sie in der Nachkriegszeit bereit gewesen, dem
geschwächten Europa nicht nur umfangreiche finanzielle Hilfe zu gewähren,
sondern ihm auch handelspolitische Konzessionen zu machen. Während Europa
aus Zahlungsbilanzgründen seine mengenmäßigen Beschränkungen gegenüber
den USA aufrechterhielt, kamen die im GATT konzedierten amerikanischen
Zollsenkungen den europäischen Staaten voll zugute. Als sich die Zahlungsbilanzsituation besserte und die mengenmäßigen Beschränkungen abgeschafft
werden mußten, wurden durch die Gründung der EWG und EFTA und jetzt

durch deren Verschmelzung neue Handelsschranken gegenüber den USA errichtet, obschon diese es aus Zahlungsbilanzgründen eher nötig gehabt hätten, die Früchte ihrer früheren politischen Konzessionen zu ernten. So lange die amerikanischen Gewerkschaften und die von ihnen unterstützten Verbraucherverbände dem Welthandel positiv gegenüberstanden, konnte die international eingestellte Regierung einen protektionistischen Kongreß in Schach halten. Als aber die Gewerkschaften aus mehr emotionellen Gründen auf eine protektionistische Linie einschwenkten, wurde die Rolle der amerikanischen Regierung zunehmend schwieriger.

Von europäischer Seite muß man jedoch feststellen, daß die USA, von gewissen Agrarerzeugnissen abgesehen, ihre Behauptungen über negative Auswirkungen der EWG für ihre Ausfuhrwirtschaft nicht durch Zahlen untermauern können. Die Handelsbilanz der Gemeinschaft gegenüber den USA ist seit Jahren defizitär. Die Verärgerung ist somit sehr viel mehr psychologisch bedingt und ist auch nicht immer konsequent. Einerseits sind die USA über den geringen Fortschritt in der europäischen Integration verärgert. In den Bereichen jedoch, in denen die Gemeinschaft ihre eigene Persönlichkeit fand, d. h. im Handel- und im Agrarsektor, hat man den Eindruck, daß sie nunmehr als Rivale angesehen wird.

Wäre nicht auch Europa in der Lage, über die amerikanische Handelspolitik einen Beschwerdekatalog zu erstellen? Der Außenzoll der USA ist im Durchschnitt höher als der Außenzoll der EWG und weist für wichtige Positionen höhere Zölle aus. Auch nichttarifäre Handelsschranken wie die Diskriminierung in der Zollbewertung, „Buy American Clauses" und restriktive Maßnahmen im Agrarsektor gehören zum Arsenal amerikanischer Handelspolitik und treffen europäische Exporte zum Teil empfindlich.

War es die Taktik des „Pokerspiels", die die amerikanische Regierung mehrere Monate warten ließ, bis sie konkrete Angaben darüber machte, was sie von ihren Verbündeten erwartete? Hatte sie das Gefühl, man könne in Ruhe abwarten, oder bestanden gar zunächst keine klaren Vorstellungen über die eigenen Wünsche? Nur „Insider" können diese Fragen beantworten. Fest steht, daß die massiven und zum Teil unrealistischen Forderungen nach einseitigen Konzessionen und das Zögern zwischen dem Nixon-Programm und seiner Präzisierung ein Klima wirtschaftspolitischer Verunsicherung schufen, das die rezessiven Tendenzen der westlichen Wirtschaften zu verstärken und somit eine den USA genehme Lösung zu erschweren drohte. Die Gefahr eines Handelskrieges wuchs zusehends. Die Unsicherheit in der Wechselkursentwicklung und die Schwierigkeit, sich im Devisen-Termin-Markt dagegen abzusichern, hatten negative Rückwirkungen auf die internationalen Handelsbeziehungen, die zudem durch die protektionistischen Maßnahmen der USA erschwert worden waren. Für die EWG, einen der Hauptgesprächspartner, war auch aus politischen Gründen der Zeitpunkt der Nixon-Maßnahmen denkbar ungünstig, stellt doch die Erweiterung die Gemeinschaft vor schwierige strukturelle, institutionelle und auch ideologische Probleme, die ihre Handlungsfähigkeit stark einengen.

Vier Monate nach der Verkündigung des „neuen Realismus" brachte das Communiqué von Washington ein vorläufiges Ende der paritätenlosen, der schrecklichen Zeit. Amerika hatte kraft seines politischen und wirtschaftlichen Gewichtes und dank seiner harten bilateralen und multilateralen Verhandlungen mit Europa, Japan und Kanada sein Ziel weitgehend erreicht. So konnte Präsident Nixon, diesmal wohl mehr als Führer der Republikanischen Partei, die Washingtoner Beschlüsse als "the most significant event in world financial history" bezeichnen. Innerhalb der NATO und dank eines Abkommens mit der Bundesrepublik haben die USA „zufriedenstellende" Zuwendungen zum militärischen "burden sharing" erhalten. Europa hat die Verknüpfung von handelspolitischen und währungspolitischen Maßnahmen hinnehmen müssen. Japan und Kanada haben handelspolitische Zugeständnisse gemacht, während sich die EWG – allerdings auf der Basis der Reziprozität – bereiterklärte, über kurzfristige Fragen wie Getreidelagerung, Zitrusfrüchte, Tabaksteuern und Exportsubventionen zu verhandeln und längerfristig die Grundsatzfragen der internationalen Handelspolitik zu erörtern. Die Wechselkurse der wichtigsten Handelspartner haben sich wesentlich in die von den USA gewünschte Richtung bewegt. Auch solche Länder wie England und Frankreich, die sich durch starke Devisenrestriktionen eine günstige Ausgangsposition für die Verhandlungen hatten verschaffen wollen, mußten größere Konzessionen machen als erwartet. Als Gegenleistung erklärten sich die USA neben der Abschaffung ihrer Handelsrestriktionen bereit, den Preis des Goldes, „zu dem sie Dollar nicht einzulösen bereit sind", zu erhöhen – und dies hängt noch von dem Ergebnis der handelspolitischen Verhandlungen mit der EWG ab. Auch die Dollarkonvertierbarkeit in andere Reserven wie SZR und Devisen sowie das Swap-System bleiben weiterhin außer Kraft.

Unbestreitbar ist, daß die Aufhebung des Sonderzolls und der „Buy American Clauses" des amerikanischen Investitionssteuergesetzes, der Abbau einschneidender Devisenbeschränkungen in einigen europäischen Ländern und die Festsetzung neuer „Leitkurse" der Geschäftswelt in den USA und Europa einen großen psychologischen Auftrieb gegeben haben. Die Gefahr eines Handelskrieges ist vorerst gebannt, und im Währungssektor herrscht zeitweilig Ruhe. Der IMF stimmte der provisorischen Erweiterung der Bandbreiten zu. Die neuen Leitkurse tragen der engen wirtschaftlichen Verflechtung Europas Rechnung. All dies ist nicht wenig.

Aber die negativen Aspekte sollten nicht übersehen werden. Die entscheidende Frage, ob ein denaturiertes Bretton-Woods-System mit einer offiziell inkonvertiblen Schlüsselwährung funktionsfähig ist, wenn die Bandbreiten erweitert werden, kann erst im Laufe der Zeit beantwortet werden. Viel hängt auch davon ab, welche Auswirkungen die Wechselkursänderungen auf die Exportwirtschaft und Binnenwirtschaft der Handelspartner haben werden.

Dies wiederum wird stark von dem Konjunkturverlauf auf beiden Seiten des Atlantik beeinflußt werden. Wird die Zahlungsbilanz der USA nun ausgeglichen oder wird sogar ein Überschuß erzielt? Die Funktionsfähigkeit des IMF bleibt durch die Inkonvertierbarkeit des Dollar beeinträchtigt. Die EWG kann noch keine neuen Agrarpreise festsetzen, sondern muß den Agrarmarkt durch die Einführung zusätzlicher Grenzausgleichsabgaben noch weiter in Teilmärkte aufspalten. Die cross rates der EWG-Währungen in Höhe von max. 9 % kommen frei schwankenden Wechselkursen gefährlich nahe.

Letztlich hängt die Tragfähigkeit des in Washington ausgehandelten Währungssystems in großem Maße davon ab, ob die „Phase II" der amerikanischen Bemühungen um Bekämpfung der Stagflation erfolgreich ist. Sollte sich die Inflation in den USA fortsetzen und die Notenbanken erneut vor der Notwendigkeit stehen, Dollar aufzunehmen, so könnte sich wiederum die Frage nach einer Neufestsetzung der Wechselkurse stellen. Die Schwankungsbreite von 4,5 % dürfte keinen nachhaltigen Schutz gegen „spekulative" Bewegungen kurzfristigen Kapitals bieten. Insofern ist das Washingtoner Ergebnis nur ein „zerbrechliches Kunstwerk".

Die Krise der letzten vier Monate kann jedoch auch zur Sternstunde werden, wenn man bereit ist, aus ihr Lehren zu ziehen. Handelspolitische Fragen werden in Zukunft gleichrangig mit Währungsfragen erörtert werden. Man erkennt jetzt wieder, wie eng handelspolitische und währungspolitische Fragen miteinander verknüpft sind. Im Währungsbereich ist es zum ersten Mal gelungen, nach harten Verhandlungen zu einer Neuordnung der Wechselkurse nicht nur einer oder zweier Währungen, sondern der wichtigsten Währungen der westlichen Welt zu kommen. Dabei hat sich gezeigt, daß die USA in der Tat in der Wechselkurspolitik nicht die gleiche Autonomie genießen wie andere Länder: die Parität des Dollar kann nur aufgrund kollektiver Vereinbarungen mit den Partnern verändert werden. Derartige Vereinbarungen sind um so leichter zu erreichen, wie die USA sich Verhandlungspartnern gegenübersieht, die untereinander einig sind.

Die zweite währungspolitisch relevante Lehre betrifft das „Floating". Seit vielen Jahren werden mehr oder weniger frei schwankende Wechselkurse als das Allheilmittel für den internationalen Anpassungsprozeß gepriesen. Als „marktwirtschaftliches" Instrument seien sie ideal dazu geeignet, nationale Preisunterschiede und Zahlungsbilanzungleichgewichte auszugleichen und die Geldpolitik gegen ausländische Einflüsse abzuschirmen. Administrative Eingriffe in den Handels- und Kapitalverkehr würden sich erübrigen.

Wenn diese Erwartungen in der Praxis nicht erfüllt wurden, so führen dies die Verfechter frei schwankender Wechselkurse auf die gezielten Marktinterventionen und auf die „urbi et orbi" verkündete Absicht zurück, wieder zu *festen* Kursen zurückzukehren. Befürworter fester Wechselkurse vertreten dagegen nicht zu Unrecht die Auffassung, daß Wechselkurse ein wirtschaftliches Datum von hochpolitischer Bedeutung sind. Viele Länder haben deshalb versucht, durch Seelenmassage, immer stärkere Restriktionen, gezielte Indiskretionen über Auf- und Abwertungsraten usw. sich in eine günstige Lage für die Aushandlung neuer Paritäten zu bringen. Auch die Hoffnung auf währungspolitische Autonomie mußte Illusion bleiben, schlägt sich doch jede Veränderung des inländischen Zinssatzes im Wechselkurs nieder. Ein marktwirtschaftlich reines Floaten muß im Konkurrenzkampf mit dirigistischen Maßnahmen unterliegen. Es kann nur funktionieren, wenn man einen Kodex des Wohlverhaltens schafft und auch durchsetzen kann, der die Währungsbehörden zu noch engerer Zusammenarbeit und noch strengerer Disziplin verpflichtet als das bisherige Bretton-Woods-System. Die Aussichten hierfür sind jedoch gering.

Eine weitere Erfahrung ist, daß auch Devisenkontrollen ein Land mit einer Zufluchtswährung heute nicht mehr wirksam nach außen abzuschotten vermögen. Die zeitweise äußerst wirksamen französischen Devisenbeschränkungen zum Beispiel konnten in dem Augenblick ihre Aufgabe nicht mehr erfüllen, als der Franc unter Aufwertungsverdacht gegenüber anderen europäischen Währungen geriet. War nicht ihre ständige Verschärfung nur ein fieberhafter Versuch des Hinhaltens, und was wäre geschehen, wenn die Festsetzung der Leitkurse noch lange hätte auf sich warten lassen?

VI. Das Abkommen von Washington: Finale oder Präludium?

Die Erleichterung, mit der die Westliche Welt nach monatelanger, nagender Ungewißheit die Washingtoner Beschlüsse vom Dezember 1971 begrüßte, darf nicht darüber hinwegtäuschen, daß noch erhebliche Generalstabsarbeit vonnöten ist, um den Bestand der Westlichen Allianz zu sichern. Man hat lediglich eine Atempause gewonnen, um grundsätzliche Fragen der Handelspolitik, der Währungspolitik, ja der Politik überhaupt zu klären.

Im Handelsbereich geht es letztlich darum, ob Amerika seine sehr weitgehenden Forderungen gegenüber der EWG aufrechterhält, welche Auswirkungen die großen regionalen Präferenzzonen auf den Welthandel haben, welche Rückwirkungen von der Zunahme der multinationalen Gesellschaften ausgehen, wie sich die einkommenspolitisch orientierte Agrarpolitik auswirkt, wie das Verhältnis zu den Entwicklungsländern und den Ostblockstaaten gestaltet werden soll und welche Möglichkeiten bestehen, den Welthandel durch Beseitigung von Zöllen und mengenmäßigen Beschränkungen und nichttarifären Hemmnissen zu liberalisieren. Der neue OECD-Ausschuß ist ideal dazu geeignet, diese Probleme von hoher Warte aus zu durchleuchten. Die Verhandlungen selbst werden dagegen sicherlich im Rahmen des GATT geführt werden. Voraussetzung dafür ist, daß der amerikanische Präsident über die gesetzlichen Grundlagen verfügt, um neue Liberalisierungsmaßnahmen treffen zu können, denn die EWG wird zu Konzessionen sicher nur auf der Basis der Gegenseitigkeit bereit sein. Bei den Zöllen könnte man daran denken, unbedeutende Zölle völlig abzuschaffen und die Spitzen besonders hoher Zölle zu kappen (écrêtement). Bei den nichttarifären Handelshemmnissen sollte man sich bemühen, besonders diejenigen Maßnahmen zu beseitigen, die bewußt als Instrumente der Importerschwerung eingeführt wurden, wie den leidigen American Selling Price. Ist gar eine große Freihandelszone für industrielle Produkte erreichbar, wie dies von amerikanischer Seite vorgeschlagen wird? Die Agrarpolitik, wegen des amerikanischen „waiver" aus dem GATT ausgeklammert, sollte endlich Gegenstand von Verhandlungen werden. Dabei sollte die Agrarpolitik der einzelnen Länder nicht unter rein wirtschaftlichen, sondern auch unter menschlichen und sozialen Gesichtspunkten untersucht werden. Die Verhandlungen würden erleichtert, wenn die Artikel des GATT überprüft und präzisiert würden. Insbesondere sollte ein Beschwerdeverfahren eingeführt werden, wonach dem beschwerdeführenden Land die Beweislast zufiele, welche Schäden handelspolitische Maßnahmen anderer Staaten verursacht haben.

Auch das handelspolitische Verhältnis zwischen Japan und Europa bedarf der Klärung. Japan scheint, wie kürzliche Besuche des japanischen Industrieverbandes in Europa zeigen, ernste Anstrengungen zu unternehmen, um aus den Fehlern seiner Wirtschaftsbeziehungen mit den USA zu lernen. Die Verhandlungen zwischen der EWG und Japan sind bisher an der Frage der Schutzklausel für sensible Produkte gescheitert. Japan wird sicherlich seine Expansion auf den Auslandsmärkten, und insbesondere in Europa, fortsetzen, wenn auch vielleicht mit gedrosseltem Tempo, um seiner inneren Probleme, nicht zuletzt der Infrastrukturprobleme, Herr zu werden. Die japanischen Zölle und Beschränkungen von Direktinvestitionen werden sicherlich schrittweise abgebaut werden, aber werden die europäischen Staaten ihre Chance nutzen wollen und wird nicht die enge Verbindung von wirtschaftlichen und politischen Interessen in Japan dafür sorgen, daß die offiziellen Beschränkungen durch nicht minder wirksame offiziöse Hindernisse ersetzt werden? Lassen sich die japanisch-europäischen Handelsbeziehungen auf der Basis des „orderly marketing" entwickeln?

Das künftige Arbeitsprogramm im Währungssektor ist bereits in dem Washingtoner Communiqué klar aufgeführt. Innerhalb kurzer Frist soll über die Rolle des Goldes, der Wechselkurse, der Reservewährung, der Sonderziehungsrechte und über die Kontrolle der kurzfristigen Kapitalbewegungen beraten werden. Doch wäre es irrig, mit baldigen Ergebnissen zu rechnen.

Bereits auf der IMF-Tagung im September 1971 glaubte man, ein Rezept für die Neuordnung des westlichen Währungssystems gefunden zu haben. Mit einer gewissen „Europhorie" verkündete man, der Dollar solle die gleiche Rolle erhalten wie die anderen Währungen auch. Die SZR sollten zu dem alleinigen Reservemedium gemacht werden; in ihm würden auch die Paritäten der Währungen definiert. Die Anpassung der Zahlungsbilanzen sollte durch eine Erweiterung der Bandbreiten und häufige Paritätsänderungen erleichtert werden. Die störenden kurzfristigen Kapitalbewegungen sollten unter Kontrolle gebracht werden.

Eine sinnvolle Erörterung dieser Reformpläne setzt jedoch voraus, daß die USA ihrerseits eine Konzeption für die Neuordnung des Weltwährungssystems vorlegen und einer Ablösung des Dollarstandards zustimmen. Selbst dann sind die Probleme nicht einfach zu lösen. Um den Dollar seiner Rolle als Reservewährung zu entkleiden, müßte man die alten Dollarbestände konsolidieren, entweder in der Form eines langfristigen Kredites mit Zinszahlung und Amortisierung, so daß sie als internationale Reservemedien sterilisiert sind, oder aber durch Umtausch in eine Art SZR, die dann als internationale Liquidität zur Verfügung stünden. Unklar ist jedoch, wie groß der zu konsolidierende Betrag sein müßte, da dies von dem Rückfluß der Dollarbestände nach Festsetzung der Leitkurse abhängt und von der Höhe der „working balances", die man für eine wirksame Intervention gegenüber dem großen Volumen kurzfristiger Kapitalströme benötigen wird. Und kann man die Dollarverbindlichkeiten konsolidieren und die nur zeitweilig durch das Basler Abkommen abgesicherten „Sterling balances" außer acht lassen? Wird es möglich sein, ein allgemein akzeptiertes und durchsetzbares Abkommen über die Haltung nationaler Währungen für Reservezwecke zu vereinbaren? Wie kann die Attraktivität einer Anlage der Reserven in nationaler Währung gemildert werden?

Auch die Frage nach der Konvertierbarkeit des Dollar bedarf der Klärung. Die Aufhebung der Goldkonvertierbarkeit scheint endgültig, denn das Verhältnis zwischen amerikanischem Goldbestand und kurzfristigen Auslandsverbindlichkeiten ist durch die Goldpreiserhöhung nicht wesentlich korrigiert worden. Auch die Konvertierbarkeit des Dollar in europäische Währungen und sonstige Reservemedien ist noch offen. Kann man unter Umständen eine Konvertierbarkeit auf neue Dollaraufnahmen beschränken? Aber lassen sich diese überhaupt von alten Dollarforderungen abgrenzen? Gibt es eine europäische Währung, die in der Lage wäre, die Funktion der Goldkonvertierbarkeit zu übernehmen?

Wie läßt sich die Funktionsfähigkeit des IMF wiederherstellen, nachdem statt Paritäten in den Leitkursen eine Hilfskonstruktion gefunden wurde? Werden bei Fondstransaktionen diese Leitkurse oder nach dem Vorbild der Transaktionen in DM, hfl. oder can. $ die Marktkurse verwendet werden, nachdem nun die Schwankungsbreiten um die Leitkurse vergrößert wurden? Wie kann man die Schwierigkeit umgehen, die daraus entsteht, daß bei den beachtlichen Rückzahlungen 1972 der Fonds keine Dollarbestände mehr aufnehmen kann? Wäre es nicht möglich, eine „kleine Konvertibilität" des Dollar zuzugestehen, um das normale Funktionieren des Fonds zu gewährleisten?

Um den Dollar den anderen Währungen anzugleichen, müßten die USA ihre passive Rolle im Devisenmarkt aufgeben und innerhalb fester Bandbreiten intervenieren. In welchen Währungen sollte dies geschehen und wie sollen die Schwierigkeiten vermieden werden, die sich aus einer Doppelintervention der amerikanischen und europäischen Währungsbehörde ergeben könnten? Wie lassen sich Paritätsänderungen des Dollar erleichtern? Könnten die USA nicht nach schweizerischem Vorbild die Kompetenz für Paritätsänderungen von der Legislative auf die Exekutive übertragen? Würden nicht trotzdem weitere Kollektivverhandlungen notwendig sein?

Ist es überhaupt möglich, den Dollar auf die gleiche Stufe zu stellen wie die europäischen Währungen? Selbst wenn er seine Rolle als Reservewährung verlieren würde, wäre er immer noch „gleicher" als die anderen Währungen, denn seine Vorrangstellung als Leit- und Interventionswährung wird er wohl behalten, so lange die USA die größte Wirtschaftsmacht der Welt sind und der Dollar universell verwendbar ist. Diese Rolle kann ihm nicht durch die SZR streitig gemacht werden, die für Interventionen auf den Devisenmärkten oder als Handelswährung nicht geeignet sind, sondern nur durch eine andere nationale oder eine europäische Währung.

Auch die Rolle der Sonderziehungsrechte ist noch keineswegs geklärt. Ihre Beliebtheit in letzter Zeit leitete sich hauptsächlich aus dem mangelnden Vertrauen in den Dollar her. Sie darf aber nicht darüber hinwegtäuschen, daß die SZR ein internationales Papiergeld einer durch Krisen angeschlagenen internationalen Organisation sind. Abgesehen von dem Vertrauen in ein solches Reservemedium bleibt das Problem, durch wen und nach welchen Gesichtspunkten die SZR geschaffen werden sollen und, was noch schwieriger ist, wie sie verteilt werden sollen. Solange die IMF-Quoten als Verteilungsschlüssel benutzt werden, wird den reservereichen Ländern noch zusätzliche internationale Liquidität zur Verfügung gestellt. Deshalb fordern die Entwicklungsländer nachdrücklich, die SZR sollten hauptsächlich ihnen zukommen, d. h. man müsse ein „link" zwischen internationaler Liquidität und Entwicklungshilfe herstellen.

Daß die USA die Demonetisierung des Goldes, dieses „barbarous relic" befürwortet, ist verständlich, waren doch die Goldkonversionen die einzige ihnen gegenüber wirksame Disziplinarmaßnahme. Daß es jedoch dazu kommen wird, muß bezweifelt werden. Der Anteil des Goldes an den internationalen Reserven wird sicher weiter zurückgehen, aber verdrängt werden wird das Gold nicht, denn es ist das einzige Reservemedium mit einem echten Sachwert. Es wird weiterhin Grundstock der Währungsreserven bleiben. Die Verwendung der SZR statt des Goldes zur Definition der Währungsparitäten des IMF (numéraire) hätte mehr symbolische Bedeutung; die Ziehungsrechte müßten ohnehin aus psychologischen Gründen an das Gold gebunden bleiben.

Wie die Erfahrung gezeigt hat, ist ein auf einem nicht konvertierbaren Dollar beruhendes System von Natur aus labil. Werden erweiterte Bandbreiten und häufigere Paritätsänderungen das richtige Mittel sein, um die notwendige Stabilität zu gewährleisten?

Vielerorts glaubt man, das westliche Währungssystem dadurch verbessern zu können, daß man Europa eine eigenständige Rolle zuerkennt. Kann aber ein immer noch monozentrisches Währungssystem dadurch an Stabilität gewinnen, daß die kleine oder erweiterte EWG die innergemeinschaftlichen Bandbreiten verengt und gegenüber dem Dollar gemeinsam floaten würde? Ein solcher Währungsblock kann auf die Dauer nur funktionieren, wenn die Wirksamkeit der nationalen Wirtschaftspolitik verbessert und die Koordinierung der Wirtschafts- und Währungspolitik in der EWG einem größeren Zwang unterstellt wird. Wie will man auch die Anziehungskraft überwinden, die von einem durch die Washingtoner Maßnahmen gestärkten Dollar und dem von ihm beherrschten, wettbewerbsfähigen und flexiblen Europamarkt ausgehen? Wird nicht Europa doch „stimmrechtsloses Mitglied der Federal Reserve System" bleiben?

Die schwierigste Frage wird sein, wie man die negativen Auswirkungen der kurzfristigen Kapitalbewegungen mildern kann. Die bisherige Methode, den eigenen Markt abzuschirmen, brachte nicht den gewünschten Erfolg und rief internationale Wettbewerbsverzerrungen hervor. Vielleicht sollte man versuchen, die nationalen Instrumente der Währungspolitik zu harmonisieren und die Kontrollmaßnahmen international zu koordinieren. Aber Harmonisierung, das hat die EWG in der Agrarpolitik gezeigt, kann leicht zu einer Summierung und nicht zu einer Optimierung von Interventionsmaßnahmen führen. Und ist nicht das „internationale Gleichgewicht" eine Gleichung mit lauter Unbekannten?

Über die unmittelbaren Fragen zur Währungs- und Handelspolitik hinaus ist zu klären, wie diejenigen Schwierigkeiten beseitigt werden können, die sich aus der zunehmenden wirtschaftlichen Interdependenz der westlichen Welt ergeben haben, denn in dem Maße, in dem seit 1960 die wirtschaftspolitischen Instrumente der klassischen Handels- und Währungspolitik aufgegeben wurden, versuchten die nationalen Regierungen ihre Kompetenzen durch neue Restriktionsmaßnahmen wieder in den nationalen Rahmen zurückzuholen. Dies brachte ernste Spannungen innerhalb der Westlichen Allianz, wie das währungspolitische Interregnum allen offenbart hat. Im Grunde haben bisher nur die als nationalistisch angesehenen Militärs demonstriert, und zwar mit Erfolg, daß es noch eine zweite Möglichkeit gibt, nämlich die Übertragung von Kompetenzen auf internationale Institutionen.

Eine solche Lösung hat jedoch nur Sinn, wenn Amerika, Europa und Japan sich über sich selbst und über ihr Verhältnis untereinander klar werden. Amerika will von sich aus das Zeitalter des „aequilibrium americanum" beenden, indem es sich aus seiner Rolle als Supermacht zurückzieht. Gleichzeitig ist es weiterhin der einzige wirkliche militärische Garant der westeuropäischen Unabhängigkeit und trotz Vietnam die größte Wirtschaftsmacht der Welt. Sein Verhältnis zu Europa scheint unklar geworden: betrachtet es ein eigenständiges Europa als eine Entlastung seiner Bündnispflichten oder als einen wirtschaftspolitischen Rivalen?

Europa hat bisher nicht die politischen Konsequenzen aus seinem Wirtschaftspotential gezogen. Es bleibt eine äußerst unbewegliche „Koalition" von 6 und bald 10 Mitgliedern. Bisher war Europa nicht in der Lage, eine globale Strategie in Handelspolitik, Währungspolitik und Verteidigungspolitik zu entwickeln, wie dies die USA zu Recht fordern. Die währungspolitische Koordinierung zerflog, als der Sturm in die DM einsetzte. Die Abstimmung der wirtschaftspolitischen Zielvorstellungen hat bisher keinen Erfolg gebracht. Militärpolitische Erörterungen sind ausdrücklich von den Römischen Verträgen ausgeklammert. Die politische Zusammenarbeit steckt in den allerersten Anfängen. Es fehlt an gesamteuropäischen Kompetenzen und Institutionen, um Verhandlungen mit den USA zentral zu führen. Es ist deshalb notwendig, für Institutionen zu sorgen, die eine dauerhafte Fühlungnahme zwischen Europa und USA einschließlich Japans gestatten.

Eine solche Institution bringt jedoch nur Gewinn, wenn es unter den europäischen Staaten zu einer einheitlichen Konzeption über die Prioritäten im Atlantischen Bündnis kommt. Einige Länder geben den US-europäischen Beziehungen den Vorrang, während andere mehr an einem „europäischen" Europa interessiert sind. Bei aller Gemeinsamkeit in den politischen Konzeptionen, in der Kultur und in der Wirtschaft ist es notwendig zu fragen, ob die amerikanischen und europäischen Interessen nicht nur „sub specie aeternitatis", sondern auch „hic et nunc" identisch sind. Kann sich Europa überhaupt eine eigenständige Persönlichkeit geben, ohne fundamentale Interessen Amerikas, der Schutzmacht der Westlichen Allianz, zu verletzen? Diese Frage ist heute wichtiger denn je. Sie kann nur dann beantwortet werden, wenn die europäischen Staaten der politischen Zusammenarbeit höchste Priorität einräumen. In diesem Bereich Fortschritte zu erzielen, ist noch notwendiger als die währungs- und wirtschaftspolitische Zusammenarbeit. Nur dann wird man für die USA ein Gesprächspartner sein können. Wenn die kommende Gipfelkonferenz der erweiterten EWG konkrete Beschlüsse im politischen Bereich bringt, dürften überzeugte Europäer das berechtigte Gefühl haben, eine Zeit des Wandels sei auch eine Zeit der Hoffnung.

(Dezember 1971)

Einige neuere Veröffentlichungen zu dem im Vortrag besprochenen Thema

ACKLEY, GARDNER, Stemming World Inflation. The Atlantic Institute, 1971.

ARNDT, KLAUS DIETER, War das Floating richtig? Bulletin des Presse- und Informationsamtes, 23. 11. 1971.

ASCHINGER, FRANZ E., Das Währungssystem des Westens. Fritz-Knapp-Verlag, 1971.

BALDWIN, ROBERT E., Non-Tariff Distortions of International Trade. George Allen & Unwin, 1971.

BALL, GEORGE W., Statement before the Joint Economic Committee. United States Congress, 9. 9. 1971.

BEATON, LEONARD, The Strategic and Political Issues Facing America, Britain and Canada. British-North American Committee, Oktober 1971.

BERGSTEN, C. FRED, Crisis in US Trade Policy. Foreign Affairs, Juli 1971.

BROOKS, JOHN, Annals of Finance – Gold Standard on the Booze. The New Yorker, 1970, S. 107–126.

CAMU, LOUIS, The Dollar Crisis and Europe. The Atlantic Institute, Paris, 1971.

COMMISSION ON INTERNATIONAL TRADE AND INVESTMENT POLICY, Williams Report. US Government Printing Office, 1971.

COOPER, RICHARD N., Issues for Trade Policy in the Seventies. Institut für Weltwirtschaft, Kiel, 1971.

DENIAU, JEAN FRANÇOIS, Nécessités Américaines, Vertus Européennes. Le Monde, 19. 10. 1971.

EMMINGER, OTMAR, The Dollar and the International Monetary System. Euromoney, Dezember 1971.

ERNST, WOLFGANG, Die Handelspolitik der Zweiten Generation der EWG. Vortrag vor der Europa-Union Stuttgart, 14. 5. 1971.

FOCKE, KATHARINA, Europa ohne Zauberformel. Die Zeit, 23. 7. 1971.

FRANCIS, DARRYL R., The Flexible Exchange Rate: Gain or Loss to the United States?. Federal Reserve Bank of St. Louis, November 1971.

GEIGER, THEODORE, A World of Trading Blocs. Looking Ahead, April 1971.

GIERSCH, HERBERT, Thesen zur sogenannten Währungskrise. Frankfurter Allgemeine Zeitung, 20. 11. 1971.

GILBERT, MILTON, The International Monetary System – Status and Prospects. Vortrag vor dem Schweizerischen Institut für Auslandsforschung 6. 12. 1971.

GLESKE, LEONHARD, Das Gold in der internationalen Währungsordnung. Vortrag bei der Geestemünder Bank, 25. 11. 1971, abgedruckt unten S. 216.

GOLT, SIDNEY, Is World Trade Threatened?. The Banker, September 1971.

GUTH, WILFRIED, Interview in „Dialog", November 1971.

HANKEL, WILHELM, Währungspolitik – Geldwertstabilisierung, Währungsintegration und Sparerschutz. Kohlhammer-Verlag, 1971.

KERN, David, International Finance and the Euro-Dollar Market. National Westminster Bank Quarterly Review, November 1971.

KINDLEBERGER, CHARLES P., SHONFIELD, ANDREW, North American and Western European Economic Policies. Macmillan, 1971.

KOMMISSION DER EUROPÄISCHEN GEMEINSCHAFTEN, Zahlen und Tatsachen über die Handels- und Währungsbeziehungen zwischen der Europäischen Gemeinschaft und den Vereinigten Staaten. Brüssel, Oktober 1971.

KRAUSE, LAWRENCE, Trade Policy for the Seventies. Columbia Journal of World Business, Januar/Februar 1971.

LONGHEED, A. L., The Common Agricultural Policy and International Trade. National Westminster Bank, Quarterly Review, November 1971.

LUTZ, Grundprobleme der internationalen Währungsordnung. Vortrag vor dem Schweizerischen Institut für Auslandsforschung, November 1971.

MACHLUP, FRITZ, The Magicians and their Rabbits. Morgan Guaranty Survey, Mai 1971.

MALMGREN, H., The Coming Trade War. Foreign Policy, New York, Winter 1970/ 1971.

MENDÈS-FRANCE, PIERRE, Pour un nouvel aménagement monétaire international. Le Monde, 10.–12. 12. 1971.

MIDLAND BANK REVIEW, The Retreat from Bretton Woods – the Story so far. November 1971.

O'BRIEN, SIR LESLIE, The Current International Financial Picture. Vortrag vor dem „Bankers' Club of Chicago", 27. 4. 1969.

PARSONS, SIR MAURICE, The International Adjustment Process – Stabilising the Present International Payments System. Vortrag bei der Federal Reserve Bank of Boston, 8. 10. 1969.

RICHEBÄCHER, KURT, Die Währungsprobleme unserer Zeit – Wechselkurspolitik – Dollarstandard. Unveröffentlichtes Manuskript, 1970.

ROLL, SIR ERIC, International Capital Movements – Past, Present, Future. Per Jacobsson Lecture, 26. 9. 1971.

ROOSA, ROBERT V., Coping with Short-Term International Monetary Flows. The Banker, September 1971.

ROSE, SANFORD, On Trade. Fortune, November 1971.

RUEFF, JACQUES, Postulats pour une Négociation Sérieuse. Le Monde, 30. 11. und 1. 12. 1971.

SACHVERSTÄNDIGENRAT ZUR BEGUTACHTUNG DER GESAMTWIRTSCHAFTLICHEN ENTWICKLUNG. Jahresgutachten 1971, November 1971.

SCHAETZEL, J. ROBERT, US Policy toward Western Europe – In Transition. Rede vor dem Royal College of Defence Studies, London, 1. 11. 1971.

SOHMEN, EGON, Freie Wechselkurse können Folgen alter Unterlassungssünden nicht beseitigen. Frankfurter Allgemeine Zeitung, 11. 11. 1971.

SOUTHARD JR., FRANK A., Developments in the International Monetary System. Vortrag bei der National Foreign Trade Convention, 15. 11. 1971.

STAMP, MAXWELL, The Stamp Plan and the Present Monetary Crisis. Moorgate and Wall Street Review, Herbst 1971.

TRIFFIN, ROBERT, Que Faire Face à la Dérive Vers les Années 1930. Bulletin de la Banque Nationale de Belgique, November 1971.

UNITED NATIONS CONFERENCE ON TRADE AND DEVELOPMENT, The International Monetary Situation: Impact on World Trade and Development, November 1971.

URI, PIERRE, Trade and Investment – Policies for the Seventies. Praeger Publishing Inc., 1971.

VERNON, RYMOND, The Multinational Enterprise, Power versus Sovereignty. Foreign Affairs, Juli 1971.

VON DER GROEBEN, HANS, Forderungen der Europa-Union zur Weiterentwicklung der Europäischen Gemeinschaft. Vortrag vor dem XIX. Ordentlichen Kongreß der Europa-Union Deutschland, 11.–13. 9. 1971.

WAGENHÖFER, CARL, Die D-Mark im internationalen Währungssystem. Vortrag vor der Bayerischen Handelsbank, München, 18. 11. 1971.

WIELAND EUROPA, Über Brüssel hinaus. Die Zeit, 9. und 16. 7. 1971.

LEONHARD GLESKE

DAS GOLD IN DER INTERNATIONALEN WÄHRUNGSORDNUNG *

Das Gold ist bis in unsere Tage ein wichtiges Element der internationalen Währungsordnung geblieben. Ob das so bleiben wird – hierüber gehen die Meinungen nach den währungspolitischen Ereignissen der letzten Jahre erheblich auseinander. Die Rolle, die das Gold in der internationalen Währungsordnung spielen soll, ist vor allem durch die Erklärung des Präsidenten der Vereinigten Staaten vom 15. August d. J. erneut zur Debatte gestellt.

In dieser Erklärung hat Präsident Nixon die Goldeinlösung von Dollarverbindlichkeiten, zu der sich die Vereinigten Staaten gegenüber den Währungsbehörden anderer Länder bereit erklärt hatten, suspendiert. Diese Goldeinlösungsbereitschaft war zwar schon in den Jahren zuvor nur noch in eingeschränktem Umfang praktiziert worden; der formelle Akt der Suspendierung hat aber, obwohl er an den tatsächlichen Gegebenheiten im Grunde nur noch wenig änderte, viele, und gerade die wichtigsten Länder veranlaßt, ihre Wechselkurse nicht mehr in den engen Grenzen von ± 1 % um eine festgesetzte Parität zu halten, wie es im Statut des Internationalen Währungsfonds vorgeschrieben war.

Zur Einhaltung dieser engen Grenzen intervenierte jedes Land, in der Regel mit Dollars, an seinem Devisenmarkt, um zu verhindern, daß der Devisenkurs seiner Währung nach der einen oder anderen Seite das festgesetzte Limit überschritt. Lediglich die Vereinigten Staaten brauchten dies nicht zu tun. Die Wechselkurse zwischen dem Dollar und den übrigen Währungen wurden nämlich bereits durch die Dollar-Interventionen der anderen Länder innerhalb der zulässigen Schwankungsbreite gehalten. Die Vereinigten Staaten übernahmen dafür aber eine komplementäre Verpflichtung: Sie erklärten sich bereit, Dollarguthaben fremder Notenbanken auf Verlangen in Gold umzutauschen. Diese Konversionsbereitschaft gab den übrigen Ländern erst die Sicherheit, daß sie die durch Interventionen an den Devisenmärkten aufgenommenen Dollars stets als eine vollwertige, jederzeit verwendbare Wäh-

---

* Gekürzte Fassung eines Festvortrags zur Hundertjahrfeier der Geestemünder Bank Bremerhaven (25. 11. 1971).

rungsreserve ansehen konnten. Die Goldeinlösungsgarantie der Vereinigten Staaten war also letztlich das Fundament des Systems fester Wechselkurse, das nach dem Kriege auf den Grundlagen der Vereinbarungen von Bretton Woods entstanden ist. Wir verdanken diesem System eine lange Periode wachsenden Welthandels und zunehmender Freiheit des internationalen Zahlungsverkehrs. Die Suspendierung der Goldeinlösung setzte nun aber einen Schlußpunkt unter die Reihe schwerer Währungskrisen, denen es in den vergangenen Jahren ausgesetzt war. Jetzt hat es aufgehört zu funktionieren.

An die Stelle der Spielregeln des Systems von Bretton Woods, deren Verletzungen schließlich seinen Zusammenbruch herbeigeführt haben, ist nun ein Zustand ganz ohne Spielregeln getreten. Je länger er anhält, um so größer wird die Gefahr, daß sich der währungs- und handelspolitische Nationalismus, der sich schon in den vergangenen Währungskrisen ausgebreitet hatte, weiter verstärkt. Das Ergebnis wäre eine währungs- und handelspolitische Desintegration in der westlichen Welt. Die Anhänger prinzipiell flexibler Wechselkurse möchten daher für diesen neuen Zustand ebenfalls Spielregeln aufgestellt sehen, insbesondere Spielregeln für die Interventionen, die die Währungsbehörden der einzelnen Länder zur Beeinflussung des Wechselkurses an ihren Devisenmärkten vornehmen. Es dürfte aber sehr schwierig sein, solche Spielregeln zu entwickeln und ihnen allgemein Anerkennung zu verschaffen; noch schwieriger, wenn nicht gar unmöglich wäre es, ihre Innehaltung zu überwachen.

Regierungen und Notenbanken der wichtigsten Länder sind sich daher weitgehend einig in dem Ziel, möglichst bald wieder zu einer Währungsordnung zu kommen, die mit etwas erweiterten Bandbreiten und mit Regeln für eine raschere Anpassung unrealistisch gewordener Paritätskurse zwar einige Elemente größerer Elastizität erhält, im Prinzip aber die Vorteile möglichst fester Wechselkurse für die internationale Arbeitsteilung, einen wachsenden Welthandel und die wechselseitige Kapitalverflechtung bewahrt.

Die Verwirklichung dieses Zieles ist schwierig. Sie setzt eine dauerhafte Beseitigung des Zahlungsbilanzdefizits der Vereinigten Staaten voraus. Da sich die Preis- und Kostenrelationen der Vereinigten Staaten zur übrigen Welt in den vergangenen Jahren offenbar stark verschoben haben – nicht zuletzt ist damit auch die Verlagerung erheblicher Teile der eigenen Produktion in das kostengünstigere Ausland zu erklären; sie hat die Zahlungsbilanzlage der Vereinigten Staaten noch verschärft –, ist der Ausgleich nur noch über eine Neuordnung der Wechselkursrelationen zwischen dem Dollar und den Währungen der wichtigsten anderen Handelspartner zu erreichen. Dieses Realignment der Wechselkurse ist der Hauptgegenstand der laufenden Währungskonferenzen. Auf dieses dornige Problem, bei dem es im wesentlichen darum geht, wie die Last der Anpassung auf die einzelnen Länder verteilt werden soll, werde ich im späteren Verlauf meiner Ausführungen noch eingehen.

Zunächst möchte ich mich aber der mindestens ebenso wichtigen Frage zuwenden, wie ein künftiges Währungssystem beschaffen sein sollte, das ähnlich wie in den vergangenen fünfundzwanzig Jahren die internationale Arbeitsteilung fördert und zum Wachstum des Welthandels beiträgt, aber jene Entwicklungen vermeidet, die schließlich den Zusammenbruch des Systems fester Wechselkurse bewirkt haben. Eine wichtige Frage ist hierbei die nach der künftigen Rolle des Goldes oder eines anderen Mediums, das an seine Stelle treten könnte. Diese Frage hat bereits in der gegenwärtigen Diskussion über eine Neuordnung der Währungsrelationen große Bedeutung erlangt. Die Vereinigten Staaten haben nämlich bisher strikt jeden Gedanken abgelehnt, diese Neuordnung durch eine Abwertung des Dollars im Verhältnis zum Gold, also durch eine Goldpreiserhöhung, zu erleichtern. Eines ihrer Argumente ist, daß Überlegungen zur Goldpreiserhöhung den Bestrebungen zuwiderliefen, die Rolle des Goldes im Währungssystem zu beschränken.

Worin besteht nun die Bedeutung des Goldes als Währungsmetall? Kann es künftig noch eine Funktion im internationalen Währungssystem erfüllen, die man als notwendig oder zumindest doch als nützlich bezeichnen könnte? Ich möchte versuchen, einer Antwort auf diese Frage durch eine kurze Rückschau auf das Goldwährungssystem näherzukommen. Die Älteren unter uns haben es noch als Realität erlebt. Ich bin nun nicht der Meinung, daß es möglich oder gar wünschenswert wäre, wieder ein Goldwährungssystem zu etablieren. Aus seiner Funktionsweise können wir aber auch heute noch wichtige Erkenntnisse für die Lösung unserer derzeitigen Probleme gewinnen. Deshalb ist es immer noch aktuell, sich mit ihm zu befassen.

Das Goldwährungssystem war durch zwei eng miteinander verbundene Elemente gekennzeichnet: Erstens stand die Geldmenge eines Landes in einer bestimmten Relation zu seinem Goldbestand. Zwar war die Beziehung zwischen Gold und Geldmenge nie so eng und eindeutig wie das in den Lehrbüchern oft beschrieben wird. Insbesondere gab es die als Schulbeispiel häufig behandelte Goldumlaufswährung in ihrer reinen Ausprägung kaum. Das wirtschaftliche Wachstum in der zweiten Hälfte des vergangenen Jahrhunderts hätte im übrigen monetär mit Gold allein keinesfalls bewältigt werden können, wenn nicht die Bereitschaft zugenommen hätte, neben Goldmünzen, die alleinige gesetzliche Zahlungsmittel waren, auch Banknoten und schließlich sogar Buchgeld der Banken anzunehmen, und wenn sich das Währungssystem nicht als überaus elastisch in der Schaffung dieser Zahlungsmittel erwiesen hätte. Aber da die Notenbanken zur Goldeinlösung ihrer Banknoten verpflichtet blieben – dies war ein wesentlicher Faktor für die Ausbreitung des Banknotenumlaufs im Deutschen Reich nach 1875 – und auch später, als Banknoten zum einzigen gesetzlichen Zahlungsmittel erklärt worden waren, eine Mindestdeckung in Gold für ihre umlaufenden Noten halten mußten, waren der Vermehrung des Geldes Schranken gesetzt. Mit Recht spricht man daher von der „goldenen Bremse", die im Goldwährungssystem wirksam war.

Zweitens war Gold das allgemein akzeptierte internationale Zahlungs-mittel und konnte zum Ausgleich von Zahlungsbilanzspitzen dienen. Über das Gold wurde so eine enge Verknüpfung zwischen dem inneren Geld-umlauf und der Zahlungsbilanz mit dem Ausland hergestellt. Die Politik der Notenbank war im wesentlichen auf die Erhaltung ihrer Goldzahlungsbereit-schaft nach innen und nach außen abgestellt. In der Sache lief dies, wie wir heute sagen würden, auf eine zahlungsbilanzorientierte Währungspolitik hin-aus. Die binnenwirtschaftlichen Konsequenzen auf Preise, Löhne, Wachstum und Beschäftigung wurden hingenommen. Es gab mehr oder weniger starke Konjunkturschwankungen. Da aber Preise wie Löhne im Gegensatz zu heute nicht nur nach oben, sondern auch nach unten beweglich waren, ist es weder zu einer länger andauernden größeren allgemeinen Arbeitslosigkeit, noch zur schleichenden Inflation gekommen. Perioden von Preissteigerungen, die man damals freilich noch nicht mit dem Namen Inflation belegte, sondern als un-abwendbare Teuerung hinnahm, wechselten mit Perioden des sogenannten Preisverfalls. Über längere Zeiten gab es – bei stärkeren Schwankungen nach oben und nach unten – eine bemerkenswerte Stabilität der Preise.

Die Statistiken aus dieser Zeit sind nicht so gut ausgebaut wie heute. Einige wenige Ziffern möchte ich aber doch nennen: Die Großhandelspreise für Inlandswaren sind im Deutschen Reich von 1880 bis 1913, immerhin über eine Zeit von 33 Jahren, nur um etwa 7 % gestiegen. Innerhalb dieser Zeit schwankten sie jedoch ganz erheblich. Von 1887 bis 1891 erhöhten sie sich z. B. um annähernd 40 %, anschließend gingen sie bis 1895 wieder um rd. 31 % zurück. Eine Arbeitslosen- und Lohnstatistik gab es damals ebenfalls nur in Ansätzen. In den Jahren 1903 bis 1913, in die zwei Konjunktur-abschwächungen fallen, bewegte sich der Prozentsatz der arbeitslosen Ge-werkschaftsmitglieder zwischen 1,2 % und 2,9 %. Das scheint nicht viel zu sein. Man wird nicht fehlgehen in der Annahme, daß die Einkommen der Arbeitnehmer bei schwacher Konjunktur durch kürzere Arbeitszeit sowie durch Herabsetzung der Lohnsätze gesunken sind. Wie weit damit eine Reallohn-senkung verbunden war, hing vom Ausmaß der zumeist mit einer Konjunk-turabschwächung verbundenen Preissenkung ab.

Die Währungspolitik versuchte schon in jener Zeit, diesen Konjunktur-schwankungen und Preisbewegungen entgegenzuwirken. In den alten Berich-ten der Reichsbank ist sehr interessant nachzulesen, daß man sich durchaus bewußt war, daß es u. U. ein Dilemma zwischen innerer und äußerer Wäh-rungspolitik geben könne, zwischen den Notwendigkeiten, einen Goldabfluß durch hohe Zinsen zu bremsen und durch niedrige Zinsen die innere Kon-junktur zu stützen. Hieraus ergab sich eine recht große Unstetigkeit des Dis-kontsatzes. Zwischen 1876 und 1914 gab es nicht weniger als 140 Diskont-veränderungen, wobei der Diskontsatz zwischen 3 und 7^1/$_2$ % schwankte. Den Rekord hielten die Jahre 1877, 1899 und 1905 mit je sieben Diskont-änderungen. Interessant übrigens die Tatsache, daß die Diskonterhöhung auf

7¹/₂ %/o im Jahre 1907 auf die „fortwährend wachsenden überaus hohen Ansprüche, welche die US von Amerika an die europäischen Geldzentren stellten", zurückzuführen war. Die Parallele zur letzten Hochzinsperiode in Europa liegt auf der Hand.

Bei aller Berücksichtigung binnenwirtschaftlicher Faktoren, – in letzter Instanz hatten doch immer Erwägungen der äußeren Währungspolitik, d. h. einer zahlungsbilanzorientierten Politik die Oberhand. Da alle wichtigen Länder sich ähnlich verhielten, kam es im Goldwährungssystem kaum je zu größeren Zahlungsbilanzungleichgewichten.

Der Bedarf an „internationaler Liquidität" zur Finanzierung von Zahlungsbilanzdefiziten, um in der Terminologie unserer Tage zu sprechen, war daher denkbar gering. Der Goldbestand der Reichsbank belief sich Ende 1913 auf rd. 1 Mrd. Mark. Das war ein Höchststand, der unter starken Schwankungen langsam erreicht worden war. Nur zum Vergleich: Unser derzeitiger Gold- und Devisenbestand beläuft sich auf rd. 60 Mrd. DM.

Zusammenfassend können wir sagen: Das Goldwährungssystem zeichnete sich bei voller Freiheit des internationalen Zahlungsverkehrs und festen Wechselkursen durch einen reibungslosen Ausgleich der Zahlungsbilanzen aus; die Staaten benötigten für diesen Zweck relativ niedrige Währungsreserven. Der Bedarf an „internationaler Liquidität" war entsprechend gering. Die Währungs- und Wirtschaftspolitik war in erster Linie zahlungsbilanzorientiert. Sie nahm die Konsequenzen einer solchen Politik auf Preise, Löhne, Konjunktur und Beschäftigung hin. Andererseits wurde der Zahlungsbilanzausgleich durch die hohe Reagibilität von Preisen und Löhnen nach oben und unten erleichtert.

Wie stellt sich im Vergleich hierzu das internationale Währungssystem der Nachkriegszeit dar, an dessen Trümmern wir heute zu stehen scheinen? Auf die Zeit zwischen den Kriegen will ich nicht eingehen. Sie sah den Versuch, den Goldstandard wieder herzustellen. Dieser Versuch scheiterte und mündete in die große Depression der dreißiger Jahre und das Währungschaos, das dieser Depression folgte. Auf der Konferenz von Bretton Woods wurden dann 1944 die Grundlagen geschaffen, auf denen sich das Währungssystem der Nachkriegszeit entwickelt hat. Es sollte die Vorteile des Goldstandards in Gestalt fester Wechselkurse und eines weitgehend freien Zahlungsverkehrs wieder herstellen, aber gleichzeitig auch den vollkommen geänderten Anforderungen Rechnung tragen, die nunmehr an die nationale Wirtschafts- und Währungspolitik gestellt wurden. Neben den Ausgleich der Zahlungsbilanz sind Stabilität des Preisniveaus, Vollbeschäftigung und stetiges Wachstum als zumindest gleichrangige, wenn nicht gar vorrangige Ziele getreten. Eine „goldene Bremse" für die nationale Geldpolitik besteht nicht mehr. Weder gibt es eine Goldeinlösung für umlaufende Banknoten – sie wurde im ersten Weltkrieg suspendiert –, noch Golddeckungsverpflichtungen der Notenbanken. In den Vereinigten Staaten bestand sie noch am längsten; sie ist jedoch auch dort als Relikt aus der Vergangenheit vor kurzem aufgehoben worden.

Die Währungspolitik ist in unserer Zeit nicht mehr in erster Linie und vor allem anderen zahlungsbilanzorientiert, sondern dient im Rahmen der gesamten Wirtschaftspolitik ebenso der Verwirklichung der anderen wirtschaftspolitischen Zielsetzungen. Deren Rangordnung wechselt je nach den Umständen; überdies divergiert sie von Land zu Land. Infolgedessen funktioniert der Zahlungsbilanzausgleich nicht mehr so reibungslos wie vor dem ersten Weltkrieg. Damals war dieser Begriff höchstens in Lehrbüchern der Nationalökonomie zu finden; die breitere Öffentlichkeit kannte ihn kaum.

Die Väter des Abkommens von Bretton Woods hatten durchaus erkannt, daß es Konflikte zwischen den verschiedenen Zielsetzungen der nationalen Wirtschafts- und Währungspolitik und damit auch Zahlungsbilanzschwierigkeiten geben könne. Sie haben daher Währungshilfen zur Finanzierung vorübergehender Zahlungsbilanzdefizite vorgesehen, um den Defizitländern die Wiedererlangung des Gleichgewichts durch zumutbare Maßnahmen der inneren Wirtschafts- und Währungspolitik in angemessener Zeit zu erleichtern. Da die Preise aus mancherlei Gründen weniger reagibel geworden sind und die Löhne als wichtigstes Kostenelement nur noch nach oben tendieren, dauert die Überwindung von Zahlungsbilanzdefiziten viel länger als früher. Außerdem sind sie größer geworden. Fundamentale Ungleichgewichte, deren Korrektur durch binnenwirtschaftliche Maßnahmen unzumutbare Konsequenzen für die Beschäftigung oder, wie im Falle von andauernden Zahlungsbilanzüberschüssen, für die Preisentwicklung haben können, sollten durch eine Änderung der Wechselkurse unter der Kontrolle des Internationalen Währungsfonds behoben werden.

Insgesamt ist der Bedarf an Währungsreserven für die Finanzierung größerer und länger anhaltender Defizite gestiegen. Daher sind die Staaten mehr als früher bestrebt, durch entsprechend hohe und jederzeit frei verfügbare Währungsreserven für eventuelle Defizitperioden bei insgesamt wachsendem Außenhandel gut gerüstet zu sein. Gold allein hätte nicht in genügender Menge zur Verfügung gestanden, um diesen wachsenden Bedarf an „internationaler Liquidität" zu decken.

Im Laufe der letzten zwanzig Jahre haben wir daher auf der Grundlage, die in Bretton Woods geschaffen wurde, eine Entwicklung erlebt, die in diesem System nicht von vornherein angelegt war und die man durchaus mit der Entwicklung unserer nationalen Geldsysteme in der zweiten Hälfte des vergangenen Jahrhunderts vergleichen kann. Ebenso, wie damals neben Goldmünzen Banknoten und Giralgeld getreten sind, ist Gold durch andere Reservemedien ergänzt worden, insbesondere durch den US-Dollar.

Den Notenbanken vieler Länder erschien es aus mancherlei Gründen geboten und vielfach sogar nützlich, außer Gold in ihre Währungsreserven eine Währung aufzunehmen, die sie im Bedarfsfall ohnehin für Interventionen an ihrem Devisenmarkt benötigten. Wegen des überragenden Wirtschaftspotentials der Vereinigten Staaten und ihrer engen handelspolitischen Verflechtung mit der ganzen Welt ist der Dollar die wichtigste Kontrakt- und Transaktionswährung im internationalen Handel; überdies bietet der amerikanische Geldmarkt vielfältige Anlagemöglichkeiten für Dollarbestände; schließlich erschien das Halten von Währungsreserven in Dollar wegen der erklärten Goldeinlösungsbereitschaft der amerikanischen Währungsbehörden mindestens ebenso gut wie das Halten von Gold selbst.

Dies erklärt, warum immer mehr Länder neben Gold Dollars als Währungsreserven gehalten haben. Obwohl der monetäre Goldbestand mit einem absoluten Betrag von 41,3 Mrd. $ immer noch sehr erheblich ist, ist sein Anteil an den gesamten Währungsreserven der westlichen Welt laufend gesunken. Ende 1970 belief er sich (einschließlich internationale Währungsinstitutionen) nur noch auf knapp 45 %. Der Goldbestandteil erhielt mehr und mehr den Charakter einer „eisernen Reserve". Sie wird erst angegriffen, wenn die Dollarreserven nahezu erschöpft sind und Gold daher zum Erwerb benötigter Dollars verkauft werden muß. Einige Länder beschränkten das Halten von Dollarreserven zwar weiterhin im wesentlichen auf die notwendigen „working balances" für den normalen Interventionsbedarf; in den meisten Fällen gehen die Dollarreserven aber mehr oder weniger über diesen Normalbedarf hinaus. Jedenfalls verdeckt der vorhin von mir genannte globale Goldanteil an den gesamten Weltwährungsreserven eine sehr unterschiedliche Goldreservepolitik der einzelnen Länder. Für die Gesamtheit der Länder außerhalb der Vereinigten Staten (die als Reservewährungsland in diesem Zusammenhang besonders beurteilt werden und außer Betracht bleiben müssen) schrumpfte der Goldanteil von 44 % Ende 1969 auf 33 % Ende 1970 (auch bedingt durch Nettogoldübertragungen an den IWF). In dieser Ländergruppe befinden sich jedoch Länder mit einem Goldanteil an den Gesamtreserven bis zu 70 % und mehr und andere, in denen der Anteil nicht einmal 10 % erreicht.

Das globale, im einzelnen also sehr differenziert ablaufende Wachstum der Währungsreserven beruhte weitgehend auf dem Dollar. Es bedingte entsprechende Zahlungsbilanzdefizite der Vereinigten Staaten. Diese Entwicklung hatte positive wie negative Aspekte. In den ersten anderthalb Jahrzehnten nach dem letzten Krieg überwogen die positiven Aspekte. Die Erhöhung der gesamten Währungsreserven hat die Liberalisierung und Ausweitung des internationalen Güter- und Kapitalaustausches sowie die zunehmende wirtschaftliche Verflechtung in der westlichen Welt erheblich begünstigt. Mit einiger Gewißheit kann man sagen, daß eine strikte Beschränkung auf Gold als Währungsreserve geringeres Wachstum und eine geringere weltwirtschaftliche Arbeitsteilung zur Folge gehabt hätte.

Seit dem Beginn der sechziger Jahre sind aber nachteilige Wirkungen immer stärker in Erscheinung getreten. Die Schaffung von Dollarreserven ist das Ergebnis der defizitären Zahlungsbilanz der Vereinigten Staaten. Diese Defizite wurden in den sechziger Jahren immer größer und standen immer weniger im Einklang mit dem noch mit Stabilität zu vereinbarenden Bedarf einer kontinuierlich wachsenden Weltwirtschaft an Währungsreserven. Ihr Wachstum war das Resultat der von ökonomischen und außerökonomischen Faktoren geprägten Zahlungsbeziehungen der Vereinigten Staaten mit dem Ausland, ihrer wirtschaftlichen Entwicklung und einer überwiegend binnenorientierten Wirtschafts- und Währungspolitik dieses Reservewährungslandes.

Hieraus haben sich in den vergangenen Jahren negative Folgen für das internationale Währungssystem ergeben. Ich möchte sie nur stichwortartig aufzählen:

— Die wachsenden kurzfristigen Auslandsverbindlichkeiten der Vereinigten Staaten haben in Verbindung mit einem sinkenden Goldbestand das Vertrauen in ihre Fähigkeit unterminiert, daß sie ihre Goldeinlösungsbereitschaft aufrechterhalten können.

— Die vielfach unerwünschten, aber bei festen Wechselkursen nicht vermeidbaren Dollarzuflüsse haben in einer Reihe anderer Länder die Liquidität der Banken und der Wirtschaft übermäßig angereichert; eine stabilitätsorientierte Wirtschafts- und Währungspolitik wurde damit unmöglich gemacht.

— Der Zwang zur Anpassung an die Zahlungsbilanzentwicklung gilt nur noch für Nichtreservewährungsländer. Das Reservewährungsland ist weitgehend von diesem Zwang ausgenommen. Der Anpassungsprozeß verläuft asymmetrisch.

Bei diesem letzten Punkt möchte ich etwas verweilen. Obwohl, wie ich vorhin ausführte, die „goldene Bremse", die im Goldwährungssystem wirksam war, außer Kraft gesetzt ist, unterliegen alle Länder normalerweise doch weiterhin dem Zwang zur Anpassung an ihre Zahlungsbilanz, sei es durch binnenwirtschaftliche Maßnahmen ihrer Wirtschafts- und Währungspolitik, sei es durch Wechselkursänderungen. Wir haben dies in vielen Fällen gesehen, auch bei so wichtigen Ländern wie Großbritannien, Frankreich, Italien und der Bundesrepublik. Soweit es Defizitländer sind, müssen sie schließlich dem Schwund ihrer Währungsreserven und dem Versiegen von Währungshilfen Rechnung tragen.

Ein Land, dessen Währung durch das Verhalten seiner Handelspartner aber Reservewährung geworden ist, unterliegt diesem Zwang nicht, soweit es seine Defizite in eigener Währung finanzieren kann. Theoretisch gesehen, hätte die Goldeinlösungsbereitschaft der Vereinigten Staaten die Funktion einer „goldenen Bremse" für das ganze westliche Währungssystem ausüben können, wenn sie bereit oder in der Lage gewesen wären, auf Goldverluste und Wachsen ihrer kurzfristigen Verbindlichkeiten mit wirksamen Maßnahmen zum Ausgleich ihrer Zahlungsbilanz zu reagieren. Wir müssen anerkennen, daß die Bedingungen für eine solche Politik, die die Vereinigten Staaten immerhin

mit großer Konsequenz versucht haben, schwieriger sind als bei ihren Handelspartnern. Ihre außenwirtschaftliche Verflechtung ist, so gewaltig ihr Außenhandel in absoluten Ziffern erscheint und so sehr sie die wirtschaftliche Entwicklung in der übrigen Welt beeinflußt, im Vergleich zur eigenen Wirtschaft
sehr unbedeutend. Schon dieser Relation wegen wäre die stabilisierende Wirkung, die normalerweise von Zahlungsbilanzdefiziten in Form von Liquiditäts-
verknappung und Zinssteigerung ausgeht, relativ gering. Darüber hinaus ist
es nicht ganz einfach, der Öffentlichkeit die Notwendigkeit einer zahlungsbilanzorientierten Wirtschaftspolitik plausibel zu machen. Überspitzt kann
man das währungspolitische Problem der Gegenwart darin sehen, daß das
Zahlungsbilanzdefizit der Vereinigten Staaten für dieses Land zu klein, für
die übrige Welt aber zu groß ist.

Jedenfalls müssen wir feststellen, daß die Goldeinlösungsbereitschaft der
Vereinigten Staaten keine Bremswirkung ausgeübt hat. Die Zahlungsbilanzdefizite der Vereinigten Staaten haben vielmehr die Liquidität der anderen
Länder in einem Maße angereichert, das jeden Versuch der Bekämpfung
inflatorischer Kräfte, die in unseren immer weniger vom Leistungsprinzip
geprägten Anspruchsgesellschaften ohnehin einen guten Nährboden hatten,
schließlich zu einer schier aussichtslosen Aufgabe machte. Der Gold- und
Dollarstandard war insoweit schon vor der Suspendierung der Goldeinlösung
de facto zum Dollarstandard geworden. Seinen Auswirkungen konnte man
schließlich nur noch durch die Freigabe des Wechselkurses entgehen. Die meisten
wichtigen Handelspartner haben diesen Schritt nach der Suspendierung der
Goldeinlösung getan. Es entbehrt nicht einer gewissen Ironie, daß Frankreich,
das die Vorherrschaft des Dollars in der Vergangenheit am lautesten beklagt
hat, mit seinem Festhalten an der alten Dollarparität diese Bindung als einziges wichtiges Land aufrechterhält.

Wie sollte nun ein reformiertes Währungssystem aussehen? Eine Reform
müßte darauf abzielen, die Asymmetrie des Anpassungsprozesses ebenso zu
vermeiden wie die Zufälligkeit der Reserveschaffung durch Zahlungsbilanzdefizite eines Reservewährungslandes. In den Debatten der letzten Jahre gab
es einflußreiche Anhänger des Gedankens, diese Ziele durch die Wiederein-
setzung des Goldes als einziges oder zumindest doch wichtigstes Reservemedium zu erreichen. Sie plädierten deshalb für eine wesentliche Erhöhung
des Goldpreises, zumeist für seine Verdoppelung oder sogar Verdreifachung,
um den gestiegenen Reservebedarf befriedigen und die Devisen aus den
Währungsreserven eliminieren zu können.

Neben dem generellen Einwand, daß wohl kein Land bereit wäre, sich unter
den vollkommen geänderten wirtschaftlichen und sozialen Bedingungen von
heute ähnlich strikten Regeln wie im Goldstandard zu unterwerfen, sind gegen
solche Pläne in der Diskussion der vergangenen Jahre weitere gewichtige Einwände erhoben worden; sie haben in der Zwischenzeit nicht an Überzeugungs-
kraft verloren:

– Wegen des unterschiedlichen Goldanteils hätte ein solcher Schritt sehr unterschiedliche Auswirkungen: Länder mit einem hohen Goldanteil würden ebenso wie Goldproduktionsländer übermäßig profitieren, andere relativ benachteiligt sein.

– Durch eine Goldpreiserhöhung dieses Ausmaßes würde sich die internationale Liquidität schlagartig in beträchtlichem Umfang erhöhen; ebenso würde das binnenwirtschaftliche Inflationspotential in kaum kontrollierbarer Weise steigen.

– An die Stelle der Zufälligkeit der Reserveschaffung durch Defizite des Reservewährungslandes würden lediglich andere, ebenfalls nicht im Einklang mit dem Wachstum des objektiven Reservebedarfs stehende Zufälligkeiten treten: Die Zufälligkeit der Goldproduktion, der industriellen und sonstigen Nachfrage, der Goldhortung und Enthortung, und schließlich der russischen Goldverkäufe.

Während der diesjährigen September-Tagung des Internationalen Währungsfonds war daher auch nicht so sehr vom Gold, als vielmehr von den sogenannten Sonderziehungsrechten als dem künftig dominierenden und entscheidenden Reservemedium die Rede. Dieser abstrakt klingende und so wenig einprägsame Begriff der Sonderziehungsrechte bezeichnet den Versuch, gemeinsam ein an rationalen Kriterien orientiertes und dem objektiven Reservebedarf angepaßtes Reservemedium zu schaffen, das neben das Gold und den Dollar treten und nach Meinung mancher Experten diese Reservemedien schließlich sogar ganz ersetzen soll. Nun, so weit sind wir noch lange nicht; hierzu bedürfte es der Verwirklichung einer ganzen Reihe anderer Voraussetzungen. Immerhin, solche Sonderziehungsrechte existieren bereits. Im Ausweis der Bundesbank stehen sie mit einem Betrag von rd. 1,5 Mrd. DM als Bestandteil unserer Währungsreserven zu Buch. Sie sind aufgrund eines Beschlusses des Internationalen Währungsfonds, dem jahrelange Verhandlungen vorausgegangen waren, den Mitgliedern des Fonds „zugeteilt" worden.

Was ist nun unter diesen Sonderziehungsrechten zu verstehen? Am besten kann man sie wohl als einen Anspruch an die Gesamtheit der Fondsmitglieder bezeichnen, der den einzelnen Mitgliedern eingeräumt, „zugeteilt" wird, und ihnen die Möglichkeit gibt, sich Währungen zu beschaffen, die sie für internationale Zahlungen oder für Interventionen an ihren Devisenmärkten benötigten. Sie erfüllen damit dieselbe Funktion wie Gold; mit ihm kann man ebenfalls keine Zahlungen am Devisenmarkt leisten, man kann sich aber gegen Gold die hierfür benötigten Währungen beschaffen. Diesen Ansprüchen, die durch die nach einem bestimmten Schlüssel erfolgte Zuteilung entstehen, entsprechen auf der anderen Seite Verpflichtungen der Mitglieder dieses Systems, konvertible Währungen bis höchstens zum doppelten Betrag der ihnen zugeteilten Sonderziehungsrechte zur Verfügung zu stellen, wenn der Fonds sie hierfür „designiert".

Sieht man einmal von der komplizierten rechtlichen und technischen Aus-
gestaltung dieser Sonderziehungsrechte ab, so kann man sie auch als frei
verwendbare Deposten beim Internationalen Währungsfonds ansehen. Sie
entstehen in Höhe der Zuteilung durch die Einräumung einer Kreditlinie und
werden weiter aufgefüllt, wenn ein Staat im Rahmen dieses Systems eigene
oder eine andere konvertible Währung anderen Partnerländern gegen Sonderziehungsrechte zur Verfügung stellt. Die Bedingungen für diese Kreditlinien
sind dabei recht großzügig: Bis zur Höhe einer durchschnittlichen Inanspruch-
nahme von 70 % während eines Zeitraumes von fünf Jahren brauchen nämlich keine Rückzahlungen vorgenommen zu werden. Für die Staaten haben sie
weitgehend den Charakter einer Währungsreserve.

Auf einen kurzen Nenner gebracht, sind Sonderziehungsrechte ihrer Konzeption nach eine konzertiert geschaffene internationale Liquidität, ähnlich
wie Geld im nationalen Bereich durch Geldschöpfung der Notenbanken und
der Geschäftsbanken geschaffen wird. Im Ansatz wiederholt sich damit international eine Entwicklung, in der in den letzten hundert Jahren in unseren
Volkswirtschaften das Geldwesen vom Gold gelöst und einer bewußten
Steuerung nach bestimmten Regeln durch die Notenbanken unterworfen
wurde.

Auch für die Steuerung „internationaler Liquidität" bedürfte es entspre-
chender Regeln und einer Institution, die, mit ähnlicher Autorität wie die
nationalen Währungsbehörden für ihren Wirkungsbereich ausgestattet, für die
Einhaltung dieser Regeln verantwortlich wäre. Vor allem müßte diese Institution, als die man sich den Internationalen Währungsfonds denken könnte,
dafür sorgen, daß internationale Liquidität genügend knapp gehalten wird,
damit inflatorische Entwicklungen im Währungssystem vermieden werden. Es
käme sonst zu den gleichen Schwierigkeiten, die durch die Überschwemmung
mit Dollars entstanden sind und die schließlich den Zusammenbruch des
Systems fester Wechselkurse bewirkt haben.

Eine „goldene Bremse" gäbe es in diesem System überhaupt nicht mehr.
Eine Weltzentralbank, die sich auch gegenüber ihren mächtigsten und einfluß-
reichsten souveränen Mitgliedern durchsetzen müßte, dürfte wohl noch auf
längere Zeit eine Utopie bleiben. Es müßten daher von vornherein in das
System wirksame Bremsen gegen eine übermäßige Liquiditätsschöpfung ein-
gebaut sein. Bei der Vielzahl der Mitglieder und ihren sehr unterschiedlichen
Interessen und Zielsetzungen ist das besonders wichtig. Ich erwähne in diesem
Zusammenhang nur die mit Nachdruck vorgetragenen Forderungen der Entwicklungsländer, ihnen Sonderziehungsrechte verstärkt zur Deckung ihres
Kapitalbedarfs zuzuteilen.

Es ist daher nur natürlich, daß die potentiellen Überschußländer ein ent-
scheidendes Interesse daran haben müssen, die Übertragung realer Ressourcen
auf die Defizitländer zu beschränken oder unter Kontrolle zu halten. Deshalb
ist es so wichtig, daß sie einen maßgeblichen Einfluß auf die Schaffung dieser

Art von internationaler Liquidität ausüben können und nicht etwa von den potentiellen Defizitländern majorisiert werden.

Bis zu einem gewissen Grade ist diesem Erfordernis in der derzeit geltenden Regelung Rechnung getragen: Ein Zuteilungsbeschluß bedarf einer Mehrheit von 85 % der Stimmen der Fonds. Da die sechs EWG-Länder mehr als 15 % der Stimmen auf sich vereinen, könnten sie einen solchen Beschluß blockieren, wenn er ihnen aus Gründen der Stabilität nicht akzeptabel erscheint. Sie müßten aber gemeinsam handeln. Das unterstreicht, wie wichtig es für sie ist, zu einer gemeinschaftlichen Handlungsfähigkeit in der Währungspolitik zu kommen und eine solche Handlungsfähigkeit als Stabilitätsblock zu nützen. Im übrigen kann auch jedes einzelne Land erklären, daß es sich an einem Zuteilungsbeschluß nicht beteiligen will. Dieses Recht des „opting out", von einer Gruppe von Gläubigerländern wahrgenommen, würde ebenfalls Grenzen für die internationale Liquiditätsschaffung setzen.

Die Zukunft der Sonderziehungsrechte wird alles in allem von dem Vertrauen der potentiellen Überschußländer in die Qualität dieses neuen Reservemediums abhängen. Wenn mit der Neuregelung der Währungsrelationen die amerikanische Zahlungsbilanz wieder in ein Gleichgewicht kommen oder, was die Vereinigten Staaten anstreben, sogar Überschüsse erbringen sollte, könnten die Währungsreserven in der Welt im wesentlichen nur noch durch neue Zuteilungen von Sonderziehungsrechten wachsen. Ihr Anteil an den Währungsreserven würde also zunehmen. Der Dollar verlöre damit als Reservemedium an Bedeutung, obwohl er auf absehbare Zeit gewiß nicht ganz aus dieser Funktion verdrängt werden dürfte. Als Kontrakt- und Transaktionswährung für den internationalen Wirtschaftsverkehr wird er aber ebenso seine herausragende Stellung behalten wie als eine Interventionswährung für die Notenbanken. Selbst in einem System, in dem er als Reservewährung keine Rolle mehr spielen sollte, werden die Notenbanken bestimmte Mindestdollarbestände als „working balances" für diesen Zweck halten.

Wichtig wäre, daß in einem reformierten System auch die Vereinigten Staaten Defizite im Prinzip nur durch Rückgriff auf Währungsreserven abdecken, sie jedenfalls nicht mehr mit eigener Währung finanzieren können. Doch hängt dies weniger von ihnen, als von ihren Handelspartnern ab. Diese dürften dann nicht mehr in gleicher Weise wie in der Vergangenheit Dollars als Währungsreserve halten. Die Vereinigten Staaten gewönnen wieder einen Spielraum für wechselkurspolitische Maßnahmen, den sie aus Gründen der Reservewährungsfunktion des Dollars glauben verloren zu haben. Sie könnten von diesem Spielraum Gebrauch machen, wenn ihnen die üblichen binnenwirtschaftlichen Anpassungsmaßnahmen wegen ihrer Konsequenzen für die wirtschaftliche Entwicklung nicht akzeptabel zu sein scheinen.

Welche Rolle wird das Gold in einem solchen System spielen? Nun, ich glaube nicht, daß es seine monetäre Bedeutung so schnell verlieren wird. Ein gewisser Basisbestand der Währungsreserven wird sicher auch in Zukunft aus

Gold bestehen. Es dürfte ferner noch die gemeinsame Bezugsbasis für die Wertfestsetzung aller wichtigen Währungen bleiben. An die Stelle der Gold-Dollar-Relation, die eine so entscheidende Größe in unserem Währungssystem geworden war, könnte eine unveränderliche Wertrelation zwischen Gold und Sonderziehungsrechten treten. Jedenfalls scheint mir der manchmal erörterte Gedanke, zur Erleichterung einer Neuordnung der Wechselkursrelationen den Goldgehalt der Sonderziehungsrechte (heute noch identisch mit dem Goldgehalt des Dollars) zu ändern und die Wertrelation Gold-Dollar unverändert zu lassen, kein gangbarer Weg zu sein.

Gewiß könnte man sich auf lange Sicht auch eine vollständige Eliminierung des Goldes als Reservekomponente und als gemeinsame Bezugsbasis für die Wertfestsetzung der nationalen Währungen und eines gemeinsam geschaffenen Reservemediums wie die Sonderziehungsrechte vorstellen. Die Anhänger einer solchen Demonetisierung weisen auf die entsprechende Entwicklung im nationalen Bereich hin. Im Verkehr souveräner Staaten untereinander sind wir aber von ähnlich sicheren Rechtsgrundlagen und Regeln auf dem Währungsgebiet, wie sie in den einzelnen Ländern in den letzten hundert Jahren entwickelt worden sind, noch weit entfernt. Sonderziehungsrechte können eben in einer Gemeinschaft souveräner Staaten nicht einfach zum „gesetzlichen Zahlungsmittel" mit unbeschränkter Annahmepflicht erklärt werden. In den Vereinbarungen über Sonderziehungsrechte gibt es, wie ich vorhin ausführte, so etwas wie eine Annahmeverpflichtung. Sie ist aber aus guten Gründen begrenzt. Jedenfalls werden die Staaten in ihrer Mehrzahl auf absehbare Zeit wohl schwerlich auf ein Medium verzichten wollen, das als Wertaufbewahrungsmittel und Wertmaßstab allgemein anerkannt wird, mögen die Gründe hierfür noch so wenig überzeugen und vielleicht mehr auf mythischen und traditionellen als auf rationalen Grundlagen beruhen. Das „barbarische Relikt", als das Keynes Gold bezeichnet hat, wird sicher auch in Zukunft seine monetäre Bedeutung nicht ganz verlieren.

(November 1971)

KURT RICHEBÄCHER

THE AFTERMATH OF AUGUST 15th, 1971 *

The measures announced by the United States on August 15, 1971, indicate their firm determination to contain inflation, to strengthen the domestic economy and to assure a more balanced relationship with the rest of the world.

International attention understandably rests on the implications of the various American measures affecting foreign trade. From an American point of view foreign reaction certainly seems paradoxical. Having told the United States for years to "put their house in order", most countries now reacted with dismay and alarm.

Admittedly, logic is not with us all the time in these and other things. Though, this apparent contradiction has its reasons. There was a time when correcting the United States deficit appeared a relatively small matter quantified by about $ 2–3 billion. Now, suddenly, the target is a massive $ 13 billion. Perhaps even more important than this figure is the timing of the measures. It makes the world of a difference whether the United States try to impose a swing of their imports and exports on that scale on burgeoning or slumping world demand. In the interest of frankly discussing the issues I have to say that, considering the fact of the economic climate cooling off everywhere at a most disquieting rate, this timing could not have been more unfortunate. However, I also am the first one to admit that the American government did not make this choice voluntarily.

This leads me to the first question: Does the problem of the accelerating deterioration of the United States' trade balance really center so much around exchange rates? It is very difficult to reconcile facts and figures with this assumption. During the critical period from 1967 to mid-1971, industrial wages in the United States rose half as fast as in Europe, that is to say by 25 against 50 per cent, and by about 70 per cent in Japan. What, in my opinion, increasingly began to trouble the United States were underproportionate

---

* From an address to American Council on Germany, Inc.; Atlantik-Brücke e. V. (November 1971), abridged by the editor. The original version, entitled 'Critical remarks concerning the gold exchange standard' is available from List Institute, Basel.

gains in productivity, and less an overproportionate absolute rise in costs. But even if we compare relative increases in unit labor costs, American industry did by no means fare worse than European industry.

If, over the recent twelve months, anything has sharply changed in international economic relationships which possibly can explain this new and particularly heavy plunge of the American trade balance, it is one thing and one thing only: More and more countries have slipped from boom to stagnation or even recession. Still rampant inflation tends to hide this. The problem for the American economy lies less in an accelerated loss of competitiveness than in the fact that the rest of the world buys less. Owing to the slow-down in economic activity, imports everywhere are stagnating and even decreasing, whilst this, on the other hand, induces European and Japanese companies to fight even harder for exports.

The United States are now employing the formal repeal of gold convertibility of the dollar combined with the imposition of the import surcharge as a lever to force other countries to remove trade restrictions and, above all, to revalue the parities of their currencies relative to the dollar.

Disagreement has, so far, centered on both the basic concept and its particular target. More bothering and more important is the question whether the remedy prescribed can and will help to an extent deemed necessary. I am sorry to say that I wonder very much whether the move might not even prove counter-productive. Far more is involved than a simple arithmetic of costs and prices. A revaluation cycle cannot be viewed separately from the general cycle of prosperity and recession in the rest of the world. It involves, to begin with, unknown differences in relative price and trade elasticities and ultimately it depends on our mutual ability to overcome unemployment and stagnation. If the world slips further into recession, the United States will achieve nothing, but hurt themselves. The depreciation of the US dollar in 1933, by the way, was followed by a fall in the export surplus.

Experience in the past, indeed, has taught us that the leverage of a variation in exchange rates on trade flows is extremely low, and in the short run often negative, whilst ups and downs in the level of economic activity in national markets generally have sweeping effects.

As European and Japanese exporters are nowadays confronted with falling home demands, their future policy on the export side is easy to predict. They are compelled to fight even more in order to defend their exports. Giving sales up would mean less employment, lower utilization of capacities and heavy cuts in profits. Keeping up sales by at least partially absorbing the higher exchange rate and the surcharge equally makes inroads into profits, but it helps employment of labor and capacities, and on balance it may well prove to be the lesser evil even for profits.

Anyhow, companies after having put great efforts and considerable costs into setting foot in a market do not and cannot so easily throw in their towel and withdraw when suddenly faced with a new, perhaps temporary, obstacle. If, therefore, anything seems pretty clear about the American measures, it is the harm they do to the European and Japanese companies concerned. This adds to an in most countries already alarming profit squeeze. Plus the prolonged uncertainties over tariffs, quotas and exchange, this just gives an additional push to the world recession on its way, which probably would do more harm to US exports than the measures taken can ever do good.

Looking out for the surplus countries possibly ranking as the prime candidates for higher exchange rates, we find that each one of them – Great Britain, Canada, Japan and Sweden – is struggling with recession. Their situation is not unlike the American scene, and to revalue against the background of high unemployment is neither economically nor politically an easy thing to do.

Creating or maintaining an international monetary system means solving three interrelated questions: liquidity, adjustment and confidence, the latter both in respect to reserve media and to orderly movements of exchange rates. For many years attention almost exclusively centered on liquidity. Only recently emphasis began to shift towards the question of adjustment, that is to say to the process of retaining or reestablishing payments equilibrium.

But adjustment is a frightening word to many people. It conjures up memories of countries depressing domestic economies in order to defend the parity of their currencies. What everyone would like, of course, is adjustment with minimum pain and minimum impairment of real economies. Deficit countries want to adjust without unemployment, and surplus countries without inflation. Such possible pains, it is claimed, are conjured out of existence by greater or full flexibility of exchange rates.

Unfortunately, history tells us utterly different things about the functioning of rate flexibility. The system of Bretton Woods with its rules of the game was shaped under the impression of the horrible lessons learnt during the inter-war period. No thinkable experiment with exchange rates that was not deliberately or fortuitously tried. In early 1944, just before the conference of Bretton Woods, the League of Nations presented a study on these experiences with the declared object of deriving from them the conclusions appearing to be of major importance for the formulation of a future monetary system.

To start with, allow me to quote a striking sentence from this study: "To let the exchanges find their own level would almost certainly result in chaos." Supply and demand in exchange markets are determined not only by the movement of prices at home and abroad, but very largely by cyclical factors, expectations and, above all, by interest rate differentials. If we compare limited net trade balances with the almost unlimited flows of short-term funds, I admire those whose faith in the ability of market forces to produce the "proper" exchange rate seems unshakable.

Short-term capital movements can partially or completely cover or offset the basic tendencies. Clearly, the chances that these transactions might happen to produce an exchange rate reflecting realities of cost and price levels are so remote as to be virtually non-existent. The present dimension of the international markets, improved linkage of national money markets, and the sharp growth of privately held liquidity, have vastly increased the scope for movements of short-term funds. Relying on market forces to be the arbiter of the parity system establishing fair trade seems wholly impossible in a situation where exchange markets are glutted with dollars that have come from earlier deficits and quite a lot of them from capital movements.

Anyone also remembering history knows too well that floating, instead of reducing governments' propensities to impose direct controls, quite on the contrary invites them. It is easy to see why this is inevitable: Confronted with exchange movements exaggerated by temporary flows of short-term funds, there are many tempting and often compelling reasons for defensive action aiming to steer the exchange rate through influencing supply and demand in exchange markets by direct controls over the capital account.

Trying to restore a viable monetary system, it is decisive to avoid the crucial mistakes of the past. What really brought the system down? Many people see the fatal flaw in constant adjustment delays. Closer study, however, reveals that the adjustment record of the system, though being far from excellent, was not as bad as many people pretend. Over the years quite a number of countries had run into disequilibrium and sooner or later adjusted, mostly by internal action. The two great exceptions are the United States and Great Britain, and it is quite clear that their prolonged failure had mainly to do with their currencies being key currencies in the system. The overriding flaw in the machinery of the system in my opinion, and I put this to debate, was its construction as a gold exchange standard. Even if the adjustment process would work to perfection, a gold exchange standard is self-destructive.

Various problems around the gold exchange standard have often been discussed. In the American point of view its main disadvantage for the key-currency country is that this system gives every other nation the possibility to change the exchange rate of its currency in terms of the dollar but denies this solution to the United States.

I personally find that something quite different is the fatal flaw of the gold exchange standard, a flaw to which, as I can see, little or no attention has been paid so far. Once a key-currency country has built up a larger volume of short-term foreign debts, it loses its autonomy to pursue a policy of easy money and low interest rates whenever domestic conditions demand it.

As long as the key-currency country has sufficiently high interest rates relative to the rest of the world, private institutions abroad are always happy to hold that currency in practically unlimited amounts without, in our case, questioning the solvency of the United States. In 1968/69, when American inflation was at its peak, commercial banks all over the world scrambled for dollars, pulling them even from their central banks in order to relend them profitably in international markets. This, as a matter of fact, resulted in a proper dollar squeeze of central banks who, mistaking this for a general shortage of international liquidity, hurried to introduce the SDR program.

The fateful moment could not fail to come sooner or later. When the United States lowered their interest rates and rate differentials between the United States and Europe turned around, private institutions simply walked out of their dollars and unloaded them on national central banks. Accumulative US deficits of many years all of a sudden emerged from the portfolios of private banks and closed in upon a handful of central banks, terrifying them into measures trying to ward off this surfeit of dollars, either through floating or direct controls. Practical repudiation of the key currency by central banks then tore the system apart.

If one retraces monetary history back to the fall of the British pound in 1931, then to the first serious dollar crisis in the early 60's, and further to the British stop-go experience, it is easy to see that it always was the same thing that jeopardized these policies and jeopardized above all the whole monetary system: Whenever the key-currency country moves towards relatively low interest rates in order to fight a domestic depression, it causes such massive shifts of short-term balances from commercial banks to central banks, with their psychologically disastrous effects, that the system is always brought to the brim of explosion.

Trying to restore a semblance of order in the world monetary system, we should firstly take a careful look at the institution of gold-exchange mechanism and its detrimental effects on monetary policy, in particular of the key-currency country.

Secondly, I would stress the importance of establishing fixed rates again by coordinated and simultaneous international action. As to the question of greater flexibility of the exchange-currency system, I wonder whether it really provides a buffer against or rather an incentive for disturbing short-term capital movements. In European eyes this realignment of currencies should well include as part of the package a modest revaluation of the dollar against gold. As it seems, a change in the US position on gold could produce a quicker return to fixed parities combined with a realignment than is otherwise considered likely.

(November 1971)

FRANÇOIS E. ASCHINGER

LE DOLLAR ET L'EUROPE

1. De la pénurie de dollars à la crise du dollar

«Le dollar et l'Europe»: ce sujet, qui fait l'objet de notre exposé, a été plus d'une fois au cœur des discussions de politique monétaire durant l'après-guerre. La deuxième Guerre Mondiale avait sensiblement renforcé la position du dollar au sein du système monétaire international. Tandis que bon nombre de monnaies européennes se trouvaient alors au bord de l'abîme, l'état des réserves monétaires des Etats-Unis s'est fortement amélioré et le dollar a été, jusqu'à la fin des années cinquante, la seule monnaie importante librement convertible en or. Contrairement à l'Europe, profondément affectée par la guerre, le potentiel économique américain s'était accru de manière décisive et représentait, pour les pays européens, la meilleure source de couverture des fonds destinés à la reconstruction.

Le dollar était donc tout désigné pour servir de monnaie universelle. Sans être institutionnalisé, il a bientôt été considéré comme monnaie véhiculaire par les autres pays. Les banques centrales l'ont utilisé comme moyen d'intervention sur le marché des devises et comme monnaie de réserve à côté de l'or. Cela signifiait la résurrection du système des monnaies de réserve, essentiellement sous forme d'un étalon or-dollar. De même, un grand nombre de transactions du commerce privé international ont été exécutées en dollars. En raison de sa convertibilité en or, le Fonds monétaire international a accepté le dollar comme monnaie de référence. Celui-ci est de ce fait devenu de plus en plus un élément clé du système monétaire international.

A l'appétit insatiable de marchandises dont a fait preuve l'Europe immédiatement après la guerre, correspondait une faim de dollars tout aussi grande. En dépit de l'aide considérable fournie par les Américains, la pénurie de dollars a obligé les Européens à réduire fortement leurs importations durant les années immédiates de l'après-guerre. C'est grâce au Plan Marshall qui, de 1948 à 1951, a accordé aux pays européens des crédits de reconstruction de 12,4 milliards de dollars, que l'industrie européenne a pu se relever et redresser son commerce extérieur. A partir du début des années cinquante, les excédents de la balance des paiements américaine ont fait place à des déficits.

Bien que la dette cumulative des Etats-Unis ait atteint 10 milliards de dollars en 1956, on parlait toujours d'une insuffisance de dollars. Le déficit de la balance des paiements américaine exerçait jusqu'alors un effet compensatoire sur les réserves internationales. On ne s'est rendu compte qu'une nouvelle ère était apparue dans les relations entre le dollar et les autres monnaies européennes que lorsque la balance des paiements américaine est devenue fortement déficitaire à la fin des années cinquante et que les lourds déficits ont revêtu un caractère chronique durant les années soixante. De 1950 à 1970, le déficit cumulatif de la balance des paiements américaine s'élevait à près de 50 milliards de dollars (sur la base de la liquidité).

En tant que pays dont la monnaie servait de réserve et de moyen de règlement, les Etats-Unis ont réussi à financer 38 milliards de dollars en accumulant les engagements à court terme en dollars, tandis que 12 milliards de dollars seulement allaient à la charge des réserves monétaires américaines. Jacques Rueff qualifie ce mécanisme de «déficits sans pleurs». Si les Etats-Unis n'avaient pu profiter du système des réserves monétaires et avaient dû financer, comme d'autres pays, le déficit de leur balance des paiements avec leurs propres réserves et des crédits spéciaux, ils n'auraient pu se permettre un déficit durable de cet ordre.

Le système de financement quasi automatique du déficit de la balance des paiements américaine, qui consistait à payer les dettes en émettant des dollars, présentait en outre l'inconvénient que le déficit de la balance des paiements, qui réduit normalement la masse monétaire par perte de devises, n'était plus à même de remplir cette fonction stabilisatrice. Les avoirs en dollars acquis par les importateurs étrangers ont non seulement constitué la base de l'inflation monétaire dans les pays exportateurs mais, en restant déposés dans des banques américaines ou auprès du Trésor américain, ils ont augmenté la liquidité de l'économie américaine. Grâce à cette double pyramide de crédits (Rueff), l'étalon or-dollar est devenu un puissant élément inflationniste sur le plan international. Carli, président de la banque d'émission italienne, a récemment condamné à juste titre ce mécanisme comme étant un «deficit spending au niveau international».

Le large autofinancement du déficit américain par accumulation des engagements en dollars n'a toutefois pu empêcher la baisse constante de la puissance monétaire du dollar. Les avoirs à court terme de l'étranger en dollars, qui s'élevaient à 7 milliards de dollars après la guerre, sont passés à 47 milliards de dollars à fin 1970. Au cours de cette même période, les stocks d'or américains ont diminué de près de 25 milliards (fin 1949) à 11 milliards de dollars (fin 1970). Le mouvement inverse des actifs et des passifs liquides a eu pour conséquence que l'état des réserves nettes des Etat-Unis, qui présentait, à la fin de la guerre, un excédent de 17 milliards de dollars, s'est mué en un solde passif de 32 milliards de dollars. Jusqu'à mi-août 1971, les engagements à court terme en dollars ont même passé à plus de 60 milliards de dollars, les obligations à l'égard des créanciers officiels ayant atteint, à elles seules, 43 milliards de dollars.

La liquidité internationale des Etats-Unis n'ayant cessé de se détériorer, la capacité du Trésor américain de convertir en or les engagements à court terme en dollars envers l'étranger s'est peu à peu réduite. Il n'a plus été possible, ces dernières années, de demander d'importantes conversions en or, raison pour laquelle l'étalon or-dollar était devenu en fait, avant sa suspension formelle à mi-août de l'année dernière déjà, un étalon-dollar pur et simple.

Cela signifiait toutefois pour les banques d'émission étrangères une dégradation sensible de leur position de créanciers. Si le dollar équivalait à l'or tant que la convertibilité-or du dollar jouait, les avoirs en dollars impliquaient un risque accru dès lors qu'ils n'étaient plus convertibles que dans une mesure restreinte. Durant les années soixante, on assista donc à des crises de confiance répétées à l'égard du dollar.

Cette évolution dangereuse a encore été accélérée et accentuée par deux autres facteurs: d'une part, l'inflation qui régnait aux Etats-Unis, d'autre part la création d'un important potentiel de capitaux flottants à court terme sur le marché international.

Alors que de 1963–1969, les Etats-Unis, qui avaient connu une augmentation annuelle du coût de la vie de 3,2 %, se trouvaient nettement au-dessous de la moyenne du renchérissement dans les principaux pays industrialisés, ils se sont propulsés en tête pour 1969/70, avec une hausse de 5,5 %. L'aggravation du renchérissement aux Etats-Unis, due à la guerre du Vietnam et à d'autres facteurs, a entraîné une détérioration rapide de la balance commerciale et des opérations courantes. Si la balance commerciale présentait en moyenne, entre 1960 et 1965, un excédent de 5,3 milliards de dollars, celui-ci est tombé, notamment à la suite d'un fort accroissement des importations, à moins d'un demi milliard en 1968–69, pour se transformer en un déficit d'environ 1,5 milliard de dollars en 1971. Le solde du compte courant n'a alors plus suffi à couvrir les prestations à l'étranger et les exportations privées de capitaux nets à long terme. La balance de base – paiements courants et mouvement de capitaux à long terme – accusait, en 1970, un déficit de 3 milliards et, pour le premier semestre 1971, de 9 milliards de dollars.

Suite à l'évolution inflationniste aux Etats-Unis et à la détérioration de la balance des paiements américaine qui s'est ensuivie, l'inflation importée d'Amérique s'est accentuée chez les principaux partenaires commerciaux. Cet effet a d'ailleurs été double: comme conséquence directe, elle s'est traduite par une augmentation des prix, à la suite de la hausse du niveau des prix à l'importation; indirectement, la masse monétaire s'est accrue, du fait des excédents croissants de la balance des paiements vis-à-vis de l'Amérique. Les pays qui ont maintenu leur parité envers le dollar ont vu leur politique anti-inflationniste sapée par l'influence des Etats-Unis.

Par ailleurs, lorsque les principales monnaies sont devenues convertibles à la fin des années cinquante, et que la balance des paiements américaine est devenue fortement et durablement déficitaire, le potentiel des mouvements de fonds à court terme a enregistré un accroissement sensible. Le gonflement du marché des euro-devises, provoqué en partie par le mécanisme du crédit, qui a atteint, à fin 1970, un volume record de 60 milliards de dollars, a entraîné le déclenchement massif des mouvements de fonds, en raison des différences de taux d'intérêt intervenues entre les divers pays. La politique monétaire et de crédit des pays en question a ainsi souvent été contrecarrée. Cela s'est fait sentir de façon particulièrement douloureuse lorsque – comme cela s'est produit de 1969 à 1971 – les cycles conjoncturels des Etats-Unis et de l'Europe ont divergé et que les deux parties ont suivi des politiques monétaires opposées. Du fait de la dimension de leur marché monétaire, les Etats-Unis ont alors exercé une très forte influence sur les autres pays. Aussi, les emprunts des banques américaines en euro-dollars sont-ils passés, de fin 1968 au milieu de 1970 – en raison des restrictions de crédit internes – de 6 milliards à environ 15 milliards de dollars, pour revenir ensuite au niveau plancher de 1,5 milliard de dollars. Alors que des mouvements de fonds de cet ordre ne représentent qu'un faible pourcentage des avances accordées par les banques commerciales américaines, ils revêtent une grande importance pour les pays européens. Les transactions monétaires internationales qui n'exercent pas d'influence notable aux Etats-Unis peuvent ainsi ébranler la situation monétaire en Europe.

Le volume croissant des capitaux flottants s'est fait lourdement sentir, surtout lors des crises monétaires. En effet, la spéculation a pris récemment des dimensions telles que les banques centrales ont été de moins en moins capables de la juguler par des moyens conventionnels. Lorsque le mouvement spéculatif a démarré, en mai 1971, sur le mark et d'autres monnaies, et qu'il a attiré, en deux semaines, 2 milliards de dollars en Allemagne et 700 millions de dollars en Suisse, l'Allemagne et les Pays-Bas se sont vus contraints de libérer le taux de change de leur monnaie, la Suisse et l'Autriche de réévaluer le leur. Ceci a été un premier pas collectif, en vue de prévenir la spéculation monétaire et de se mettre à l'abri de l'afflux excessif de dollars.

Le calme n'a cependant été rétabli que passagèrement dans le secteur monétaire. L'évolution déficitaire de la balance commerciale américaine, les déficits énormes de la balance des paiements, par suite de reflux des capitaux à court terme, les pertes de réserves d'or du pays, la persistance de l'inflation américaine en dépit de la stagnation de l'économie – tous ces facteurs ont répandu l'idée, aux Etats-Unis même, que le dollar était surévalué. Il y eut ainsi, en juillet 1971, une nouvelle vague de fuite devant le dollar, qui occasionna aux Etats-Unis, en l'espace de trois semaines, un accroissement de 9 milliards de dollars des engagements officiels à court terme en dollars, dont 2 milliards envers la Suisse et 3 milliards envers le Japon. Alors que le gouvernement américain s'en était tenu, pendant la crise de mai 1971, à la doctrine dite du «benign neglect», qui conseillait aux Etats-Unis d'adopter une attitude passive à l'égard de leur balance des paiements, ce même gouvernement s'est vu contraint, eu égard à la profonde crise du dollar de l'été dernier, de tirer lui-même la sonnette d'alarme. En vue de se prémunir contre le danger immédiat de nombreuses demandes de conversion d'avoirs en dollars de la part de banques d'émission étrangères, la président Nixon a décrété, le 15 août, *l'arrêt de la convertibilité du dollar en or et en toutes autres réserves.* Par la même occasion, il a doublé temporairement les barrières douanières américaines, d'une part en introduisant une *taxe temporaire à l'importation* de 10 %, de l'autre en prenant des mesures fiscales discriminatoires. L'objectif immédiat était de remédier au déficit de la balance commerciale des Etats-Unis; ces mesures devaient en outre servir de moyen de pression pour inciter les principaux partenaires commerciaux à réévaluer leurs monnaies par rapport au dollar et, pour certains d'entre eux, à libéraliser leur politique de commerce extérieur à l'égard des Etats-Unis. D'autre part, l'Amérique a demandé à ses alliés de participer davantage au fardeau de la défense commune de l'Occident. Le président des Etats-Unis a en outre annoncé que l'Amérique était décidée à redresser sa balance des paiements en appliquant une politique énergique de lutte contre l'inflation. Il s'est, en revanche, prononcé contre une dévaluation du dollar et une augmentation du prix de l'or américain.

Le catalogue des exigences présenté par la délégation américaine au début de la conférence du Groupe des Dix, à fin novembre de l'année dernière à Rome, a suffisamment prouvé le caractère instransigeant et unilatéral des requêtes américaines. Le but visé par ces dernières était que la balance américaine des opérations courantes s'améliore, en quelques années, de 13 milliards de dollars, et présente un excédent de 8 milliards de dollars. Cet objectif devait être atteint, pour l'essentiel, par une réévaluation de 11 % en moyenne des monnaies des pays de l'OCDE. Ce n'est qu'à cette condition expresse que le gouvernment américain était disposé à supprimer la taxe à l'importation. Il s'est toutefois à nouveau refusé catégoriquement à dévaluer le dollar.

La crise du dollar, les mesures prises pour l'enrayer, ainsi que les exigences américaines, ont profondément ébranlé le système monétaire international. J'essaierai, dans la deuxième partie de mon exposé, d'analyser la portée de cet événement.

2. La portée de la crise du dollar

La crise du dollar, puis les mesures et les exigences américaines, ont affecté tantôt provisoirement, tantôt durablement de nombreux éléments constitutifs du système monétaire, à savoir le système des changes, les règles de convertibilité, les principes de réajustement, le rôle de l'or monétaire et des droits de tirage spéciaux, ainsi que le mécanisme du Fonds Monétaire International. Nous nous attacherons surtout à quelques aspects importants de ces répercussions pour nous consacrer ensuite plus particulièrement aux rapports du dollar avec l'Europe dans les nouvelles circonstances.

1. La conséquence la plus directe et la plus spectaculaire de la crise a été l'effondrement temporain du *système des taux de change fixes*. Celui-ci avait déjà tremblé sur sa base en mai dernier, à la suite de la libération du cours du mark et du florin. L'embargo américain sur l'or en août provoqua le «flottement» des monnaies les plus importantes. En se libérant de l'obligation d'acheter et de vendre de l'or à un prix fixe contre des avoirs officiels en dollars, les Etats-Unis ont, de facto, suspendu la parité-or du dollar et en ont libéré le cours. Les autres pays s'estimèrent alors, eux aussi, dispensés d'observer les prescriptions du Fonds Monétaire International, qui prévoient une marge de fluctuation de ± 1 %. Afin d'endiguer l'afflux de dollars, de nombreuses banques d'émission se sont vues contraintes de renoncer à accepter des dollars à leur niveau d'intervention antérieur et de libérer les taux de change de leur monnaie par rapport au dollar.

Mais en fait, une flexibilité libre n'a pas pu se développer, les pays industrialisés ayant été obligés, en raison du danger que représentait un cours surfait par rapport aux autres monnaies ou pour d'autres motifs, d'appliquer des restrictions draconiennes à l'importation de devises ou même d'intervenir directement sur le marché des devises. La France a cherché refuge dans le double marché des changes. Tout ceci eut pour conséquence de créer entre les monnaies de certains pays industrialisés des disparités évidentes, qui menaçaient d'entraîner de nouveaux déséquilibres, sur lesquels nous reviendrons ultérieurement.

Cette évolution montre d'ailleurs que la réalité ne correspond pas toujours aux vues optimistes des partisans des taux de change flexibles. La libération des cours n'a pas supprimé les contrôles, mais au contraire, dans certains pays, comme la Suisse, elle n'a été possible qu'au prix de mesures de blocage énergiques en matière de mouvements de capitaux. Au delà, elle a rapidement engendré une pratique d'intervention du genre «beggar my neighbour policy». Malgré la flexibilité, les cours ne trouvèrent pas leur équilibre naturel. Pour bénéficier des avantages théoriques qu'offrent des taux de change libres, tous les pays devraient s'en tenir à un certain code de bonne conduite. Mais si cela était possible, le système des taux de change fixes prêterait, lui aussi, moins le flanc aux attaques.

2. La suspension de la convertibilité du dollar en or a rendu entièrement inconvertible la monnaie la plus importante du monde. En effet, *l'arrêt de la convertibilité du dollar* s'étend, comme l'a annoncé le président Nixon, à *tous* les genres de réserves, y compris les devises et les droits de tirage spéciaux. Cela a pour conséquence que les avoirs en dollars détenus par les banques d'émission ne peuvent plus être échangés contre d'autres monnaies que sur le marché des devises en faisant pression sur les cours. D'où la fin de l'étalon or-dollar et le passage à l'étalon dollar. Selon le gouvernement américain, l'inconvertibilité du dollar devrait subsister jusqu'à ce que la balance des paiements américaine retrouve un équilibre durable.

Cela nous amène à une constatation importante: tant que dure l'inconvertibilité totale du dollar, il ne peut y avoir de retour sûr et durable à un système international de taux de change fixes, dollar inclus, car cela reviendrait à obliger les banques d'émission étrangères à continuer d'accepter des montants illimités de dollars inconvertibles pour maintenir leurs marges de fluctuation, ce que l'on ne saurait exiger d'elles. En conséquence, on pourrait assister à de nouvelles vagues de spéculation vers des pays susceptibles d'apprécier leur monnaie. De plus, l'inconvertibilité du dollar, à un taux de change fixe, pourrait inciter les Etats-Unis à pratiquer de nouveau une politique de laisser-aller en matière de balance des paiements. La question du futur système des taux de change dépend donc étroitement de la convertibilité du dollar. «Rétablir le système des parités fixes tant que pour le dollar, cette condition (la convertibilité) n'est pas satisfaite», affirmait récemment à juste titre Jacques Rueff[1], «c'est créer les conditions d'une nouvelle crise». L'inconvertibilité du dollar rend ainsi difficile une solution globale du système des taux de change; elle empêche en outre, dans une large mesure, le développement normal des opérations du Fonds Monétaire International.

3. Alors que l'inconvertibilité du dollar et l'atteinte à sa valeur de monnaie d'intervention qui en résultera devraient être de nature passagère, on doit s'attendre que le rôle du dollar, en tant que *monnaie de réserve* universellement utilisée et comme aliment de la liquidité, s'estompe au moins partiellement de façon durable, à la suite des récents événements. En dehors des Etats-Unis, il existe l'opinion répandue selon laquelle le dollar devrait être progressivement désaffecté comme monnaie de réserve et, aux Etats-Unis même, on s'est rendu compte que le système de financement de la balance des paiements appliqué jusqu'ici a fait son temps, au vu de la disproportion qui existe entre les réserves monétaires américaines et les engagements à court terme en dollars vis-à-vis de l'étranger.

Cependant, il s'agit non seulement de ne plus constituer de *nouveaux* avoirs en dollars dans les banques d'émission étrangères. Ce sont surtout les immenses engagements existant en dollars envers l'étranger qui forment de lourds nuages au-dessus de la monnaie américaine et représentent un obstacle au retour à sa convertibilité.

On ne saurait, cependant, trop s'alarmer du fait que les avoirs officiels à court terme en dollars détenus par l'étranger ont atteint 43 milliards de dollars avant que ne soit annoncé le programme d'urgence américain. Lorsque le dollar sera de nouveau engagé sur la voie d'un équilibre durable de la balance des paiements et que la situation monétaire internationale se sera calmée, on peut s'attendre, comme certains signes le laissent entrevoir, à ce que les avoirs en dollars des banques centrales diminuent fortement, étant donné que de nombreux particuliers qui, vu l'insécurité monétaire, avaient récemment réduit

---

[1] «Le Monde» du 30 novembre 1971.

leurs disponibilités en dollars au minimum requis par le fonds de roulement, les reconstitueront à nouveau en les rachetant aux banques d'émission. On peut estimer d'autre part que le dollar maintiendra sa position de monnaie d'intervention internationale au sein du nouveau système des taux de change fixes. En outre, les pays du continent américain et ceux qui entretiennent d'étroites relations commerciales avec les Etats-Unis conserveront en tout cas un certain montant de dollars comme monnaie de réserve. Cependant, même dans ces conditions, il devrait subsister entre les mains des banques d'émission étrangères un important excédent de dollars, qui pourrait constituer un obstacle au retour à la convertibilité du dollar, si l'on ne prend pas les mesures adéquates.

4. L'embargo américain sur l'or aura par ailleurs des effets durables sur *la position de l'or* au sein du système monétaire. Un retour à la convertibilité du dollar en or est peu probable, cela non seulement pour des raisons pratiques, mais aussi à cause de l'attitude négative à l'égard de l'or monétaire qu'observent les autorités américaines en matière monétaire. Le gouvernement américain a fait connaître son intention d'éliminer progressivement l'or monétaire du système monétaire. Il est cependant douteux qu'une telle évolution intervienne dans un proche avenir. L'or devrait au contraire conserver sa fonction d'étalon montétaire et de moyen de réserve. Sa part du total des réserves reculera toutefois graduellement en faveur des droits de tirage spéciaux. Exprimée en termes de dollars dévalués, la valeur de l'encaisse-or mondiale est réévaluée de 8,6 %. Cependant, vu la situation du marché de l'or, le poids de l'encaisse-or mondiale ne devrait plus s'accroître sensiblement. Du fait de la suspension de la convertibilité du dollar en or, le métal jaune ne pourrait désormais guère être utilisé dans les règlements internationaux. La tendance à conserver l'or comme ultime réserve devrait aller en se renforçant. Cela rendra toutefois plus difficile la coexistence des genres de réserve. De même, la fermeture du canal de l'or via le dollar obligera le Fonds Monétaire, qui demandait jusqu'ici qu'un quart des contributions lui soient versées en or et pour lequel son important stock d'or représentait un élément dominant de sa liquidité, à se tourner davantage vers d'autres genres de réserve.

5. En refusant longtemps de dévaluer le dollar, le gouvernement américain s'était aussi mis en contradiction avec les règles de réajustement établies par les Accords de Bretton Woods, selon lesquelles un pays qui se trouve en état de «déséquilibre fondamental» se doit de procéder à une correction du taux de change de sa monnaie. C'est à juste titre que les Américains ont, par le passé, critiqué l'asymétrie de ce mécanisme d'ajustement au profit des pays excédentaires. Pour eux-mêmes, en revanche, ils ont longtemps préconisé une asymétrie en leur faveur. Cela peut s'expliquer par le fait que le gouvernement américain voulait éviter de devoir demander un changement de parité au Congrès. Par contre, l'argument avancé longtemps contre une dévaluation du dollar par rapport à l'or, affirmant que la plupart des pays suivraient

l'exemple américain et que cette mesure deviendrait de ce fait inopérante, a perdu de sa validité. Toute une série de pays avaient en effet fait savoir qu'en cas de dévaluation limitée du dollar, ils seraient prêts à ne pas suivre une dévaluation du dollar ou à réévaluer simultanément leur propre monnaie par rapport à l'or. Le refus de dévaluer le dollar n'était – sous ces conditions – plus soutenable.

6. Last but not least les mesures d'urgence prises par les Etats-Unis en matière de commerce extérieur, à savoir l'introduction unilatérale d'une taxe à l'importation de 10 % et les allégements fiscaux sur les biens d'investissement, discriminatoires à l'égard de l'étranger, constituaient un grave *manquement* aux engagements pris dans les statuts du GATT. Si leurs partenaires commerciaux n'ont pas recouru immédiatement à des mesures de rétorsion c'est parce que le gouvernement américain leur avait donné l'assurance qu'il ne s'agissait que de dispositions temporaires et qu'il les a retirées au moment du réajustement des taux de change.

Les répercussions de la crise monétaire internationale et les mesures d'urgence prises par les Etats-Unis se font sentir dans le monde entier. Elles portent également préjudice aux pays en voie de développement. Cependant, les pays industrialisés d'Europe et le Japon ont été les plus directement touchés par la crise, puisqu'ils représentent près de 60 % du commerce mondial et des réserves monétaires, et qu'ils forment avec les Etats-Unis le noyau des pays responsables du fonctionnement du système monétaire international.

Comment l'Europe a-t-elle jusqu'ici réagi à la crise? Quel rôle a-t-elle joué dans son dénouement? Quelles tâches est-elle appelée à assumer au sein du nouveau système monétaire?

3. L'Europe face au défi américain

Au début, l'Europe a eu de la peine à adopter une attitude commune envers la crise du dollar. Déjà lors de la crise de mai 1971, la Communauté Economique Européenne, qui tentait fièrement de réaliser une union économique et monétaire, avait éclaté sous la pression de l'afflux de dollars et de la spéculation sur le mark. L'Allemagne et la Hollande ont cherché refuge dans la libération de leurs taux de change, alors que les autres pays membres maintenaient leurs parités. Il s'est ensuivi, au sein même du Marché Commun, des taux de change flottants qui ont rejeté les efforts en vue de créer une union monétaire, paralysé la politique agricole commune et menacé l'intégration dans son ensemble. Le pas franchi par l'Allemagne et la Hollande n'avait, il est vrai, été toléré par le Conseil ministériel de la CEE que dans la ferme attente qu'il ne s'agissait là que d'une dérogation temporaire aux parités antérieures.

Ces conditions ont toutefois été réduites à néant par la crise d'août et les mesures américaines. Ces dernières qui, outre le Japon, étaient adressées avant tout à l'Europe, offraient l'alternative suivante: soit laisser monter les taux de change par rapport au dollar, soit se soumettre passivement à l'étalon-dollar.

Mais même ce défi n'a pu tout d'abord inciter les pays membres de la CEE à fournir une réponse commune. Tandis que l'Allemagne et les Pays-Bas maintenaient le flottement par rapport au dollar, la France a cherché refuge dans un dédoublement du marché du dollar. Après une période intérimaire, la Belgique a adopté une politique d'intervention commune avec la Hollande vis-à-vis du dollar. L'Italie et la Grande-Bretagne se sont tirées d'affaire en pratiquant une politique de flexibilité limitée. Excepté l'Allemagne, la plupart des pays industrialisés se sont retranchés derrière des mesures de défense toujours plus sévères contre les importations de capitaux. En outre, le degré de flexibilité des taux de change variait fortement d'un pays à l'autre, l'un intervenant plus, l'autre moins.

A la suite de cette politique du «sauve qui peut», il s'est développé au sein des principaux pays industrialisés une sorte de jeu de la «dame de pique» et une tendance à la sous-évaluation compétitive, qui ne s'est même pas arrêtée aux portes de la CEE. Au contraire, il s'est formé entre le mark, qui avait déjà été réévalué de plus de 9 % en 1969 et dont la libération du cours depuis mai 1971 avait entraîné une nouvelle hausse de 13 % par rapport au dollar, et le franc français, qui avait, quant à lui, été dévalué de 11 % en 1969 et qui, du moins pour les transactions commerciales, avait maintenu son ancienne parité même après le 15 août 1971, une distorsion de cours manifeste d'autant plus grave que les deux pays étant membres de la CEE sont étroitement liés sur le plan économique. Le cours de plus en plus surfait du mark a finalement obligé même les autorités monétaires allemandes à intervenir sur le marché des devises. Par ailleurs, la France et d'autres Etats se sont vus contraints de serrer davantage la vis aux importations de capitaux pour éviter un afflux plus important de dollars. L'appel bien intentionné de M. Schiller et de M. Connally en vue d'un «floating pur» étendu à tous les pays ne s'est pas concrétisé.

Les distorsions de cours et les tensions économiques nées du droit du poing appliqué à la politique des taux de change, appelaient un retour rapide à l'ordre. L'insécurité monétaire portait aussi préjudice aux relations commerciales et financières internationales. De même, la nécessité de rétablir des taux de change fixes entre les pays de la CEE, pour des raisons de politique d'intégration, devenait toujours plus impérative. En outre, le danger d'une guerre commerciale à l'échelon international augmentait au fur et à mesure que restaient en vigueur les mesures de politique commerciale prises par l'Amérique. Sous la pression de cette évolution, la Communauté Economique Européenne est parvenue, à la mi-septembre, à adopter une position commune qui cherchait à montrer la voie d'une solution de la crise monétaire.

Ce manifeste de la CEE demandait avant tout que la réforme du système monétaire respecte le principe des parités fixes, «qui est nécessaire à la sécurité des transactions et à l'expansion des échanges». Afin de rétablir l'équilibre des relations de paiement internationales sur la base de parités fixes, il était nécessaire – c'était là le deuxième point de la déclaration – de procéder à un «réalignement différencié des parités». «Un tel réalignement devrait», selon le communiqué des Six, «inclure les monnaies de *tous* les pays concernés, y compris le dollar». La Communauté exigeait ainsi une dévaluation du dollar. La nouvelle fixation des parités devait en outre comprendre une extension limitée des marges d'intervention, afin de mieux prévenir les mouvements de capitaux anti-stabilisateurs. La déclaration de la CEE lançait aussi un appel aux Etats-Unis pour qu'ils suppriment leurs mesures unilatérales de politique commerciale, qui faussaient l'établissement de taux de change réalistes et empê-chaient le «réalignement».

En ce qui concerne la politique des réserves à long terme, la CEE se pro-nonçait pour le maintien de l'or monétaire, la diminution graduelle du rôle des monnaies de réserve nationales et le développement du système des droits de tirage spéciaux. Les compétences du Fonds Monétaire International devraient être renforcées. Un équilibre durable des paiements internationaux ne pourra cependant être atteint que si tous les pays se soumettent à l'obliga-tion d'ajuster leur balance des paiements.

La Grande-Bretagne s'est ralliée à la position de la CEE dans la question monétaire.

La demande de dévaluation du dollar formulée par les pays européens s'est tout d'abord heurtée à une forte opposition de la part du gouvernement américain. Placés devant le front uni de ses partenaires commerciaux, lors de la session de novembre du Groupe des Dix, les Etats-Unis ont finalement cédé, non sans toutefois faire dépendre la dévaluation du dollar de l'obligation pour la CEE, le Canada et le Japon de rééxaminer leur politique commerciale vis-à-vis de l'Amérique et de la prise en charge par les autres pays de l'OTAN d'une partie importante des frais de défense commune.

Le conseil de L'OTAN a satisfait à cette exigence quelques jours seulement après la conférence du Groupe des Dix, les alliés européens ayant décidé de soulager les Etats-Unis en prenant à leur charge, en 1972, un milliard de dollars supplémentaire des frais de la défense commune. Parallèlement, l'Alle-magne fédérale a passé avec les Etats-Unis un accord par lequel elle s'engage à compenser les frais de stationnement des troupes américaines en Allemagne par des achats de matériel de guerre aux Etats-Unis en deux ans pour plus de 2 milliards de dollars. Ces deux mesures représentent des allègements sensibles pour l'évolution future de la balance des paiements américaine. La CEE s'est également déclarée prête à entrer immédiatement en pourparlers avec les Etats-Unis pour examiner dans quelle mesure elle pourrait prendre en considération les requêtes commerciales par le gouvernement américain à la Communauté Européenne.

A mi-décembre, les positions s'étaient assouplies à tel point qu'un réaligne-ment monétaire multilatéral – le premier du genre dans l'histoire – a pu être décidé lors de la nouvelle rencontre du Groupe des Dix à Washington. La dévaluation du dollar, qui atteint près de 8 %, est supérieure à ce que l'on attendait généralement, ce qui est dû au fait que les Américains ont essayé, par un taux de dévaluation relativement élevé, de faciliter les réévaluations des autres pays et de rendre le plus efficace possible l'ajustement général des cours. La France et l'Angleterre n'ayant pas pris part à la dévaluation du dollar, et l'Allemagne fédérale ayant pu se contenter de réévaluer le mark de 4,6 %, il a été possible de supprimer les distorsions de cours au sein de la CEE. Le yen japonais subit la réévaluation la plus forte, soit de 7,7 %. En même temps que les corrections des taux de change ont été réalisées, le Fonds Monétaire International décidait un élargissement des marges d'intervention de 1 à $2^1/4$ %, qui a été appliqué jusqu'ici par 45 pays membres. L'effet de cette mesure est que les cours de changes peuvent fluctuer jusqu'à $4^1/2$ % par rapport au dollar et jusqu'à 9 % entre les monnaies non-dollar. Les pays de la CEE qui avaient antérieurement annoncé qu'ils n'appliqueraient pas entre eux un élargissement des marges d'intervention, n'ont jusqu'ici pas pris une telle décision. La commission de la CEE a cependant entrepris des efforts visant à restreindre la flexibilité entre les partenaires commerciaux à 2 %.

La suppression par les Etats-Unis de la taxe à l'importation de 10 % a revêtu une importance décisive dans la réussite du réalignement. En faisant dépendre la ratification de la décision monétaire par le Congrès du succès des négociations commerciales menées avec le Japon, la CEE et le Canada, l'Amérique a cependant exercé de fortes pressions sur ces partenaires.

Le réalignement des monnaies des principaux pays industrialisés qui est finalement intervenu, permettant ainsi un retour à des parités plus réalistes entre les différentes monnaies, constitue un premier pas important vers le rétablissement du système monétaire international. Grâce à la dévaluation de 8 % du dollar et à la décision de 50 Etats de ne pas suivre le dollar ou de procéder simultanément à une réévaluation de leur parité or, la position concurrentielle de l'économie américaine devrait s'être sensiblement améliorée sur le plan international, ce qui laisse entrevoir une évolution plus favorable de la balance commerciale des Etats-Unis. Le retour à un système généralisé de taux de change fixes a également mis fin à l'interrègne dangereux du droit du poing en matière de politique des taux de change. L'élargissement des marges d'intervention augmentait quelque peu le degré d'élasticité par rapport au système des parités antérieures.

4. Les parités fixes et le dollar inconvertible

La restauration du système des parités, y compris le dollar, a néanmoins été critiquée de divers côtés. Non seulement les adversaires, mais également les partisans d'un système de parités fixes ont stigmatisé cet accord, parce que le dollar trouve ainsi une nouvelle parité avant que sa convertibilité soit réintroduite. On ne saurait contester le bien-fondé de cette objection, puisqu'il y a incompatibilité entre une monnaie inconvertible, surtout une monnaie d'étalon, et un système de taux de change fixes.

«Le rétablissement d'un système monétaire international à parités de change fixes est facile à réaliser entre les Etats non-américains, mais provoquerait la continuation et le renouvellement de tous les troubles qui ont abouti à l'éclatement de la convertibilité à taux fixes s'il intervenait entre ces Etats et les Etats-Unis». Par cet argument, M. Jacques Rueff a plaidé, avant la mise en œuvre du réalignement déjà, pour une «solution européenne», qui n'établirait des taux de change fixes qu'entre les monnaies européennes convertibles, alors que le cours du dollar serait déterminé par le jeu de l'offre et de la demande sur le marché des devises, tant qu'il demeurerait inconvertible[2].

Une «solution européenne», telle qu'elle a été préconisée par M. Rueff, a également été envisagée par la CEE au cas où les Etats-Unis refuseraient de dévaluer le dollar. La dévaluation du dollar, qui impliquait le retour à une parité fixe du dollar, a finalement recueilli la préférence, en raison des avantages qu'elle comportait dans l'optique de la réalisation pratique du réajustement général des monnaies. Bien que l'on ait fait pression sur les Etats-Unis pour qu'ils rétablissent le plus tôt possible la convertibilité du dollar, du moins en devises et en droits de tirage spéciaux, les Américains n'ont pas voulu céder avant que la balance des paiements américaine ne soit à nouveau équilibrée. Le nouvel édifice des taux de change fixes paraît toutefois fragile tant que le dollar reste inconvertible. Il est donc urgent de faciliter un retour rapide à la convertibilité du dollar.

Dans ce domaine, l'Europe peut être d'un grand secours aux Etats-Unis. En réalignant les taux de change et en participant davantage aux charges de la défense commune, elle a déjà fourni une contribution déterminante. Dans l'intérêt du rétablissement de la balance de base des Etats-Unis, la CEE devrait faire preuve à l'avenir, dans sa politique de commerce extérieur aussi, de plus d'égards envers les intérêts commerciaux américains. La capacité accrue d'épargne et d'exportation de capitaux des pays européens devrait leur permettre dorénavant d'investir davantage directement ou indirectement aux Etats-Unis, alors que la meilleure position concurrentielle de l'économie américaine devrait l'amener à renoncer à la transplantation de la production américaine à l'étranger pour des seules raisons de frais. Les investissements excessifs unilatéraux des Etats-Unis à l'étranger, qui grevaient jusqu'ici leur balance des paiements de 5 à 7 milliards de dollars par année, ne sont plus supportables. La balance des mouvements de capitaux, qui était jusqu'ici unilatéralement en défaveur de l'Amérique, devrait être mieux équilibrée.

Le retour du dollar à la convertibilité ne dépend toutefois pas uniquement de l'évolution de la balance des paiements, mais également – comme nous l'avons vu – de la levée du danger de conversion massive des engagements existants à court terme en dollars envers les banques d'émission étrangères.

---

[2] «Le Monde» du 1er décembre 1971.

Les pays européens, qui sont de loin les plus gros créanciers de ces avoirs, pourraient écarter ce danger en consolidant les avoirs en dollars qu'ils considèrent comme excédentaires. On a déjà vu apparaître bien des solutions plus ou moins ingénieuses pour éliminer le risque de conversions massives des avoirs en dollars en d'autres moyens de réserve. Sans vouloir aborder les problèmes que soulèvent ces projets, nous nous contentons de dire que leur réalisation demande du temps, alors que le rétablissement de la convertibilité est urgent. Entre-temps, il s'agirait de tendre à une consolidation partielle des avoirs à court terme en dollars par des accords bilatéraux ou collectifs, les Accords de groupe de Bâle avec la Grande-Bretagne au sujet des balances sterling et la récente convention entre la Banque fédérale allemande et les Etats-Unis pouvant servir de modèle.

Il reste à examiner le problème des mouvements de capitaux à court terme qui exercent un effet anti-stabilisateur, et qui ont beaucoup influencé la balance des paiements américaine ces derniers temps, tout en ayant fortement accentué les crises monétaires. Lorsque l'équilibre de la balance des paiements américaine aura été rétabli de manière durable, ces avoirs perdront sans doute le caractère hectique qu'ils ont revêtu jusqu'ici. Le renforcement de la confiance dans le dollar devrait avoir pour conséquence de retourner le flux de capitaux en faveur des Etats-Unis. On peut également admettre que le renoncement des banques d'émission du cercle BRI au «recyclage» des dollars qui leur parvenaient par la voie du marché des euro-devises a au moins empêché un nouvel accroissement du volume des capitaux flottants depuis le milieu de 1971.

Cependant, l'expérience a prouvé que les différences de taux d'intérêt ont conduit à elles seules à des mouvements considérables de capitaux à court terme, qui contrecarraient la politique monétaire des différents pays. Etant donné la différence d'ordre de grandeur entre le marché monétaire américain et ceux des pays européens, les ponctions et les remboursements de capitaux des banques américaines sur l'euro-marché ont eu des répercussions particulièrement fortes et défavorables sur les marchés financiers des pays européens.

Pour y remédier, les marges d'intervention du marché des devises ont été élargies à 2,25 %. Par ce moyen, on veut accroître le risque de change sur les transactions monétaires à court terme et augmenter la marge de manœuvre d'une politique monétaire autonome sans entraîner d'effets négatifs à l'extérieur.

Il n'en reste pas moins qu'à l'avenir les Etats-Unis et l'Europe devront mieux aligner leur politique monétaire. Pour prévenir de nouveaux mouvements importants de capitaux spéculatifs, il faudrait également étendre la gamme des mesures nationales de protection administrative.

En outre, la formation d'un marché monétaire et d'un marché des capitaux intégré en Europe pourrait atténuer la sensibilité des marchés financiers européens aux mouvements venant du marché monétaire américain. Cela montre l'importance qu'il faut accorder aux efforts entrepris pour ouvrir les marchés financiers au sein du Marché commun et des autres pays d'Europe qui lui sont étroitement rattachés.

Pour que la convertibilité du dollar se rétablisse et que le dollar puisse être intégré durablement dans un système de taux de change fixes, il est toutefois décisif que les Etats-Unis soient désireux et capables de s'imposer une discipline monétaire. Sinon, même l'élargissement des marges de fluctuation pourrait être vite épuisé. Dans ce cas, il ne resterait finalement plus que la possibilité d'adopter la solution de rechange du Marché commun, c'est-à-dire: taux de change fixes entre pays européens et taux de change flexibles par rapport au dollar. Mais il est vivement à souhaiter qu'un tel développement, contraire au système monétaire international dans son ensemble, puisse être évité.

5. Le rôle de l'Europe dans le système futur

Si l'on s'interroge sur le rôle que l'Europe devra jouer dans un nouveau système monétaire, il faut d'abord constater que l'existence du Marché commun européen a largement contribué – malgré les difficultés initiales – à dénouer la crise monétaire. Si les pays européens avaient été livrés à eux-mêmes et s'ils n'avaient pas pu s'unir sur une conception commune pour rétablir un système monétaire viable, il ne leur restait plus qu'à se soumettre passivement à l'étalon-dollar ou à sortir de l'impasse en prenant des mesures de protection individuelles, ce qui aurait facilement pu déboucher sur une guerre monétaire et commerciale.

Pris isolément, les pays européens sont trop faibles pour faire contrepoids au colosse américain dans le système monétaire international. L'ensemble de l'Europe toutefois représente un potentiel économique comparable à celui des Etats-Unis et susceptible de contrebalancer et de réduire la prépondérance américaine. C'est un véritable dialogue monétaire entre l'Europe et le Japon d'une part et les Etats-Unis de l'autre qui devrait prendre le relais de la doctrine américaine du «benign neglect» et qui amènerait une redistribution des rôles et des responsabilités américaines et européennes dans le système monétaire international. Ce dialogue entre l'Ancien et le Nouveau Continent devrait aussi permettre d'établir une solution équitable pour la réforme à long terme du système monétaire international.

Les thèses visant à démonétiser l'or, soutenues par le Secrétaire américain au Trésor lui-même, me semblent aussi irrationnelles que celles défendues jadis par le président de Gaulle, qui prônait la suppression totale du système des monnaies de réserve et la suppression pure et simple du rôle du dollar comme monnaie de réserve. Car ces deux thèses extrêmes conduiraient, si elles étaient appliquées jusqu'au bout, à un monopole des droits de tirage spéciaux dans la formation de réserves, monopole qui serait encore plus dangereux que les défauts reprochés au système de monnaies de réserve nationales et à l'or monétaire.

Les droits de tirage spéciaux ont été expressément institués pour compenser l'afflux insuffisant d'or monétaire et l'afflux excessif de dollars et pour compléter, mais pas pour remplacer, les autres instruments de réserves. Toutefois au cours de leurs deux premières années d'existence déjà, les droits de tirage spéciaux ont été discrédités parce qu'ils ont été mis en œuvre prématurément en pleine période de liquidités excédentaires en raison des déficits excessifs de la balance des paiements américaine et parce que leur première attribution a été faite sous l'influence déterminante de forces politiques. D'autre part, les pays en voie de développement ont tenté d'utiliser les droits de tirage spéciaux à d'autres fins que celles prévues initialement, telles que l'aide au développement. A cela s'ajoute que, de divers côtés, on tente sérieusement d'utiliser les droits de tirage spéciaux non plus comme moyen complémentaire mais bien plus comme moyen unique de rechange à l'or monétaire que l'on veut démonétiser et des avoirs en monnaie de réserve que l'on veut convertir en droits de tirage spéciaux.

Cela conférerait à cet instrument de réserve une situation de monopole et une importance telle dans le système monétaire qu'il faut sérieusement se demander s'il sera encore possible de la contrôler. En fait, ce serait guérir le mal par le mal.

Les droits de tirage spéciaux, dont on ne peut pas mettre en doute l'utilité en soi, ne pourront tenir leurs promesses que si leurs attributions sont soumises à un contrôle strict et à la condition qu'ils n'obtiennent pas le monopole, mais qu'ils restent en concurrence avec d'autres moyens de réserve. L'aversion des américains contre le maintien de l'or comme réserve monétaire est aussi déraisonnable que la croisade totale contre les monnaies de réserve.

Le défaut principal du système des monnaies de réserve réside dans son exagération. A l'avenir, il faudra éviter que se créent de nouveaux avoirs excessifs en monnaies de réserve; il faudrait également réduire les réserves existantes excédentaires de dollars. Pour ce faire, chaque pays pourrait, par exemple, déclarer quelle est la part de ses réserves en dollars qu'il considère comme excédentaire et faire reconvertir ces excédents en avoirs auprès du Fonds Monétaire International. L'encaisse en dollars délibérément conservée par un pays ne devrait toutefois être reconvertie qu'à l'occasion du règlement d'un déficit de la balance des paiements. La compensation des soldes en or, devises et droits de tirage spéciaux devrait intervenir selon la composition des réserves d'un pays donné. Toute augmentation de nouveaux avoirs en dollars due à un déficit de la balance de paiements américaine devrait être convertible. Par conséquent, les banques d'émission et les gouvernements étrangers pourraient conserver leurs réserves de dollars pour autant qu'ils en aient besoin comme fonds de roulement et dans la mesure où ils voudraient délibérément les utiliser comme moyen de réserve à possibilité de conversion limitée en cas de déficit seulement.

Une telle solution, qui consisterait à délivrer le système des monnaies de réserve de ses excès, sans toutefois le supprimer radicalement, serait certainement préférable à celle qui enlèverait complètement au dollar son rôle d'avoir de réserve en le remplaçant par les droits de tirage spéciaux. Alors que le dollar a au moins derrière lui un débiteur réel et une économie forte et solide, les droits de tirage spéciaux reposent avant tout sur l'obligation des pays de les accepter. On ne peut d'ailleurs empêcher aucun pays d'utiliser volontairement des dollars comme réserves.

Il en va de même pour l'or, qui est supérieur aux autres moyens de réserve en tant qu'il est le seul à être rare et précieux et parce qu'il n'est pas affecté d'une relation débitrice. Il est d'autant plus difficile de comprendre pourquoi les Américains veulent faire perdre au métal jaune son rôle de moyen de réserve au profit d'un monopole des droits de tirage spéciaux qu'il en résulterait un net affaiblissement du système monétaire international. Le maintien d'une proportion substantielle d'or dans les réserves monétaires internationales devrait donc servir de principe directeur. A ce point de vue, la dévaluation du dollar présente l'avantage d'élever légèrement la valeur des réserves mondiales d'or exprimée en dollars. Ainsi le prix monétaire de l'or s'est-il rapproché un peu de celui du marché libre. Mais à la longue, il serait également souhaitable – en réadaptant régulièrement et à l'échelle internationale le prix monétaire de l'or au trend du marché libre – d'éviter qu'un écart trop grand se creuse entre ces deux prix afin de prévenir les tensions monétaires qu'il pourrait susciter. La voix du Vieux Continent – qui est plus favorable à l'or que l'Amérique – devrait exercer une influence modératrice dans les conversations qui auront lieu au sujet de la réforme monétaire.

Pour terminer, jetons encore un coup d'oeil sur la position qui pourrait être celle du dollar et l'Europe dans un système monétaire futur.

Le dollar, appuyé par la puissante économie américaine, restera encore assez longtemps la monnaie internationale la plus importante. Même si le rétrécissement des marges d'intervention envisagé au sein du Marché commun devrait donner lieu à des interventions dans les monnaies de la communauté, cela ne contesterait pas au dollar son rôle de monnaie universelle d'intervention, car, avec son grand marché il n'a pas de rivaux en ce moment. Etant donné que le dollar est utilisé comme monnaie d'intervention, les banques d'émission étrangères seront tenues aussi dans l'avenir de conserver d'importants fonds de roulement en dollars; il en résultera une demande que M. Emminger estime à pas moins de 10 à 20 milliards de dollars [3].

D'autre part, on peut s'attendre que le dollar conservera également son rôle de monnaie de transaction au sein du commerce et des échanges financiers internationaux et que le monde du commerce international l'utilisera à nou-

---

[3] «Euromoney», décembre 1971.

veau plus largement pour établir ses factures dès qu'il sera sorti fortifié de la crise monétaire internationale. Par contre, il faudra au moins réduire sa fonction de monnaie de réserve à des proportions propres à écarter les dangers de la situation actuelle et à prévenir toute rechute. Quoi qu'il en soit, il faut s'attendre à ce que le dollar conserve assez longtemps encore – bien que dans une mesure réduite – son rôle de monnaie de réserve. Il n'est pas souhaitable qu'il perde complètement cette fonction.

L'aptitude de l'Europe à jouer également un rôle de monnaie internationale de réserve et de transaction aux côtés des Etats-Unis dépendra de la réussite du plan Werner pour une Union européenne économique et monétaire. Les graves répercussions de la dernière crise monétaire ne doivent pas nous rendre trop pessimistes à cet égard.

Souvent, il faut attendre une crise pour voir d'importantes décisions se prendre. La crise actuelle du système monétaire a toutefois vivement illustré combien il est important pour l'Europe de parvenir à une unité monétaire afin de pouvoir s'affirmer vers l'extérieur et pour combler la lacune créée dans le système monétaire international par la faillite des Etats-Unis dans leur rôle de leader. Cependant, pour que l'intégration monétaire européenne puisse atteindre le niveau d'une véritable union monétaire, il faut que d'importantes conditions économiques et politiques se réalisent d'abord, telles que la libéralisation des facteurs de production et la mise en commun ou l'harmonisation de la politique monétaire et fiscale. La réalisation de ces objectifs demandera de lourdes concessions de souveraineté de la part des pays membres et ne s'accomplira pas du jour au lendemain.

Si l'on s'efforçait de parvenir à une telle union économique et monétaire en Europe, le système monétaire international s'en trouverait considérablement renforcé, étant donné qu'il créerait une vaste et forte zone monétaire dans laquelle le processus de réajustement se réaliserait par le moyen d'une politique d'intégration. Aux côtés des Etats-Unis, cette zone serait le principal responsable du bon fonctionnement du système monétaire. Nécessairement la monnaie commune ou les monnaies étroitement liées des pays membres d'une telle union seraient elles aussi de plus en plus utilisées comme monnaie internationale de transaction et pourraient également jouer le rôle de monnaie de réserve.

Si, jusqu'à nos jours, on a pu comparer le système monétaire à un système planétaire où toutes les monnaies gravitaient autour du dollar, le système monétaire de demain devrait ressembler plutôt à un pont reposant surtout sur deux piliers: celui des Etats-Unis et celui de l'Europe. Il est temps de procéder simultanément à la restauration du pilier américain et à l'édification du pilier européen de ce système!

(Janvier 1972)

GOTTFRIED HABERLER

U.S. BALANCE OF PAYMENTS POLICY *

The Policy of Benign Neglect

When early in 1970 Thomas Willett and the present writer, and Lawrence Krause independently, recommended that the U.S. pursue a passive balance of payments policy[1], a policy of "benign neglect", the response of central bankers and international officials (in the IMF, BIS, etc.) was overwhelmingly critical, the expressions of disapproval ranging from sadness and astonishment to anguish and horror. Actually, until August 1971, the present Administration had been pursuing substantially a passive policy with respect to the balance of payments, although official statements vigorously denied that this was the case. These denials were probably to a large extent a defensive reaction to the violent foreign criticism.

The precise meaning of the policy of benign neglect was carefully explained. It was nevertheless widely misunderstood and should be briefly spelled out once more. It can be formulated in three postulates.

Postulate One. U.S. macro-economic policies (monetary, fiscal policies, "demand management") should be guided by domestic policy objectives – employment, price stability, growth – and should not be used to influence the balance of payments. At present and as in the recent past this means that the U.S. should not pursue a policy of monetary contraction for the purpose of eliminating a deficit in the balance of payments. In other words, we should not tolerate or create more unemployment than may be deemed necessary to stop inflation.

It does *not* mean that advocates of the passive policy recommend or condone inflation. On the contrary, Willett and I did say that "we feel strongly that inflation should be stopped as soon as possible". Realistically, however, we could not ignore the possibility that inflation would not be curbed soon and had to discuss the implications for balance of payments policy of continued inflation.

* Written in October 1971.
  Essay, to be printed in Convertibility, Multilateralism and Freedom, World Economic Policy in the Seventies, ed. by Wolfgang Schmitz (Springer-Verlag Wien – New York). Forthcoming in June 1972.
  [1] A Strategy for U.S. Balance of Payments Policy, GOTTFRIED HABERLER and THOMAS WILLETT, American Enterprise Institute, Washington, 1971. L. B. KRAUSE, A Passive Balance of Payments Strategy for the U.S., Brookings Papers on Activity Analysis, No. 3, Washington, 1970.

I think it is fair to say that, for some time reaching back into the Johnson era, the great sweep of monetary and fiscal policy was independent of the balance of payments. Surely the large external deficit would have required a much more restrictive monetary and fiscal policy than was actually pursued. It is true that in some details financial policies were influenced by balance of payments considerations. Thus, attempts were made to "twist" short and long-term interest rates and to change the "mix" of monetary and fiscal policies so as to improve the balance of payments without changing the general expansionary stance of macro-economic policies. But these deviations from the policy of benign neglect were unimportant, ineffectual and largely of a cosmetic nature. They did not amount to a really "active" balance of payments policy.

Postulate Two. The U.S. should not try to improve the balance of payments by measures of control, such as import restrictions, export subsidies, capital export restrictions, "buy American" policies, and the like. This postulate has, of course, been massively violated by the Kennedy and Johnson Admininstrations. But the Nixon Administration, until August 15, 1971, has de-emphasized and significantly relaxed the controls.

Postulate Three. The U.S. should not try to devalue the dollar, but leave it to other countries to change the exchange value of their currency, thereby changing the exchange value of the dollar.

Surplus countries, if they feel they are accumulating too many dollars and being put under inflationary pressures, should appreciate their currencies in terms of gold and dollars or let them float up. Deficit countries should depreciate or let their currencies float down.

The reason for the asymmetrical treatment of the dollar and other currencies is, of course, that the dollar is the world's reserve currency, official intervention and private transactions currency. (It still is the reserve currency, although its official intervention and private transactions role has been somewhat diminished.)

Willett and I argued, as many others did, that because of this special position of the dollar the U.S. could not, even if it wanted, depreciate the dollar or let it float by unilateral action. We guessed that if the U.S. depreciated the dollar in terms of gold or let it float, all countries, except two or three, would go along, so that the exchange rates would remain substantially unchanged.

The guess that only two or three currencies would not go along may have been too low when it was made and since then the situation has greatly changed. The U.S. balance of payments has deteriorated greatly and more than three countries have already permitted their currency to appreciate or to float. It is, furthermore, quite possible that a few more countries would allow their currencies to appreciate *vis-a-vis* the dollar if the U.S. lowered the gold value of the dollar, as is now widely recommended.

The New Economic Policy of August 15, 1971

In what respect does the New Economic Policy deviate from the prescriptions of the policy of benign neglect?

Postulate one is still observed. Overall domestic policies are still completely dominated by domestic policy objectives – restoration of full employment, more rapid growth and greater price stability. There is no conflict, it is true, at present between external and internal equilibrium as far as inflation is concerned; curbing inflation will also benefit the balance of payments. But employment and growth clearly have priority over inflation and balance of payments equilibrium.

Postulate two has been violated by the import surcharge and the provision that the proposed investment tax credit apply only to domestically produced equipment. Imported equipment will thus be doubly hit, by the import surcharge and the discriminatory feature of the investment credit proposal.

However, these two protectionist measures are not intended to be permanent, but are temporary devices designed to bring pressure on other countries to realign the exchange value of their currency and thus to bring about a devaluation of the dollar. The imposition of the surcharge on imports and the largely symbolic act of closing the gold window, for the purpose of inducing other countries to change their exchange rates, constitute a very "active" if not aggressive balance of payments policy and a deviation from the passive approach. But the strong resistance of other countries, in the face of massive pressures to appreciate or to float, confirms the judgment that the U.S. dollar cannot be easily devalued or floated by unilateral American action. The asymmetry between the dollar and other currencies still exists.

Options of the Surplus Countries

Willett and I have justified postulate three on the following grounds. Surplus countries have three basic options, (1) inflation, (2) appreciation or floating of their currency, and (3) accumulation of dollar reserves. A fourth option would be "negative", i. e. export-restricting, import-stimulating controls, split exchange markets and the like. Measures of this sort really amount to a partial and disguised, but messy, wasteful and inefficient form of upvaluing the surplus countries' currencies and devaluing the dollar. For completeness' sake, let me add a fifth option, reduction of trade barriers and capital export controls. This would be the most desirable reaction, but not much can be expected along this line.

We argued that all three basic options are acceptable from the American standpoint. The fourth, controls, is undesirable and inefficient from everybody's standpoint, but the U.S. is less vulnerable than the open economies of Europe and Japan because trade is a small fraction of American GNP.

With regard to options (1) and (2), inflation and appreciation, our statement that they are acceptable from the American standpoint will hardly be challenged. If the Germans do not wish to share in our inflation and let the German Mark go up, it is fine. If the Japanese prefer more inflation to an appreciation of the Yen, it is equally acceptable. But option (3), accumulation of dollar balances, is widely regarded as unacceptable from the American standpoint. I question the validity of this view. In fact, I regard it as a mercantilist fallacy to assume that our interests are hurt if other countries accumulate dollars, realizing full well that mercantilist precepts often contain a tiny grain of truth. If the Japanese hold increasing amounts of dollars it is not our but their business and their burden in the sense that they earn little in real terms on their dollars in view of our inflation and almost certainly less than the return on capital invested in Japan.

My proposition rests on two assumptions, (a) that the foreign dollar holders do not ask for gold (as the Japanese never did) or cannot get it (as nobody can anymore after the dollar has been officially declared inconvertible), and (b) that our internal policies are rationally conducted without regard to the state of the balance of payments in accordance with postulate one of the policy of benign neglect.

My argument will not go unchallenged. The accumulation of dollars by the Japanese implies, it will be said, that they export more and import less than they otherwise would; and that will hurt, perhaps seriously, particular American industries, for example the automobile industry [2].

My reply is that any macro-economic policy, such as the policy of benign neglect, but also an anti-inflationary monetary policy and many others, may have adverse side effects on some particular sector of the economy. Since some of those who use the criticized arguments are good free traders, it is fair to remind them that trade liberalization is apt to hurt particular industries. (In fact, the problem on hand is in some essential aspects exactly analogous to the problem of trade liberalization.) Will damage to particular industries ("special interests") deter my free trade friends from advocating free trade? Certainly not. The protectionists, on the other hand, will play up microscopic pinpricks of good macroscopic policies.

But is the Japanese invasion of the U.S. automobile market merely a pinprick? Maybe not. Then one may try to develop a theoretically valid argument for some sort of restrictions along similar lines as an argument for restricting cheap imports in the case of dumping: Cheap sales of cars in the

---

[2] WILLETT and I discussed (loc. cit., p. 12) an extreme version of the theory that accumulations of dollars by others may be disastrous for the U. S. "I cannot watch the gradual liquidation of American industrial potential in the vain hope that foreign countries will establish exchange rates that would permit competitive terms of trade at full employment." Professor MANUEL GOTTLIEB, Letter to New York Times. This extreme version can be rejected out of hand on the ground that internal monetary and fiscal policy can and will prevent "liquidation of our industrial potential".

U.S. market will be temporary. Sooner or later the Japanese will stop accumulating dollars, then their export drive will falter[3].

If the cheap imports were permanent, it would be better, on general free trade grounds, to accept them and let productive resources gradually be reallocated as required. But why accept costly structural adjustment to an essentially transitory disturbance? How real is this danger?

Prof. Fellner has put the problem of the impact on the American economy of the accumulation of dollar reserves abroad in broader perspective by linking it up with the issue of fixed versus flexible exchange rates. He expresses the case for what he aptly calls a "limited qualification" of the "principle of passivity" (benign neglect) very clearly as follows:

> "Assume that the rest of the world accumulates very large dollar balances over a period of several years – thus buying from us, as it were, dollars instead of goods – but that subsequently the major countries start revaluing upward on a significant scale relative to the dollar. Temporary willingness to buy dollars instead of goods could then be viewed as a gift to us. However, such a gift shares some of the properties of the gift represented by the dumping of foreign goods into the United States. Such gifts have some characteristics of the Trojan horse, because they damage American industries whose full output will be needed again as soon as the gift is withdrawn (in our case, withdrawn through abrupt revaluations). At the same time the interests of the other countries are also hurt by such abrupt changes; indeed, they are more vulnerable than we are because they are more dependent on international trade. What follows from this is that gradualness in the behavior of other countries in relation to the dollar is a desirable objective that we should promote as best we can."[4]

There is no doubt the fixed exchange rate system as it has developed under the IMF rule often produces abrupt changes, wasteful discontinuities and acute exchange crises which can be avoided or at least greatly alleviated and smoothed by a more flexible exchange rate system.

Professor Fellner is quite right that other countries are much more vulnerable than the U.S. to abrupt changes in trade flows brought about by the working of the fixed rate system (adjustable peg). In fact, as far as the U.S. is concerned it is difficult to see that it has suffered at all from excessive fluctuations of foreign dollar holdings. The total of foreign liquid liabilities of the U.S. has steadily increased over the years[5]. Is there a danger that there may be damaging fluctuations in the future? Such developments are thinkable, but very unlikely for the simple reason that foreign countries could

---

[3] Some will say they may establish a permanent foothold or "beachhead". These arguments are familiar from the protectionist literature on real or imaginary dumping and need not detain us.

[4] Brookings Papers on Economic Activity, No. 3, Washington, 1970, p. 364.

[5] It is true there have been large swings between private and official foreign dollar balances. But what matters is the total volume.

not quickly reduce their dollar balances without letting their currencies appreciate. For good reason they have shown extreme reluctance to do that[6].

But let me return to the conspicuous Japanese export successes in the U.S. market – recently in automobiles, earlier in textiles, steel, television sets, etc. It surely would be a mistake to attribute them wholly or predominately to the undervaluation of the Yen and the accumulation of dollar reserves. It would be very difficult to make a quantitative assignment of causes[7]. But my guess is that only a fraction of Japanese export successes in the particular lines mentioned (automobiles, etc.) can be attributed to the undervaluation of the Yen and the accumulation of dollar reserves by Japan.

What would be the effect of an attempt to bring about a precipitous drop of the Japanese export surplus by the American surcharge plus a sharp up-valuation of the Yen? It could plunge the Japanese economy into a recession (which by Japanese standards might still leave the growth rate of Japanese GNP at, say, five per cent). A recession could easily backfire, make the Japanese export drive fiercer, reduce Japanese import demand and thus adversely affect the U.S. balance of payments.

Disregarding this possibility, let us assume that the Japanese balance of payments deteriorates without causing a recession. We may distinguish a macro and a micro-effect on the U.S. economy. The improvement in the American balance of payments, corresponding to the deterioration of the Japanese balance, will have an expansionary effect on the U.S. economy. This I discuss in the next section.

The micro-effect concerns particular U.S. industries, such as automobiles. When the Japanese balance deteriorates, Japanese exports will fall and their imports rise. These changes will be spread over the whole range of goods and services exported and imported (including tourism and shipping). It is extremely difficult, if not impossible, to foresee the precise impact. Thus it would be very rash to assume that the Japanese invasion of the U.S. automobile market will go away when their trade balance gets less favorable and they stop accumulating dollars or, expressed differently, when the Yen ceases to be undervalued. After all, Japanese competition has been stepping on many

---

[6] It is not impossible that at some future date a foreign dollar holder may engage in excessive inflation. Then it would see its dollar resources melt away. If this happened on a large scale in many countries it would bring back the days of the dollar shortage and imported inflation for the U.S. Maybe those who are afraid of dollar accumulation abroad have such dangers in mind. I would say let us be alert and prepared for every eventuality, but we should not try to cross a bridge which we may never reach.

[7] Only those gains in dollar reserves should be counted that correspond to the Japanese current account surplus. The billions of dollars that flowed into Japan in expectation of a depreciation of the Yen stoke the fires of inflation and thus tend to check the Japanese export boom. The Japanese trade surplus is a small fraction of their total exports and smaller fraction of U. S. imports.

U.S. toes – textiles, television, shipbuilding, steel, etc. – long before the balance of payments became an issue. (But let us not forget that the U.S. consumer greatly benefited from these imports, although competing U.S. producers suffered.) Protectionists in the U.S. will, of course, lose a talking point when the Japanese balance of payments surplus disappears. But they will surely not run out of ammunition!

Before turning to the macro-aspects of an improvement in the U. S. balance of payments (with Japan and in general) let me add this: When I say that we should stop worrying about the Japanese accumulating dollar balances, I do not imply that Japanese policies are beyond criticism. Their import policies have been, and still are despite some liberalizations, highly protectionist. Liberalization would be in everybody's, including Japan's own, interest. Japan is also vulnerable to the criticism that she is very reluctant to permit foreign direct investment. But here it should be pointed out that from the narrow balance of payments standpoint, which is so much in vogue nowadays, it makes no sense to urge Japan to grant freer entry to American investment. The American balance of payments would not be helped thereby.

I come now to the macro-effects on the U.S. economy of an improvement in the American balance of payments or, to express it differently, of an end to the accumulation of dollar reserves abroad.

Devaluation of the Dollar as a Recovery Measure

Devaluation of the dollar to eliminate the external deficit and to stop the accumulation of dollar reserves abroad has been recommended on the ground that, irrespective of its impact on particular industries, it would be a potent *general* recovery measure. To put it the other way around, the external imbalance, especially the deterioration of the trade balance (large increase of imports of manufactured goods, incompletely balanced by the rise in exports), has been a drag on the economy. If the overall external balance is restored by a large swing in the trade balance, the sluggish recovery from the recession will be speeded up.

The most prominent exponent of this view is Edward Bernstein, who has presented it with his customary vigor and lucidity. Bernstein recommends that the dollar be devalued in terms of the currencies of the industrial countries by 12–15 per cent on the average. The best method to achieve this result would be, he believes, a depreciation of the dollar in terms of gold of about 7 1/2 per cent (corresponding to a rise in the dollar price of gold of 8 per cent) combined with a selective appreciation in terms of gold of the currencies of the industrial countries averaging 7–8 per cent.

Whether this is the right method to achieve a realignment of exchange rates will be discussed later. At this point I wish to make a few remarks on whether the economy should be stimulated via the balance of payments or by internal monetary and fiscal measures.

It is instructive to compare the situation now in the early seventies with the situation ten years ago. In the early sixties the economy was recovering slowly from a mild recession. Unemployment remained high, but prices had been remarkably stable since 1958. Bernstein argued at that time[8], rightly I believe, that the persistent slack, which manifested itself in the high unemployment figures, had something to do with the persistent deficit in the balance of payments. If the latter had disappeared, either by itself or as the result of some change in the exchange rate, one could have expected a more speedy recovery[9]. This is reminiscent of the present situation. But there is one essential difference: In the early 1960's domestic monetary and fiscal policies were still restrained by balance of payments considerations. The dollar was convertible into gold, *de jure* and *de facto*. Furthermore, prices had been remarkably stable since 1958; so there was no acute problem of inflation.

Later in the 1960's the balance of payments restraint on domestic macropolicies disappeared and inflation became rampant. The dollar became *de facto* inconvertible into gold and the balance of payments constraint on monetary and fiscal policy became weaker and had practically disappeared early in the Johnson Administration. Its place has been taken by the threat of inflation. This means that what I called postulate one of the policy of benign neglect has been *de facto* accepted years ago. But let me repeat that advocating benign neglect for the balance of payments is not meant to condone inflation or to minimize its dangers.

Against this inflationary background what should we think about the stimulation of the economy via the balance of payments that Bernstein and others recommend? It is, of course, true that a devaluation of the dollar, however brought about, as well as the surcharge on imports, are expansionary measures. These measures can be expected to produce an increase in aggregate effective demand. Industries enjoying greater protection from foreign competition through the surcharge and through the devaluation of the dollar and export industries stimulated by higher foreign prices (in terms of dollars) will be induced to expand operations. Is this to be welcomed or is it an embarassment?

If it is really true that the policy of domestic reexpansion through a large budget deficit and a highly expansionary monetary policy has been pushed to the limits that it would be imprudent to overstep in view of the threat of inflation, any additional expansion of aggregate demand via the balance

---

[8] In a Treasury consultants meeting.

[9] Later, in the middle sixties, the added stimulus was provided in overabundance by tax cuts, escalation of the war in Vietnam, a massive increase in domestic expenditures (for "great society" purposes) and the supporting excessive monetary expansion. The consequence was, of course, the inflation from which we are still suffering. But we need not go deeper into that well-known story.

of payments must be regarded as an embarrassment rather than a clear benefit[10].

How does Bernstein propose to deal with this dilemma? I am not sure what his answer is, but he could, as I see it, take either one of two positions: He could argue that stimulating the economy via the balance of payments is not inflationary or at any rate less inflationary than stimulating the economy by way of more expansionary domestic policies. Or he could argue that domestic expansion has in fact not been pushed to the limit set by the threat of inflation, that the budget deficit and/or the monetary expansion are not large enough perhaps because the balance of payments constraint has not quite disappeared; in other words, that our postulate one is being violated.

I am not certain whether he takes the first position, although he did say that the larger exports and import substitutions resulting from a devaluation of the dollar are not likely to lead to higher prices. To support this view, one could point to the fact that there still is widespread unemployment and excess capacity. Unfortunately, we have learned that unemployment and excess capacity are not incompatible with inflation. (This is the dilemma which incomes policy is supposed to overcome.)

In general I do not see why an increase in aggregate demand brought about via an improvement in the balance of payments should be less inflationary than an equal increase resulting from a more expansionary domestic policy[11]. There exists at least one good reason for assuming that stimulating the economy via the balance of payments would be *more* inflationary than an equal stimulus (increase in aggregate demand) provided by more expansionary

---

[10] I have indeed heard the new American economic policy, especially the surcharge on imports, criticized (by Europeans) as internally inconsistent: The new policy tries to curb inflation, they say, and at the same time applies inflationary measures such as the surcharge.

These critics should realize that what is true of the surcharge is also true of other methods of eliminating the deficit, such as a depreciation of the dollar, which these same critics have been demanding.

But that we are faced with a dilemma when there exists simultaneously unemployment and a balance of payments deficit, or on the domestic level inflation and unemployment, cannot be denied. The situation would be much easier to handle if we had unemployment and falling prices as in the 1930's or overfull employment and our external deficit. The statement that there exists a policy dilemma does, of course, not mean that there is no way out. What it is cannot be discussed here. Let me only say that it is the sort of difficulty incomes policies are supposed to overcome.

[11] It has become popular to assign different roles to different macro-economic policies. Mundell recently argued that an expansion of effective demand resulting from a tax cut goes practically all into quantities, i. e., is non-inflationary, while an equal expansion produced by easy money goes all into prices, i. e., is inflationary. I find this "assignment" unconvincing. See ROBERT MUNDELL, The Dollar Another Policy Mix, in: Princeton Essay in International Finance, No. 85, 1971.

monetary policy: An improvement in the balance of payments reduces aggregate supply, because larger exports and smaller imports leave a smaller part of total real output available for domestic consumption and investment [12].

It could be argued that this is unavoidable; any improvement in the balance of payments implies some belt tightening. One could also say that in the U.S., given the comparative magnitudes, a trillion dollar GNP and a basic deficit of a few billion dollars, the inflationary impact of an elimination or reduction of the balance of payments deficit will be negligible.

This may be true, but then by the same token the stimulative effect on the economy of a devaluation of the dollar will be also negligible.

I now come to the second approach to the dilemma mentioned above: If the proposition that stimulating the economy via the balance of payments is *not* inflationary is rejected, the recommendation that the dollar be devalued *in order to stimulate the economy* can be justified only by assuming that domestic expansionary policies have *not* been pushed to the limit set by the threat of inflation. If one takes that position, it should be clearly stated: Aggregate demand is insufficient, it should be strengthened either via the balance of payments or by more expansionary monetary and fiscal policies. Although it may be debatable whether expansionary measures have been pushed far enough, it certainly would be unwise to minimize the danger that an additional stimulus will increase inflationary pressures. The basic difficulty of recent macro-economic policies hat after all been that we had to walk a tightrope between too much inflation and too much stagnation.

The upshot of this discussion is that the stimulative effect of an improvement in the balance of payments through a devaluation of the dollar, however brought about, should not be uncritically regarded as an unmixed blessing, but rather as posing a dilemma. We surely would deceive ourselves if we did not realize that a large swing in the trade balance adds to the inflationary pressures. It could reasonably be argued that the dilemma is unavoidable and that there must be a way out [13]; or it could be argued that it is necessary to accept a little additional inflation to get the balance of payments into equilibrium. But we should know what we are doing and what price we are paying for the stimulus provided by the devaluation of the dollar.

---

[12] Although this is true in general and applies to every country, there may be special factors involved in some countries that may suggest a different outcome. For example, N. Kaldor has argued rather persuasively that for Great Britain "export-led" growth would have been better than "consumption-led" growth. This depends, however, upon special structural features of British trade which are not present in the American case. See N. KALDOR, Conflicts in National Economic Objectives, in: Economic Journal, March 1971, pp. 1–16.

[13] Let me very briefly indicate what a way out of the inflationary dilemma would be: If it were possible to keep the rise of money wages for some time below the average rise in labor productivity, costs and prices could decline, industry would become more competitive in world markets and the inflation problem as well as the balance of payments problem would be solved simultaneously. On how this could

Depreciation of the Dollar or Appreciation of Other Currencies?

For brevity I shall speak of depreciation and appreciation of a currency when referring to a change in the gold value of the currency, and of devaluation and upvaluation (or revaluation) when referring to a change of the value of a currency in terms of another.

There is fairly general agreement that the dollar should be devalued against some currencies, but whether the devaluation should be accomplished by a depreciation of the dollar, an appreciation of the currencies of other industrial countries or a combination of the two has become a matter of political and economic disputes.

The arguments for and against are largely political, tactical and psychological, not strictly economic: The dollar price of gold should not be raised because it would benefit Russia or South Africa; because it would reward and encourage private and official gold hoarders and speculators; the U.S. should not let down its friends who were willing to hold dollars. (But they earned interest and would be still much better off holding dollars than holding gold even if the gold price were raised substantially.)

For some people the prestige of their country is involved – against a depreciation of the dollar in the U.S., for a depreciation of the dollar in France.

Turning to the economics of the problem, it should be clear that what matters for international trade and the functioning of the international monetary system are exchange rates and not whether or not the necessary changes of the system of exchange rates are brought about or accompanied by an increase in the dollar price of gold.

An argument for depreciation of the dollar which is repeated again and again is that the "burden of adjusting exchange rates" should not be borne by the surplus countries alone; the deficit countries too, including the U.S., should bear their share.

We have first to ask what the burden consists of. Changing an exchange rate, appreciating or depreciating a currency as such, is a costless operation. Why then are countries so reluctant to upvalue or appreciate? Why is appreciation even more unpopular than depreciation? There are several reasons.

One reason is that a surplus country has always the alternative of accumulating still larger reserves, while a deficit country will sooner or later run out of reserves. The former alternative is less disagreeable than the latter. Moreover, if a surplus country overshoots the mark, i. e. appreciates too much, it will be faced with a deficit. If a deficit country overshoots, it will enjoy a surplus. To be pushed into a deficit is much more disagreeable than to

---

be achieved and how monetary policy, incomes policy, etc. fit into the picture, see my essay: Incomes Policy, An Analysis of Basic Issues, American Enterprise Institute, Washington, October 1971.

be faced with a surplus. (Some implications of this last will be mentioned below.)

Another reason why appreciations and upvaluations are unpopular is that they are anti-inflationary (deflationary) measures while depreciations are inflationary steps. Anti-inflationary measures are always less popular than inflationary policies.

By the "burden of adjustment" may be meant the fact that the export industries of the appreciating country will see their sales abroad or their profits from such sales shrink (and that import-competing industries are similarly affected). It should be clear, however, that a rise in imports and a decrease in exports, in other words the disappearance of an export surplus, which only served to provide an unwanted and embarassing increase in dollar reserves, is no burden at all for the economy as a whole. But it is fully understandable that the export industries (and import-competing industries) will strenuously object to any upvaluation.

But this burden on individual industries is unavoidable. If a country feels that it accumulates too many dollars, if it complains that it has to "import inflation" from the U.S., it should not at the same time resist the reduction of its exports or the increase of its imports. It is impossible to reduce the export surplus and eliminate the focus of imported inflation and at the same time maintain the volume of exports and resist a rise in imports. You cannot go into the water without becoming wet.

The impact of a devaluation of the dollar on export and import industries is entirely independent of whether the devaluation is accomplished by a depreciation of the dollar or an appreciation of other currencies or by any combination of the two. The "burden" of the affected industries cannot be split or shared between the countries concerned by changing the combination of appreciation and depreciation. This is so obvious that it is difficult to believe that it should be easier for the Japanese or the German government to persuade their exporters to accept an upvaluation of the D-Mark or the Yen when it comes partly in the form of a depreciation of the dollar than when it comes in the form of an appreciation of the D-Mark and the Yen [14].

---

[14] A related misconception was propounded by the French Minister of Finance at the 1971 annual meeting of the IMF. He seems to believe that "maintaining the [gold] parity of the dollar and trying to revalue all the other currencies" implies that commodity prices – he mentioned cereals and coffee as examples – remain constant in dollars and fall in "all" other currencies. This, he thinks, would spell deflation in "all" the other countries. (Never mind that it would not be "all" but less than a dozen countries.)

It is, of course, true that if any country upvalues too much it may be plunged into a deflation and recession. But this depends on the magnitude of the upvaluation *vis-as-vis* the dollar and not on whether this upvaluation is brought about by a depreciation of the dollar or an appreciation of the other currencies.

An entirely different matter is the fact that neither the German nor the Japanese would want to commit themselves to a definite upvaluation without knowing what their competitor will do.

This difficulty reflects and points up a basic defect of the system of fixed exchanges of the par value system. If a currency is undervalued one never knows for sure what the equilibrium rate is. As a consequence a surplus country will be very reluctant to upvalue by a large amount, because it would risk to turn the surplus into a deficit and people don't like to jump from the frying pan into the fire. Therefore, surplus countries tend to appreciate too late and too *little*. (For analogous reasons deficit countries as a rule depreciate too late and too *much* [15].)

This difficulty is compounded when it becomes necessary to realign several important currencies at the same time. If a small country changes the international value of its currency, other countries can absorb repercussions on their own balance of payments. If a large country appreciates or depreciates, it may easily put a heavy strain on other countries or even start a chain reaction. If a key currency like the dollar is involved, the problem becomes even more difficult.

The solution of the problem of multiple or manysided disequilibrium is in no way made easier by depreciating the dollar in addition to appreciating the few surplus countries' currencies. Only by letting market forces determine the rates can the problem be solved satisfactorily. Only if the dollar were uniformly overvalued with respect to all or most foreign currencies, would there be a convincing case for a depreciation of the dollar. But nobody has claimed that that was the case, not even with respect to the currencies of other industrial countries, let alone all the less developed countries. Therefore, depreciating the dollar in no way contributes to making the problem of multiple realignments of currencies easier.

The only strictly economic argument for depreciating the dollar (and along with the dollar scores of other currencies) rather than appreciating the currencies of a few industrial surplus countries is one stressed by Modigliani and mentioned by Bernstein [16] – namely that a depreciation of the dollar would imply an increase in the value of international reserves for the world as a whole calculated in dollars. The reason is that the dollar value of the gold and SDR portion of reserves would go up if the dollar is depreciated and would remain unchanged if other currencies are appreciated.

However, I cannot attribute much weight to this argument. *First*, it is not at all clear why an increase in international liquidity should be of such great importance at the present time. *Second*, the increase in liquidity would be

---

[15] I have elaborated on this in my introduction to DONGES, The Brazilian Trotting Peg, published by: American Enterprise Institute, Washington, 1971.

[16] FRANCO MODIGLIANI and HOSSEIN ASSARI, The Reform of the International Payments System, Princeton Essay in International Finance, No. 89, 1971. E. M. BERNSTEIN, Statement submitted to Joint Economic Committee, September 1, 1971.

quite small under realistic assumptions. Bernstein calculates that the dollar value of aggregate international reserves would be $ 105.6 billion with the dollar parity unchanged, as against $ 108.9 billion with a dollar depreciation of 7.4 per cent (8 per cent rise in gold price). *Third,* if an overall increase in reserves were really very important, one would have to rely anyway on SDR creation and the increase obtained through the depreciation of the dollar would be a drop in the bucket.

A variation of the same theme is the theory of the Managing Director of the IMF that, in case the dollar price of gold remains unchanged and the gold price in terms of DM, French Francs, etc., is reduced, the attractiveness of SDRs will suffer and, hence, the supply of the world's liquidity needs through SDR creation, as well as the substitution of SDRs for dollars, will be impeded. The reason is that the value of SDRs in terms of the appreciated currencies will fall.

On the other hand if the change in exchange rates were accomplished partly by depreciation of the dollar, partly by appreciation of other currencies, the value of the SDRs could on the average of dollars and other currencies remain unchanged.

I find this theory unconvincing for the following reason. The difference in the value of SDRs between the two alternatives would be quite small in view of the fact that the degree of depreciation of the dollar (in terms of gold) that is being envisaged is quite small, 3 to 5 per cent. I doubt very much that the attractiveness of the SDRs would depend on such small differences.

If it were desired to make the SDRs more attractive, as compared with the dollar, one would have to think of very different measures, such as a higher interest yield of SDRs and of a purchasing power guarantee in terms of a bundle of internationally traded commodities. The latter objective cannot be accomplished by divorcing the SDRs from the dollar or loosening the connection between SDRs and the dollar, unless it is assumed that in the future, *unlike* in the past, the purchasing power of the dollar declines more than the purchasing power of other currencies.

My conclusion then is that there are no weighty reasons why the gold price of $ 35 per ounce should be changed. But I would repeat what Willett and I said in our study that no specific American interests are involved in this matter. I would add that, assuming it were easier to obtain better cooperation from other countries for a desirable change in the system of exchange rates, including a greater measure of flexibility, if the U.S. accepted a small depreciation of the dollar in terms of gold, it would be a small price to pay for an important reform.

Where Do We Go From Here?

There exist numerous proposals for a complete overhaul of the present international monetary system, ranging from universal, unlimited floating to the setting up of a world central bank. Less ambitious schemes, pointing in the second direction, are proposals for a pooling and consolidation in the IMF of existing reserve assets, gold, dollars, SDRs, giving the IMF broad powers of reserve creation. Even for these less ambitious schemes the time has probably not yet come. With the American import surcharge in force, carrying with it the threat of a trade war a quicker and simpler solution must be found, even if it has the look of an interim or provisional measure. Interim solutions often endure and everything is provisional in the light of what comes later.

There is general agreement that some realignment of exchange rates is required. A good deal has already been accomplished since August 15. The currencies of the two principal surplus countries, the D-Mark and the Yen, have floated up substantially. In Great Britain, another surplus country for the time being, inflation is rampant. Austria and Switzerland have apprecia-ted their currencies earlier and Austria has adopted a modest – very modest – float after August 15. In all these countries and elsewhere subtler forces of adjustment in the form of price and cost changes are at work.

These changes will in time have their impact on the U.S. balance of pay-ments, but we cannot expect the effects to show up overnight. It may take a year before a trend becomes visible. What do we do in the meantime?

Two solutions of the problem which are often mentioned should be avoided namely, setting rigid targets either for exchange rates or for trade (or current account or basic) balances. Nobody can tell, even with the help of the most sophisticated econometric methods, what the equilibrium pattern of exchanges rates and trade balance will be. What we know is that the currencies of surplus countries have to go up relatively to the currencies of deficit countries. The size of imbalance may suggest rough orders of magnitude of the required exchange rate changes, but the equilibrium pattern of rates and trade balances cannot be figured out beforehand.

What we need is not targets but rules of behavior for countries in surplus, countries in deficit, and countries in balance. Let me briefly sketch the kind of rules I would suggest on the assumption that, for the time being, the dollar remains the widely used international reserve currency and intervention currency. To my mind this is a realistic assumption, because it will take con-siderable time to replace the dollar by SDRs although such a replacement is now widely demanded.

The ideal solution would be to persuade the major countries to let their currencies float against the dollar and against each other. This solution has been clearly formulated by Secretary Connally in his speech before the IMF annual meeting on September 30, 1971.

> "If other governments will make tangible progress toward dismantling specific barriers to trade over coming weeks and will be prepared to allow market realities freely to determine exchange rates for their currencies for a transitional period, we, for our part, would be prepared to remove the surcharge."

He also noted that:

> "...floating rates will not necessarily, over any short time period, indicate a true equilibrium"

but he suggested that:

> "...we need assistance during this difficult transitional period, from the objective, impersonal forces of the market place in making decisions."

To my mind this is exactly the right approach.

But I would add a few comments. First, how long is the transition to last? My answer would be as long as possible. But what when the period of widespread floating comes to an end?

Still assuming that the dollar remains the reserve and intervention currency, I would suggest that the U. S. take a tolerant view if some countries accumulate dollar reserves. For the reasons given earlier, provided the U. S. conducts its internal macro-economic policy rationally, it need not worry if some countries accumulate dollar reserves.

The second comment is that widespread floating should *not* be interpreted to mean that every country, large and small, should let its currency float. There surely will be quite a few who will prefer to peg to the dollar or to some other currency. So long as they avoid controls that would be perfectly all right.

Thirdly, how about countries that practice what Dr. Karl Schiller very aptly calls "dirty floating", by which he means partial floating with numerous interventions and controls? Secretary Connally, too, mentioned these practices in his speech and noted that:

> "As a result [of these policies], some adjustments clearly needed are being delayed or thwarted, the process of multilateral decision-making impeded, and political questions multiplied."

An example of "dirty floating" is the policy of dual exchange rates produced by splitting the exchange market into one sector for "commercial" transactions where the currency is pegged to the dollar and another sector for "financial" transactions where the rate is allowed to fluctuate (usually, however, with intervention behind the scene).

This policy, pursued by Belgium and France, would seem to be a clear violation of the Articles of Agreement of the IMF, except perhaps if the "free" market is strictly confined to capital transactions (which is not the case in France). But since the Bretton Woods Charter has been violated many times, often for better causes than the one under consideration, it would be unwise and unrealistic to adopt a legalistic attitude. It will be better to be patient and to let countries that persist in such practices stew in their own brew. "Dirty floaters" hurt themselves more than they hurt the "clean floaters" and for the U. S. such practices by a few countries are not worse than pinpricks.

If the discrepancies between the free rate and the pegged official rate become sizable, say $2^1/_2$ per cent or more, one can be sure that people will find ways to take advantage of the dual rate. Capital transactions will be camouflaged as current transactions and vice versa. Sooner or later the wastes and inefficiencies of such a system will become clearly visible to everyone and the dual rate will be abandoned[17]. But it is also "quite" possible that in some countries inflation will catch up with the dual rate so that discount of the dollar on the free market will disappear.

I have assumed that the dollar remains for the time being the world's reserve and intervention currency. This is probably a realistic assumption, because it will be very difficult to dislodge the dollar from its central position. To replace the dollar by SDRs would require some sort of pooling and consolidation of different reserve assets – gold, dollars, SDRs – in the IMF. As I said earlier, the time has probably not yet arrived for such ambitious reforms. It will at any rate take a long time to negotiate, and to agree on, such a scheme.

But there is one development that could change the picture quickly. If the U.S. were unable to slow down inflation, foreign dollar holders would become restive and something would have been done to allay their worries.

But I shall not pursue that subject any further; I rather wish to discuss very briefly a few implications of a continued use of the dollar as an international reserve and intervention currency under the assumption that inflation in the U.S. does not get out of hand.

Contrary to what is often charged abroad, the widespread use of the dollar as an international reserve asset does not confer any great benefits on the U.S. Nor is such a role of the dollar in my opinion a heavy burden for the U.S., as many Americans believe. It is true, countries that hold dollar reserves lose through U.S. inflation, but there is some compensation through high interest yield. Moreover, they would earn less on SDRs and nothing at all on gold. (Future SDRs with higher yield and possibly a purchasing power guarantee would be a different story; but I am not discussing that possibility.)

True, any country pegging to the dollar will share (roughly) any U.S. inflation. But no country need submit to imported inflation if it lets its currency float up. As pointed out earlier, it is illogical to complain about imported inflation and at the same time refuse to apply the only possible remedy, namely to let the currency float up. Furthermore, the U.S. cannot lighten the so-called "burden" (which is no burden in any real sense for the economy as a whole) of an appreciation of a surplus country's currency by depreciating the dollar in terms of gold. Even if the dollar had been replaced

---

[17] The methods of evasion have been trenchantly analysed by Professor Armin Gutowski in a paper "Flexibility versus Controls" which will be published in a Conference volume on *International Monetary Problems* by the American Enterprise Institute in the near future.

by SDRs, an upvaluation of a surplus country's currency could not be avoided.

One last word. When advocates of the passive balance of payments approach on the part of the U. S. point out that surplus countries have certain choices – inflation, appreciation, accumulation of dollars, etc. – they are often criticised on the ground that they recommend an arrogant or nationalistic policy for the U. S. But this is a misconception. The range of choices is dictated by the economic logic and there is nothing the U. S. can do about it. An active policy which restricts the choice by ruling out certain options as unacceptable surely is the tougher policy. Foreign critics of the benign neglect will have found by now that this is the case. To be sure in actual negotiations one would not put things so bluntly; one would use softer phrases. But the present paper is an essay in economic analysis and not an exercise in diplomacy.

(October 1971)

JÁNOS FEKETE

BACK TO THE REALITIES *

Please allow me, first, to thank you for this invitation, which enables me to express my views in this distinguished circle on questions engaging every economist and financial expert and the world at large. I would like to state at the outset that what I am going to say reflects my personal views only and may by no means be regarded as the official point of view of my Government or my Bank.

Let me join the ranks of the numerous economists who have analysed, elaborated and continue to make proposals regarding the question which I would like to deal with briefly here, namely the causes and the possible solution of the crisis of the world monetary system. In spite of the appearance that my comment is that of an onlooker, this is not so. This problem closely affects the future development of East-West economic relations and so I find myself in the situation of a primarily interested party.

In connection with the crisis of the monetary system, for the solution of which economists of all schools are competing with one another in making ingenious plans, a little story comes to my mind.

In a Hungarian village there lives an old wise man to whom the peasants turn with their problems. Once upon a time, a peasant visited the wise man complaining that he was breeding geese, many of which had perished. The wise man asked what he fed the geese on, and how often he fed them and gave suitable advice. The peasant returned several times and on each occasion received further advice, which he always heeded; yet the geese continued to die. Finally, when he said that, in spite of all this advice, all his geese had perished, the wise man observed with regret: "What a pity – I still had many good proposals in store for you."

In connection with the problems manifesting themselves in the monetary system, we are confronted by new phenomena. Stagnation of production is accompanied by strong inflation in a growing number of countries. In some

---

* This lecture was delivered at the SRI-Vienna Forum on East-West Trade and Economic Cooperation, sponsored by the Stanford Research Institute in cooperation with the Donaueuropäisches Institut, October 11–14, 1971, Vienna.

important countries there is considerable unemployment, while at the same time prices and wages are rising. Stagnating production and unemployment, on the one hand, with increasing prices and wages, on the other, have up to now not appeared simultaneously. These are symptoms which have not been previously observed.

The new phenomena can no longer be explained by the old causes, and economists have not yet found the prime cause of the new illness. Of course, if the virus is unknown, the treatment can only be of a haphazard nature.

The main cause of the negative symptoms to be observed in economic life is connected with the fundamental change that has taken place in the western monetary system. Under the gold standard, and later under the gold exchange standard, the international monetary system functioned normally, because an automatic control was operating on the basis of the intrinsic forces of the system and compelled the governments that had violated the general rules to change their economic policy.

When, however, the Western world changed over to the dollar standard, without a special international agreement, this automatic braking mechanism ceased to exist. Today the international monetary system is, so to speak, outside the law, in a state of *ex lex*. The old system no longer functions, whereas the new one is not yet a system, has as yet no binding rules approved by all interested parties. The fact that under the dollar standard the USA was not compelled to make the necessary changes in its economic policy in time has been the main reason for the worldwide upsurge of these new tendencies.

Other countries have naturally also contributed to this situation but the decisive impetus stemmed from the policy of the US.

What is my objection to the economic policy of the US? It is that the US in its external economic policy has departed from realities.

Where has this become manifest in a tangible form?

1. It is unrealistic to assume, as the American administration does, that the price of gold could be kept unchanged, and gold eliminated from the international monetary system – in other words, that gold could be demonetised.

   Why is this unrealistic? Though it is true that some hundreds of outstanding economists from various parts of the world share the view that gold should be demonetised, the three and a half billion inhabitants of the globe would rather hoard gold than dollar banknotes. To achieve the demonetisation of gold, it would be necessary that the hundreds of economists whom I have just mentioned convince these hundreds of millions of the soundness of their theory. For this much time is needed.

2. The official American point of view, according to which the deficit of the balance of payments is trifling as compared with a GNP of some 1.050 billion dollars, is unrealistic. It is true that an annual deficit of about 3 billion dollars, arrived at by leaving out of account the effect of short-term capital movements, is small in comparison to the GNP. Nevertheless,

the endeavours of several American administrations to eliminate it have failed. The fact that this endeavour has been unsuccessful shows that it is unrealistic to compare the deficit of the balance of payments solely to the size of the GNP.

Nor is it realistic to speak of a deficit of only some 3 billion dollars annually. This deficit has come about in such a way that, in the meantime, the US government has been trying to reestablish equilibrium with a whole series of administrative measures.

It is impossible to know what the actual balance of payments deficit would be, if – not to speak of the recently introduced import surcharge – the interest equalisation tax, foreign governments' so-called "voluntary" export restrictions, the low duty-free allowance for American tourists, the gold embargo, the Buy American act, the "tied" loans, etc. and various restrictions on international capital movements were abolished. Such measures of an administrative character are perhaps admissible in the case of small countries, but it goes without saying that this in inadmissible in the case of the USA, the champion of a liberal economic policy.

3. Nor can the American objective to restrain East-West trade be called a realistic one. Various US governments have started from the thesis that they would not allow the conclusion of business contracts with socialist countries which might strengthen the latter's economies. The underlying conception has, of course, been primarily to hinder the development of those branches of industry which are most important from a strategic, military point of view. However, if we think that the first sputnik, the first man in space, was Soviet, it becomes clear that the American objectives regarding East-West trade have also proved to be unrealistic. What has turned out to be realistic it that, while the USA has an overall share of some 16 per cent in world trade, its participation in East-West trade amounts to 4 per cent only. This means that the USA has given away exports of an annual magnitude of 1 billion dollars to its allies, first of all to the Common Market countries, and also to Japan and Canada.

4. One can likewise term unrealistic the American attitude to solving the difficulties of the US balance of payments, the overvaluation of the dollar, by urging the other countries to revalue their currencies, to make others responsible for its own mistakes in economic policy. International speculation is mentioned in this context, which is said to be directed against the US dollar. Why should we call a person a speculator who, on a sinking ship, in a stormy sea, puts on a life-belt? In my opinion, merely urging the others to act cannot achieve the result expected by the US.

If a country has to devalue its currency in order to reestablish the equilibrium of its balance of payments and stimulate its export it does so generally not only in order to bring domestic production costs into line with world-market costs, but it carries out the devaluation so as to ensure a certain competitive advantage for its goods.

If, on the other hand, a country resorts to revaluation, then, considering that such a step is likely to lower its international competitiveness, it will be ready to effect this only to the extent absolutely needed to abolish the under-valuation of its currency.

If the US is thus urging the other leading Western powers to revalue their currencies, with a view to improving the competitiveness of American exports, on the basis of past experience these countries will be inclined to comply with this request only after longish hesitation and to the extent that, they hope, it does not endanger their *own* competitiveness.

But the US urgently needs a change in the economic trend. This is required by the deteriorating balance of trade, the persistence of balance of payments deficits, and the high rate of unemployment and inflation. It is unrealistic to expect quick action from others if the US itself does nothing.

The history of over a decade of unsuccessful attempts to eliminate US payments deficits leads to the inescapable conclusion: the US dollar is over-valued and its devaluation – provided one intends to place the monetary reform on a sound footing – is thus unavoidable. Here, too, one can say: "parity begins at home".

What is therefore to be done? In connection with this problem it might be useful to recall some old lessons which many of us have been inclined to forget in recent years.

1. The first lesson to be drawn from the monetary events of the recent past is that, in the end, the fundamental economic trends must necessarily defeat the voluntaristic economic policies pursued by some governments. The possibility of resistance to economic logic and the duration of such resistance, respectively, depend, on the one hand, on the extent to which the given national economies have entrenched themselves behind walls of administrative measures, and, on the other, on the economic and political power of the country.

   In the case of small and economically weak countries, resistance to economic logic can last for some months only, while in the case of bigger countries this period may be somewhat longer, until, finally, they too have to adapt themselves to the facts. England and, later on, France provide examples of the putting-off of the devaluation of their currencies, and Western Germany of the delaying of revaluation. Only the USA with its economic power could afford the luxury of postponing the necessary decisions for about a decade. But this has almost rocked the boat of the whole Western monetary system.

2. The second lesson is that the international monetary system should reflect in a given period the economic and political balance of forces of the

countries participating therein. That was the case in Bretton Woods. In the last twenty-five years these power relations have changed fundamentally. This is proved, among other things, by the growing influence of the Common Market – and among its members especially the Federal Republic of Germany – as also of Japan on the negotiations in connection with the reform of the Bretton Woods system.

The coming into being of new centres of political and economic power in Western Europe and the Far East has brought about a shift in the economic centre of gravity of the Western world. It seems necessary that the former hegemony of the USA should be replaced by a situation where its role, though still very important, is no longer as outstanding as before. The "junior partners" rightly claim that the US should consult them in all questions of common interest.

There is also the so-called "Third World". The developing countries must also have their word in the new system, since under the present system their interests are not properly safeguarded.

And last but not least, a fundamental change has come about since the end of World War II by the creation of the Socialist economic system in the form of CMEA. This is also a reality which should be taken account of when establishing the new international monetary system.

Now what is to be done? – Back to the realities. We need a fundamental reform of the international monetary system, on the basis of actual political and economic power relations. There are, further, at least five main requirements to be fulfilled by a new system.

1. It should end the monopolistic position of one country regarding the arbitrary creation of international liquidity, that means: no dollar standard, nor any other system relying on a single national currency.
2. It should ensure the volume of liquidity needed for the smooth development of international economic relations, that means: no gold standard, in the classical meaning of the word.
3. By ensuring the stability of claims in foreign exchange, it should give countries an interest in the long-term accumulation of such claims; this can only be done if a link with gold remains as a last guarantee.
4. It should end the persistent lack of equilibrium among the main currencies, that means: a general alignment of exchange rates.
5. It should have the necessary elasticity to ward off transitory market fluctuations and the consequences of a disequilibrium of a non-structural character, that means: wider margins.

Is it possible to create such a system? I would like to answer in the affirmative, but the road to such a system will lead through many discussions and compromises. Each country will try to maintain – even if it is harmful to others – a situation advantageous to itself, but sooner or later the national interests of the various countries will have to be subordinated to that major interest which links the smooth and lasting development of every country to the widening of the international division of labour. The recognition of this truth is a "*conditio sine qua non*" for a lasting solution of the international monetary problems. This objective could best be attained:

1. By creating a universal monetary institution, *i. e.*, one also including the Socialist countries, under the aegis of the United Nations. The institution should be entrusted, within the framework of the rules of the game still to be laid down, with the issue of a newly created international money. This new unit should not be linked with any specific national currency and so could be able to fulfil the role of a key currency.
2. The price of gold would have to be established in terms of the new money, with due regard to the real value of gold.
3. The new key currency to be issued on the basis of international liquidity requirements should stand in a specified ratio to the amount of gold purchased by the institution or placed at its disposal through the member countries.

You will surely ask me why I am interested in the reform of the capitalist monetary system, in its being put on sound foundations.

This attitude is attributable to the fact that we would like to prevent the world from falling back into trade war, into the restrictive policies of protectionism. This would prove almost unavoidable if, within a relatively short time, at least an interim solution cannot be found for the monetary crisis. We are in favour of the development of East-West relations, of trade without discrimination, of the greatest possible participation in the international division of labour – aims which the present forum is also endeavouring to promote. All those aims presuppose a sane monetary system.

The disorderly state of the monetary system may, however, result in a world-wide economic setback or recession. Already many unfavourable symptoms can be observed in international economic life. The growth rate of world trade will thus, for instance, according to GATT, further slow down in volume this year. The production index in the USA – after some slight transitory animation – fell back in August to the level attained at the beginning of the year. In Great Britain, the value of the gross national product in the first half of 1971 declined – as compared to the second half of 1970 – by 1.5 per cent. At the same time, unemployment came close to 4 per cent in mid-September. This is, however, still better than the American rate of 6 per cent. In the Federal Republic of Germany, a certain slackening of business can likewise be witnessed. In France, the expected acceleration of industrial production did not materialize, while simultaneously a strong increase in prices continued. In Italy, industrial output in the first 8 months of the year was 3.5 per cent lower than in the corresponding period of 1970. I think you will agree with me that this list of unfavourable examples could be further enlarged.

Every country must be interested in the successful implementation of the international monetary reform because the present uncertainty of the foreign exchange situation involves a certain risk of a world-wide recession which endangers the progress achieved in the last decade in the field of international trade and capital movements.

I feel, however, that in the recent past commonsense and the recognition of realities have nevertheless made good progress. The fact that this forum on East-West trade and economic cooperation could come together to discuss the relevant problems and listen to the various remarks, arguments and counter-arguments is a good sign. We are still far from having utilised to the full the opportunities offered by East-West commercial and economic relations. These are realistic opportunities and it is our common task to transform these opportunities into concrete business deals.

(October 1971)

DAVID HOROWITZ

THE AFFLUENT SOCIETY AND THE THIRD WORLD*

The problem of development with which the World Bank – as the foremost global institution in this field – is confronted is conventionally regarded as that of the gap between the developed and underdeveloped nations. This gap will inevitably widen, for, according to a projection for 1980, GNP per capita will by then average $ 245 in the developing world and $ 3,280 in the developed world, as compared with $ 175 and $ 1,964 respectively in 1968; in other words, the disparity will increase from elevenfold to thirteenfold. This will be due mainly to the rapid population growth in the developing countries, which will swallow up part of their 5.2 per cent annual gain in GNP.

However, the malady lies much deeper than that. For the affluent society itself is suffering from a *malaise,* which could be alleviated by responding to the great challenge of helping to build up the underdeveloped nations.

One-third of humanity – the developed world – has fallen prey to hedonistic tendencies, worshipping the idol of consumption and status symbols, and enslaved to a multiplicity of modern gadgets, turning its back on human and spiritual values. Considerable segments of the affluent society manifest all the symptoms of internal disintegration and spiritual degeneration: violence, delinquency, drug addiction; guided to a great extent by the ancient Roman principle, *"homo homini lupus est".* This society is torn by internal strife and contradictions, mired in a socio-psychological crisis and intellectual confusion. Moreover, overconsumption, with its attendant discharge of noxious waste and its endless accumulation of disused materials, has become a primary source of pollution of water and air, soil and sea, ruining the beauty of the natural environment, and perniciously affecting human life in the noisy, grimy megalopolis with all its environmental and ecological problems.

The two trillion dollar economy of this affluent society can spare only $ 13.6 billion a year, *i. e.,* about three-quarters of one per cent, for the

---

* Statement at the annual meeting of the IBRD, IFC, and IDA (Washington, September 1971).

development of the two-thirds of humanity which has to subsist on only half a trillion dollar gross national product – a distribution of wealth of about 80 per cent for one-third of mankind and 20 per cent for the other two-thirds.

There is the frightening spectre of a clash between the overaffluent society, which has largely abandoned its humanistic and rationalistic achievements, and the two-thirds of humanity steeped in misery, hunger and disease, engaged in a struggle for their very physical existence, made resentful by the demonstration effect of the affluent western civilization.

After the second world war, the victorious powers proved equal to the challenge posed by the ruin and destruction of the European continent. The Marshall Plan and the establishment of the World Bank and the International Monetary Fund at Bretton Woods amply bear out the truth of this contention. But today, a swelling volume of factors of production and a technology enabling man to reach the moon and explore outer space, to devise instruments of both life and destruction, are inadequate to meet the challenge of hunger, ignorance and disease plaguing two-thirds of mankind.

This is a dangerous situation. The technological achievements and the deteriorating quality of life contrast too glaringly to be tolerable for any length of time. Destitution breeds despair and despondency.

But in the third world it is not only the low standard of life, which has improved only slightly in the past decade, but also unemployment that is the curse of the underdeveloped nations. It is mounting twice as fast as the growth of the population – and this at a time when many of the developed nations are suffering from an acute shortage of labour.

Moreover, the urbanization of masses of starving, underemployed people alienated from the rural economy leads to a proliferation of slums and a situation in which hundreds of thousands of persons without shelter, living literally in the street, is of frequent occurrence. This tremendous potential source of production is not being tapped because of insufficient capital.

Whatever the rationalization of the reluctance to allocate more than a tiny fraction of the annual incremental gross national product of the developed world to promoting the economic growth of the third world, capital availability is the foremost and an indispensable precondition for any attempt to break the vicious circle of underemployment and subhuman standards of life.

There are only two possible ways to activate the potential factors of production of the developing world – domestic capital formation and capital import. Domestic capital formation is obviously constrained by the low margin of subsistence in the developing nations and has reached its limits. But the two trillion dollar economy of the developed world, with its $ 100 billion annual increase of gross national product, with all its affluence and overconsumption, does not find it possible to export sufficient capital, skill and know-how to foster and stimulate economic growth in the underdeveloped world. It should be stressed in this context that, by providing work for hundreds of millions of underemployed and unemployed, this would increase the wealth of the world as a whole and facilitate a tremendously expanded production of capital goods in the advanced industrial nations for export to the underdeveloped nations. Such a development would, in the final analysis, redound to the benefit of the developed, no less than of the developing, nations.

Today, some four-fifths of total capital investment in the developing world is derived from domestic capital formation. This is obviously the limit. More cannot be squeezed out of the underdeveloped economies of these countries, with their precariously narrow margin of subsistence – certainly not under a democratic regime, nor under the influence of the demonstration effect of high standards of life in the west.

The challenge is to telescope a process which should normally take half a century into two decades. This can be done, with an adequate import of capital, skill and know-how and with a motivation transcending material incentives. For capital will not flow to the developing world as a result of the operating of economic forces alone. Political instability, illiteracy, low standards of education and the risk of war and internal conflict preclude this.

I would like to cite the example with which I am familiar – that of my own country – as proof that it can be done. In a country of 8,000 square miles, three-quarters of them desert and barren hills, with a pronounced scarcity of natural resources, devoid of coal, oil, timber and ores and almost all other natural resources, with a limited quantity of water and a small cultivatable area, contending with a difficult geopolitical situation and the quadrupling of the population within two decades, Israel has achieved an annual GNP growth of 10 per cent per annum since its establishment, and within two decades real GNP has multiplied sevenfold. The standards of life and private consumption have increased two and a half times per head in the same period. Agricultural production has been stepped up to a level where it now supplies 85 per cent of the requirements of the vastly larger population. What is more, Israeli agriculture has achieved the highest rate of growth in the world and in some branches yields have attained a world record. Exports of goods and services have increased from $ 46 million in 1950 to $ 1,500 million in 1971. The labour force has expanded by three times, and while agricultural production has increased more than eightfold during this period, the number of persons engaged in farming has declined from 17 per cent of the total labour force to 10 per cent. Productivity per worker in the economy as a whole has improved at the rate of 4.5 per cent per annum. The process of industrialization has brought up the number of persons employed in manufacturing to 26 per cent of the total labour force. Exports constitute 29 per cent of the country's GNP and of these about

90 per cent consist of manufactured goods and services and only 10 per cent of agricultural produce and raw materials. This is an impressive record of growth and progress, and proof that the challenge of development can be met.

The indispensable ingredients of such progress are sufficient, even plentiful, capital, an adequate level of skilled labour, science, technology and expertise, and the imponderables of motivation. This is the key to the enigma of economic growth, and all of these ingredients can, and should, be reproduced on a world scale.

First consider capital supply. It is not the sole ingredient of a policy of development; capital alone cannot do the job. On the other hand, the argument frequently voiced that capital is the least relevant of the elements is patently fallacious, as is borne out by the experience of all those countries that have undergone vigorous economic growth – all of which have been distinguished by a large capital import. The claim that capital is of little significance too frequently serves as a convenient rationalization of the fact that only a trickle is being diverted to the underdeveloped nations.

Since the World Bank is responsible for this particular aspect of development, this is the proper forum to dwell on this problem.

There are presently under discussion two methods of augmenting the flow of development capital, which are not contradictory but complementary: the so-called *Horowitz Plan*, and a link between the creation of SDRs and development.

As to the Horowitz Plan, it could be implemented by the World Bank alone. There would be little, if any, difficulty in very substantially increasing the Bank's borrowings if its bonds yielded a higher return. The raising of the interest rates on such bonds would enable them to supplant some of the issues of lower priority, which serve to increase investments in the already overheated economy of the developed world, contributing to inflationary pressures and tendencies. The time is particularly propitious, as some $ 60 billion of speculative Eurodollars crowd the money markets of the world and to some extent this constitutes one of the major causes of financial fluctuations and disturbances. This source of capital could be tapped by an appropriate management of the interest rate of World Bank bonds. The additional amounts so procured could be lent by the World Bank to IDA, and the interest differential covered from the interest equalization fund, which would consist of three component elements: the profits of the World Bank, the income surplus of the IMF and relatively small allocations from the budgets of the developed nations, even if these are at the expense of the IDA replenishment. Considering the heavy indebtedness of the underdeveloped nations, IDA must become a much more important instrument of development than it is today, and should therefore have an ample supply of capital at its disposal. Such funds cannot be obtained on an adequate scale by going, year after year, hat in hand to the governments and parliaments of the world with a request for replenishment. They can be obtained by direct access to the capital markets, provided that exaggerated interest rate considerations do not militate against this course of action and that replenishment funds are partly utilized for this purpose.

Only large-scale borrowing, particularly on the Eurodollar market, could put at the disposal of the World Bank sufficient funds, which could then be lent to IDA, using the interest equalization fund to free the Bank from the constraints of a too low interest rate accruing to holders of its bonds. Even the relatively smaller amounts now being allocated by the various governments to IDA could serve a much more useful role as an ignition spark releasing massive amounts of capital to IDA through access to the capital markets.

The diversion for this purpose of Eurodollars and other funds procured on the capital markets is a cheap and simple way of stepping up the flow of capital to developing nations without detrimentally affecting the advanced nations.

The committees that examined this proposal in an objective manner – the Pearson Committee, appointed by the World Bank, the Perkins and Peterson Committees, appointed by the President of the United States, and more recently a comprehensive and well-reasoned report that had been commissioned by UNCTAD from Harry Bell, Economic Consultants, all of them recommended one variant or another of this plan.

The latter study makes the point that implementation of the Horowitz Proposal is presently easier, as larger amounts could be raised on the capital markets of the world.

Para. 14 of the summary (document TD/B/361) states:

> "An examination of the major capital markets shows that their size is a very large multiple of the total requirements envisaged under proposals for a multilateral interest equalization scheme."

In previous discussions one of the difficulties mentioned was the necessity of making multi-year budgetary commitments. On this point the study came to the following conclusions:

> "None of the countries studied appears to have experienced difficulty in making multi-year budgetary commitments of interest subsidies for domestic programmes." (para. 11).

Another way of mobilizing capital for the developing nations is the establishment of a link between the creation of SDRs and development.

Here I would like to stress that it is not suggested that SDRs should be created for purposes of development. As far as I know, nobody has suggested this unorthodox method of financing development. However, if SDRs are created to increase world liquidity, there is no reason why allocation according to IMF quotas – *i. e.* substantially more to the rich and less to the poor nations – should be sacrosanct. The same ends could be served by using part of the SDRs to buy World Bank bonds, which would enormously enlarge the World Bank's capacity to finance IDA.

Apart from the ultraorthodox argument that there should be no connection between development and the creation of liquidity, for which it is difficult to find a rational explanation, much is made of the threat of inflationary pressures liable to be generated by such a policy. Inflation is, of course, one of the greatest dangers facing the world economy at the present juncture and should be combated by all possible means, and certainly I would not advocate an indulgent attitude toward inflation. However, it is hard to comprehend why the creation of SDRs for allocation on a quota basis to various countries is less inflationary than their utilization for development purposes. A good case can be made out that the opposite is true, as in the developing nations there are still dormant or idle factors of production which could be galvanized by additional capital and thereby expand world production. Further, it hardly seems plausible that in the 2.5 trillion dollar world economy, one billion dollars per year – which is a fraction of one pro mille – could have any inflationary impact. Similar arguments were raised when the Board of Directors allocated part of the profits of the World Bank to IDA for the first time, and much was made of the argument that the creditworthiness of the Bank in the money markets would be affected by such an unorthodox method. The resolution was adopted by the Board of Directors, but later it was rescinded under the influence of this specious argument and after some time readopted. As we are now fully aware, that step has not had the slightest effect on the creditworthiness or credibility of the World Bank.

For the priests of ultraorthodoxy, Keynes might just have not been born at all. Motivation by fears and anxieties, superstition and myth, carried over from the era of animism into the economics of modern life is irrational and remote from reality. We shall make no headway in facilitating the economic growth of the developing nations if we are guided by obsolete doctrines which hold that any redistribution of the world's GNP is anathema. In view of the mounting frustration felt by the leaders of the developing nations, the complacency and shortsightedness of these attitudes is a source of great peril, which is not confined solely to the economic aspect.

We must liberate ourselves from the fetters of bureaucratic advice and conventional wisdom. We cannot afford to be guided by the same doctrine and theory which, under different conditions and in a different way, brought on the great economic crisis of the thirties. By contrast, the postwar era, by breaking the vicious circle of conventional wisdom, assured humanity a long period of progress and prosperity, which is now being imperilled by the same attitudes which determined policies in the first four decades of this century.

Experience, the philosophy of humanism and sound horse sense indicate the correctness of the new policy.

Poverty, the scourge of man from time immemorial, is, in our age of modern technology and new economics, a superfluous and preventable affliction. It has ceased to be the remorseless and inescapable subject of mysterious and ungovernable forces. By conscious human effort and control it can be abolished as a function of global economic policy.

The accumulation of capital and productivization of the millions of under-employed people in the developing nations may transform a utopian dream of rapid, prosperous development into reality. The projection of a world economy with a 6 trillion dollar GNP by the end of the century suggests what can be attained by wise and bold policies, by vision combined with realism.

We are aware, of course, that, apart from capital supply, there are other problems that must be solved. If the proliferation of the human race proceeds at the present rate, the damage to the ecology and the ruining of the environment may destroy us, quite apart from economic disasters which are well-nigh inevitable.

The brilliant statements made by the President of the World Bank, Mr. McNamara, his intuition and leadership, inspire some confidence that the immobilism and inflexibility of the present situation may be overcome.

Let us hope that human wisdom and vision, the spirit of innovation which brought man to the moon and endowed humanity with incredible technological achievements, will also be applied to the crucial problem of development with which the world is confronted.

(September 1971)

LISTE WEITERER GUTACHTEN,
DIE DER KONFERENZ VORLAGEN

Probleme deutscher Währungspolitik (HERMANN J. ABS) *
Der Dollar und Europa (FRANZ E. ASCHINGER) * [1]
L'horlogerie suisse de demain, l'Europe et le monde (GERARD F. BAUER)
Incomes Policy and Inflation (GOTTFRIED HABERLER) *
The IMF: The Second Coming? (ALEXANDRE KAFKA)
Gaps in National Propensities to Inflation
and European Monetary Unification (GIOVANNI MAGNIFICO) *

---

* Von diesen Gutachten ist noch eine beschränkte Anzahl im List Institut erhältlich.
[1] Deutsche Originalfassung des oben abgedruckten Gutachtens „Le Dollar et l'Europe".

ANHANG I

EINIGE ÜBER DIE WÄHRUNGSTECHNISCHEN FRAGEN HINAUSWEISENDE THESEN UND PROBLEME *

1. Läßt sich eine dauerhafte Weltwährungsordnung ohne eine Wiederherstellung des amerikanischen Zahlungsbilanzgleichgewichts denken? Stimmt es, daß das Defizit der USA durch Kapitalexporte verursacht wird, die dem Zweck ökonomischer und politischer Herrschaft dienen, und ist es gerechtfertigt zu verlangen, die amerikanische Zahlungsbilanz müsse (nach Abzug staatlicher Entwicklungshilfe) auch ohne Überschuß der Handelsbilanz ins Gleichgewicht gebracht werden?

2. Kurzfristig drohen Handelskrieg und Krise, langfristig sind politischer Frieden und ökonomisches Gleichgewicht nicht so sehr durch eine Depression im Sinne der dreißiger Jahre als vielmehr durch eine dauernde, die Mehrheit der westlichen Industriestaaten ergreifende Stagflation bei entweder geringer oder sehr ungleichmäßiger Entwicklung in der nichtkommunistischen Dritten Welt und bei fortgesetztem Wirtschaftswachstum im Ostblock bedroht. Wenn die unmittelbare Gefahr durch (welche?) Sofortmaßnahmen abgewendet wird, wie können dann der IMF und andere internationale Organisationen neu konzipiert werden, mit welcher Macht sind sie auszustatten, um sie in Stand zu setzen, inflationäre Tendenzen aufzuhalten, strukturell verursachte Defizite strukturpolitisch (nicht durch Deflation) zu bekämpfen und die sich verschieden entwickelnden Industriepotentiale zur Weltwirtschaft zu integrieren?

3. Welche Teile der Handels-, Verkehrs-, Agrar- und Bildungspolitik müssen einheitlich geregelt sein, um die Möglichkeit einer dauerhaften Weltwährungsordnung zu schaffen? Welche Vereinheitlichung der Verwaltung auf welchen Gebieten wird erforderlich, welche Garantien für solche Einschränkungen der Souveränität sind Voraussetzung, und wie ist ihre Innehaltung zu sichern?

4. Inwieweit hängt eine gemeinsame Weltwährungsordnung nicht nur von der gleichgerichteten Wirtschaftsordnung der beteiligten Länder, sondern auch von einer gemeinsamen Einbeziehung der Entwicklungsländer ab (Ka-

---

* Anm. d. Hrsg.: Diese Thesen wurden im Auftrag des Schriftführers der List Gesellschaft vor der Konferenz den Teilnehmern zugeschickt.

pitalhingabe, Kapitalverzinsung, Kapitalrückzahlung, transfertechnische Kenntnisse, etwaige geplante Verlangsamung des wirtschaftlichen Wachstums in den alten Industriestaaten gegenüber dem Wachstum in den Staaten der Dritten Welt)?

5. Welches sind die notwendigen Voraussetzungen der Integration in Europa: gemeinsame Handels- und Agrarpolitik oder gemeinsame Gesamtwirtschaftspolitik? Sind gemeinsame Behörden demokratisch zu wählen oder durch die Regierungen zu bestimmen? Lassen sich Steuersystem, Finanz- und Gewerbepolitik, Sozialordnung und Bildungswesen vereinheitlichen ohne gemeinsames Parlament mit Einschränkung nationaler Souveränitätsrechte? Ist andrerseits monetäre und wirtschaftliche Integration ohne solche Einheit denkbar?

6. Wie weit sind sämtliche Fragen/Antworten auf die bisherige, westliche Weltwirtschaft beschränkt? Welche Veränderungen wären nötig, um Wirtschaft und Währung der Sowjetordnung und des Sowjetstaates einzubeziehen, desgleichen die asiatischen Staaten und die Dritte Welt überhaupt?

RAYMOND BARRE

THE EEC'S FUTURE RÔLE IN MONETARY POLICY

(Summary)

1. The development of international economic relations since the end of the second world war has been characterised by:

(I) a growing *interdependence* between economies due to the progressive liberalisation of trade and financial transactions and the convertibility of currencies;

(II) increasingly close *co-operation* between the various countries, particularly within the framework of international institutions such as the IMF.

This fundamental progress must be maintained and intensified to ensure the growth and prosperity of the world economy.

European monetary integration must be brought about not with the object of splitting up the world economy but in order to strengthen the stability of international trade and payments.

2. The series of crises that have shaken the international monetary system during the past few years have raised the question of a reform of the international monetary system based on the Bretton Woods Agreements. It is less a question of changing these Agreements – the violation of whose principles in some respects was the cause of the recent monetary crises – than of adapting and supplementing them.

(a) The basic principles of any international monetary system must still be those that were incorporated in the Bretton Woods Agreements, namely:

(I) fixed parities (par value system);

(II) balance-of-payments adjustment by means of appropriate domestic policies and, in the event of fundamental disequilibria, by parity changes in accordance with procedures decided upon at international level;

(III) currency convertibility;

(IV) use of *neutral* instruments (gold or SDRs) for the constitution of international reserves, national currencies being held only as working balances.

(b) The adjustments or additions to be made to the Bretton Woods Agreements might be:

(I) greater flexibility of exchange rate relationships through a moderate increase in the margins of fluctuation of exchange rates around parity;

(II) more rapid modification of parities in the event of fundamental balance-of-payments disequilibria;

(III) more effective regulation of short-term international capital movements. The Community can play an even more important rôle in future discussions and decisions in that the revision of the IMF Articles gives the Community member countries the power to block a proposal, if they combine their votes.

3. Within the international monetary system the Community could represent a 'monetary pole', the essential features of which could be:

(a) implementation of short and medium-term economic policies designed to ensure growth and stability within its member countries;

(b) tightening of intra-Community exchange rate relationships by a gradual narrowing of the margins of fluctuation of exchange rates, together with the development of intervention in Community currencies by the central banks on the foreign exchange markets;

(c) implementation of a policy of harmonising the central banks' exchange reserves in preparation for the creation of a European Reserve Fund;

(d) introduction of a European unit of account, which would be used to a progressively increasing extent in the Community's monetary and financial transactions; a common currency could only be created after a lengthy process of economic and political integration;

(e) gradual liberalisation of capital movements within the Community, tending towards the establishment of a European capital market;

(f) concerted application by the member countries of measures aimed at countering the disturbing effects of excessive inflows of short-term capital from abroad.

4. The rôle of this 'European monetary pole' will be enhanced by the enlargement of the Community, and particularly by the accession of the United Kingdom, which will bring to the Community its long banking and financial experience as well as the institutions of the City.

The effectiveness of this pole, however, will depend on all the Community member countries observing the conditions that ensure balance-of-payments equilibrium and on their implementing common policies designed to reinforce their economic and monetary solidarity.

WALTER DAMM

EUROPE – ETATS-UNIS – JAPON: PARTENAIRES OU RIVAUX?

(Résumé)

1. En réagissant par le multilatéralisme et le libéralisme contre l'autarcie et le bilatéralisme des années trente, la période de l'après-guerre a fait naître de graves problèmes, du fait que des économies de structures fort diverses se sont de plus en plus étroitement imbriquées, tandis que, sur le plan interne, leur politique restait axée sur l'autonomie nationale et tiraillée entre des priorités contradictoires. Les problèmes n'ont pu être résolus ni dans le cadre des organisations élaborant une politique commerciale ou monétaire à l'échelle mondiale, ni dans celui, plus restreint, des institutions chargées de promouvoir l'intégration européenne.

2. L'Accord général sur les tarifs et le commerce (GATT) a joué un rôle remarquable en tant que terrain de rencontre pour les négociations sur la libéralisation et médiateur dans les conflits de politique commerciale. Les plus importantes mesures de libéralisation sont nées de la formation de zones commerciales en Europe. Le GATT n'a pourtant pas pu lutter efficacement contre le nationalisme renaissant en matière de politique commerciale, ni su tenir compte de l'évolution des conditions du commerce mondial. Les problèmes à résoudre d'urgence sont multiples: obstacles non-tarifaires au commerce, problèmes sectoriels de l'agriculture, de l'industrie textile, etc., et aussi évolution de la structure du commerce entre les pays industrialisés, commerce entre les pays occidentaux et ceux de l'Est, pays en voie de développement, etc.

3. Le système de Bretton Woods était déséquilibré, parce que fondé en définitive sur la prédominance monétaire des Etats-Unis et sur le maintien dans des proportions raisonnables du déficit de la balance américaine des paiements. Avec les sorties massives de capitaux qui se produisirent aux Etats-Unis vers le milieu des années soixante, le système ne pouvait survivre qu'aussi longtemps que le rôle politique dominant des Etats-Unis n'était pas mis sérieusement en question par l'«anti-autorité monétaire» que constitue l'Euromarché. Les tentatives faites pour protéger les marchés nationaux par des mesures de contrôle et masquer les faiblesses structurelles du système par une coopération en matière de politique monétaire ont été neutralisées par les forces du marché.

4. La Communauté européenne traverse sa crise la plus grave. Dans les domaines où elle a pu se donner une personnalité indépendante, elle est désormais considérée comme un trouble-fête. Dans le secteur du commerce, on lui reproche de pécher contre le principe de multilatéralisation de la clause de la nation la plus favorisée; dans celui de l'agriculture, on l'accuse d'être protectionniste et de perturber le commerce agricole international. Dans le secteur monétaire, en revanche, la Communauté n'a pas mis suffisamment à profit le climat favorable qui a duré jusqu'en 1968. L'élargissement de la Communauté pose de graves problèmes en matière d'institutions et de doctrine. La crise tient enfin au fait que les Etats membres ne sont toujours pas prêts à traduire par des décisions les aspirations politiques qui présidèrent à la fondation de la Communauté.

5. La «bombe Nixon» a peut-être déclenché une crise salutaire dans la vie économique internationale. Les Etats-Unis, sous le signe du «new realism», défendront leurs intérêts plus vigoureusement qu'auparavant et les feront triompher grâce à leur potentiel économique et à leur prépondérance militaire, comme l'ont montré les décisions de Washington. Ce pays a pourtant pris conscience des dangers considérables que comporte une guerre commerciale et monétaire à l'échelle mondiale, où il n'y aurait que des vaincus. Quant aux Européens et aux Japonais, ils ont pu se rendre compte de l'interdépendance étroite des questions de politique commerciale, monétaire et militaire.

6. Les grands problèmes de l'ordre économique mondial n'ont pas été résolus par les décisions de Washington. Dans le secteur commercial, la question se pose de savoir s'il est possible de progresser dans la libéralisation et s'il faut y tendre sur un plan mondial (zone de libre-échange industrielle) ou par la création de zones préférentielles régionales. On ne voit pas non plus très bien dans quels domaines il est possible de prendre des mesures de libéralisation (agriculture, douanes, obstacles non-tarifaires, etc.).

Dans le secteur monétaire, le réalignement des parités et l'élargissement des marges de fluctuation des monnaies a permis au monde occidental de reprendre haleine et renforcé la position concurrentielle des Etats-Unis. Pourtant, la survie du système de Bretton Woods continue à être liée, comme précédemment, à l'ampleur des déficits de paiements auxquels conduira la politique économique des Etats-Unis, à la possibilité, pour ce pays, de monnayer politiquement sa tutelle militaire et aux risques d'échec de l'intégration monétaire européenne devant des conceptions contradictoires. Les projets de réforme qui ont été présentés à l'occasion de la dernière Assemblée générale du FMI doivent être étudiés d'urgence, mais ne pourront être réalisés que difficilement et dans des délais assez longs.

7. La question se pose de savoir si l'ère de la libéralisation ne touche pas à sa fin dans le monde occidental. L'internationalisation de la vie économique ne s'est pas accompagnée d'une évolution correspondante de la responsabilité des gouvernements. Comme l'effet des instruments nationaux de politique

économique cesse au-delà des frontières, quand il n'est pas limité, à l'intérieur même de celles-ci, par l'internationalisation de la vie économique, les gouvernements essaient de reprendre leurs prérogatives dans le cadre national par le biais des mesures officielles ou officieuses. De nouvelles mesures de libéralisation prises dans un secteur n'entraîneront-elles pas des contrôles correspondants dans un autre? Seul un transfert de compétences à des instances internationales garantira des progrès dans l'internationalisation de la vie économique.

NICHOLAS KALDOR

REFORM VON BRETTON WOODS (Ein Entwurf)

Zusammenfassung

I. Vorteile und Mängel des Bretton-Woods-Systems

Die Vereinbarungen von Bretton Woods standen zwar am Anfang noch nie dagewesenen Wachstums und Wohlstands in der Weltwirtschaft, aber man kann argumentieren, daß dies nicht so sehr den beiden in Bretton Woods geschaffenen Institutionen oder den dort verabredeten Konventionen zu verdanken war, sondern als Nebenprodukt einer damals kaum beachteten Vereinbarung entsprang – nämlich der Verordnung, die den US-Dollar zur allgemeinen Leitwährung für IWF-Mitglieder machte. Infolgedessen wurde der Dollar zum universalen Medium internationaler Verrechnungen; und nach den frühen fünfziger Jahren, als der Nettokapitalabfluß aus den Vereinigten Staaten den Handelsbilanzüberschuß zu übersteigen begann, ersetzte der Dollar allmählich das Gold als internationale Währungsreserve. Die Fortdauer des US-Zahlungsbilanzdefizits wirkte wie eine Erhöhung der Goldproduktion – sie erlaubte einer Reihe größerer Industrieländer (zum Beispiel Deutschland, Italien, Japan und zahlreichen anderen) die Vorteile nachhaltigen exportinduzierten Wachstums wahrzunehmen.

Dieses System, bei dem die Welt objektiv unter einem „Dollarstandard" lebte, wurde jedoch in seiner Weiterexistenz zusehends durch übertriebene „Dollarschöpfung" bedroht. Einesteils lag dies an der schwindenden Konkurrenzfähigkeit der Vereinigten Staaten, die ihren normalen Handelsbilanzüberschuß unterminierte, anderenteils brachte die steigende Verwendung des Dollars in internationalen finanziellen Transaktionen zwischen Dritten einen völlig ungeregelten Geldmarkt mit eigenem Kredit- (oder Geld-)Schöpfungspotential hervor. Beide Entwicklungen wurden in Bretton Woods weder vorhergesehen noch verhütet.

Während die Vereinbarungen von Bretton Woods Sicherungen gegen Konkurrenzabwertungen enthielten, wurden so keine Vorkehrungen für einen Fall getroffen, bei dem einige Länder nicht durch wettbewerbsmäßige Anpassung der Wechselkurse, sondern gerade durch das Fehlen solcher Anpassung auf Kosten anderer Wettbewerbsvorteile erlangten. Die Währungen schnell wachsender Industrieländer wurden im Verhältnis zum US-Dollar in den letzten

Jahren zusehends unterbewertet – nicht so sehr wegen übermäßiger Abwertung der eigenen Währung (in der Tat werteten einige Länder wie Deutschland mehr als einmal auf, um den einem übertriebenen Exportüberschuß entspringenden Inflationsdruck zu mildern), sondern infolge der Unfähigkeit der Vereinigten Staaten, zum Ausgleich für ihre sinkende Konkurrenzfähigkeit selbst im Verhältnis zu diesen anderen Währungen abzuwerten. Um eine solche Anpassung herbeizuführen, fanden es die Vereinigten Staaten notwendig, im Sommer 1971 verschiedene Maßnahmen zu ergreifen – die formelle Aufhebung der Goldkonvertibilität, die Einführung einer Importabgabe usw. –, die das ganze System aufs Spiel setzten.

Es ist wichtig, im Auge zu behalten, daß die Ungleichgewichte, die schließlich die Krise herbeiführten, weder mit einer „inflationären" Geldpolitik der Defizitländer, noch mit einer übermäßigen Begierde von seiten der Überschußländer, flüssige internationale Reserven anzuhäufen, etwas zu tun hatten. Mehr aus innen- als aus außenpolitischen Gründen weigerte sich Amerika, eine Politik des „benign neglect" (zu der viele prominente amerikanische Ökonomen rieten) zu befolgen. Denn ausländische Konkurrenz (insbesondere der Japaner) stellte für die amerikanische Industrie (auf dem heimischen, nicht nur auf ausländischen Märkten) eine ernsthaftere Bedrohung dar, als mit einer Vollbeschäftigungspolitik verträglich war. Und ebenso: Japans äußerstes Widerstreben (trotz großem Überschuß) gegen jede Wertsteigerung des Yen hatte nichts zu tun mit einem Wunsch, Reserven zu horten (Japan glaubte, schon zu viele Dollar zu besitzen); es hatte auch nichts zu tun mit einer Furcht vor innerer Deflation (Japan leidet in Tat und Wahrheit unter einer höheren Rate der Lohn- und Preisinflation als seine Konkurrenten), sondern war vermutlich der Angst entsprungen, eine Verlangsamung des Exportwachstums könnte eine Verlangsamung des allgemeinen ökonomischen Wachstums verursachen.

Aber, was auch immer die genauen Gründe der Krise gewesen sein mögen: es ist jetzt allgemein anerkannt, daß eine neue internationale Währungsordnung erforderlich ist, die es ermöglichen würde:

1. eine internationale Reservewährung zu haben, die von der *heimischen* Währung jedes einzelnen Landes getrennt ist;

2. von Wechselkursänderungen als Mittel nationaler Politik größeren Gebrauch zu machen, um ein mit binnenwirtschaftlichen Zielen vereinbares Zahlungsbilanzgleichgewicht zu erreichen, ohne das Risiko zu laufen, daß solche Anpassungen zum Werkzeug eines Handelskrieges werden.

II. Probleme eines SZR-Standards

Der beliebteste Vorschlag ist, eine besondere IWF-Währung von der Art der bestehenden SZR zu machen, die letztendlich den Dollar (und das Pfund Sterling) als Reservewährungen durch Umwandlung offizieller Dollarguthaben in SZR-Guthaben ersetzen würde.

Daraus ergibt sich eine Anzahl von Problemen:

1. Es besteht ein Bedarf für eine internationale *Handelswährung*, und nicht nur für ein neues Zahlungsmittel zwischen Zentralbanken. Es ist schwer zu sehen, wie eine unkonvertierbare Papiereinheit wie die SZR je eine Handelswährung werden könnte. Wie wäre das Angebot zu regulieren? Könnte es überhaupt reguliert werden (wie?), sobald privaten finanziellen Institutionen erlaubt wird, darin Kredite zu nehmen und zu geben? Andererseits: wie könnte dem Dollar ohne neue Handelswährung seine gegenwärtige Funktion entzogen werden?

2. Wenn die neue Währung nicht ebenso allgemein gebraucht und international gehalten wird wie der Dollar (so daß zum Beispiel der Welthandel in dieser Währung rechnet), bleibt das sogenannte „Problem der *n-ten* Währung": SZR bleiben faktisch an den Dollar geknüpft, da einzelne Länder es für wichtiger halten würden, eine vorteilhafte Wechselkursrelation zum Dollar zu halten als die Parität zu den SZR zu bewahren.

III. Wiederherstellung des Gold-Standards

Einige der obigen Probleme könnten vermieden werden, wenn die neue Währung (man nenne sie „SZR" oder „bancors" oder einfach „internationals") voll durch Gold gestützt wäre, voll in Gold konvertierbar wäre und gegen Geld frei ausgegeben würde. In anderen Worten: zur neuen internationalen Währung würde ein Zertifikat für eine zu 100 % gedeckte Goldeinlage beim IMF, und in ihr würde die (anpassungsfähige) Parität jeder nationalen Währung ausgedrückt.

Dieser Vorschlag stellt eine gangbare Lösung dar, vorausgesetzt, der Goldpreis wird genügend erhöht, um bestehende offizielle und inoffizielle Dollar- und Pfund-Guthaben zu ersetzen.

Die Nachteile dieser Lösung sind:

1. sie würde privaten Goldhortern einen großen unverdienten Gewinn bringen;

2. sie würde die „Geldschöpfungsgewalt" in die Hände der zwei hauptsächlichen Goldproduzenten (Südafrika und UdSSR) legen;

3. sie würde das „Problem der *n-ten* Währung" nicht wirksam lösen, insofern als der reale Goldwert immer noch eher vom Warenwert der in Gold konvertierbaren Hauptwährungen abhängen würde, als umgekehrt. Das gleiche Problem existierte bereits beim Vorkriegs-Goldstandard, wie zum Beispiel die Goldaufwertungen der dreißiger Jahre gezeigt haben.

IV. Eine Warenreservewährung

Diese Alternative würde bedeuten, daß der *reale Wert* der internationalen Einheit unabhängig von ihrem Umrechnungsfaktor in nationale Währungen bestimmt wäre. Voraussetzung ist eine in Basiswaren („basic commodities", das heißt sowohl Nahrungsmittel wie industrielle Materialien, zum Beispiel Fasern, Gummi und Metalle) konvertierbare Währung, und zwar konvertierbar entweder im Warenbündel oder einzeln durch ein System internationaler Ausgleichslager. Dann bewirkt eine Abwertung gegenüber dieser Währung von seiten eines industriellen Exportlandes notwendig eine Herabsetzung seines in Basiswaren ausgedrückten „value added" – unabhängig davon, ob und um wieviel die Konkurrenten bei der Abwertung nachziehen. Es bestünde somit ein klares Komplementaritätsverhältnis zwischen Wettbewerbsfähigkeit und auf Faktoren bezogene „Terms of Trade".

Es würde ebenso möglich, weltweit uniforme Preise für Basiswaren auf einem einträglichen Niveau zu erreichen und so die gegenwärtige Situation zu vermeiden, in der reiche Länder ihren eigenen Produzenten sehr viel höhere Preise zahlen, als auf dem Weltmarkt erzielt werden.

Wenn anfangs günstige Preise für Basiswaren gegeben sind, würde dies System auch dahin wirken, die primäre Produktion zu fördern und durch internationale „Multiplikator"- und „Akzelerator"-Effekte in der Weltwirtschaft das Wachstum der Industrialisierung (das Wachstum von Investitionen und Beschäftigung) zu beschleunigen.

V. Probleme des „Adjustable Peg"

Für das gute Funktionieren eines Systems fester Wechselkurse ist notwendig, daß Wechselkursänderungen nicht antizipiert werden – andernfalls rufen solche Erwartungen große, perverse spekulative Bewegungen hervor.

Dies ist jedoch nur möglich, wenn Wechselkursänderungen sehr *selten* sind – und das bedeutet Verzögerungen der Anpassung und die Notwendigkeit, die Anpassung in großen, plötzlichen Schritten zu vollziehen, die selbst in ihrer Wirkung die Stabilität herabsetzen.

Andererseits: wenn Wechselkursanpassungen häufig werden, wird die spekulative Antizipation tendenziell noch größer sein. Dies Problem hat keine Lösung, außer durch die Einführung *formal* „flexibler" Kurse, das heißt durch ein System, bei dem Zentralbanken in eigenem Ermessen im Devisenhandel intervenieren, ohne fixe und vorherbestimmte Grenzen anzugeben, innerhalb derer sie Schwankungen zulassen. Wenn so ein System nicht zu endlosen Auseinandersetzungen oder zum Handelskrieg führen soll, bedarf es einer internationalen Währung von in Waren stabilem Realwert, in der ein „Schwanken" einzelner Währungen zugelassen werden könnte (dies Problem ist wichtig nur für industrielle Länder, die verarbeitete Güter mit in nationaler Währung fixen Kosten produzieren).

ANHANG III

EUROPEAN MONETARY INTEGRATION*

(A Federal Trust Report)

Introduction

One of the principal decisions reached by the Heads of State of the Six, at their conference at The Hague in December 1969, was to proclaim the goal of converting the European Economic Community into an economic and monetary union. The subsequent history of this ambition has not, so far, been happy. A committee chaired by M. Pierre Werner, the Prime Minister of Luxembourg, was created to advise on how the goal might be achieved. Its report (the Werner Report) provoked considerable controversy and criticism; even some of the modest first steps that were ultimately agreed on have never been implemented, being among the casualties of the Dollar Crisis.

The unsettled state of the international monetary system may increase the difficulties of constructing a European monetary area, but it increases the importance and urgency of the task even more. It is the aim of this Report to develop a strategy that will enable the drive toward monetary integration to be resumed, whatever the outcome of the Dollar Crisis. This strategy involves filling some of the gaps that were left by the Werner Report, notably with regard to the intermediate stage of partial monetary integration. But it differs from the Werner approach in that the latter envisaged integration solely as a process of the convergence of existing currencies (especially with regard to exchange rates), while the present Report argues that integration could be facilitated by the early creation of a new currency, which is provisionally called the "Europa".

---

* Full text (apart from foreword and acknowledgements) reproduced by kind permission of the Federal Trust, London. The Federal Trust for Education and Research was set up in 1945 with the aim of promoting greater study and knowledge of international law, supranational organisation and federal government. This report results from the work of a group (including J. Cooper, R. Cooper, T. Josling, C. Layton, G. Magnifico, J. Pinder, C. Villiers, D. Waterstone, J. Williamson, G. Wood) that was set up in the autumn of 1970 to study the problems of European monetary integration. The responsibility for the report is that of Dr. G. Magnifico and Professor J. Williamson. *(Ed.)*

The general political outlook of the Group responsible for this Report is one of sympathy for European integration coupled with a desire to retain the rich diversity that history has bequeathed to contemporary Europe. Integration is desirable, not as an end in itself, but because there are some fields in which nation-states are too small to be viable decision units in the present age. In some cases this is because efficiency demands a larger market than the nation can provide; in others because spillovers beyond national boundaries have become critically important; and in others because the small nation-states of former ages carry little weight on the world scene unless they act together. Where such factors as these indicate the desirability of centralising decision-making, integration should be pursued. But where no such rationale exists, centralisation should be resisted and individual countries, or regions, should be encouraged to develop in their own individual way.

I. The Meaning and Rationale of Monetary Integration

Full monetary union implies a single currency circulating throughout the union and managed by a single central bank system. Monetary union may be taken as virtually complete when individual currencies, though still existing, have been irrevocably locked together by the total abandonment of independent parity changes, the suppression of the margins, and the establishment of complete convertibility.

A state of economic union exists when all the principal levers of economic policy, and not just the monetary levers, are centralised. This includes, in particular, fiscal policy, incomes policy, planning, and regional policy.

One may distinguish four economic advantages of creating a monetary union:

a. The increased efficiency resulting from simpler transfers and calculations and the elimination of exchange risk;
b. The elimination of traditional-style balance-of-payments problems through increased capital mobility (although of course developments that now create payments problems could still give rise to regional problems);
c. The economies in reserve-holding provided by pooling of exchange reserves;
d. The possibility of re-establishing European control of European monetary conditions.

Insofar as monetary integration was successful in achieving these advantages, it would contribute to creating the political conditions for progress in other spheres where a functional need for integration exists.

Conversely, however, the cause of European integration would be retarded if monetary integration were to be pursued but the attempt were to fail. The potential dangers of monetary integration stem from the loss of the power of altering the national exchange rate; such a loss could threaten the more stable countries with excessive inflation and/or the more inflationary countries with a loss of prosperity that would be the more intractable precisely because it would be manifest as a regional problem rather than a balance-of-payments problem. This danger is particularly acute in the European context because different national traditions and institutions could give rise to inconsistent trends in unit costs in different national "regions". This development would be so disastrous, if realised, that it could inevitably lead to the destruction of monetary union.

The advantages of monetary integration can only be completely realised through full monetary union, so it is desirable to retain this as the ultimate goal, even though prudence may demand that moving to this goal be delayed until one has confidence that conditions have been created under which the potential dangers of monetary integration will not materialise. But there is considerable scope for realising the advantages of integration by a more limited measure of integration, involving the creation of a European monetary area with its own currency, even before these conditions have been created. This intermediate stage of monetary integration would be feasible in the near future. The next three sections of this Report are therefore concerned with developing proposals for the intermediate stage, while Section V discusses the conditions necessary for transition to full monetary union.

II. Outline of a New Plan by Stages

It is proposed that the *final* stage of monetary integration would be a state of full monetary union, as envisaged in the Werner Report. Prior to this there would be an *intermediate* stage; this would be of indeterminate duration, since transition to the final stage would await realisation of the conditions needed to ensure that the danger of inconsistent cost trends did not materialise. The intermediate stage would be characterised by limited intra-European exchange-rate flexibility (as compared to that between European currencies and the rest of the world), the active use of the Europa to serve as international money and circulate in parallel to existing European currencies, and the abolition of intra-European exchange controls. Since the Europa would serve as the intervention currency during the intermediate stage, it would not be practicable to change directly from the present state of affairs to the intermediate stage. There would need to be a *preliminary* stage to launch the Europa and build up its use as a market asset. It is envisaged that this preliminary stage should be brief.

(1) The Preliminary Stage

The programme of monetary integration would be inaugurated by the founding of a European Bank. This Bank would perform the functions that have been assigned to a European Reserve Fund or Stabilisation Fund in previous proposals, but it would not be limited to these. In particular, it would be responsible for launching the Europa and encouraging its adoption as a monetary unit by those engaged in international transactions.

Existing intervention arrangements would not be altered drastically during the preliminary stage, since it is desirable that this be as brief as possible in order to obtain the benefits of moving to the intermediate stage quickly. If the dollar was still being used as intervention currency and it was desired to have an intra-European band that was less than twice the European/dollar band, this could be achieved by concerted intervention as proposed by the Werner Committee (the 'snake in the tunnel').

It would also be desirable to commence the steps towards policy harmonisation and liberalisation of capital flows that the Werner Report advocated for the first stage. (However, in Section V it is suggested that policy harmonisation should be primarily concentrated on monetary rather than fiscal instruments, and this difference in emphasis would apply *a fortiori* to the preliminary stage.)

(2) The Intermediate Stage

The transition from the preliminary stage to the intermediate stage would be made as soon as the Europa was sufficiently widely held in private hands to permit the dollar to be replaced by the Europa as the intervention currency. The national central banks would have the responsibility of intervening to defend the rate between their national currencies and the Europa, while the European Bank would defend the Europa/dollar rate. There would be a narrow intra-European band coupled with a wide band between the Europa and the dollar.

Maintenance of a narrow intra-European band would require conjunctural harmonisation within Europe. However, the intermediate stage would be practicable before the total suppression of divergent trends in unit costs, because intra-European parity changes would still be permissible. The wide band between the Europa and the dollar would enable Europe to regain a greater measure of freedom from U.S. monetary policy, although it could not insulate Europe from the effects of any future American fundamental disequilibrium. The existence of the Europa would make it possible for the exchange rate between the dollar and European currencies to vary in any imaginable way (including floating) without disrupting intra-European relationships. Other advantages of Europe moving jointly against the dollar include the greater ability of the whole European area to absorb hot money without being overwhelmed, as compared to a situation in which the whole weight is concentrated on the strongest individual European currency (e. g. the deutschemark in May 1971); and the reduction in the subsidy that central banks pay to international companies which switch their funds from one financial centre to another to take advantage of the sequence of parity changes.

(3) The Final Stage

This would involve full monetary union with a common currency. The transition from the intermediate to the final stage would be contingent on satisfactorily overcoming the problem of divergent cost trends. This would require, among other things, a fair measure of centralisation of economic policy, since automatic fiscal transfers and a centralised regional policy are among the factors that contribute to enabling a monetary union to dispense with internal exchange-rate changes. Although a measure of fiscal unification would be desirable and necessary, this certainly does not mean that total centralisation would be needed (as, for example, the American experience of state fiscal autonomy demonstrates). When the interlocking of the economies and the construction of an economic union had provided the necessary conditions for proceeding to the final stage, national currencies would be withdrawn and replaced by Europas.

III. The European Bank and the Europa

It will be evident from the preceding outline that the Europa constitutes a central feature of the proposed strategy, and that the European Bank is being assigned a key role in fostering monetary integration. It is appropriate to sketch the rationale of these strategic proposals.

The case for creating a Europa stems from the practical need for an international money and the unsuitability of the alternatives. In recent years the dollar has been the dominant form of international money, and the Euro-dollar market has grown up primarily in response to the desire of those engaged in international business to hold international money. The Euro-dollar market has in fact constituted the nearest approach to a common European money and capital market, and has in this capacity been a potent factor favouring financial integration within Europe. But it has suffered from the embarrassment of also being closely linked to the U.S. money market, thus serving to transmit American monetary policies to Europe. Since American monetary policy is (understandably) determined with reference to the U.S. domestic situation, the result of this arrangement has been to impose monetary conditions on Europe that were at times strongly at variance with local conjunctural needs. So long as the dollar remains the international money, any European country attempting to insulate itself from American monetary policies will also insulate itself from its European partners, either by exchange controls or by exchange-rate flexibility.

One could seek to replace the dollar by adopting one of the European currencies as the international currency. This, however, would tend to reproduce the same kinds of difficulties, since the country whose currency was selected would naturally wish to determine its monetary policy with a view to domestic rather than pan-European conditions; the problem would be mitigated only to the extent that a European country would prove more susceptible to its partners' representations than the United States has proved to be.

Since SDRs were specifically designed to be only an official international money, while the need is for a private international money, it is necessary to create a new unit in view of the disadvantages of using a national currency. This solution may be regarded as a compromise between the positions of the "monetarists" and the "economists". It endorses the "monetarist" view that common monetary arrangements need to be developed in the short run and not merely after lengthy experimentation with harmonisation, but it also incorporates the "economist" view that premature commitments to rigid exchange rates need to be avoided.

The case for a European Bank, performing the functions of an embryonic reserve bank, is twofold. First, it is necessary to create an institution charged with developing and managing the Europa. Secondly, the policy harmonisation that is a precondition for the transition to full monetary union can best be furthered by the creation of an institution with significant powers to influence the member countries and a vested interest in promoting harmonisation.

The Bank would be formed on the general lines that Triffin has long advocated for founding a European Reserve Fund. That is, countries would pay in to the Bank a specified proportion of their reserves plus a quota of domestic currency. The latter would be sufficiently large to have the effect of reproducing the support facilities that E. E. C. members have agreed to provide under the Barre Plan. Countries would receive in return deposits denominated in Europas. These deposits would count as a part of countries' reserves and could be drawn on in the event of a payments deficit.

The European Bank would be managed by a Board of Governors, which might comprise the governors of the national central banks together with a chairman appointed by the Council of Ministers of the European Communities. The Board would be responsible to the Council of Ministers. In order to ensure that the Council was able to exercise effective control of the continuous policy-making that would be involved in determining European monetary policy, it would be necessary to eliminate the right of individual nations to exercise a veto in this limited area. The effective and speedy administration of those policy weapons that were specifically placed at the European level would only be feasible on the basis of majority voting.

The European Bank would have the following responsibilities:

a. It would act as a European Reserve Fund from the date of its inception.
b. Once the preliminary stage had given way to the intermediate stage, it would intervene to stabilise the Europa/dollar exchange rate.
c. It would recommend changes in the parity of the Europa in terms of gold/SDRs to the Council of Ministers.
d. It would control overall European monetary policy, and would attempt to ensure consistency between the general Community policy and the policies being pursued in individual states. (This would include supervision of intra-European exchange rates.)
e. It would nurture the growth of the Europa as a private monetary asset, principally by acting as a central bank to commercial banks operating in the Europa market.

The parity of the Europa would be defined in terms of the international monetary unit, which at present consists of gold and SDRs rigidly linked together. The parity would be changeable by a decision of the Council of Ministers, who would be advised on this subject by the European Bank. The governing principle in determining parity changes between the Europa and the rest of the world would be that of maintaining the Bank's external liquidity at a level sufficiently high to safeguard the pursuit of a high rate of balanced growth in the Community, but not so excessively high as to involve a waste of resources, and embarrassment to third countries.

The Europa would serve as a reserve medium for the European central banks. (Unless present trends away from the reserve-currency system are reversed, one would not expect it to become a reserve currency held by non-European countries.) Above all, however, the Europa is envisaged as a private asset able to function as a pan-European money. If it succeeds, it will fill the role that the Euro-dollar has performed for the past decade in acting as an instrument for the creation of unified European money and capital markets. In due course the Europa could be expected to displace the Euro-dollar, at least so far as European borrowers and lenders are concerned. This would have the advantages of helping to insulate intra-European relationships from instability emanating from the other side of the Atlantic, of enabling Europe to exercise some measure of control over this important component of the effective European money supply, and of permitting Europe to exercise flexibility against the rest of the world without disrupting the stability of intra-European exchange rates.

It has often been stated that monies grow naturally and that attempts to impose a new money artificially are bound to fail. There is much truth in this contention. If the Europa is to succeed, it will only be because it is an asset with more desirable properties, from the viewpoint of the prospective holders, than the dollar. In large measure success breeds on success; once an asset has become firmly established, this fact in itself will enhance its position, because of the ease of using the asset as a means of payment and of the resiliency, breadth and depth of its financial markets. The difficult part of the problem is to win initial acceptance of the Europa as a unit for denominating market assets. There are, however, a large number of measures that could be taken to stimulate the establishment of the Europa as a market asset. Some of these measures might initially involve a slight element of additional cost to the authorities, but this would disappear (and might well be reversed) as soon as the Europa had become thoroughly accepted. The measures that could be adopted to foster the establishment of the Europa are as follows:

(1) The issue by Community institutions, such as the European Coal and Steel Community and the European Investment Bank, of Europa-denominated assets.

(2) A Community requirement that some proportion of the national debt of each member state be issued in Europa-denominated assets.

(3) The imposition of an obligation on commercial banks to hold some proportion of their assets in Europa-denominated assets. (This might involve the banks in either running an unbalanced Europa position, which should be acceptable if parity changes were always small, and offset by interest rates, or else in covering their Europa position forward, which the European Bank might assist by providing any necessary support in the forward market.)

(4) A willingness by national governments to accept taxes in Europas.

(5) The European Bank providing clearing-house facilities for Europa transactions.

(6) The European Bank making a secondary market in Europa-denominated Treasury Bills.

(7) Once the intermediate stage had been reached, the European Bank could take the responsibility of acting as lender of last resort in the Europa bill market.

(8) The attractiveness of the Europa would also be enhanced by the exchange-rate provisions that are envisaged (see Section IV), since these would minimise the fluctuation of European currencies in terms of the Europa while making them relatively large in terms of the dollar.

It is sometimes supposed that, because the growth of the Euro-dollar market was fed by a prolonged U.S. deficit, there would be an analogous need for a European deficit in order to support the growth of a Europa market. This is erroneous. A European deficit would assist in turning the Europa into a reserve currency, and it would no doubt be helpful in developing the Europa as a vehicle currency for use by parties external to the Europa area, but it is irrelevant to the establishment of the Europa within Europe[1].

It is of interest to examine the way in which the European Bank would perform its functions. Its balance-sheet would contain the following items:

Balance sheet of European Bank

Liabilities	Assets
Capital and reserves	Gold, SDRs, national currencies
Europa deposits by central banks	Europa-denominated bills
Europa deposits by commercial banks	Europa-denominated loans

The Bank would engage in the following types of operations:

a. It would intervene in the Europa/dollar market; for example by selling dollars from its portfolio and debiting the accounts of the commercial banks on which the Europa cheques to pay for the dollars were drawn.

b. It would deal with non-European central banks; for example, by exchanging gold and SDRs for dollars (so as to maintain appropriate dollar working balances), by engaging in swap transactions, and by making purchases (or re-purchases) from the I.M.F.

c. It would deal with its member central banks; for example if a member acquired excessive Europa deposits, because of a payments surplus, these might be extinguished by the country repurchasing some of its Europa-denominated bills held in the Bank's portfolio.

d. It would engage in open-market operations in the Europa bill market, buying or selling bills with a resultant impact on the Europa deposits of commercial banks.

The terms on which the European Bank would deal with non-European central banks are bound to depend upon the form of the global monetary system that emerges from the dollar crisis. The examples given in paragraph

---

[1] This can be seen by considering a typical Euro-dollar position, e. g. a 3-month Euro-dollar deposit, representing the proceeds of exports to the U. S. by a German firm, with a Euro-dollar bank in London; and a 3-month loan by the Euro-dollar bank to a Dutch firm which proceeded to convert its borrowings into guilders. Suppose that, at the end of the 3-month term, both the German and Dutch firms wished to roll forward their loans for a further 3 months, but that the greater exchange-rate stability between their respective national currencies and the Europa (as opposed to the dollar) led them to want the loan to be denominated in Europas. There would be nothing to prevent the Euro-dollar bank re-denominating both loans accordingly at the prevailing exchange rate, in which case a switch to the Europa market would take place without any movement of funds at all.

(b) above assume, as seems probable at the time of writing, that this will be a universal, I.M.F.-centred system in which SDRs become the principal reserve asset and are used to fund outstanding balances of reserve currencies in excess of working balances. (If this does not happen, and the world polarises into a set of defensive monetary blocs, dollar convertibility will presumably not be restored and it will not be possible to maintain dollar balances at the required working level through transactions with the Federal Reserve or the I.M.F. The result would no doubt be a floating Europa/dollar rate, with Europe gradually disposing of its excess dollar holdings. Another probable consequence of such a development would be the emergence of the Europa as a reserve currency, which would involve non-European central banks holding Europa deposits at the European Bank on essentially the same terms as those envisaged for commercial-bank deposits.)

One important purpose of replacing Euro-dollars by Europas would be to establish a measure of control over this important constituent of the effective European money supply. Such control requires that it should be relatively difficult to switch between Europas and Euro-dollars, since otherwise any attempted monetary policy could be side-stepped through a transfer of business to or from the Euro-dollar market. There are two ways of counteracting a tendency for undesired switching. One is to allow significant fluctuation in the Europa/dollar exchange rate; this would lead to any one-way movements being nullified by rate changes. The other method is to surround the Europa area by an effective exchange-control barrier. This might involve forbidding residents of the area to borrow or hold short-term externally-denominated assets without permission. The best policy would probably involve moderate recourse to both techniques.

In the past Euro-dollar assets have often been more attractive to hold than national assets, as a result of the lack of regulation of the Euro-dollar market. In order to allow Europas to displace Euro-dollars it would be necessary to avoid regulating the Europa market so soon, or so severely, as to make Europas unattractive to hold relative to Euro-dollars. No doubt the dollar crisis will help to mitigate this particular problem by reducing the attractiveness of the dollar as a vehicle currency, so that some influence on the Europa market could be exercised by open-market operations from an early stage. In due course it should prove possible to establish additional leverage by introducing moderate reserve requirements: indeed, if this were not done there would be a danger of the Europa making excessive encroachments on national money markets. Once the Europa is firmly established and there are effective monetary walls insulating the Europa area, it might well prove more important to align Europa reserve requirements with those in the national states rather than with those in the remnants of the Euro-dollar market, especially since one hopes to operate with minimal exchange-control barriers between the Europa and individual European currencies.

IV. Exchange Rates During the Transition

The proposed arrangements regarding exchange rates during the transitional stages before full monetary union are motivated by three convictions. The first is that the "economists" are right in arguing that monetary locking cannot force a harmonisation of cost trends; it would be foolhardy to lock parities in the belief that this alone would produce a convergence of costs. The second conviction is that the "monetarists" are right in arguing that a harmonisation of conjunctural policy can be induced by locking exchange rates together. The third conviction is that, other things being equal, it is desirable to limit flexibility with a view to reaping the gains that were discussed in Section I.

(1) Intra-European Parities

The above principles dictate that parities remain changeable until such time as inconsistent cost trends in different national regions cease to be a problem sufficiently acute to require offsetting by parity changes.

Necessary parity changes should be executed promptly and with as little disruption as possible. They should be small and timely rather than large and delayed; precisely how small the steps would need to be would depend upon the size of the threshold that would provoke disruptive speculative movements in an environment of minimal exchange control between national currencies and the Europa. National differentials in interest rates can play a major role in limiting speculative flows, provided that parity changes are modest in size; it is envisaged that interest rates would be allowed to adjust in an appropriate way.

It would be important to create an environment that would promote speedy implementation of necessary parity changes. It would not, however, be advisable to try to construct some automatic formula to determine parity changes, because (a) this would make it easier for speculators to anticipate impending changes; (b) there is little prospect of constructing a formula that would be of much help, because of the variety of factors that are relevant to determining whether a parity change is desirable; and (c) when an apparent need for a parity change emerges, it would always be desirable to examine whether some other policy change(s) might not be more appropriate. A more hopeful approach than that of seeking automatic formulae is to provide that the periodic Community-level reviews of national economic policies regularly include discussion of exchange-rate policy. Although in practice the final responsibility for determining parity changes would no doubt remain at the national level, one might recognise the Community interest by formally providing that changes in the parities of national currencies in terms of the Europa could be proposed by either the country or the European Bank and would require the approval of both.

It is envisaged that the prices fixed under the common agricultural policy, like all other prices fixed by Community organisations, would be determined in Europas. There would be no need for special transitional relief measures after parity changes (such as those which followed the devaluation of the French franc and revaluation of the deutschemark in 1969) so long as parity changes were small, since the changes in domestic price levels would only be modest. Limited parity flexibility (unlike floating or big parity changes as practised in recent years) is, in fact, quite compatible with the aims of the common agricultural policy.

(2) The Width of the Bands

While the necessary extent of parity flexibility is principally determined by the need to offset differential cost trends, the width of the band is primarily determined by the extent of parallelism in conjunctural policy. If one is seeking to minimise exchange-rate variability, then the band should be as narrow as is consistent with the needs of anti-cyclical stabilisation. This criterion leads to very different conclusions regarding the desirable Europa/dollar band and intra-European band. U.S. reliance on monetary policy as its main anti-cyclical weapon has in recent years resulted in European policies being strongly distorted when the cycles between America and Europe were out of phase, especially since the United States determined its monetary policy unilaterally and with scant regard for the spillover effects on other countries. To insulate Europe from these spillover effects it is clearly necessary to envisage a significantly wider band than existed prior to the dollar crisis. In contrast, the co-ordination of monetary policy within Europe that would be needed to ensure a narrow intra-European band would be both feasible (although it would require more active fiscal policies in some countries, notably Germany and Italy, to compensate for the loss of the monetary tool for internal stabilisation purposes) and politically acceptable (since monetary policy would be determined by a consensus rather than being dictated by a single country).

During the preliminary stage a wide Europa/dollar band could only be reconciled with a narrow intra-European band by concerted intervention policies of the sort proposed in the Werner Report (the 'snake in the tunnel'). During the intermediate stage, however, this problem would be handled automatically by having the European Bank defend the Europa against the dollar within a wide band while the national central banks defended their individual currencies against the Europa within narrow bands.

(3) Europe/Rest of World Parities

During the preliminary phase there would be no special mechanism for a concerted European move. One of the advantages of the intermediate phase is, of course, that this would cease to be true. In the intermediate phase the parity of the Europa in terms of gold/SDRs could be changed according to whatever rules were normal for I.M.F. members, and any such change would result in a joint move by all the European currencies. Decisions on varying the Europa parity would be made by majority vote in the Council of Ministers and would be guided by the liquidity position of the European Bank in terms of external assets.

V. The Non-Monetary Conditions for Transition to Monetary Union

Creation of a European monetary area as proposed above would re-establish European control of European monetary conditions while strengthening economic integration. But European economic integration will fall short of that found within nation-states until monetary integration is consumated by the creation of a monetary union. This ultimate step poses problems and dangers that are altogether more profound than those involved in limited integration, because national governments would be deprived of the instrument of exchange-rate policy which has up to now provided an ultimate escape from the need to conform to the price trends in the Community as a whole.

Governments can scarcely be expected to give up this autonomy unless they are satisfied that the common pattern to which they would have to conform would be reasonably consistent with their set of policy objectives. Since inflation has been a perennial (and increasingly troublesome) problem in the post-war period, it is natural for those countries that have enjoyed the greatest price stability to fear the inflationary potential inherent in pooling their external reserves and monetary policies with countries whose record of inflation leaves more to be desired. Conversely, the more inflation-prone countries may fear that their growth and employment policies would be jeopardised by tying themselves to countries whose greater stability seems to be largely explicable by a more favourable unemployment-inflation trade-off rather than by different priorities regarding objectives. It is clear that monetary union would not be worthwhile if it led either to a levelling-up in rates of inflation or to a check to growth in significant parts of the Community. Indeed, either of these developments would be so disastrous that it is doubtful whether a monetary union that led to their emergence could hope to survive.

The important question that requires discussion is whether the automatic results of increasing economic interdependence, reinforced by conscious attempts at policy harmonisation, can be expected to ameliorate these problems to the point where they become amenable to a feasible and politically-acceptable regional policy.

Interpenetration

In principle, a country can move into payments deficit, or a regional problem can emerge, either because its prices become uncompetitive or because of an adverse structural shift in demand. In practice, however, regional problems within nations generally have structural causes. It seems that, within nations, there exist inherent forces that limit divergent cost trends: the resulting inter-regional wage rigidity serves both to hinder depressed regions recovering their prosperity but also to prevent regions actively bidding up local wage rates to a point that jeopardises their prosperity. It is therefore important to establish whether similar forces are likely to develop on a European scale as a result of integration.

There are in fact a number of reasons for expecting the increasing interdependence of the European economies to promote a growing convergence in economic performance. Ever-increasing trade flows will tend to sharpen competition and make it more unlikely that the competitiveness of one country will fall badly out of line with that of its partners. The growth of multi-national corporations will tend to make productivity performance more uniform. The emergence of transnational unions would reduce the probability of an isolated wage explosion undermining the competitiveness of one country. The adoption of a common monetary policy would eliminate the possibility of divergent price trends arising from differing monetary policies. As price trends converge, so will price expectations: hence this important source of pressure for differential wage increases will tend to be eliminated. The increase in labour mobility is likely to help check divergent wage trends, especially when it is reinforced by common policies in such fields as vocational training. Indeed, the adoption of common policies in a wide range of diverse fields – e.g. with regard to research, energy, transport, and competition – seems likely to promote a convergence in price performance.

For such reasons as these it seems unlikely that an interdependent and monetarily-unified European economy would experience cumulative divergences in cost trends. It is more likely that Europe would experience a particularly acute form of regional problems of the character that have been manifested within nation-states, where regional problems generally seem to reflect either natural disadvantages, the decline of old-established industries, or an initial position of underdevelopment. Even if this is true, of course, it is no cause for complacency, because there would remain an urgent need to ensure that geographical variations in unit costs were such as to promote regionally-balanced growth.

Harmonisation

The automatic effects of increasing interdependence can be reinforced by the deliberate harmonisation of economic objectives, policies and institutions. Such harmonisation will necessarily play a central role in the attempt to create the conditions for monetary union.

A natural first step in any programme of harmonisation is agreement on a mutually-consistent set of objectives for all member countries. The Community has, in fact, already agreed on harmonisation of medium-term objectives, and specific targets have been laid down.

The harmonisation of objectives is only a first step. In itself it fails to answer the really difficult question of what should be done when it becomes apparent that the objectives will not be attained – a question that is particularly acut when the reason for failure is that the set of objectives accepted by a country turns out to be mutually inconsistent, or when the objectives of different countries prove to be incompatible. It is reasonable to suggest that a country which discovers that it is unlikely to achieve its targets should automatically have its strategy re-examined at Community level. Hopefully, this will sometimes lead to constructive suggestions regarding the resolution of apparent policy conflicts, or else to a consensus regarding the priorities that the country should attach to conflicting objectives. No doubt such a procedure would exert pressure on the member countries to pursue effective incomes policies, since these are potentially a substitute for exchange-rate changes.

Nevertheless, the lag between the implementation of policy changes and the consequential changes in the values of the policy targets is such as to limit severely the effectiveness of Community control which is limited to discussion *after* it has become apparent that agreed targets will not be achieved. Because of this lag problem, effective harmonisation must extend to the *instruments* of economic policy as well as to the *targets*. Within a full monetary union there is a built-in mechanism which makes for harmonisation of monetary policy, either because only one monetary policy exists or else because monetary spillovers are so strong as to render independent monetary policies impractical. During the transitional stages this mechanism would become increasingly effective, and monetary policy in the individual states would increasingly be determined by the policy being pursued by the European Bank. In contrast, there are abundant historical examples of monetary unions that have flourished despite the maintenance of independent fiscal policies by the constituent units (e. g. the Latin Union, Belgium-Luxembourg, Switzerland and the United States). This suggests that harmonisation of policy instruments should be centred on the harmonisation of monetary policy. Fiscal policies might well be left to the control of the individual nations (subject, of course, to the need for enough tax harmonisation to permit the total dismantling of frontier barriers), to be used for purposes of local stabilisation when the conjunctural needs of a particular area run counter to those in the Community as a whole.

Regional Policies

Even if the growing interpenetration of European economies, reinforced by the deliberate harmonisation of economic policy, has the expected effect of limiting the extent to which unit costs diverge in different areas of the Community, it would be unrealistic to expect balanced growth throughout the Community unless deliberate regional policies were adopted. It follows that an effective regional policy is of the utmost importance in creating the conditions for monetary union.

It would be a mistake to leave regional policy to be entirely a national responsibility. There are three reasons for this. The first is that in the absence of central control there is a real danger that regions will compete with one another in offering incentives to attract industry, the net result of which will be to increase industrial profits without achieving any systematic effect in steering industry toward the less-prosperous regions. It is for this reason that the Community has already imposed a limitation on the sums that can be spent on subsidising investment in the 'central area' of the Community. The second reason is that fiscal transfers constitute one of the most powerful factors tending to maintain income within a region of an economic and monetary union which experiences a decline in demand for its output. As countries lose the opportunity of compensating for a decline in demand by altering the exchange rate, they will require the Community's fiscal powers to be exercised in a way that acts as a substitute. A third reason is that the decrease in the regional multiplier will make an injection of central funds more essential. Within the framework provided by Community rules and Community fiscal and credit policies, it is desirable to maximise local participation in the detailed implementation of regional policy.

Some of the Community's existing fiscal instruments (e.g. expenditure on re-structuring agriculture) tend to have a redistributive impact that is regionally favourable. These effects could usefully be reinforced by transferring the unemployment insurance programme to the Community level. This would result in an automatic and immediate redirection of fiscal transfers towards regions where prosperity was ebbing.

The fiscal instrument which would seem best-suited to the objective of promoting balanced regional growth is a regionally-differentiated payroll tax/subsidy. It is desirable to relate the tax and subsidy payments to payrolls, rather than to investment or value-added, so as to provide the strongest incentives for labour-intensive industries to move to areas of labour surplus.

(It may be worth noting that labour-intensive industries are not necessarily the same as low-wage, low-efficiency industries; economic development is of course best advanced by introducing modern industries which nevertheless have high labour requirements.) The tax rate (in the prosperous regions) or subsidy rate (in the less prosperous regions) should clearly be related to the unemployment percentage, so as to provide the appropriate incentives for industry to choose the less-prosperous regions unless there were sufficiently compelling reasons to justify location elsewhere. There is also much to be said for increasing the tax rate in areas where wage-rates are high, and increasing the subsidy rate in low-wage regions. This would make a direct contribution to equalising incomes throughout the Community, and it would also provide a helpful incentive to unions to recognise that regional wage differentials can materially contribute to an equalisation of prosperity. If, for example, the unions in one country were to push wages above the level justified by productivity and thereby induce excess unemployment in that area, this formula would relieve the rest of the Community of the obligation to subsidise that region through the mechanism of the payroll tax. The payroll subsidy would, in effect, only be available to regions that were prepared to contribute to their own growth by exercising moderation in income claims.

The effectiveness of regional policies could be further enhanced by utilising credit policy in parallel with fiscal policy. Easier access to (subsidised) credit for investment in the less prosperous regions would prevent any desire to invest in those areas as a result of the fiscal incentives being frustrated by lack of finance, as well as creating an independent incentive to increase activity there.

Even in countries that have long been unified, policies based on national aggregates alone have been found inadequate. The business cycle does not coincide in space with national boundaries, but rather with the economically-homogeneous regions. Disinflationary policies which do not discriminate between economic regions, according to whether or not they are actually affected by excess demand, inflict an unnecessary damage to the weaker regions, where 'overheating' is often the result of cyclical conditions external to them. And yet the impact of restrictive policies tends to concentrate there. When credit is cut, most casualties are to be found in these regions, since they have a larger share of smaller firms, and banks as a rule find it more convenient to reduce lending to such firms. A differentiated credit policy should, on the one hand, make possible a more effective stand against inflation in the regions where demand for productive factors tends to exceed supply; on the other hand, it should help to shield the weaker regions from the jolts of 'stop-go'.

These considerations should be taken into account when determining the Community's monetary policy. But this field would also appear to offer scope for direct action on the part of the Community. More specifically, a European credit institution endowed with large enough resources and powers might contribute to the pursuit of regionally-differentiated policies. It is a matter for consideration whether this task would best be accomplished by an adequate expansion in the European Investment Bank or by the proposed European Bank adding a Development Division to function in parallel with its central banking activities. In favour of the former solution is the traditional separation of monetary activity from finance for development purposes, but the latter might be best suited to maximise results in terms of the impact which overall credit conditions throughout the Community would have on economic trends in the weaker regions. Moreover, because the European Bank, as proposed in a previous chapter, would go beyond the concept of a reserve fund, whose activity is mainly confined to official settlements, and would thus deal directly with commercial banks and other bodies, the steps required to give its activity a regional orientation would not be too many. The process and machinery of monetary unification would in this event be harnessed to bring about a more even pattern of demand and economic activity, and to raise rates of growth. This would help to overcome the reservations that prudence engenders towards divesting national governments of their powers in the field of money, capital and exchange rate policies.

Political Conditions

The preceding sections have argued that the pre-conditions for a successful monetary union include growing interpenetration of the European economies, deliberate harmonisation of economic objectives and of monetary policy instruments, strong regional policies (including the subsidising of the less-prosperous by the prosperous regions, and the deliberate direction of cheap credit to the less-prosperous regions), and a Community fiscal policy with automatic transfers of income on a significant scale. It is scarcely possible to conceive of these substantial powers – in addition to the control of European monetary policy resulting from the control of the European Bank – being exercised without some development in the Community's system of political control.

There are many other considerations that will be relevant to any changes that may be made in the Community's political or administrative organs. So far as the control of monetary and economic policy is concerned, the need might be met by a strengthening of the Commission's powers and therefore its accountability to the European Parliament, in parallel with the direct election of the Parliament. Or the Council of Ministers might remain the forum with final authority in these areas, but the Council might be strengthened by introducing one or more 'European Ministers' (who might, for example, be appointed by the European Parliament) charged with specific responsibility for formulating and expressing the general European interest, to supplement the national Ministers whose primary loyalty is to their respective national governments. Be that as it may, the powers involved in the economic control of a monetary union are so important that some method of strengthening political control is essential unless democracy itself is to be threatened.

VI. Conclusion

The preceding Report suggests that a new initiative for European monetary integration should be based on the early creation of a European monetary area. This area would be characterised by minimal internal exchange-control barriers, narrow bands between the currencies of the members, the widespread use of a new monetary unit (the Europa) to facilitate financial integration and replace the Euro-dollar in the role it has come to occupy as a pan-European currency, and the creation of a European Bank to further monetary integration, particularly by promoting and managing the Europa. Since the Europa would circulate in parallel to the existing European currencies, this intermediate stage would be consistent with the maintenance of limited exchange-rate flexibility within Europe and could therefore be adopted even before success in harmonising cost trends has been achieved.

Creation of a European monetary area, especially if reinforced by a wide band between the Europa and the dollar, would be an important achievement which would permit the re-establishment of European control of European monetary conditions. It will be more difficult to proceed to the final goal of full monetary union with a common currency as envisaged in the Werner Report. Realisation of this ambitious goal would pose considerable dangers in the absence of strong interpenetration of the economies, effective policy harmonisation, strong regional policies, and supporting political developments, all of which would be necessary to overcome the problems that are posed by inconsistent cost trends. It is not at present possible to predict the time that will elapse before these problems are solved and full monetary union, with its inevitable abandonment of internal exchange-rate flexibility, becomes feasible; but the best way of accelerating that time is to make a speedy start to the construction of a European monetary area.

GIOVANNI MAGNIFICO
JOHN WILLIAMSON

THE IMPLICATIONS FOR THE CITY OF LONDON

Much has been written over the last few months about the implications for the City of London of British accession to the European Economic Community (EEC). This note has a more specific purpose: to inspect the practical implications for the City of the actual proposals set out in this Report, and particularly of the proposed introduction of Europas alongside the existing national currencies of EEC members.

In its present position on the edge of, but outside, the EEC, the City of London plays two quite distinct roles as a financial centre. On the one hand, it acts as the domestic financial centre for the United Kingdom; on the other, it acts as an international financial centre and particularly as the leading centre for the international short, medium and long-term capital markets provided by the euro-currency and euro-bond markets. Although many City institutions participate simultaneously in both these domestic and international roles, the domestic and international money and capital markets of the City are kept rigidly apart by exchange control.

When the final stage of European monetary integration is reached, in the plan set out in section two, the City can probably expect to find itself still fulfilling this dual role of a domestic and an international financial centre, with the important difference that the "domestic" field and clientele will cover the whole of the EEC, while the "international" field will cover the rest of the world, The present fence of exchange control between the United Kingdom and the rest of the EEC will by then have been dismantled; but at the same time, one must expect a new fence to have been erected, around the whole EEC prohibiting, or certainly discouraging, free movements of funds into and out of the EEC from and to outside sources, such as the euro-dollar market or the domestic money markets of the United States. As suggested in section three, this fence around the whole EEC could be created by an effective exchange control barrier or by allowing significant fluctuations in the exchange rate between the Europa and non-European currencies: in practice, the best policy would probably involve moderate recourse to both techniques.

In the final stage of monetary integration, there is every prospect that the City will emerge as the main financial centre (meaning the main money and capital market) of the EEC, rather than just one of several regional financial centres in the area; and the institutions of the City clearly have a strong commercial incentive to establish such a position. In this final stage, national currencies would be withdrawn and replaced by Europas: the surest way for

City institutions to establish their ascendancy in this final stage would be to lay the foundations of Europa-denominated money markets in London at the earliest possible moment in the preliminary stage of the new plan.

One of the biggest hurdles to be overcome in the implementation of the proposals of this Report must be the gaining of acceptability of Europas by the European commercial and financial community: even if the political will exists to create the Europa as a new monetary unit, its creation would have no practical significance unless it were to become fully acceptable in the private money and capital markets as a unit for denominating market assets. Not only must such an acceptance of Europas be seen as a precondition of full monetary union; it can also be seen as an important catalyst in speeding the process of monetary union. Thus both the advocates of European monetary union and the financial institutions of the City of London have a crucial common interest in engineering the introduction of Europas into the practical world of finance.

The first initiative in establishing Europas in the money markets must clearly come from the Community and national authorities. Once the European Bank has been set up, it will be up to the Bank, the Community and national governments to take steps to inject Europas into the private financial world – a number of such steps, such as the issue of Europa-denominated obligations by Community and national official institutions, are suggested in section three. Once Europas have been got into private hands in this way, then the private financial institutions can probably be relied upon to develop the infrastructure of Europa-denominated markets. The main prerequisite for such a development is quite simply the existence of institutions with surplus Europas (e. g. interest received on bonds issued by national governments) and of other institutions with Europa requirements (e.g. for tax payments): the development of the euro-dollar market has shown quite clearly how financial institutions – and particularly those of the City of London – will bring together such counter-parties and in so doing create a new market.

The speed at which Europas get into private hands is to a large extent up to the initiative of Community and national authorities. The speed at which Europas become accepted and used by private holders in intra-European transactions must depend in large measure on the initiative of national governments as well, and particularly in the matter of exchange control. If the governments of EEC members felt able to permit individuals and corporations resident in their territories to make and receive payments in Europas as freely as they may now do in their national currencies, then the Europa would not only become the natural means of payment for intra-European trade, it would also replace the euro-dollar as principal medium for intra-European short-term capital movements. Since the supply of Europas, unlike that of euro-dollars, would ultimately be under the collective control of the European national authorities, such an initiative in exchange control would not represent a very revolutionary step.

Again, the enthusiasm of the private financial institutions to develop markets in Europas and Europa-denominated obligations would be much affected by the facilities provided by the central European monetary authorities. If the European Bank were prepared to stand by as a lender of last resort in the Europa bill market, as suggested in section three, then the Europa would at once lose one of its principal disadvantages as a commercially-used currency vis-à-vis national currencies: banks and other financial institutions will be much less cautious in borrowing and lending Europas if they are confident of the existence of a lender of last resort. And if another suggestion of section three is taken up – that the European Bank should provide clearing-house facilities for Europa transactions – then the Europa market would from the outset be freed from the principal administrative headache of the euro-dollar market and would be that much more attractive to the private financial community.

By far the most important practical implication of the introduction of Europas would be the possibility it would provide for a European-wide money market, in which long and short-term funds could be lent and borrowed. It should, of course, be added that as soon as Europas were injected into private hands, the private financial community could be relied upon to develop as well a market for buying and selling Europas, spot and forward, against other currencies. The extent of such a market, and the speed of its development, would depend in large measure on the exchange control regulations imposed by the national governments; but the fertility of the financial community in its ability to create new markets has been amply demonstrated by, for example, the market in premium dollars in London or the market for "financial" as opposed to "commercial" French francs which grew up overnight as a result of a change in French exchange control regulations in 1971.

The conclusion must be that the private financial institutions of the City of London have a major interest in the implementation of the recommendations of this Report, in that these recommendations offer the prospect of ultimate monetary union in Europe and the emergence of a single main financial centre. Equally, the successful implementation of these recommendations depends in large measure on the acceptability of Europas to the private financial and commercial institutions of the City and of the EEC in general: the City itself thus has a leading role to play in the implementation. The precedent of the euro-dollar market is probably adequate demonstration that, given the exchange control environment and technical backing from the European Bank suggested in this note, the private financial institutions have the expertise and initiative to create and develop the Europa markets which lie at the centre of this Report's proposals.   JOHN COOPER

MONETARY INTEGRATION AND THE COMMON
AGRICULTURAL POLICY (CAP)
OF THE EUROPEAN COMMUNITIES

The success of the Community in formulating and implementing a common agricultural policy has been overshadowed by the apparent failure of that policy to achieve either a satisfactory balance in the European market for agricultural goods or a smooth transformation in the structure of rural society within the member countries. But despite its shortcomings the CAP will remain an important aspect of European economic policy for some time to come. Any proposals for further economic and monetary integration must take into account the impact on the agricultural policy, and any modifications in the CAP made necessary by such proposals will have a bearing on the acceptability of the move toward integration in the monetary field.

The CAP has of course been disrupted in the last two years by exchange rate changes among EEC member countries. But divergent cost trends in the absence of exchange rate variations also influence the level of protection given by the common policy in different countries, though in a less obvious way. The basic decision as to whether to protect the farm sector from economic forces such as inflation or revaluation or whether to gear the policy to reaching an economic level of farm production and encouraging the implied resource adjustments cannot be avoided. Within the context of a common price policy the problem is somewhat more complex in that countries relinquish the instrument of trade controls; protection of overall farm income becomes more difficult though the economic allocation of farm resources is presumably improved.

It follows that if the steps toward monetary integration imply a reduction in the divergent cost trends then the conflict between these two possible aims of the CAP is lessened. And the final stage of monetary integration removes finally the possibility of disruption of the free movement of farm goods as a result of exchange rate variations. But if in the intermediate stages exchange rates are allowed to vary among European countries then the mechanism of the CAP has to be made flexible enough to take such changes into account. The rest of this note discusses this interaction between parity changes and the mechanics of the CAP.

The Common Agricultural Policy largely supplants the pre-existing import regulations regarding trade in the major agricultural goods from third countries. In general a levy is imposed to bring the landed levy-paid price of imports to a predetermined level (threshold price). The CAP also harmonises the support buying operations throughout the Community by setting common intervention prices. Both the threshold price and the intervention price are notionally related to a target (guide, basic, or indicative) price. This price is at present set annually for each commodity and expressed in units of account.

The CAP was felt necessary as a corollary to the removal of trade barriers among members. It prevented the rapid adjustment in member countries that would have followed liberalisation. Free intra-EEC trade in agricultural goods has been substantially achieved, though some border taxes were reintroduced following the parity movements in 1969 and again in 1971.

Free internal trade requires that administered floor and ceiling prices in the member countries reflect current exchange rates if speculative flows of agricultural goods are to be avoided. In 1969 much of the output of German grain producers was purchased for intervention (while millers and compounders bought from France) because the German intervention price was higher than that indicated by the forward deutschemark/franc exchange rate.

However, it is understandable that German farm organisations should press their Government to relieve them of the ill-effects of revaluation (whilst retaining the benefits of reduced inflation and input prices). In other words German farmers pressed for the price floor and ceiling to be expressed in deutschemark rather than u. a. In economic terms this implies that farmers would rather compete with French farmers than with German industry.

Exchange rate changes thus pose three types of problem for the farm policy. The first is political – can one get farm organisations to accept such changes as a necessary adjustment in the economic environment in which they operate? Until or unless this can be achieved, national agricultural policies may have to provide compensation for large parity changes. The second problem is historical. The country with the strongest currency happens also to have been that country which had to reduce its support prices to harmonise with the CAP. German grain farmers have faced declining deutschemark prices for seven years. The third problem is mechanical: can one run a CAP with regularly changing parities without engendering speculative commodity flows or re-erecting intra-EEC trade barriers? The remainder of this note deals with the third type of problem.

One must distinguish between problems created by a float around a steady parity and a secular change of parity in one direction. Fluctuations around a parity introduce uncertainty into agricultural markets as they would in all other trading markets. Traders might hedge more in the currency market or forward commodity markets might develop. There is in fact some uncertainty at present as the levy payable by an importer is fixed for a period of three months at the time of application for the import licence. There is no reason why parity fluctuations should add to the instability inherent in this market. Day-to-day exchange rate changes can hardly affect importers' decisions if they make these decisions based on market information three months before landing. Although it is the traders that have been the most vocal in opposition to the system of floating rates, there would seem to be no good case for modifying the CAP on these grounds.

Farmers are affected even less by floating exchange rates. First of all it is only the maximum and minimum notional market prices that are affected. If such fluctuations are small then the price will at most times lie away from the floor and ceiling (intervention and target) prices for most producers. Fluctuations will in any event be at the wholesale level and not directly at the farm gate. Prices at present fluctuate throughout the season and from year to year; additional small changes in national equivalencies of common prices do not necessarily add to instability. Long term planning of production can hardly be affected by exchange rate fluctuations around a stable level. The Commission works to a rule-of-thumb that exchange rate changes within the EEC have to be larger than 2.5 per cent before goods are significantly diverted across borders to take advantage of intervention price differentials. The major effect on the farm sector is to increase marginally the returns to storage of products and judicious marketing over the season.

If, however, a parity change is in the same direction over time – such as a steady revaluation of the deutschemark relative to the franc – then German farmers would face a less rapid increase in their deutschemark than would French farmers their franc prices. But this problem cannot be avoided by fixing parities, since the alternative of more rapid inflation in Germany will also erode the real price to German producers. Fixed prices in deutschemark terms would necessitate ever increasing trade barriers with France. If currency trends are anticipated then no economic cost is sustained. Moreover no administrative manipulation of the denomination of target prices would offset effects of this trend.

In terms of the Study Group proposals these comments have the following implications:

(i) Before the introduction of a Europa, there is no reason why the u. a. should not be retained as the denomination for administered CAP prices.

(ii) Flexibility among Community currencies presents no serious problems if parity changes do not exceed, say, 2 per cent a year.

(iii) Short-term parity fluctuations add marginally to traders' costs as with any other industry, but barely affect the farmer.

(iv) Target prices would be fixed for the Community *bearing in mind* the probable development of currency values over the relevant period.

(v) Individual countries would retain instruments to compensate for sudden and sustained parity changes which were unanticipated in the setting of EEC levels, though these would be financed by the country concerned, be measures not directly antagonistic to trade, and be phased out according to a predetermined scale.

(vi) Threshold prices would as now be related to target prices and hence would vary with official parity changes: intervention prices however would be set in national currencies and adjusted occasionally during the season according to an agreed procedure. The gap between target and intervention price would therefore change somewhat during the year.

(vii) With the introduction of a Europa-denominated asset this would replace the u.a. in the expression of common administered prices. As this floated or crawled relative to the dollar, the level of protection of European agriculture would change. Since all members are equally affected this should cause none of the internal problems associated with individual changes.

TIM JOSLING

INDEX DER REDNER UND GUTACHTER

(Die kursiv gesetzten Seitenzahlen verweisen auf Gutachten und Referate)

J. C. B. MOHR (PAUL SIEBECK) TÜBINGEN
KYKLOS VERLAG BASEL